全国老年服务与管理类专业
规划教材
NATIONAL PLANNED TEXTBOOK
FOR ELDERLY SERVICE AND
MANAGEMENT

老年服务活动设计

Service Activity Design for the Elderly

U0829923

主 编 史金玉 唐娇华
Chief Editor Shi Jinyu Tang Jiaohua

副主编 王冠韬 付美珍 徐楚霞
Deputy Editor Wang Guantao Fu Meizhen Xu Chuxia

天津大学出版社
TIANJIN UNIVERSITY PRESS

内 容 提 要

本教材以老年人的服务需求为出发点，选取老年服务活动的常用主题，以学习者的学习视角进行编写，旨在帮助社区工作者、老年社会工作者、护工等来自社区、养老服务站、养老院的各类为老服务者，根据服务对象的需求，策划并执行为老服务活动。

书中配有任务工单与参考工单，方便学习者进行独立思考和相应服务设计练习，而后自行对照参考工单，查缺补漏；更设有活动包，方便为老服务者直接参照执行、轻松上手，可操作性强。

本书既可以作为高等职业院校、中等职业学校老年服务与管理类专业以及老年社会工作、民政服务与管理等专业人才培养使用的教材；也可以作为各类养老服务机构、社区养老服务中心、企事业单位离退休工作办公室、干部休养所、老年大学等老年教育培训机构的培训或教学用书，为一线老年服务人员提供技术流程参考；还可以作为从事养老敬老相关工作的老年服务从业人员的职业技能培训用书。

图书在版编目（CIP）数据

老年服务活动设计：汉文、英文 / 史金玉，唐娇华主编；王冠韬，付美珍，徐楚霞副主编. — 天津：天津大学出版社，2023. 7（2024. 3重印）

全国老年服务与管理类专业规划教材

ISBN 978 - 7 - 5618 - 7515 - 5

Ⅰ. ①老… Ⅱ. ①史… ②唐… ③王… ④付… ⑤徐… Ⅲ. ①老年人-社会服务-活动-组织管理学-高等职业教育-教材-汉、英 Ⅳ. ①C936

中国国家版本馆 CIP 数据核字（2023）第 112997 号

LAONIAN FUWU HUODONG SHEJI

出版发行 天津大学出版社
地　　址 天津市卫津路 92 号天津大学内（邮编：300072）
电　　话 发行部：022 - 27403647
网　　址 www.tjupress.com.cn
印　　刷 北京盛通数码印刷有限公司
经　　销 全国各地新华书店
开　　本 787mm × 1092mm　1/16
印　　张 35. 25
字　　数 810 千
版　　次 2023 年 7 月第 1 版
印　　次 2024 年 3 月第 2 次
定　　价 146. 00 元

凡购本书，如有缺页、倒页、脱页等质量问题，烦请与我社发行部门联系调换

版权所有　侵权必究

前言

Preface

随着我国老龄化程度的加深，老年人服务需求也逐渐呈现出多样化的趋势，而如何让老年人老有所乐、老有所为、老有所学是全社会特别是为老服务者们亟须探索的议题。

活动理论指出，虽然退休让老年人远离了原有的社会角色，但是积极参与各项活动、保持适当的社会交往，仍然是让老年人获得积极的自我形象、获得充实感和幸福感的重要途径。而帮助为老服务者们学习如何策划适合老年人参与的服务活动，正是编写本书的初衷。

全书共分为4个模块，共涵盖了15个项目，33个任务。

模块一为老年友好环境营造活动共分为4个项目，其中项目一为老年政策普及服务设计（由南京心桥社会工作服务中心的陆云、杨渊、王庆海，重庆城市管理职业学院的史金玉编写）；项目二为敬老服务活动设计（由深圳市新现代社工服务中心的徐楚霞、蔡姗洁，重庆城市管理职业学院的史金玉编写）；项目三为老年志愿服务设计（由深圳市福田现代社工事务所的张九丽、刘运，深圳市龙华区家缘社会工作服务中心的肖丽怡，重庆城市管理职业学院的史金玉编写）；项目四为居家适老化改造服务设计（由重庆城市管理职业学院的史金玉、王冠韬与南京心桥社会工作服务中心的陆云编写）。

模块二为老年生命教育活动，共分为4个项目，其中项目一为适应性活动设计（由苏州大学的李玲与重庆城市管理职业学院的唐娇华编写）；项目二为缅怀往事活动设计（由广州城市职业学院的付美珍与重庆城市管理职业学院的唐娇华编写）；项目三为生命回顾活动设计（由川北医学院的李晓楠与重庆财经职业学院的欧蓉编写）；项目四为生命晚期活动设计（由深圳市社福社会工作督导与评测发展中心的林莲英与重庆城市管理职业学院的史金玉编写）。

模块三为老年康乐保健类活动，共分为3个项目，其中项目一为慢性病管理类活动设计（由深圳市龙华区家缘社会工作服务中心的肖丽怡、深圳市福田现代社工事务所的张九丽、刘运编写）；项目二为康乐类活动设计（由浙江海洋大学的张慧、重庆城市管理职业学院的王冠韬编写）；项目三为治疗类活动设计（由深圳市鹏星社会工作服务社的佃乾乾、广州城市职业学院的付美珍，重庆城市管理职业学院的史金玉编写）。

模块四为老年社会参与活动，共分为 4 个项目，其中项目一为老人交友活动设计（由深圳市新现代社工服务中心的韦晓冬，重庆城市管理职业学院的唐娇华、王冠韬编写）；项目二为老年心理关爱活动设计（由重庆财经职业学院的欧蓉与川北医学院的李晓楠编写）；项目三为老年领袖能力培养活动设计（由重庆城市管理职业学院的史金玉与南京心桥社会工作服务中心的陆云、吴朝帅、韩子怡编写）；项目四为技能学习活动设计（由深圳市新现代社工服务中心的徐楚霞、蔡姗洁，重庆城市管理职业学院的唐娇华、王冠韬编写）。

在此对为本书编写提供帮助的各位督导与老师表示深深的感谢！

由于编者水平有限，本书难免存在错漏之处，敬请各位读者提出宝贵的意见与建议，让本书不断完善和改进。

编者

2023 年 1 月

Preface

With the deepening of the aging population in our country, the service needs of the elderly are gradually getting more diversified. How to make the elderly obtain pleasures, accomplishment and acquisition is an urgent issue for the entire society, especially for those elder service providers.

The activity theory suggests that although retirement separates the elderly from their original social roles, participating in various activities positively and maintaining appropriate social interactions are still the important ways for the elderly to get positive self-images, fulfillment, and happiness. Helping service providers for the elderly learn how to plan suitable service activities for the elderly to participate is the primary purpose of this book.

The book is divided into 4 modules, covering a total of 15 projects and 33 tasks.

Module 1 is Environment-Friendly Activities for the Elderly, comprising four projects. Project 1 is Service Design of Aging Policy Popularization (written by Lu Yun, Yang Yuan and Wang Qinghai from the Nanjing Xin Qiao Social Work Service Center, and Shi Jinyu from Chongqing City Management College); Project 2 is Design of the Elderly Service Activities (written by Xu Chuxia and Cai Shanjie from Shenzhen Neo-Modern Social Work Service Center, and Shi Jinyu from Chongqing City Management College); Project 3 is Design of the Elderly Volunteer Service (written by Zhang Jiuli, Liu Yun and Xiao Liyi from Shenzhen Futian Modern Social Work Office and Shenzhen Longhua District Jiayuan Social Work Service Center, and Shi Jinyu from Chongqing City Management College); Project 4 is Design of Aging Transformation Service (written by Shi Jinyu and Wang Guantao from Chongqing City Management College and Lu Yun from Nanjing Xin Qiao Social Work Service Center).

Module 2 is Life Education Activities for the Elderly, comprising 4 projects. Project 1 is Adaptive Activity Design (written by Li Ling from Soochow University and Tang Jiaohua from Chongqing City Management College); Project 2 is Memory Treatment Activity Design (written by Fu Meizhen from Guangzhou City Polytechnic and Tang Jiaohua from Chongqing City Management College); Project 3 is Life Review Activity Design (written by Li Xiaonan from North Sichuan Medical College and Ou Rong from Chongqing College of Finance and Economics); Project 4 is Late-life Activity Design (written by Lin Lianying from Shenzhen

Shefu Social Work Supervision and Evaluation Development Center and Shi Jinyu from Chongqing City Management College).

Module 3 is Healthcare and Recreational Activities for the Elderly, comprsing 3 projects. Project 1 is Chronic Disease Management Activity Design (written by Xiao Liyi from Shenzhen Longhua District Jiayuan Social Work Service Center, Zhang Jiuli and Liu Yun from Shenzhen Futian Modern Social Work Office); Project 2 is Recreationed Activity Design (written by Zhang Hui from Zhejiang Ocean University and Wang Guantao from Chongqing City Management College); Project 3 is Treatment Activity Design (written by Dian Qianqian from Shenzhen Pengxing Social Work Service, Fu Meizhen from Guangzhou City Polytechnic, and Shi Jinyu from Chongqing City Management College).

Module 4 is Social Activities for the Elderly, comprsing 4 projects. Project 1 is Elderly Making-Friends Activity Design (written by Wei Xiaodong from Shenzhen Neo-Modern Social Work Service Center, Wang Guantao and Tang Jiaohua from Chongqing City Management College); Project 2 is Elderly Psychological Care Activity Design (written by Ou Rong from Chongqing College of Finance and Economics and Li Xiaonan from North Sichuan Medical College); Project 3 is Elderly Leader Training Activity Design (written by Shi Jinyu from Chongqing City Management College and Lu Yun, Wu Chaoshuai, Han Ziyi from Nanjing Xin Qiao Social Work Service Center); Project 4 is Skill Learning Activity Design (written by Xu Chuxia and Cai Shanjie from Shenzhen Neo-Modern Social Work Service Center, Wang Guantao and Tang Jiaohua from Chongqing City Management College).

We express our deep gratitudes to all the supervisors and teachers who assisted in the writing of this book! Due to the limited level of the editors, there may be errors and omissions. We sincerely welcome valuable opinions and suggestions from readers to continuously improve and enhance this book.

Editors

January 2023

目　录

Contents

模块一 老年友好环境营造活动

项目一　老龄政策普及服务设计 / 002
任务一　老龄政策搜集与整理 / 006
任务二　老龄政策可视化设计 / 011

项目二　敬老服务活动设计 / 016
任务一　线下敬老服务活动设计 / 020
任务二　线上敬老服务活动设计 / 025

项目三　老年志愿服务设计 / 032
任务一　老年志愿者招募与遴选 / 033
任务二　老年志愿者培训与督导 / 041
任务三　老年志愿者评估与激励 / 047

项目四　居家适老化改造服务设计 / 054
任务一　牢记居家适老化改造的类型、项目与内容 / 060
任务二　设计居家适老化推广活动 / 065

模块二 老年生命教育活动

项目一　适应性活动设计 / 072
任务一　随迁老人适应性活动设计 / 077
任务二　院舍老人适应性活动设计 / 081

项目二　缅怀往事活动设计 / 086
任务一　缅怀治疗技术要点 / 087
任务二　缅怀往事活动 / 093

项目三　生命回顾活动设计 / 102
任务一　生命回顾训练 / 103
任务二　生命重要事件回顾训练 / 111

项目四　生命晚期活动设计 / 120
任务一　人生晚期规划活动设计 / 125
任务二　晚期生命教育活动设计 / 131

模块三
老年康乐保健类活动

项目一　慢性病管理类活动设计 / 140
任务一　老年慢性病自我管理活动设计 / 140
任务二　健康养生活动设计 / 151

项目二　康乐类活动设计 / 160
任务一　节庆类康乐活动设计 / 161
任务二　兴趣类康乐活动设计 / 169

项目三　治疗类活动设计 / 178
任务一　认知训练活动设计 / 178
任务二　缓解抑郁活动设计 / 189

模块四
老年社会参与活动

项目一　老人交友活动设计 / 200
任务一　社区孤寡老人交友活动设计 / 201
任务二　院舍老人交友活动设计 / 207
任务三　单身老人交友活动设计 / 213

项目二　老年心理关爱活动设计 / 220
任务一　了解老年人心理问题活动设计 / 221
任务二　关爱老年人健康心理活动设计 / 229

项目三　老年领袖能力培养活动设计 / 238
任务一　人际交往能力培养活动设计 / 239
任务二　老年领袖参事议事能力培养活动设计 / 245
任务三　老年领袖活动策划能力培养活动设计 / 251

项目四　技能学习活动设计 / 258
任务一　传统技能学习活动设计 / 263
任务二　智能时代技能学习活动设计 / 269

参考文献 / 274

Contents

Module 1 Environment-friendly activities for the elderly

Project 1 Service design of aging policy popularization / 278
Task 1 Collection and sorting of the aging policies / 283
Task 2 Visual design of aging policy / 289

Project 2 Design of the elderly service activities / 294
Task 1 Offline design of the elderly service activities / 299
Task 2 Online design of the elderly service activities / 304

Project 3 Design of the elderly volunteer service / 311
Task 1 Recruitment and selection of the elderly volunteers / 311
Task 2 Training and supervision of the elderly volunteers / 319
Task 3 Assessment and encouragement of the elderly volunteers / 326

Project 4 Design of aging transformation service / 334
Task 1 Keeping in mind the types, projects and content of aging transformation / 341
Task 2 Design of home-friendly aging promotion activities / 345

Module 2 Life education activities for the elderly

Project 1 Adaptive activity design / 352
Task 1 Adaptive activity design for the community elderly / 357
Task 2 Adaptive activity design for the nursing home elderly / 362

Project 2 Memory treatment activity design / 367
Task 1 Remember the key points of memory treatment / 368
Task 2 Memory activity design / 374

Project 3 Life review activity design / 382
Task 1 Life review training / 383
Task 2 Life important events review training / 391

Project 4 Late-life activity design / 400
Task 1 Late-life planning activity design / 406
Task 2 Late-life education activity design / 411

Module 3
Health care and recreational activities for the elderly

Project 1 Chronic disease management activity design / 418
Task 1 Elderly chronic disease self-management activity design / 418
Task 2 Health preservation activity design / 427

Project 2 Recreationed activity design / 435
Task 1 Festival activity design / 436
Task 2 Interest-type recreational activity design / 445

Project 3 Treatment activity design / 454
Task 1 Cognitive training activity design / 454
Task 2 Alleviating depression activity design / 466

Module 4
Social activities for the elderly

Project 1 Elderly making-friends activity design / 478
Task 1 The lonely elderly making-friends activity design / 479
Task 2 The nursing elderly making-friends activity design / 486
Task 3 Single elderly people making-friends activity design / 492

Project 2 Elderly psychological care activity design / 499
Task 1 The activity design of understanding the elderly psychological problems / 500
Task 2 The elderly healthy psychological activity design / 509

Project 3 Elderly leader training activity design / 517
Task 1 Interpersonal skills training activity design / 518
Task 2 The elderly leader ability training activity design / 525
Task 3 Activity design of planning ability training for the elderly leaders / 530

Project 4 Skill learning activity design / 535
Task 1 Traditional skill learning activity design / 541
Task 2 Intelligent age skill learning activity design era / 547

References / 552

模块一

老年友好环境营造活动

项目一
老龄政策普及服务设计

我国进入人口老龄化社会以来，经历了从认识老龄问题、宣传老龄问题、解决老龄问题，到积极应对人口老龄化的发展过程。中华人民共和国成立后，党和政府就十分重视人口结构问题和人均预期寿命延长带来的社会变化问题，并进行对应的制度安排。习近平总书记在党的二十大报告中也明确提出要实施积极应对人口老龄化的国家策略，老龄政策法规体系也在不断完善。

人类作为社会的组成部分，时刻与社会环境互动。老人和为老服务者都是人类行为与社会环境互动的产物。营造友好的老年环境有利于老人更好地实现人生的整合，而老龄政策的制定和普及又有利于友好环境的营造。因此，为老服务者应该关注并参与老龄政策的制定和普及。

项目目标

知识目标

1. 了解老龄政策的概念及重要性。
2. 掌握老龄政策涉及的主要领域及收集方法。
3. 掌握老龄政策可视化设计的方法。

能力目标

1. 能根据工作需要搜集、整理老龄政策。
2. 能将搜集、整理的老龄政策精准地运用到实际工作中。
3. 能够利用智能化手段创新性地传播老龄政策。

素质目标

1. 正确处理老龄政策合法性与养老服务过程中的合情性之间的矛盾。
2. 正确处理老龄政策宏观调控与老人实际需求之间的矛盾。
3. 善于运用老龄政策指导养老项目。

一、基本概念

1. 老龄政策

老龄政策包含两个层面的概念：一是广义的老龄政策，指老龄社会条件下促进经济社会发展的公共政策，即涉老政策；二是狭义的老龄政策，指聚焦老年群体，满足全体老人日益增长的物质文化需要，实现以“老有所养、老有所医、老有所教、老有所学、老有所为、老有所乐”为目标和宗旨的公共政策，其中以养老政策为核心。

2. 老龄政策可视化

老龄政策可视化由一系列视觉要素组成，主要包括文字、色彩和图形。它以视觉形式直接将老龄政策呈现给受众，使其可以直接通过视觉被感知，从而实现老龄政策的体验化、生动化和传播化。

二、常用理论

1. 社会学习理论

1）理论概述

该理论是由美国心理学家阿尔伯特·班杜拉（Albert Bandura）于1952年提出的。根据班杜拉的观点，行为是经由观察其他的人或事而习得的，即观察者可以通过看、听、读获得或学习新行为。观察包括注意过程和结果，这帮助观察者得出什么是可预期的以及指导示范者行为的规则是什么。观察者将他们所见到的事物以符号的形式呈现并使自己的行为与之匹配。该理论着眼于观察学习和自我调节在引发人的行为中的作用，重视人的行为和环境的相互作用。

2）实务应用

首先，该理论强调观察学习在人的行为获得中的作用，认为人的多数行为是通过观察别人的行为和行为的结果而习得的。因此，在宣传和传播老龄政策的过程中应尽可能创造观察学习的机会。其次，该理论重视榜样的作用，榜样的个人魅力、榜样拥有的奖赏、榜样行为的复杂程度、榜样行为的结果和榜样与观察者的人际关系都将影响观察者的行为表现。因此在宣传和传播老龄政策的过程中应注重“银发顾问”政策宣讲员的培育和有效的政策传播单位及个人的表彰等。

2. 老年社会环境理论

1）理论概述

该理论由甘伯林（Cubrium）于1972年提出。甘伯林在理论中提出老年社会环境包含个人本质和社会内涵两个重要的方面。个人本质指健康、经济能力以及社会支持影响行为的弹性，而社会内涵指明确的社会规范导致社会的同质性、老人住处的空间距离以及保护老人的措施。个人与社会的交互关系会使个人采取行动。倘若个人本质及社会内涵都十分理想，个人就会有较高的积极性及美满的生活。

2）实务应用

根据老年社会环境理论，一般地，如果老人身体健康、经济能力强就有足够的能力应付许多问题，很少需要协助性的社会服务，由此社会福利的负担就会减轻。相反，倘若老人身体状况欠佳、生活窘困，适应环境的能力就差，在社会规范要求方面往往受到极其不利的影响。因此，老龄福利政策应在正视人口老龄化的基础上，适当向能力欠佳的老人倾斜。

3. 老年次文化理论

1）理论概述

老年次文化理论由罗斯（Rose）于1965年提出。该理论认为：第一，由于各个方面的能力逐渐衰退，所以和年轻人相比，老人适应环境更困难；第二，老人参与老年次文化由老人团体的聚合程度、该团体与整个社会的接触（经由家庭、大众传媒、就业机构等接触）的实质与程度以及老人对老化的抵制等因素决定。

2）实务应用

根据老年次文化理论，在设计老年社会工作的服务项目或者宣传推广老龄政策时，应根据老年群体所认同的价值标准和行为规范来和老人互动与对话，应该尽量避免将其他年龄组群体的文化强加于老人身上，或者以此来衡量老人的价值标准、生活方式和行为方式。

三、常用方法

1. 老龄政策常用搜集与整理方法

（1）阅读法，即阅读有关的文件、报纸、杂志、图书等，从中获取所需的信息。如需要搜集和整理老年宜居环境领域的政策，可以阅读《中华人民共和国老年人权益保障法》《关于推进老年宜居环境建设的指导意见》等。

（2）购买法，即向教育科学中心、咨询服务单位、教育研究机构、有关大专院校等购买有关信息。如需要了解2013年至今国家和地方层面在老龄产业领域出台了哪些政策及其起到了什么效果，可以面向政策研究机构，通过项目购买的方式进行资料搜集与整理。

（3）收听法，即从广播等获取有关信息。如可以定期收听蜻蜓FM养老政策版块。

（4）询问法，即向有关信息源询问获取有关信息。如为老服务者想要帮助失能家庭申请长期照护险，他就可以通过询问的方式向相关部门咨询详细的政策。

（5）观看法，即从电视、录像、电影等获取有关信息。如为老服务者可定期观看《新闻联播》《夕阳红》等栏目，从而获得实时动态的养老政策。

（6）采集法，即有目的地派专人到有关地区、部门搜集有关信息。如为老服务者在某个地区搜集近三年内民政部门出台的养老服务政策并进行整理。

为老服务者要树立老龄政策的搜集与整理意识，并在日常工作中，对应服务对象的实际需求，提供精准的老龄政策咨询、推送和宣传服务。

设计步骤参考如下。

（1）为老服务者应养成日常搜集与整理老龄政策的习惯，可以将老龄政策分为普惠型和特惠型两类进行搜集与整理。不但对普惠型老龄政策要做到熟记于心，还要熟知特惠型老龄政策及其适用人群，做到活学活用。

（2）搜集服务对象的基本信息和服务需求的同时搜集和整理服务对象已经享受的老龄政策以及应享受却未享受的老龄政策。可以采取清单列举的方式，把所有适合服务对象的老龄政策全部列出来，对服务对象的政策享受情况进行确认与记录。

（3）针对服务对象享受老龄政策的情况，通过政策讲解、资源对接、服务提供、政策倡导等多种方式，让服务对象得到最大程度的满足。

（4）评估和总结服务对象老龄政策的享受情况和最终效果，有条件的编写成案例，便于类似情况的处理。

2. 老龄政策可视化设计常用方法

（1）平面可视化设计。其通过文字、色彩和图形的平面组合，让老龄政策入脑、入心，如将老龄政策以横幅、海报、宣传折页等方式展示。

（2）立体可视化设计。其通过文字、色彩和图形的立体组合，让老龄政策入脑、入心，如将老龄政策以小短片、动画等方式展示。

为老服务者要掌握多种方便老龄政策传播的可视化设计方法，在日常工作中，通过老龄政策可视化设计，让老龄政策能够很好地被看到、听到和查到。

设计步骤参考如下。

（1）为老服务者要具备精准解读老龄政策的能力。相对老龄政策的传播，实际上正确看待老龄政策是核心。

（2）为老服务者对老龄政策中的关键部分进行编辑和整理，以形成方便大众阅读的概括性文字材料。

（3）让高度概括的文字材料通过平面或立体的可视化设计，成为可供传播的产品。

（4）开展可视化传播的成本与成效分析。

四、注意事项

1. 关注为老服务者的宏观视野的培养

为老服务者常常将关注点放在为老人提供具体的服务上，而忽略了老龄政策对老人的社会影响力。为老服务者要在具备微观视野的同时，通过不断学习和训练拓宽自我的宏观视野。

2. 为老服务者除了要善用老龄政策外，还应进行政策倡导

“春江水暖鸭先知。”为老服务者时刻在使用老龄政策开展养老服务，也最能感知到现有老龄政策的不足和局限，应该积极开展政策倡导工作，为老人营造更友好的政策环境。

3. 关注老龄政策的时效性

老龄政策是有时效性的，为老服务者要及时更新自己的知识储备，确保知晓精通政策不掉队。

4. 增强政策宣传的体验感与参与性，做到寓教于乐

为老服务者应具备将老龄政策日常化、场景化的能力，增强政策宣传的体验感和参与性，做到寓教于乐，让老龄政策能够“飞入寻常百姓家”。

任务一 老龄政策搜集与整理

任务导入

为老服务者小花就职于A街道级居家养老服务中心。该中心的一项职责是为辖区内的各个社区居家养老服务中心开展日常的老龄政策咨询与指导服务。为了更好地推动此工作，小花计划整理汇编近五年国家及地方出台的养老服务政策，开展不少于10场“老龄政策明白人”宣讲会，同时培育不少于20名“银发顾问”。

任务分析

一、服务需求分析

1. 了解各个社区居家养老服务中心对近五年老龄政策的掌握情况

为老服务者小花采用问卷调查和面向工作人员进行访谈等方法，了解各个社区居家养老服务中心对近五年老龄政策的熟悉程度及掌握情况。

2. 了解各个社区居家养老服务中心对老龄政策普及服务的需求

为老服务者小花利用观察法、询问法等了解各个社区居家养老服务中心对近五年老龄政策汇编的具体需求和整理方法。

3. 了解各个社区居家养老服务中心可参与老龄政策服务的专兼职人员情况

为老服务者小花需要找到各个社区居家养老服务中心已经明确或者计划安排的参与老龄政策服务的专兼职人员，并对他们的基本情况进行登记，方便后期组织培训。

二、制定服务方案

1. 服务背景及需求介绍

为老服务者可以从宏观、中观和微观三个层面逐一分析服务的背景及服务对象的需求。

2. 服务目的及目标介绍

为老服务者需要明确服务的目的以及基于 SMART（Specific，明确具体的；Measurable，可衡量的；Attainable，可实现的；Relevant，相关联的；Time-bound，有时限的）原则的短期目标和长远目标。

3. 受益对象的确定

受益对象既可以是直接的受益对象也可以是间接的受益对象，受益对象的数量、特征一定要明确。

4. 服务内容的确定及计划的实施

阐明服务的内容及计划服务的时间、频次、场地、执行人员、执行预算等。

5. 服务的风险及应对

分析服务中可能存在的风险并尝试给出解决方案。

三、主要服务目标

（1）整理汇编近五年的老龄政策。

（2）培育不少于 20 名可以宣讲老龄政策和开展老龄政策咨询的专兼职人员。

（3）提升社区居家养老服务中心工作人员对老龄政策的了解、掌握和使用能力。

任务实施

一、活动设计思维导图

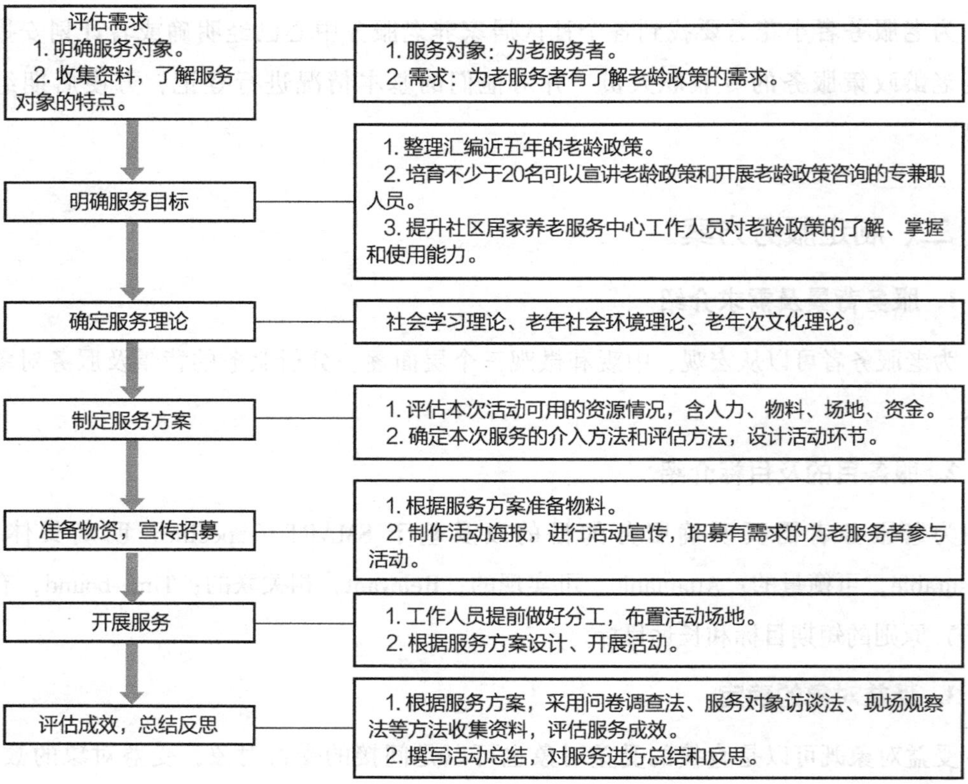

二、活动设计注意事项

1. 活动设计首先要确保安全性

无论是活动场地的选择还是活动时间的安排，都要遵循安全原则，确保参加人员的安全。

2. 活动设计要最大限度地调动参与者的积极性

活动设计要充分考虑如何让参与者更好地参与其中。开办宣讲会一方面要考虑专业知识的输出，另一方面也要考虑参与者的积极互动。

3. 活动设计要追求成效性

活动设计要以结果为导向，关注活动的实际效果。

任务工单

任务信息	
任务名称	家庭养老床位政策宣讲活动策划
任务目的	1. 帮助学习者熟悉家庭养老床位政策的相关知识。 2. 帮助学习者掌握家庭养老床位政策搜集与整理的相关技能。 3. 帮助学习者提高开展家庭养老床位政策场景化使用的能力素质
任务要求	**背景**：为老服务者小花就职于A街道级居家养老服务中心。该中心的一项职责是给辖区内的各个社区居家养老服务中心开展日常的老龄政策咨询与指导服务。为了更好地推动此工作，小花计划整理汇编近五年国家及地方出台的养老服务政策，开展不少于10场“老龄政策明白人”宣讲会，同时培育不少于20名“银发顾问”。现在是“老龄政策明白人”宣讲会的第三场，本场的主题是家庭养老床位政策宣讲。 **任务**：假设你是小花，请策划一场老龄政策宣传活动，用于宣传家庭养老床位政策，一是让为老服务者直接了解和掌握家庭养老床位政策提出的时代背景、受益对象、实施内容及传播意义；二是让为老服务者学习相关政策的搜集与整理方法；三是让为老服务者能够在日常的场景中有意识且精准地使用家庭养老床位政策，让辖区的老人能更便捷地享受此服务

任务评价							
学生姓名		班级		学号			
任务成绩	总分：	自评：		互评：		师评：	
自我评价							
互评评语							
教师评语							

任务实施			
活动名称：			
活动背景			
（描述该群体或该问题的现状并分点陈述问题或需求）			
目标人群		名额	
实施地点		人手编配	
活动日期		时间	

（续）

<table>
<tr><td colspan="5">活动理念（理论依据）</td></tr>
<tr><td colspan="5">（遵循什么样的服务理论、理念、方法来开展活动）</td></tr>
<tr><td colspan="5">活动目标</td></tr>
<tr><td colspan="5">（对应问题或者需求，分点阐述，遵循 SMART 原则，尽可能做到可量化、可评估）</td></tr>
<tr><td colspan="5">预计困难及解决方法</td></tr>
<tr><td colspan="3">预计困难</td><td colspan="2">解决方法</td></tr>
<tr><td colspan="3"></td><td colspan="2"></td></tr>
<tr><td colspan="3"></td><td colspan="2"></td></tr>
<tr><td colspan="3"></td><td colspan="2"></td></tr>
<tr><td colspan="5">评估方法</td></tr>
<tr><td colspan="5">（问卷调查法、现场观察法、服务对象访谈法、其他方法）</td></tr>
<tr><td colspan="5">活动设计</td></tr>
<tr><td colspan="5">前期准备</td></tr>
<tr><td colspan="5">（具体写明什么时间、什么地点、谁负责什么事、需要什么物资）</td></tr>
<tr><td colspan="5">中期安排</td></tr>
<tr><td colspan="5"></td></tr>
<tr><td colspan="5">善后工作</td></tr>
<tr><td colspan="5"></td></tr>
<tr><td colspan="5">物资及预算</td></tr>
<tr><td>序号</td><td>物品名称</td><td>单价</td><td>数量</td><td>用途描述及备注</td></tr>
<tr><td>1</td><td></td><td></td><td></td><td></td></tr>
<tr><td>2</td><td></td><td></td><td></td><td></td></tr>
<tr><td>3</td><td></td><td></td><td></td><td></td></tr>
<tr><td>4</td><td></td><td></td><td></td><td></td></tr>
<tr><td>5</td><td></td><td></td><td></td><td></td></tr>
<tr><td>6</td><td></td><td></td><td></td><td></td></tr>
<tr><td>7</td><td></td><td></td><td></td><td></td></tr>
<tr><td>8</td><td></td><td></td><td></td><td></td></tr>
<tr><td>9</td><td></td><td></td><td></td><td></td></tr>
<tr><td>10</td><td></td><td></td><td></td><td></td></tr>
<tr><td colspan="2">总计</td><td colspan="3"></td></tr>
</table>

任务二 老龄政策可视化设计

任务导入

随着《A市养老服务条例》的出台，为了更好地普及该条例，A市政府通过项目招标的方式将宣传服务外包。小花所在的机构中标了该项目。项目要求是设计出不少于三种可视化宣传工具，做好“看得到”“听得到”“查得到”的宣传。

任务分析

一、服务需求分析

（1）精准解读《A市养老服务条例》，确保养老政策宣传不走样。

（2）能够采取多种宣传方式，让养老政策可以被更广泛地“看得到”“听得到”“查得到”。

二、制定服务方案

1. 服务背景及需求介绍

为老服务者可以从宏观、中观和微观三个层面逐一分析服务的背景及服务对象的需求。

2. 服务目的及目标介绍

为老服务者需要明确服务的目的以及基于SMART原则的短期目标和长远目标。

3. 受益对象的确定

受益对象既可以是直接的受益对象也可以是间接的受益对象，受益对象的数量、特征一定要明确。

4. 服务内容的确定及计划的实施

阐明服务的内容及计划服务的时间、频次、场地、执行人员、执行预算等。

5. 服务的风险及应对

分析服务中可能存在的风险并尝试给出解决方案。

三、主要服务目标

（1）通过不少于三种可视化宣传工具的设计与使用，做好《A市养老服务条例》

“看得到”“听得到”“查得到”的宣传。

（2）通过对政策的精准解读和广泛宣传，建立老年友好型城市，积极应对人口老龄化。

任务实施

一、活动设计思维导图

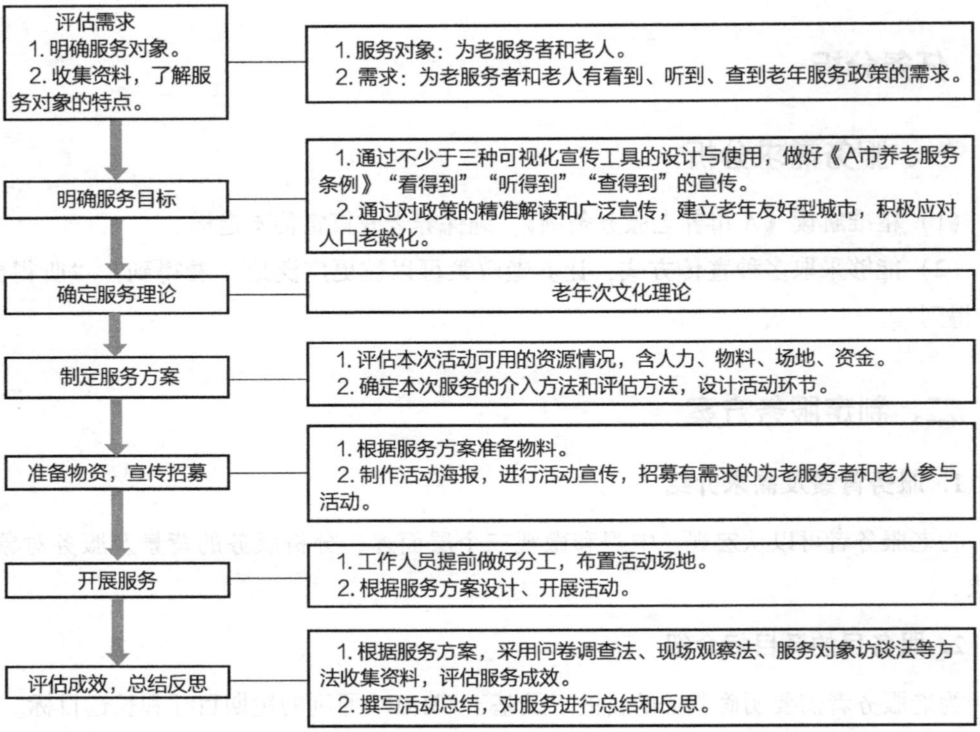

二、活动设计注意事项

1. 增强政策宣传的体验感与参与性，做到寓教于乐

除了常规的纸质宣传页，为老服务者还可以将需要宣传的政策制作成视频、小品、三句半、情景剧等多种多样的形式，增强传播的趣味性和体验感。

2. 注重活动设计的成效性

老龄政策的宣传常常对覆盖的人数和满意度均有较高的要求，为老服务者要留意实际的宣传效果，特别是宣传对象能够理解到什么程度，能够运用到什么程度，等等。

任务工单

任务信息	
任务名称	《A 市养老服务条例》传播活动策划
任务目的	1. 帮助服务对象掌握《A 市养老服务条例》相关知识。 2. 帮助服务对象使用不少于三种可视化宣传工具开展《A 市养老服务条例》传播。 3. 帮助服务对象提升组织、策划、实施老龄政策可视化宣传的素质
任务要求	**背景**：随着《A 市养老服务条例》的出台，为了更好地普及该条例，A 市政府通过项目招标的方式将宣传服务外包。小花所在的机构中标了该项目。项目要求是设计出不少于三种可视化宣传工具，做好“看得到”“听得到”“查得到”的宣传。 **任务**：假设你是小花，请策划一场老龄政策传播活动，用于宣传《A 市养老服务条例》，一要确保传播规模，二要确保传播方式的多样性，三要确保传播的适用性

任务评价						
学生姓名		**班级**		**学号**		
任务成绩	**总分：**		**自评：**	**互评：**		**师评：**
自我评价						
互评评语						
教师评语						

任务实施			
活动名称：			
活动背景			
（描述该群体或该问题的现状并分点陈述问题或需求）			
目标人群		**名额**	
实施地点		**人手编配**	
活动日期		**时间**	

（续）

<table>
<tr><td colspan="5">活动理念（理论依据）</td></tr>
<tr><td colspan="5">（遵循什么样的服务理论、理念、方法来开展活动）</td></tr>
<tr><td colspan="5">活动目标</td></tr>
<tr><td colspan="5">（对应问题或者需求，分点阐述，遵循 SMART 原则，尽可能做到可量化、可评估）</td></tr>
<tr><td colspan="5">预计困难及解决方法</td></tr>
<tr><td colspan="3">预计困难</td><td colspan="2">解决方法</td></tr>
<tr><td colspan="3"></td><td colspan="2"></td></tr>
<tr><td colspan="3"></td><td colspan="2"></td></tr>
<tr><td colspan="3"></td><td colspan="2"></td></tr>
<tr><td colspan="5">评估方法</td></tr>
<tr><td colspan="5">（问卷调查法、现场观察法、服务对象访谈法、其他方法）</td></tr>
<tr><td colspan="5">活动设计</td></tr>
<tr><td colspan="5">前期准备</td></tr>
<tr><td colspan="5">（具体写明什么时间、什么地点、谁负责什么事、需要什么物资）</td></tr>
<tr><td colspan="5">中期安排</td></tr>
<tr><td colspan="5"></td></tr>
<tr><td colspan="5">善后工作</td></tr>
<tr><td colspan="5"></td></tr>
<tr><td colspan="5">物资及预算</td></tr>
<tr><td>序号</td><td>物品名称</td><td>单价</td><td>数量</td><td>用途描述及备注</td></tr>
<tr><td>1</td><td></td><td></td><td></td><td></td></tr>
<tr><td>2</td><td></td><td></td><td></td><td></td></tr>
<tr><td>3</td><td></td><td></td><td></td><td></td></tr>
<tr><td>4</td><td></td><td></td><td></td><td></td></tr>
<tr><td colspan="2">总计</td><td colspan="3"></td></tr>
</table>

参考工单

任务一　参考工单

任务二　参考工单

项目二
敬老服务活动设计

随着经济社会的迅速发展和人民生活水平的提升，我国人口老龄化趋势逐渐加快，积极应对人口老龄化成为我国的国家战略。党的十八大以来，习近平总书记对尊老敬老做出了一系列重要论述，多次强调尊老敬老的意义。尊老敬老作为中华民族的传统美德，展现了我国仁爱、敬孝、慈幼的道德精神，营造尊老、敬老、爱老、助老的良好社会氛围，不仅有助于让老年群体感受到社会的关怀，提升老人的身心健康水平，对维护家庭和谐和社会秩序也具有积极作用。

项目目标

知识目标

1. 了解敬老服务活动的概念、意义价值及常用理论。
2. 掌握策划和开展敬老服务活动的方法。

能力目标

1. 能够掌握敬老服务的常见形式。
2. 能够掌握设计和开展敬老服务的方法和技巧。
3. 能够掌握开展敬老服务活动的要点。

素质目标

1. 能够理解认可中国尊老敬老的文化思想，愿意服务老年群体。
2. 能够在服务活动设计中，主动融入尊老敬老的服务理念。

一、基本概念

1. 敬老服务活动

敬老服务活动，是指以实现尊敬老人为目的而开展的各类服务，可以分为敬老观念倡导和助老爱老行动两个层面的活动。

为老服务者从敬老观念倡导和助老爱老行动两个层面开展各式敬老服务活动，具有以下三点积极作用。首先，从老人个人层面来讲，敬老服务有助于老人构建正面的自我概念，提升老人的自我认同感。其次，从社会层面来讲，敬老服务有助于营造尊老、敬老、爱老、助老的良好社会氛围，弘扬中华传统美德，传承中华文化。最后，从尚未步入老年阶段的个体层面来讲，每个人都将老去，也都期待生活在充满关怀与爱的养老环境中。因此，策划开展并积极参与各类敬老服务活动，其实是在为未来的自己拥有一个良好的养老环境而努力，对每个人都有积极意义。

2. 线下敬老服务

线下敬老服务，是指运用传统社交方式，采用面对面的互动形式，开展的一系列以敬老为服务目的的活动。其招募和宣传方式不局限于线下形式，但主要环节须以线下形式开展。

3. 线上敬老服务

线上敬老服务，是指依托互联网，在网络上发起的，全部或绝大部分环节在网络上进行的，以敬老为服务目的的活动。其环节包含但不限于在网络上发布活动信息、招募活动人员、借助网络平台开展活动等。例如，线上敬老知识问答活动、线上敬老服务照片或视频征集活动、敬老爱老知识线上课堂、敬老主题线上文艺会演等。

二、常用理论

1. 符号互动理论

1）理论概述

符号互动理论又称相互作用理论。该理论认为人与人之间的互动是通过符号进行的，例如声音、语言、文字、图片、表情、手势等都是人们互动使用的符号。在互动过程中，人们往往从他人的角度来解释其思想和意义，并以此来指导自己的行为，也根据自己所认识到的他人对自己的态度和看法认识自己，形成并修改自我概念，即人们是在自己所处的社会环境中、在与他人的交往中，根据他人对自己的评判、态度来思考自身，形成并修改自我概念的。

2）实务应用

依据符号互动理论，如果整个社会对老人采取歧视否定的态度，必然会对老人的自我认知产生负面影响。反之亦然，如果社会对老人持关怀肯定的态度，那么也将给老人带来积极正面的影响，有助于提升老人晚年的幸福感。

运用符号互动理论，在社会层面开展敬老服务活动，弘扬中华民族传统美德，营造社区尊老、敬老、爱老、助老的良好氛围，承认老人的能力和优势，有助于老人构建正面的自我概念，提升老人的自我认同感。

2. 需求层次理论

1）理论概述

马斯洛需求层次理论由美国心理学家亚伯拉罕·马斯洛提出，该理论认为人类有五大需求，它们彼此之间是有相关性的，五大需求分别为：生理需求、安全需求、爱与归属的需求、尊重需求、自我实现的需求。其中，生理需求是指维持生存的需求，如饮食、睡眠、性欲等。安全需求是指希望保护自身免于威胁，从而获得安全感的需求。爱与归属的需求是指被别人接纳、爱护、关注、欣赏、鼓励与支持等需求。尊重需求包括受人尊重和自我尊重两方面的需求，受人尊重指的是希望别人重视自己，自我尊重指的是希望个人有价值。自我实现的需求是指精神层面达到至高人生境界的需求。

2）实务应用

根据需求层次理论，身处不同环境、不同场景中的老人也会有不同的需求，例如，贫穷多病的老人的需求是就医治疗和生存下来，因此他的需求属于生理需求和安全需求；高龄独居老人，则更希望有人关怀自己，满足其爱与归属的需求。

为老服务者在策划敬老主题的服务时，只有充分准确地把握服务对象的需求，才能策划和开展符合服务对象需求的敬老服务。例如，高龄独居老人有爱与归属的需求，为老服务者可以从助老爱老行动层面进行策划，针对该群体开展志愿者探访活动、独居老人交友会等服务；社区老党员有获得尊重的需求，渴望被他人重视和肯定，为老服务者可以从敬老观念倡导层面进行策划，开展如老党员讲党课、征集和展示老党员人生故事等活动。

三、常用方法

敬老观念倡导层面服务方法设计步骤

1. 敬老观念倡导层面服务方法

敬老观念倡导是敬老服务活动的一个层面，是指面向社会成员，开展各类敬老观念倡导服务，以实现弘扬尊老敬老的传统美德，传承尊老敬老优良文化的服务目的。在设计时，敬老观念倡导层面的服务活动要有针对性地加入敬老观念倡导相关的知识和技巧，着重提升参与者的敬老意识。

常见的敬老观念倡导层面的服务方法包含但不限于开展重阳敬老观念倡导宣传、微笑倡导服务、敬老宣传作文征集、敬老主题有奖问答、敬老文化宣传墙制作、敬老主题故事分享会等活动。

2. 助老爱老行动层面服务方法

助老爱老行动是敬老服务活动的另一个层面，指通过开展各种帮助及关爱老人的行动，以达到尊老敬老的服务目的。在设计时，与敬老观念倡导层面的活动的区别在于，要有针对性地加入助老爱老相关的知识和行动技巧，着重提升参与者的敬老行动意识。以下为常见的助老爱老行动层面的服务方法。

助老爱老
行动层面服务
方法设计步骤

（1）为老志愿服务，如就医陪诊服务、帮助老人采买生活物资、协助老人打扫卫生等（详见本书模块一的项目三“老年志愿服务设计”）。

（2）公共环境及居家环境适老化改造，如为老人修缮房屋，进行居家环境适老化改造和营造老年人社区友好环境等（详见本书模块一的项目四“居家环境适老化改造服务设计”）。

（3）老人心理关爱活动，如老人探访关怀活动、老人心理咨询服务等（详见本书模块四的项目二“老年心理关爱活动设计”）。

（4）节庆关怀服务，如重阳节开展关怀老人的活动、春节为老人送春联等（详见本书模块三的项目二“康乐类活动设计”）。

四、注意事项

1. 提前了解服务对象的需求和特点，开展契合性服务

在策划敬老服务前，为老服务者须充分了解敬老服务对象的需求及该群体的特点，策划开展契合其需求和特点的服务。例如，为老服务者面向儿童策划晦涩难懂的知识讲座活动，或面向老人策划有剧烈运动的活动，容易让服务对象感觉服务不适合自己，从而不愿意参与。

2. 评估活动所需资源，提前进行资源整合

策划服务前，为老服务者须评估该场服务需要以及可以整合的资源类型和数量，为开展服务做好前期筹备工作，如为老服务者计划开展户外敬老宣传活动，须提前整合社区户外场地、活动人力资源、活动宣传物料等。

3. 提前积累线上服务渠道，提升自身线上服务水平

对于需要打破地域限制的敬老类服务，为老服务者应优先考虑以线上形式开展服务，这要求策划者对线上服务的宣传招募渠道有所积累，并对线上服务平台有一定的操作能力。

4. 敬老服务须注意评估老人的感受，确保服务成效

敬老服务的主要对象是老人，服务是否切实让他们感受到帮助、尊重和敬爱，需要他们来评估。因此，为老服务者在策划和评估服务时，除收集助老服务群体的活动反馈外，也要收集被服务的老年群体的活动反馈，以更好地评估服务的成效。

5. 敬老社会氛围营造需多方长期努力，并非一蹴而就

敬老观念倡导服务旨在营造敬老爱老的社会氛围，该氛围需要社会全体成员长时间、共同努力营造。

6. 提前评估自身对尊老敬老文化的态度，对服务负责

敬老服务活动的主要目的是倡导社会大众尊老爱老，让老人感受到尊敬和关怀，弘扬中华民族传统美德。因此，为老服务者须提前理解、认可中国尊老敬老的文化思想，愿意服务老年群体。只有这样，为老服务者开展敬老观念倡导和助老爱老行动服务，才会感觉得心应手。

任务一 线下敬老服务活动设计

任务导入

A社区有常住居民8000人，其中60岁以上老人1000人，80岁以上老人200人，6~12岁的儿童、青少年900人。大部分社区老人曾反映，社区的爱老敬老氛围不足，他们感受不到儿童的认可，儿童认为祖辈照顾他们是理所应当的，对老人缺乏尊敬和关怀，这让他们感觉很伤心，很失望。

正值敬老月来临，作为A社区的为老服务者，你希望招募20名儿童开展敬老主题故事分享会，鼓励他们讲述自己与老人的感人故事，并在社区文化栏展示收集到的敬老故事，宣传敬老观念，以此弘扬敬老的中华民族美德，营造社区尊老、敬老、爱老的良好氛围，提升社区居民的敬老爱老意识。

任务分析

一、服务需求分析

（1）老人希望得到来自孙辈的肯定和关爱。

（2）老人希望生活在敬老爱老的社区氛围中。

（3）儿童的敬老爱老道德意识需要培养，尊老、敬老、爱老作为中华民族传统美德，需要得到传承。

二、制定服务方案

在敬老月，组织20名社区儿童作为分享者，开展一场敬老主题故事分享会，让每个儿童讲述一则自己与老人的感人故事，并把该故事整理成图文材料，在社区文化栏进行宣传展示。

三、主要服务目标

（1）通过敬老主题故事分享会，培养儿童的尊老敬老意识。

（2）通过敬老故事宣传，让老人感受到儿童对老人的敬爱和肯定，满足老人渴望被肯定和关爱的需求。

（3）通过敬老故事主题文化墙宣传，营造社区尊老、敬老、爱老的文化氛围。

任务实施

一、活动设计思维导图

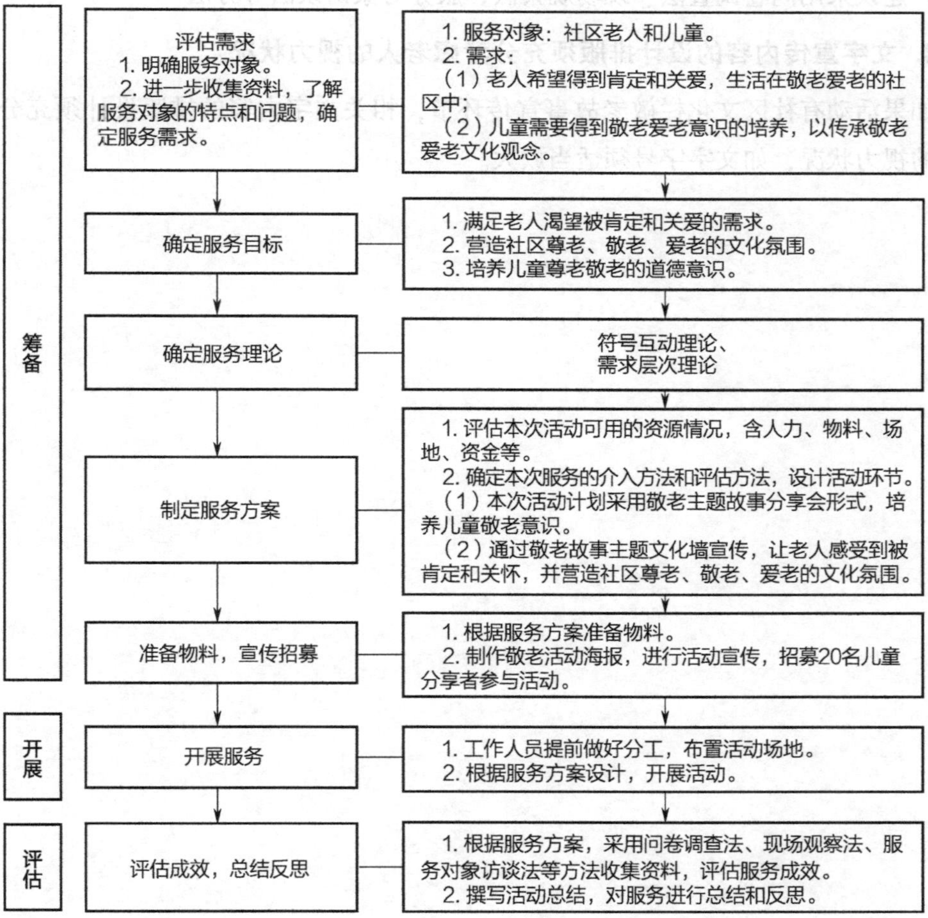

二、活动设计注意事项

1. 多种招募方式结合

该活动招募的群体是儿童，因此为老服务者可以采用以下招募方式：通过家长进行招募；与小学合作进行招募；在儿童经常活动的场地摆摊宣传。

2. 注意选择合适的活动时间和时长，适当增设游戏或休息时间

由于该活动面向的群体是儿童，为老服务者须考虑儿童的作息时间及儿童注意力不易长时间集中的特点，建议在儿童课余时间开展活动。活动应适当设置休息或游戏互动环节，避免活动时间过长，让儿童游离于活动之外。

3. 注重老人对敬老服务的反馈，评估服务成效

该服务的另一个服务群体是老人，因此为老服务者须注意收集老年群体对服务的反馈，建议采用问卷调查法、现场观察法、服务对象访谈法等方法。

4. 文字宣传内容的设计排版须充分考虑老人的视力状况

如果活动有社区文化栏敬老故事宣传环节，相关文字内容的排版设计须充分考虑老人的视力状况，如文字字号须适当放大。

任务工单

<table>
<tr><th colspan="8">任务信息</th></tr>
<tr><td>任务名称</td><td colspan="7">线下敬老服务活动设计</td></tr>
<tr><td>任务目的</td><td colspan="7">1. 帮助学习者掌握线下敬老主题活动的注意事项。
2. 帮助学习者掌握设计和开展线下敬老主题活动的方法和技巧。</td></tr>
<tr><td>任务要求</td><td colspan="7">背景：S社区的长者活动中心每日有约40名老人过来参加活动，经常有老人向为老服务者反映，中心墙上的文字太小、看不清，中心户外场地缺少关爱老人的宣传语等问题，他们希望周边生活环境对他们更友好一些。为满足老人的需求，为老服务者计划开展一场线下敬老议事会，邀请11名老人参加，让他们站在老人的角度，就老人环境建设提出意见，营造敬老爱老的环境。议事会活动中，为老服务者至少收集5条老人友好环境建设意见，并在议事会结束后1个月内，实施3条老人友好环境建设措施。
任务：如果你是S社区长者活动中心的为老服务者，请你设计一场线下敬老议事会活动来满足老人对老人友好环境建设的需求，并做到如下两点。
1. 该活动中，为老服务者至少收集5条老人友好环境建设意见，肯定老人的价值。
2. 在该活动结束后1个月内，实施3条老人友好环境建设措施，营造敬老爱老的环境。</td></tr>
<tr><th colspan="8">任务评价</th></tr>
<tr><td>学生姓名</td><td colspan="2"></td><td>班级</td><td colspan="2"></td><td>学号</td><td></td></tr>
<tr><td>任务成绩</td><td colspan="2">总分：</td><td colspan="2">自评：</td><td colspan="2">互评：</td><td>师评：</td></tr>
<tr><td>自我评价</td><td colspan="7"></td></tr>
<tr><td>互评评语</td><td colspan="7"></td></tr>
<tr><td>教师评语</td><td colspan="7"></td></tr>
<tr><th colspan="8">任务实施</th></tr>
<tr><td colspan="8">活动名称：</td></tr>
<tr><th colspan="8">活动背景</th></tr>
<tr><td colspan="8">（描述该群体或该问题的现状并分点陈述问题或需求）</td></tr>
<tr><td>目标人群</td><td colspan="3"></td><td>名额</td><td colspan="3"></td></tr>
<tr><td>实施地点</td><td colspan="3"></td><td>人手编配</td><td colspan="3"></td></tr>
<tr><td>活动日期</td><td colspan="3"></td><td>时间</td><td colspan="3"></td></tr>
</table>

（续）

<table>
<tr><td colspan="5">活动理念（理论依据）</td></tr>
<tr><td colspan="5">（遵循什么样的服务理论、理念、方法来开展活动，需注意与本活动进行结合）</td></tr>
<tr><td colspan="5">活动目标</td></tr>
<tr><td colspan="5">（对应问题或者需求，分点阐述，遵循 SMART 原则，尽可能做到可量化、可评估）</td></tr>
<tr><td colspan="5">预计困难及解决方法</td></tr>
<tr><td colspan="2">预计困难</td><td colspan="3">解决方法</td></tr>
<tr><td colspan="2"></td><td colspan="3"></td></tr>
<tr><td colspan="2"></td><td colspan="3"></td></tr>
<tr><td colspan="2"></td><td colspan="3"></td></tr>
<tr><td colspan="5">评估方法</td></tr>
<tr><td colspan="5">（问卷调查法、现场观察法、服务对象访谈法、其他方法）</td></tr>
<tr><td colspan="5">活动设计</td></tr>
<tr><td colspan="5">前期准备</td></tr>
<tr><td colspan="5">（具体写明什么时间、什么地点、谁负责什么事、需要什么物资）</td></tr>
<tr><td colspan="5">中期安排</td></tr>
<tr><td colspan="5"></td></tr>
<tr><td colspan="5">善后工作</td></tr>
<tr><td colspan="5"></td></tr>
<tr><td colspan="5">物资及预算</td></tr>
<tr><td>序号</td><td>物品名称</td><td>单价</td><td>数量</td><td>用途描述及备注</td></tr>
<tr><td>1</td><td></td><td></td><td></td><td></td></tr>
<tr><td>2</td><td></td><td></td><td></td><td></td></tr>
<tr><td>3</td><td></td><td></td><td></td><td></td></tr>
<tr><td>4</td><td></td><td></td><td></td><td></td></tr>
<tr><td>5</td><td></td><td></td><td></td><td></td></tr>
<tr><td>6</td><td></td><td></td><td></td><td></td></tr>
<tr><td>7</td><td></td><td></td><td></td><td></td></tr>
<tr><td>8</td><td></td><td></td><td></td><td></td></tr>
<tr><td>9</td><td></td><td></td><td></td><td></td></tr>
<tr><td>10</td><td></td><td></td><td></td><td></td></tr>
<tr><td colspan="2">总计</td><td colspan="3"></td></tr>
</table>

思考实践

1. 为老服务者可以邀请哪些类型的老人参与服务？
2. 活动中，如果参与者意见不一致，为老服务者应当如何处理？
3. 对于服务的评估和成效测量，为老服务者有哪些可用的评估工具？

任务二　线上敬老服务活动设计

任务导入

C社区有常住人口15000余人，其中60岁以上老人2500余人，社区设有星光老年之家、老年人活动中心、党群服务中心等活动场所，老人们日常可到活动场所下棋、看电视、打乒乓球等。近期，社区为老服务者通过线上与老人沟通，了解到部分老人感觉自己帮着照顾儿孙，有时还要被嫌弃，有的老人觉得家人不关心和尊重自己，有的老人抱怨一直待在家中感觉不开心，等等。

了解到部分老人的居家生活状态，为老服务者小刘计划邀请反馈问题的老人及其家庭成员，以及其他感兴趣的社区居民，一起参与线上敬老主题作品征集活动，广泛动员社区不同群体关注老人的身心状况，开展敬老爱老活动，营造敬老爱老的社会氛围，引导全社会传承敬老爱老的传统美德，增强老人的获得感和幸福感。

任务分析

一、服务需求分析

（1）老人希望得到来自家人的关爱和认同。

（2）老人希望获得社会的肯定和尊重。

二、制定服务方案

为老服务者邀请反馈问题的老人及其家庭成员，以及其他感兴趣的社区居民，一起参与线上敬老主题作品征集活动。征集作品分为两种形式：绘画和摄影。其中，绘画作品可以有漫画、素描、海报等多种形式，摄影作品则可以拍摄符合敬老主题的真实照片，由参与者附上简短说明。对于征集到的作品，为老服务者将发布在多个社交平台上，让居民进行点赞、投票和讨论，对于优秀的作品，给予嘉奖。

三、主要服务目标

（1）通过敬老主题作品征集，引导参与者树立尊老敬老的意识。

（2）通过全家参与敬老活动，让老人获得来自家人的关爱和认同。

（3）通过敬老作品的呈现和讨论，增强老人的自尊感和幸福感。

任务实施

一、活动设计思维导图

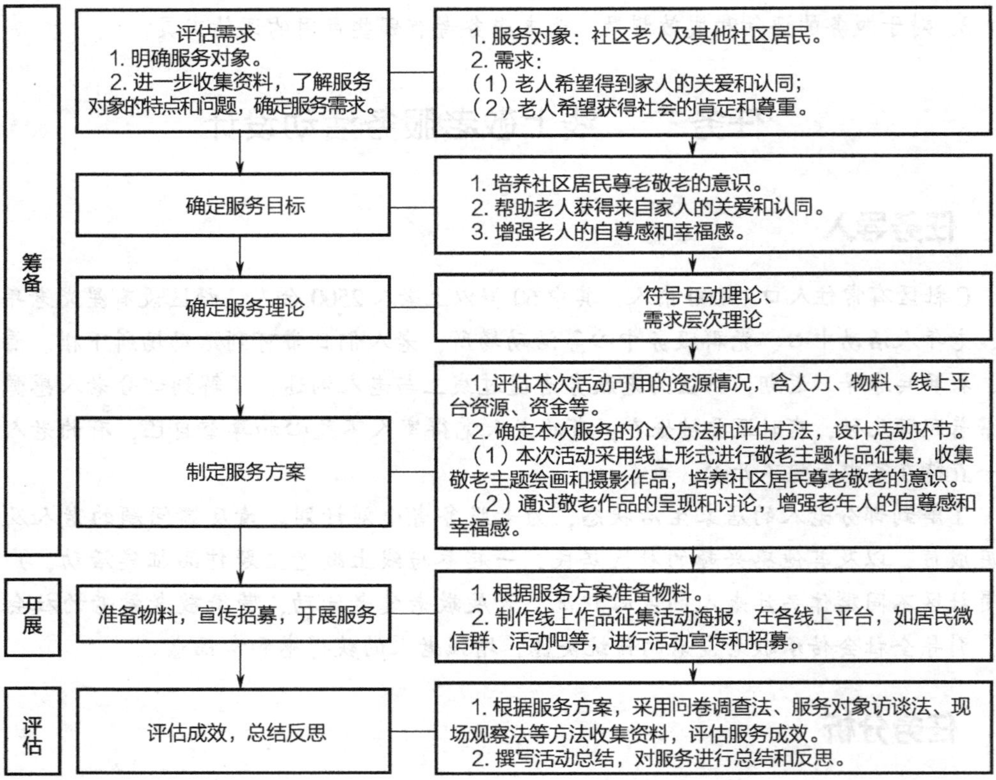

二、活动设计注意事项

1. 选择服务对象熟悉的线上服务平台，方便其参与

开展线上服务时，为老服务者要使用服务对象经常使用或能够熟练使用的平台，如服务对象经常使用的平台为微信，那么借助微信平台开展线上敬老服务，更容易让服务对象参与其中。

2. 加强线上服务宣传和活动互动，让服务对象了解并参与其中

对于线上服务，为老服务者须注意加强宣传，鼓励居民参与其中，并尽可能在居民参与的平台上，如居民微信群中与居民进行活动互动，让更多服务对象了解并参与其中。

3. 线上服务须考虑服务的可操作性，避免出现无法实施的情况

线上服务设计须考虑服务的可操作性，避免出现无法实施的情况。如获奖者行动不便，无法在线下领奖，因此颁奖环节应设计为线上颁奖，奖品可通过快递寄送或发放电子兑换卡等方式送至获奖者手中。

任务工单

<table>
<tr><th colspan="7">任务信息</th></tr>
<tr><td>任务名称</td><td colspan="6">线上敬老服务活动</td></tr>
<tr><td>任务目的</td><td colspan="6">1. 帮助学习者掌握线上敬老服务活动设计方法。
2. 帮助学习者掌握线上服务开展的技巧。
3. 帮助学习者提升开展线上服务的能力</td></tr>
<tr><td>任务要求</td><td colspan="6">背景：近期，有部分老人向某老年人中心的为老服务者反映自己只能待在家中，没有人能陪伴自己，自己感受不到家人的关爱和尊重，他们希望家人可以抽出一些时间，多关心和陪伴自己。
老年人活动中心的为老服务者计划借助敬老月这个契机，号召部分家庭，参与15天敬老服务线上打卡挑战活动，协助营造良好的敬老家庭氛围，让居家的老人能够更加开心地生活，感受到家人的关爱和尊重，提升老人的自我价值感。同时，为老服务者计划将打卡内容整理为视频，让居民通过投票的方式选出最有创意的五个敬老行动，老年人活动中心除了给予获胜者一定的奖励外，还将视频和打卡内容等整理成视频短片或活动报道，发布到其他线上平台，倡导尊老敬老的行为，进一步扩大活动影响力。
任务：假如你是该活动中心的为老服务者，请你设计一场线上敬老服务活动来满足老人渴望获得家人的关爱和尊重，提升自我价值感的需求，并做到如下几点。
1. 为老服务者须尽可能号召更多的家庭参与该活动，并设计好活动前后测试问卷。
2. 在活动开展前，为老服务者须提前准备敬老服务的例子，并线上引导参与者了解老人的需求，每日敬老服务时长不低于10分钟，线上鼓励参与者服务打卡。
3. 服务过程中，及时将活动中的敬老视频和打卡内容整理成视频短片或活动报道，发布到其他线上平台，阅读量不低于1万人次，扩大尊老敬老活动的影响力。
4. 在活动后期，将敬老打卡内容整理为视频，让居民进行线上投票，从中选出最有创意的五个敬老行动，对获胜及参与家庭进行奖励</td></tr>
<tr><th colspan="7">任务评价</th></tr>
<tr><td>学生姓名</td><td colspan="2"></td><td>班级</td><td></td><td>学号</td><td></td></tr>
<tr><td>任务成绩</td><td>总分：</td><td colspan="2">自评：</td><td colspan="2">互评：</td><td>师评：</td></tr>
<tr><td>自我评价</td><td colspan="6"></td></tr>
<tr><td>互评评语</td><td colspan="6"></td></tr>
<tr><td>教师评语</td><td colspan="6"></td></tr>
</table>

（续）

<table>
<tr><th colspan="4">任务实施</th></tr>
<tr><td colspan="4">活动名称：</td></tr>
<tr><th colspan="4">活动背景</th></tr>
<tr><td colspan="4">（描述该群体或该问题的现状并分点陈述问题或需求）</td></tr>
<tr><td>目标人群</td><td></td><td>名额</td><td></td></tr>
<tr><td>实施地点</td><td></td><td>人手编配</td><td></td></tr>
<tr><td>活动日期</td><td></td><td>时间</td><td></td></tr>
<tr><th colspan="4">活动理念（理论依据）</th></tr>
<tr><td colspan="4">（遵循什么样的服务理论、理念、方法来开展活动）</td></tr>
<tr><th colspan="4">活动目标</th></tr>
<tr><td colspan="4">（对应问题或者需求，分点阐述，遵循 SMART 原则，尽可能做到可量化、可评估）</td></tr>
<tr><th colspan="4">预计困难及解决方法</th></tr>
<tr><td colspan="2">预计困难</td><td colspan="2">解决方法</td></tr>
<tr><td colspan="2"></td><td colspan="2"></td></tr>
<tr><td colspan="2"></td><td colspan="2"></td></tr>
<tr><td colspan="2"></td><td colspan="2"></td></tr>
<tr><th colspan="4">评估方法</th></tr>
<tr><td colspan="4">（问卷调查法、现场观察法、服务对象访谈法、其他方法）</td></tr>
</table>

（续）

<table>
<tr><th colspan="5">活动设计</th></tr>
<tr><th colspan="5">前期准备</th></tr>
<tr><td colspan="5">（具体写明什么时间、什么地点、谁负责什么事、需要什么物资）</td></tr>
<tr><th colspan="5">中期安排</th></tr>
<tr><td colspan="5"></td></tr>
<tr><th colspan="5">善后工作</th></tr>
<tr><td colspan="5"></td></tr>
<tr><th colspan="5">物资及预算</th></tr>
<tr><td>序号</td><td>物品名称</td><td>单价</td><td>数量</td><td>用途描述及备注</td></tr>
<tr><td>1</td><td></td><td></td><td></td><td></td></tr>
<tr><td>2</td><td></td><td></td><td></td><td></td></tr>
<tr><td>3</td><td></td><td></td><td></td><td></td></tr>
<tr><td>4</td><td></td><td></td><td></td><td></td></tr>
<tr><td>5</td><td></td><td></td><td></td><td></td></tr>
<tr><td>6</td><td></td><td></td><td></td><td></td></tr>
<tr><td>7</td><td></td><td></td><td></td><td></td></tr>
<tr><td>8</td><td></td><td></td><td></td><td></td></tr>
<tr><td>9</td><td></td><td></td><td></td><td></td></tr>
<tr><td>10</td><td></td><td></td><td></td><td></td></tr>
<tr><td colspan="2">总计</td><td colspan="3"></td></tr>
</table>

思考实践

1. 线上开展活动的制约因素有哪些？为老服务者可以从哪些方面减少这些制约因素的影响？

2. 线上活动应如何招募更适合的参与者？

3. 线上服务的周期较长，如何更好地维持参与者的参与度？

4. 对于线上活动的服务评估和服务成效测量，是否有合适的评估工具？

参考工单

任务一　参考工单　　　任务二　参考工单

项目三
老年志愿服务设计

项目目标

志愿服务是社会文明进步的重要标志。习近平总书记在党的二十大报告中强调："完善志愿服务制度和工作体系。"近年来，老年志愿者们积极行动、发挥余热、服务群众、守望相助，老年志愿者队伍不断壮大。

为老服务者应积极策划老年志愿者的招募、培训、激励表彰活动，以实现老年志愿者队伍的健康发展。

知识目标

1. 理解老年志愿者、老年志愿者服务、老年志愿者培训、老年志愿者激励的含义及内涵。

2. 掌握开展老年志愿服务、培育老年志愿者队伍的知识和方法。

能力目标

1. 能设计适合老年人的服务活动开展老年志愿者的招募。

2. 能设计适合老年人的服务活动完成对老年志愿者的培训。

3. 能设计适合老年人的服务活动开展对老年志愿者队伍的激励表彰。

素质目标

1. 在志愿服务设计中，能挖掘老年人的潜能。

2. 能运用好社工+义工"双工联动"的理念，建立共建共治共享的格局思维。

3. 能发挥资源整合的作用，与多方进行合作。

任务一　老年志愿者招募与遴选

一、基本概念

1. 老年志愿者

我国对于老年志愿者的概念尚没有一个明确的定义。根据《中华人民共和国老年人权益保障法》第二条的规定，60 周岁以上的中华人民共和国公民都属于老年人。《志愿服务基本术语》（MZ/T 148—2020）对志愿者的定义是“以自己的时间、知识、技能、体力等从事志愿服务的自然人”。本书综合以上概念，将老年志愿者定义为：60 周岁及以上的，以自己的时间、知识、技能、体力等从事志愿服务的自然人。

2. 志愿服务

《志愿服务基本术语》（MZ/T 148—2020）对志愿服务的定义是“志愿者、志愿服务组织和其他组织自愿、无偿向社会或者他人提供的公益服务”。

3. 老年人志愿服务活动

老年人志愿服务活动是指老年志愿者、老年志愿服务组织和其他组织开展或参与志愿服务的行为。志愿服务活动内容包括但不限于生活帮扶、助学助教、卫生保健、法律服务、环境保护、治安防控、安全保障、文明引导、群众文化、社区服务、大型活动、应急救援等。

4. 志愿者招募

志愿者招募是指志愿服务组织根据活动目的和活动要求，把符合志愿服务特点、能力要求等特征的申请人吸引到志愿服务中，以满足志愿服务的人力资源需求的过程。

二、常用理论

1. 活动理论

1）理论概述

活动理论认为，老人的生活满足感与活动之间有积极联系，志愿服务可以为老人提供参与社会活动的机会，进而可以增进人际交往，促进老人社会功能的发挥及幸福感的增加。

2）实务应用

组织老年志愿者参与志愿服务，调动老人的积极性，使其主动融入活动，有利于促使其持续参与社会生活，从而保持健康的身心状态。

2. 积极老龄化理论

1）理论概述

积极老龄化理论倡导社会重新认识老年群体的社会价值。“健康”“参与”“保障”是积极老龄化框架的三大支柱。积极老龄化主张改变以往看待老人的消极眼光，把老人当作资源，积极鼓励老人在社会、经济、文化和政治等领域发挥余热。

2）实务应用

老人拥有丰富的人生阅历及专业技能等，设计志愿服务时，可以把老人作为资源融入志愿服务。从个人层面讲，这有利于老人发挥余热，获得成就感与价值感。从社会层面讲，这有助于发挥人力资本优势，缓解社会养老压力，创造社会价值。

三、常用方法

1. 常用招募途径

志愿者招募常用的宣传推广途径包括：志愿者相互介绍；举办招募活动；发放宣传品（宣传海报、招募说明、服务手册等）；举办志愿服务宣讲会；运用互联网手段（QQ、微信、微博、公益门户网站、电子邮件等）宣传；运用传统媒体（报刊、电视、广播等）宣传；与固定单位合作（民间组织、同类机构、志愿者组织、辖区企业等）。

2. 志愿者工作分析

志愿者工作分析指对志愿者的工作进行描述及职责说明，分析的内容包括要完成的任务要求及志愿者所需的知识、技能和态度等。进行志愿者工作分析后要形成岗位说明书，其内容须包括岗位的名称、工作内容描述、职责说明、与岗位相关的酬劳安排、岗位的资格要求等。

3. 志愿者招募公告发布

发布志愿者招募公告能够让潜在志愿者知晓活动目的及相关要求。一份完整的志愿者招募公告通常应：简单介绍服务背景、内容与服务期限；明确招募要求；阐述志愿者在志愿服务中的收获；给出招募时间与报名渠道；要求报名信息真实有效；明确联系人及联系方式；明确志愿服务组织方；等等。

4. 遴选志愿者的方法

遴选志愿者的常用方法包括：申请表遴选、电话谈话遴选、面对面谈话遴选、设置小组讨论情境遴选、专业技能展示遴选等。实践中可针对志愿服务需求采用不同的遴选方法。

四、注意事项

（1）评估招募的途径。应根据志愿服务内容评估招募途径是否恰当，确保及时招募到合适的志愿者。

（2）志愿者招募公告应表述清晰、简单，收集的报名信息要真实有效，对志愿者不要做超出组织能力范围的承诺。

（3）重视志愿者登记表的设计。完善的志愿者登记表可以发挥很重要的作用。全面的信息不仅有利于遴选评估，而且对后续志愿者队伍的规范发展起促进作用。

（4）及时反馈招募结果。及时反馈一方面让通过遴选的志愿者有更多的准备时间；另一方面有利于保障未能入选的志愿者参与志愿服务的积极性。

任务导入

H社区共有户籍老人1103人，其中80岁以上的高龄老人80名。社工调研发现，高龄老人存在与同辈群体交流较少、生活范围局限在家庭、社区融入不足等问题，他们需要家庭成员、同辈群体的情感支持及社会力量的共同关注。在社区老年人服务中心志愿者队伍中，老年志愿者约占50%，是目前比较活跃的志愿者群体。为回应高龄老年群体的精神慰藉需求，社区老年人服务中心决定招募15名志愿者，对高龄老人进行入户探访服务。

任务分析

一、服务需求分析

高龄老人的需求：一是精神慰藉的需求，高龄老人处于独居或空巢状态，与子女、同辈群体的情感交流较少，精神支持缺乏；二是社区融入的需求，高龄老人的活动范围大多局限在家庭内，与社区等联系较少，与社区外界的互动不足。

志愿服务需求分析：本次探访需要15名志愿者，核心职责是探访社区内的80名高龄老人，志愿者须具备对老人提供探访服务的基本知识、技能和态度。

二、制定服务方案

（1）进行志愿者工作分析。依据本次探访服务进行志愿者工作分析。

（2）根据志愿者工作分析结果拟定志愿者招募公告，发布招募信息。

（3）根据志愿者报名名单遴选志愿者，确定志愿者并予以通知，准备下一阶段工作。

三、主要服务目标

招募 15 名老年志愿者，组建高龄老人探访服务队伍。

任务实施

一、操作流程图

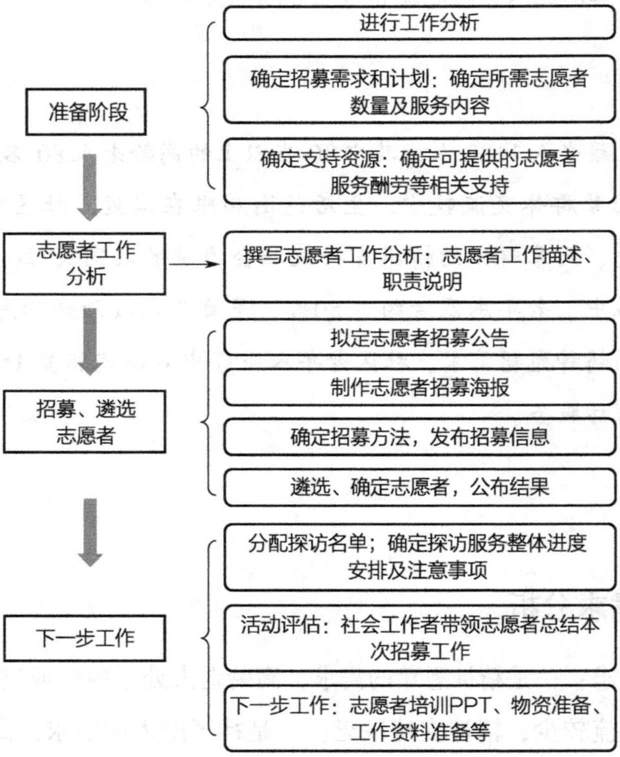

二、活动设计注意事项

（1）做好前期准备工作。工作人员可提前了解被探访对象的基本信息、居住地址等，便于志愿者招募工作的开展。

（2）招募公告须简洁明了。拟定志愿者招募公告，须考虑招募对象的文化水平、语言习惯等，招募公告应便于对方阅读理解。

（3）注重评估。活动负责人须对报名对象进行评估，重点了解其参加志愿服务的动机、期望及服务时长等因素，同时对报名对象的身心健康状态进行评估。

任务工单

<table>
<tr><th colspan="8">任务信息</th></tr>
<tr><td>任务名称</td><td colspan="7">策划一场志愿者招募活动</td></tr>
<tr><td>任务目的</td><td colspan="7">1. 掌握志愿者工作分析方法与技能。
2. 掌握志愿者招募、遴选的操作方法。
3. 掌握志愿者招募活动的组织技能</td></tr>
<tr><td>任务要求</td><td colspan="7">背景：在生活节奏加快等社会特征的影响下，人们面临着越来越多的心理健康问题。F 街道党工委决定开展“安心驿站”项目，并引入社会组织协助开展心理健康促进服务。此活动旨在向居民普及心理健康知识，进一步提高心理健康服务的普惠性。活动形式以互动参与性较强的趣味性活动为主，设置 4 个摊位用于开展互动活动，参与者现场报名参与并累积积分。现招募 7 名志愿者协助开展活动。
任务工单活动详情
任务：依据积极老龄化理论，设计志愿者招募活动，招募 7 名志愿者；针对招募过程中可能出现的困难及风险，制定应对措施</td></tr>
<tr><th colspan="8">任务评价</th></tr>
<tr><td>学生姓名</td><td colspan="2"></td><td>班级</td><td colspan="2"></td><td>学号</td><td></td></tr>
<tr><td>任务成绩</td><td colspan="2">总分：</td><td>自评：</td><td colspan="2">互评：</td><td colspan="2">师评：</td></tr>
<tr><td>自我评价</td><td colspan="7"></td></tr>
<tr><td>互评评语</td><td colspan="7"></td></tr>
<tr><td>教师评语</td><td colspan="7"></td></tr>
<tr><th colspan="8">任务实施</th></tr>
<tr><td colspan="8">活动名称：</td></tr>
<tr><th colspan="8">活动背景</th></tr>
<tr><td colspan="8">（描述该群体或该问题的现状并分点陈述问题或需求）</td></tr>
<tr><td>目标人群</td><td colspan="3"></td><td>名额</td><td colspan="3"></td></tr>
<tr><td>实施地点</td><td colspan="3"></td><td>人手编配</td><td colspan="3"></td></tr>
<tr><td>活动日期</td><td colspan="3"></td><td>时间</td><td colspan="3"></td></tr>
</table>

（续）

活动理念（理论依据）				
（遵循什么样的服务理论、理念、方法来开展活动）				
活动目标				
（对应问题或者需求，分点阐述，遵循 SMART 原则，尽可能做到可量化、可评估）				
预计困难及解决方法				
预计困难		解决方法		
评估方法				
（问卷调查法、现场观察法、服务对象访谈法、其他方法）				
活动设计				
前期准备				
（具体写明什么时间、什么地点、谁负责什么事、需要什么物资）				
中期安排				
善后工作				
物资及预算				
序号	物品名称	单价	数量	用途描述及备注
1				
2				
3				
4				
总计				

思考实践

1. 志愿者招募海报的面向对象是谁？应该包含哪些内容？

2. 如果在志愿者招募过程中了解到志愿者有参与其他志愿服务的意向，社会工作者（简称“社工”）应如何进行跟进？

任务二　老年志愿者培训与督导

一、基本概念

1. 志愿者培训

培训就是通过培养加训练使受训者掌握某种技能的方式。志愿者培训指通过为志愿者开展一定的教育训练活动，使志愿者具备开展服务所需的知识、态度、技能的过程。

2. 志愿者督导

志愿者督导是社会服务机构中的行政专务人员指导、协调和评估志愿者的工作过程。志愿者督导的最终目标是在遵循机构政策和行政规范的情况下，向接受志愿者服务的服务对象提供高质量的服务。

二、常用理论

1. 增能理论

1）理论概述

增能理论主要表现在个人层面、人际层面和政治层面。个人层面，表现为通过深入挖掘服务对象自身的优势和潜能，增强其自信心，帮助其提升自我形象；人际层面，表现为与他人交往时自己能够掌握一些谈判和决策技巧；政治层面，强调整个社会层面的资源通过再分配由一个群体转移到另外一个群体。

2）实务应用

对于老年志愿者而言，增能不但能使他们提升自身能力，掌握与他人交流沟通的技巧，也能让他们意识到自己有权利参与组织的管理。这就要求在让老年志愿者介入服务活动的过程中，充分了解其潜能，引导其树立自信心，让其意识到自己有权利和能力为组织发展贡献力量。

2. 社会学习理论

1）理论概述

详见模块一项目一“老龄政策普及服务设计”中有关社会学习理论的概述。

2）实务应用

为老年志愿者开展培训和督导服务，就是为老年志愿者提供观察、体验、示范等间接学习机会的过程。

三、常用方法

1. 教育培训法

教育培训法针对志愿者的特点和需求，组织多种形式的教育培训，使志愿者树立正确的思想理念和行为标准，规范志愿者的行为。其形式既包括课堂授课，也包括各种会议、座谈、研讨、参观、学习、娱乐等活动。

2. 经验分享法

举办志愿者经验分享活动，挖掘星级志愿者、专才志愿者，并通过“传帮带”、经验分享的方式帮助志愿者互相学习，共同进步。

3. 督导法

督导法一般包括个人面谈及集体讨论两种方式。

(1) 个人面谈。与志愿者个人面谈，了解志愿者的个人发展需要并适当跟进。

(2) 集体讨论。与志愿者团队一起客观分析目前工作成果、取得的进展及面临的困难并寻求改进的办法。

四、注意事项

1. 培训活动设计的系统性与阶段性

志愿者培训是一个体系，设计时需要在系统的框架下根据志愿者队伍不同的阶段水平设计适切的内容。

2. 合理设计活动时间及内容

老年志愿培训和督导活动的时间不宜设计得太长，过程中宜增加互动，增强趣味性。

3. 需要运用好老人自身的资源

要积极挖掘有影响力的、热心的老年志愿者，支持和鼓励他们发挥自身的潜能，推动老人自发性组织志愿服务。

任务导入

S社区夕阳红养老服务中心（简称“中心”），主要为社区老人提供康娱、助餐、健康理疗、精神慰藉等服务，中心服务很受社区老人欢迎，很多老人一开始是来接受服务的，后来便主动报名成了中心的志愿者，随着报名的老人越来越多，S社区拟依托中心成立一支夕阳红志愿者服务队并计划开展一场培训。

任务分析

一、服务需求分析

(1) 系统了解志愿服务知识的需求。老人大多是凭着热情参与志愿服务的，他们对志愿服务知识缺乏系统的了解，需要提升他们对志愿服务的认识水平。

（2）老年志愿者身份被认同的需求。老人普遍存在自我价值感低的特点，通过给予老年志愿者身份认同可提升老人参与志愿服务的价值感和自豪感。

（3）建立志愿者互助网络的需求。建立志愿者相互支持、共同参与的支持系统，是社区老年志愿者队伍健康发展的基石。

二、制定服务方案

（1）开展志愿者基础知识培训。

（2）组建夕阳红志愿者服务队，营造入队的仪式感。

（3）共同讨论并确定队伍的规划方向及管理约定。

三、主要服务目标

提升S社区15名夕阳红志愿者对志愿服务的认识水平，明晰S社区夕阳红志愿者服务队的发展方向及管理约定。

任务实施

一、操作流程图

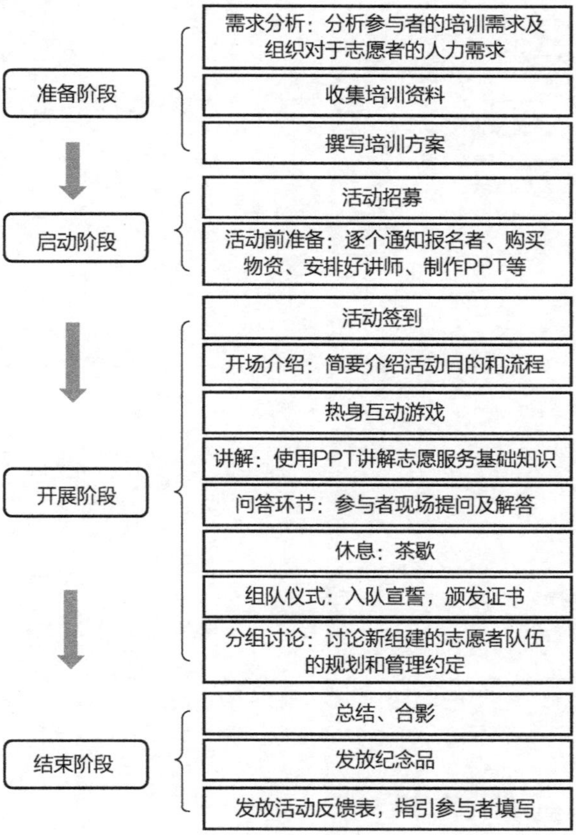

二、活动设计注意事项

（1）充分了解需求。活动设计前既要了解参与者的需求，又要了解所在社区/项目对志愿者的人力需求，培训既要让参与者获得成长，又要有利于志愿者的调度，增强队伍的凝聚力。

（2）培训在内容宜通俗易懂，在形式上宜频繁互动交流。因老年志愿者文化水平参差不齐，所以培训内容要通俗易懂，少使用专业术语，多融入案例，同时多引导参与者分享互动，调动他们的主观能动性。

（3）熟悉政策。培训前须熟悉所在地区志愿者管理的基本政策，如熟悉当地志愿者的管理平台 APP（应用程序）/小程序的使用以及相关的管理规范和流程。

任务工单

任务信息	
任务名称	为新招募的老年志愿者组建队伍并策划一场志愿者培训活动
任务目的	1. 掌握培训新老年志愿者的知识。 2. 掌握培训新老年志愿者的方法和技巧。 3. 掌握老年志愿者队伍的组建流程与方法
任务要求	**背景**：S 社区是深圳一个典型的城中村，社区有本地老人 108 人，外地老人 520 人。S 社区公共养老服务设施不足，很多老人日常没地方去。2020 年 4 月，社区成立了一个近 1000 平方米的夕阳红养老服务中心（简称“中心”）。中心成立之初，根据规划结合社区老人的需求，开展了一系列为老服务，如健康操、音乐小组、中医理疗服务等都很受欢迎。 随着服务的逐渐深入，越来越多的老人来中心参加活动，其中有几个老人几乎每天都来，还带了很多附近的老人来体验服务，同时他们还主动做起了志愿者。他们穿上红马甲，每天准时来中心提供志愿服务，没有经济回报但却越来越开心。 在经过一段时间的服务积累后，中心公开招募志愿者，有 15 名老人报了名，为做好这支队伍的建设，中心计划进行一场夕阳红老年志愿者队伍组建及培训活动。 **任务**：设计一场培训活动，为这批老年志愿者提供志愿者专业知识培训，并做好这支队伍的组建工作

任务评价					
学生姓名		**班级**		**学号**	
任务成绩	**总分**：	**自评**：	**互评**：	**师评**：	
自我评价					
互评评语					
教师评语					

任务实施			
活动名称：			
活动背景			
（描述该群体或该问题的现状并分点陈述问题或需求）			
目标人群		**名额**	
实施地点		**人手编配**	
活动日期		**时间**	

（续）

活动理念（理论依据）
（遵循什么样的服务理论、理念、方法来开展活动）
活动目标
（对应问题或者需求，分点阐述，遵循 SMART 原则，尽可能做到可量化、可评估）
预计困难及解决方法

预计困难	解决方法

评估方法
活动设计
前期准备
（具体写明什么时间、什么地点、谁负责什么事、需要什么物资）
中期安排
善后工作
物资及预算

序号	物品名称	单价	数量	用途描述及备注
1				
2				
3				
4				
总计				

思考实践

1. 培育老年志愿者队伍，如何挖掘老年志愿者骨干人才，调动老年志愿者的积极性？

2. 对于后面陆续加入的志愿者，如何进行培训并让其快速融入队伍？

任务三　老年志愿者评估与激励

一、基本概念

1. 老年志愿者评估

《志愿服务基本术语》（MZ/T 148—2020）对志愿服务评估的界定是“用科学和系统的方法对志愿服务管理、活动、项目以及服务成效进行动态监测与静态总结考评”。老年志愿者评估主要是对老年志愿者的志愿服务效果、服务态度、服务水平进行评定。评估主要有过程性评估和成果性评估等。

1）过程性评估

为老服务者在志愿服务的不同阶段对老年志愿者的服务完成量、计划执行情况、服务态度、服务专业水平等进行评估。

2）成果性评估

为老服务者对老年志愿者的服务产出、服务预期目标的达成情况等进行评估，即成果性评估。

2. 志愿者激励

《志愿服务基本术语》（MZ/T 148—2020）对志愿者激励的界定是“激发和鼓励志愿者参与志愿服务的措施”。

二、常用理论

双因素理论是老年志愿者评估与激励中的常用理论。

1）理论概述

双因素理论（Two Factor Theory）亦称“激励-保健理论”。激励因素指能让组织成员感到满意的因素，这些因素都是属于工作本身或工作内容方面的，主要包括：成就、赏识、挑战性的工作、增加的工作责任以及成长与发展的机会等。保健因素是使成员感到不满的因素，这些因素都属于工作环境或工作关系方面的，如组织管理制度、管理措施、监督、人际关系等。只有激励因素才能够给人们带来满意感，保健因素只能消除人们的不满，但不会带来满意感。

2）实务应用

为老服务者在社工＋义工“双工联动”过程中，要有意识地识别激励因素和保健因素，提升激励因素的作用，进而提高老年志愿者在志愿服务中的积极性和服务效率；同时，改进保健因素，从而改善成员对组织的不满情况。

三、常用方法

1. 会谈法

为老服务者通过会谈的方法，将老年志愿者评估的结果反馈给老年志愿者，以达到提高老年志愿者服务水平和能力的目的。会谈的形式主要有“一对一”和集体反馈。

2. 总结会

为老服务者阶段性地对服务的开展情况、服务成效进行总结，提升老年志愿者对志愿服务的了解水平和认同感。总结会通常按阶段举行，如半年度总结会、年度总结会。

3. 表彰会

为老服务者通过树立典型的个人榜样或团体榜样的方法，强化老年志愿者对组织的认同感和归属感。表彰会主要侧重于树立典型，以物质激励和精神激励为主。物质激励一般有交通补贴、餐补、荣誉证书、时间银行积分等；精神激励一般有志愿之星、社区好人等评选，风采展示，媒体报道，推优，等等。

4. 议事会

为老服务者针对某个主题，如组织的年度志愿服务规划、小区垃圾分类，邀请老年志愿者代表参与商议，了解和听取老年志愿者代表的观点和建议，形成决议并执行。议事会主要强调老年志愿者共同商议、共同执行。

四、注意事项

（1）评估反馈要适度。评估反馈注意选择合适的时间和场景，注意措辞，注意保护老年志愿者的自尊心，避免打击老年志愿者的积极性。

（2）激励要物质与精神并举。使用物质奖励要适度，要注重志愿精神和志愿文化的引导。

任务导入

J社区夕阳红都市养老服务中心（简称“中心”）成立以来，大力发展社区老年志愿服务，经过一年多的发展，社区新注册志愿者50多人，参与服务人次达到200多人次，服务时长超过500小时。如何做好中心老年志愿者激励，提升老年志愿者参与积极性，进而推动中心老年志愿服务发展？

任务分析

一、服务需求分析

（1）被认同和自我实现的需要。老年人在退休后，随着年龄的增长，身体状况和个人能力逐步老化，会产生心理落差和空虚感。此外，面对“无用”“负担”等负面标签时，老年人就会产生被认同和自我实现的需求。

（2）巩固成果的需要。老年志愿者服务参与性一般呈两极分化态势。对中心认同度高的老年志愿者参与志愿服务的积极性高，认同度低的老年志愿者参与志愿服务的积极性较低。

二、制定服务方案

（1）通过正式和非正式的互动，增进老年志愿者与中心和为老服务者的专业关系，并不断保持和加强。

（2）运用会谈法、总结会、表彰会和议事会等，激发老年志愿者参与志愿服务的积极性，增强其对中心的认同感和归属感。

三、主要服务目标

（1）增强老年志愿者对中心志愿服务的认同感和归属感。

（2）巩固志愿者服务的成果，传播“积极老龄化”的精神。

任务实施

一、操作流程图

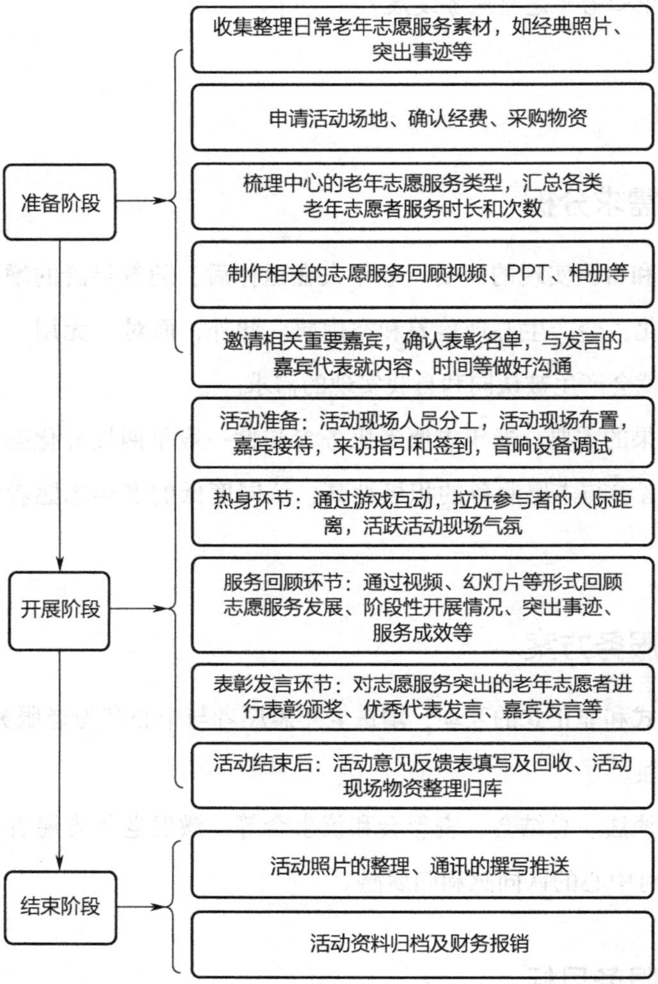

二、活动设计注意事项

（1）活动设计适切性强。活动设计需要考虑老年志愿者群体的年龄特征、身体特征、认知水平、风俗习惯等因素，保障老年志愿者参与积极性和深度。

（2）强调合力共建和奉献社区。活动设计不仅要强调榜样的作用，而且要强调志愿服务的成效是所有老年志愿者共同参与和无私奉献的结果。

任务工单

<table>
<tr><th colspan="8">任务信息</th></tr>
<tr><td>任务名称</td><td colspan="7">老年志愿服务总结表彰活动设计训练</td></tr>
<tr><td>任务目的</td><td colspan="7">1. 掌握老年志愿服务总结表彰活动设计方法和流程。
2. 掌握激励老年志愿者的知识和技巧。
3. 提升社工 + 义工“双工联动”的能力</td></tr>
<tr><td>任务要求</td><td colspan="7">背景：
1. S 市有“志愿者之城”的美誉，志愿服务相关的文件、措施非常完善，志愿服务氛围浓郁，志愿服务“红马甲”随处可见。同时，社工 + 义工“双工联动”应用于各个社会服务领域，成效显著。
2. J 社区有一群老年志愿者活跃在社区。J 社区“夕阳红”都市养老服务中心成立一年多以来，与这群老年志愿者建立了良好的合作关系，带动社区老年志愿者新注册 50 多人，参与服务人次达到 200 人次，志愿服务时长超过 500 小时。中心志愿服务涵盖社区主题活动志愿服务、社区环保志愿服务、社区便民和助老志愿服务、志愿服务 U 站等多个类型。中心发展志愿服务以来，受到了社区党委和居民的高度认可和表扬。
任务：依据文中理论模式，设计一场老年志愿服务总结表彰活动</td></tr>
<tr><th colspan="8">任务评价</th></tr>
<tr><td>学生姓名</td><td colspan="2"></td><td>班级</td><td colspan="2"></td><td>学号</td><td></td></tr>
<tr><td>任务成绩</td><td colspan="2">总分：</td><td colspan="2">自评：</td><td colspan="2">互评：</td><td>师评：</td></tr>
<tr><td>自我评价</td><td colspan="7"></td></tr>
<tr><td>互评评语</td><td colspan="7"></td></tr>
<tr><td>教师评语</td><td colspan="7"></td></tr>
<tr><th colspan="8">任务实施</th></tr>
<tr><td colspan="8">活动名称：</td></tr>
<tr><th colspan="8">活动背景</th></tr>
<tr><td colspan="8">（描述该群体或该问题的现状并分点陈述问题或需求）</td></tr>
</table>

（续）

<table>
<tr><td colspan="2">目标人群</td><td colspan="2"></td><td>名额</td><td></td></tr>
<tr><td colspan="2">实施地点</td><td colspan="2"></td><td>人手编配</td><td></td></tr>
<tr><td colspan="2">活动日期</td><td colspan="2"></td><td>时间</td><td></td></tr>
<tr><td colspan="6">活动理念（理论依据）</td></tr>
<tr><td colspan="6">（遵循什么样的服务理论、理念、方法来开展活动）</td></tr>
<tr><td colspan="6">活动目标</td></tr>
<tr><td colspan="6">（对应问题或者需求，分点阐述，遵循 SMART 原则，尽可能做到可量化、可评估）</td></tr>
<tr><td colspan="6">预计困难及解决方法</td></tr>
<tr><td colspan="4">预计困难</td><td colspan="2">解决方法</td></tr>
<tr><td colspan="4"></td><td colspan="2"></td></tr>
<tr><td colspan="4"></td><td colspan="2"></td></tr>
<tr><td colspan="4"></td><td colspan="2"></td></tr>
<tr><td colspan="6">评估方法</td></tr>
<tr><td colspan="6"></td></tr>
<tr><td colspan="6">活动设计</td></tr>
<tr><td colspan="6">前期准备</td></tr>
<tr><td colspan="6">（具体写明什么时间、什么地点、谁负责什么事、需要什么物资）</td></tr>
<tr><td colspan="6">中期安排</td></tr>
<tr><td colspan="6"></td></tr>
<tr><td colspan="6">善后工作</td></tr>
<tr><td colspan="6"></td></tr>
<tr><td colspan="6">物资及预算</td></tr>
<tr><td>序号</td><td>物品名称</td><td>单价</td><td colspan="2">数量</td><td>用途描述及备注</td></tr>
<tr><td>1</td><td></td><td></td><td colspan="2"></td><td></td></tr>
<tr><td>2</td><td></td><td></td><td colspan="2"></td><td></td></tr>
<tr><td colspan="2">总计</td><td colspan="4"></td></tr>
</table>

思考实践

1. 如何挖掘老年志愿者的优势？
2. 如何增强老年志愿者参与服务的持久性？
3. 如何提高老年志愿者对中心/组织的认同感和归属感？

参考工单

任务一　参考工单　　任务二　参考工单　　任务三　参考工单

项目四
居家适老化改造服务设计

党的二十大报告指出，中国式现代化是人口规模巨大的现代化。构建老年交好型社会，是实现中国式现代化的应有之义。受传统观念影响，居家养老仍然是目前老人首选的养老方式，然而，绝大多数老人的家中存在着各种各样的安全隐患与不便。2020年民政部等9部门联合印发《关于加快实施老年人居家适老化改造工程的指导意见》，旨在引起社会各界对适老化改造的关注，营造适宜适老化改造企业与组织发展的环境，为老人提供优质的居家适老化改造服务，让居家养老更安全，让老人养老更舒心。

项目目标

知识目标

1. 理解居家适老化改造的基本概念。
2. 明晰居家适老化改造的项目内容与工作程序。
3. 掌握策划居家适老化改造宣传与体验活动的方法。
4. 牢记居家适老化改造项目的类别、名称与具体内容。

能力目标

1. 能根据老人的不同需求指出适切的居家适老化改造项目。
2. 能策划服务活动向老人及其他家人宣传居家适老化改造服务的类别、名称与具体内容。

素质目标

1. 能耐心细致地解答老人关于居家适老化改造的各项疑问。
2. 认同居家适老化改造的重要性，并能具备敬老爱老的服务意识，帮助老人意识到居家适老化改造的重要性。
3. 提供居家适老化改造服务，具备与接受居家适老化改造的老人及其家属平等沟通与合作的意识。

一、基本概念

1. 居家适老化改造

居家适老化改造是一项综合性的居家养老服务，由专业的适老化改造机构对老人及其家人的用于养老的住房进行施工改造、设施配备、老年用品配置，以提升住房的适老化居住程度，让老人生活得更加舒适、安全、便捷。

居家适老化改造的类别如下。

1）地面改造

①防滑处理（基础）：在卫生间、厨房、卧室等区域，铺设防滑砖或者防滑地胶，避免老人滑倒，提高安全性。

②高差处理（基础）：铺设水泥坡道或者加设橡胶等材质的可移动式坡道，保证地面平滑、无高差障碍，方便轮椅进出。

③平整硬化（可选）：对地面进行平整硬化，方便轮椅通过，降低风险。

④安装扶手（可选）：在高差变化处安装扶手，辅助老人通过。

2）门改造

①门槛移除（可选）：移除门槛，保证老人进门无障碍，方便轮椅进出。

②平开门改为推拉门（可选）：方便开启，增大通行宽度和辅助操作空间。

③房门拓宽（可选）：对卫生间、厨房等空间较窄的门洞进行拓宽，改善通过性，方便轮椅进出。

④下压式门把手改造（可选）：改造为可用单手手掌或者手指轻松操作的门把手，增加摩擦力和稳定性，方便老人开门。

⑤安装闪光振动门铃（可选）：供听力、视力障碍老人使用。

3）卧室改造

①配置护理床（可选）：帮助失能老人完成起身、上下床、吃饭等动作，辅助用餐、处理排泄物等。

②安装床边护栏或抓杆（基础）：辅助老人起身、侧翻、上下床，防止翻身滚下床，保证老人睡眠和活动安全。

③配置防压疮垫（可选）：避免长期乘坐轮椅或卧床的老人发生严重压疮，包括防压疮坐垫、靠垫或床垫等。

4）如厕洗浴设备改造

①安装扶手（基础）：在如厕区或者洗浴区安装扶手，辅助老人起身、站立、转身和坐下，包括一字形扶手、U形扶手、L形扶手、135°扶手、T形扶手或者助力扶手等。

②蹲便器改坐便器（可选）：减轻蹲姿造成的腿部压力，避免老人如厕时摔倒，方便乘轮椅老人使用。

③水龙头改造（可选）：采用拔杆式或感应水龙头，方便老人开关水阀。

④浴缸/淋浴房改造（可选）：拆除浴缸/淋浴房，更换浴帘、浴杆，增加淋浴空间，方便照护人员辅助老人洗浴。

⑤配置淋浴椅（基础）：辅助老人洗澡用，避免老人滑倒，提高安全性。

5）厨房设施改造

①台面改造（可选）：降低操作台、灶台、洗菜池高度或者在其下方留出容膝空间，方便乘轮椅或者体形矮小的老人操作。

②加设中部柜（可选）：在吊柜下方设置开敞式中部柜、中部架，方便老人取放物品。

6）物理环境改造

①安装自动感应灯具（可选）：安装感应便携灯，避免使用直射光源、强刺激性光源，人走灯灭，供老人起夜使用。

②电源插座及开关改造（可选）：视情况进行高/低位改造，避免老人下蹲或弯腰，方便老人插拔电源和使用开关。

③安装防撞护角/防撞条、提示标识（可选）：在家具尖角或墙角安装防撞护角或者防撞条，避免老人磕碰划伤，必要时粘贴防滑条、警示条等符合相关标准和老人认知特点的提示标志。

④适老家具配置（可选）：比如换鞋凳、适老椅、电动升降晾衣架等。

7）老年用品配置

①手杖（基础）：辅助老人平稳站立和行走，包含三脚或四脚手杖、凳拐等。

②轮椅/助行器（可选）：辅助家人、照护人员推行/帮助老年人站立行走，扩大老人活动空间。

③放大装置（可选）：选用光学/电子原理进行影像放大，方便老人使用。

④助听器（可选）：帮助老人听清声音来源，增加与周围的交流，包括盒式助听器、耳内助听器、耳背助听器、骨导助听器等。

⑤自助进食器具（可选）：辅助老人进食，包括防洒碗（盘）、助食筷、弯柄勺（叉）、饮水杯（壶）等。

⑥防走失装置（基础）：用于定位失智老人或其他精神障碍老人，避免老年人走失，包括防走失手环、防走失卡等。

⑦安全监控装置（基础）：佩戴于身体或安装在居家环境中，用于监测老人动作或者居室环境，发生险情时及时报警，包括红外探测器、紧急呼叫器、烟雾/煤气泄漏和

溢水报警器等。

2. 居家适老化服务活动

居家适老化服务活动是指为老服务者为向老人介绍和推广居家适老化而开展的各项活动，其目的在于让老人认同并接受居家适老化改造的理念，并进行居家适老化改造。具体而言，服务活动包括但不限于居家适老化宣传活动、居家适老化体验活动。

居家适老化宣传活动旨在通过知识输出的方式，改变老人的观念，进而促成居家适老化改造行动产生的服务活动。

居家适老化体验活动则指让老人置身进行过居家适老化改造的样板房等空间，直观感受和体验居家适老化改造的益处，进而促成居家适老化改造行动产生的服务活动。

为老服务者可根据老人的认知能力、知识储备情况等选择适当的服务活动，也可将宣传类和体验类服务合并同时开展。

二、常用理论

1. 交互决定论

1）理论概述

交互决定论由班杜拉在行为主义、人本主义与认知心理学的基础上进行改良后提出，归属于社会学习理论的一部分。班杜拉认为，人的行为、人的特征（如认知结构、个性特征、生理特点、心理结构、年龄特征等）与环境因素实际上是作为相互连接、相互作用的决定因素而产生作用的。具体而言，环境是决定行为的潜在因素，人们可以根据自己与周围环境交往的经验总结出规律，并以此来做出不同的行为；人的特征和人与环境的交互决定人既不完全受控于环境，也不能脱离环境而为所欲为。

2）实务应用

根据交互决定论，老人对居家适老化改造的态度，是会受到个体特征差异与所处环境差异影响的。具体而言，若老人身边的人都接受了居家适老化改造，所处环境的潜在影响会使其跟风接受居家适老化改造；若老人与为其介绍居家适老化改造的为老服务者们建立了较好的关系，他们讲解的内容易于老人理解，带给老人对适老化改造的直观体验和感受，为老人营造了安全与信任的环境，其也会更愿意听从他们的建议；老人的认知水平、价值观、受教育程度、经济承受能力等个体特征差异，也会影响其对居家适老化改造的态度。由此，为老服务者可从上述方面入手，帮助服务对象接纳居家适老化改造。

2. 认知行为理论

1）理论概述

认知行为理论是认知理论和行为理论的结合，该理论认为可以通过改变思维方式、信念及行为的方法来改变不良的认知、修正行为方式。例如，改变过度概括性的认知或归因、灾难化思考、两极化思考等，用以修正行为方式。

2）实务应用

部分老人会对新鲜事物有着本能的排斥，而他们对新鲜事物排斥的原因可以归结为对新鲜事物的极端化思考，认为一切都是以前的好，新鲜事物都是骗人、骗钱的，等等。还有一些老人会因为对自身掌握新技能的能力表现出悲观的态度，为掩盖自己的不足，而一味排斥新鲜事物，其本质是一种消极的自我保护。这就要求为老服务者要敏锐地察觉老人排斥居家适老化改造的认知偏差，并通过改变认知来促成行为的改变，或通过体验式的行为，促成老人认知的改变。

三、常用方法

1. 宣传法

宣传法是通过海报、传单或展板展示，电话或面对面讲解等方式，让老人了解适老化改造是什么，为什么要进行居家适老化改造，并逐渐认同居家适老化改造的观点，进而接纳居家适老化改造。具体而言，活动形式可以包括：居家适老化改造展览、居家适老化改造讲座、居家适老化改造知识竞赛等。

设计步骤参考如下。

第一步：明确服务区域老人的认知水平。可通过问卷调查或访谈了解该区域的老人是否了解居家适老化改造，是否曾经接触过类似的宣传，他们的学历如何，认知能力如何，经济能力如何，进而确定服务设计的深度和方法。

第二步：根据服务区域老人的认知水平策划服务活动。根据服务区域老人的认知水平，选择适当的宣传形式，为达到效果，可以将展览、讲座、知识竞赛结合起来。展览的好处是可以让服务对象根据自己的时间，慢慢地了解相关知识，是一种相对被动的服务形式。讲座的形式则更适用于主动接受新事物的老人，面对面的沟通方式也更利于其对知识的理解和掌握。知识竞赛这种竞技性和激励性的活动有助于激发老人的参与热情，促使老人主动去接触和识记知识。

2. 体验法

体验法是指为了帮助老人更好地理解居家适老化改造，在社区内搭建居家适老化改造样板房，或者功能体验区，帮助老人切身感受居家适老化改造后的便利，由行为的体验带来观念的改变，进而促成居家适老化改造行为的产生。体验场地可以设置在社区的养老服务站，因为社区养老服务站有适老化设施，在社区养老服务站开展体验活动，就不必额外搭建临时的场所，节省人力、物力、财力。若社区内并没有养老服务站，则可联合适老化设备供应商，搭建临时体验场所，并配备讲解员为老人讲解每一项设备的用途。体验活动还可采用趣味闯关、探秘寻宝的方式，增加趣味性。

体验法的活动策划步骤与宣传法大致相同，故不再赘述。

四、注意事项

1. 明确所在区域的居家适老化改造政策

各地政府对居家适老化改造会有着略微不同的支持政策，但是整体上都会有对特殊困难老人家庭的经费支持，且依照自愿、安全、便利、经济的思路来提供服务。为老服务者要熟悉自己所在区域的相关政策，为有特殊困难的老人家庭申请相应的补贴。但是，一般政策规定，对于已进行贫困重度残疾人家庭无障碍改造的，不再纳入支持保障范围。

2. 明确可进行居家适老化改造的住房范围

改造对象家庭应对拟改造住房拥有产权或者长期使用权，拟改造的住房应符合质量安全相关标准、具备基础改造条件，且没有纳入拆迁规划。

3. 明晰改造的流程

总体而言，改造分为申请、评估、改造、验收、监管几个主要步骤。依据《关于加快实施老年人居家适老化改造工程的指导意见》，经改造对象家庭申请，县级民政等部门应委托专业机构科学评估改造对象家庭改造需求，依据评估结果确定改造方案，明确具体改造项目、改造标准和补助方式等内容，按照政府采购法律制度规定择优确定改造施工机构，经老人或者其监护人签字确认后组织实施。改造完成后，应组织专业力量进行竣工验收，并做好相关费用结算和资金拨付。要细化明确过程监控和安全管理措施，确保改造方案落实落细。

4. 应多开展居家适老化改造推广系列活动

老人的观念改变过程较长，取得其信任较难，只有重复多次、循序渐进地开展各种各样的系列宣传推广活动，才有可能让老人的观念真正发生改变，接纳居家适老化改造，进而愿意进行居家适老化改造。

5. 在开展活动时，应同时进行政策宣传

在开展活动时应让老人知晓如何利用政策支持，来申请居家适老化改造，并让其意识到居家适老化改造是官方的行为，以增加老人对居家适老化改造的信任度与接纳度。

任务一 牢记居家适老化改造的类型、项目与内容

任务导入

王大爷已经77岁了，他在30岁的时候娶了一个贤惠的妻子，拥有自己的一间小房子。但好景不长，因为一次车祸，他从35岁开始便偏瘫在床。虽然无儿无女，但他的老伴依旧对他不离不弃，40多年如一日地照顾王大爷的生活起居。在这狭小的28平方米的房子内，王大爷日常上厕所、洗澡、下楼外出等活动，都需要老伴的协助。

随着老伴的年纪越来越大，对照顾王大爷已是力不从心，王大爷看在眼里、急在心里，于是他宁愿自己躺在床上，也不接受老伴的照护。他觉得自己非但没有给老伴幸福，反而成了老伴一生的拖累。随着时间的推移，王大爷的病情日益严重，在这28平方米的房间内并不能自己照顾好自己，以至于王大爷的自信心受到严重打击，自理能力越来越差。

任务分析

一、服务需求分析

1. 了解服务对象的基本情况

王大爷77岁，无子女，和老伴单独居住在28平方米的自有房屋内，偏瘫多年，行动不便，老伴照护压力大。

2. 评估服务对象的能力

王大爷虽然偏瘫多年，但仍然具备一定的行动能力。

二、制定服务方案

1. 确定服务方向

经王大爷的同意，对王大爷的现有住房进行居家适老化改造。

2. 明确服务项目

查看居家适老化改造项目清单，明确王大爷家适老化改造的基础项目和可选项目。

三、主要服务目标

（1）帮助王大爷了解居家适老化改造的好处及可选择的改造项目。

（2）帮助王大爷确定改造意愿，申请政策补贴，实施居家适老化改造。

任务实施

一、服务流程图

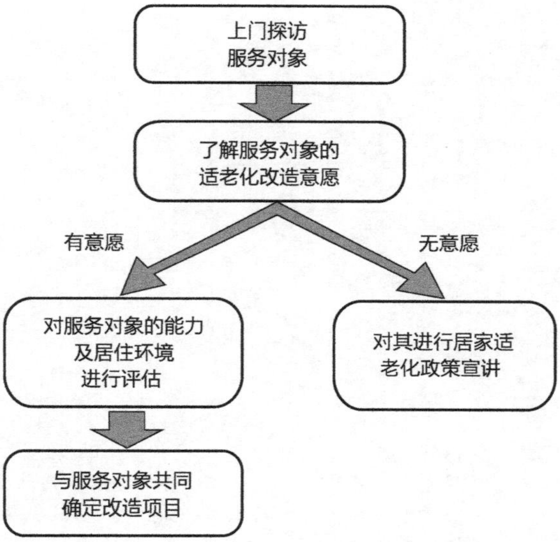

二、服务注意事项

1. 为服务对象争取更多福利支持

王大爷属于特殊困难老人，可根据当地的政策，为其申请适老化改造补贴。若补贴不够，可尝试通过社会捐赠等途径为其获得更多的改造经费支持。

2. 遵循自愿、安全、便利、经济的思路

与王大爷及其家人进行充分的讨论，充分尊重王大爷的意愿，实现安全、便利及经济的居家适老化改造。

任务工单

<table>
<tr><th colspan="8">任务信息</th></tr>
<tr><td>任务名称</td><td colspan="7">牢记居家适老化改造的类型、项目与内容</td></tr>
<tr><td>任务目的</td><td colspan="7">1. 掌握居家适老化改造的类型、项目与内容。
2. 能为服务对象选择适合的、居家适老化改造服务。
3. 能耐心、细心地与服务对象平等沟通</td></tr>
<tr><td>任务要求</td><td colspan="7">背景：王大爷已经77岁了，他在30岁的时候成家立业，娶了一个贤惠的妻子，拥有自己的一间小房子。但好景不长，因为一次车祸，他从35岁开始便偏瘫在床。虽然无儿无女，但他的老伴依旧对他不离不弃，40多年如一日地照顾王大爷的生活起居。在这狭小的28平方米的房子内，王大爷日常上厕所、洗澡、下楼外出等活动，都需要老伴的协助。
随着老伴的年纪越来越大，对照顾王大爷已是力不从心，王大爷看在眼里、急在心里，于是他宁愿自己躺在床上，也不接受老伴的照护。他觉得自己非但没有给老伴幸福，反而成了老伴一生的拖累。随着时间的推移，王大爷的病情日益严重，在这28平方米的房间内并不能自己照顾好自己，以至于王大爷的自信心受到严重打击，自理能力越来越差。
任务：请根据王大爷的基本情况，为其提供居家适老化改造服务。
1. 请列出适合服务对象居家适老化改造的类型、项目与内容。
2. 请列出哪些项目是基础项目，哪些项目是可选项目</td></tr>
<tr><th colspan="8">任务评价</th></tr>
<tr><td>学生姓名</td><td colspan="2"></td><td>班级</td><td colspan="2"></td><td>学号</td><td></td></tr>
<tr><td>任务成绩</td><td colspan="2">总分：</td><td colspan="2">自评：</td><td>互评：</td><td colspan="2">师评：</td></tr>
<tr><td>自我评价</td><td colspan="7"></td></tr>
<tr><td>互评评语</td><td colspan="7"></td></tr>
<tr><td>教师评语</td><td colspan="7"></td></tr>
<tr><th colspan="8">任务实施</th></tr>
<tr><td colspan="8">请将你认为适合王大爷的居家适老化改造服务填入下方表格</td></tr>
<tr><td colspan="2">类别</td><td colspan="2">项目名称</td><td colspan="2">具体内容</td><td colspan="2">项目类型</td></tr>
<tr><td colspan="2"></td><td colspan="2"></td><td colspan="2"></td><td colspan="2"></td></tr>
<tr><td colspan="2"></td><td colspan="2"></td><td colspan="2"></td><td colspan="2"></td></tr>
<tr><td colspan="2"></td><td colspan="2"></td><td colspan="2"></td><td colspan="2"></td></tr>
<tr><td colspan="2"></td><td colspan="2"></td><td colspan="2"></td><td colspan="2"></td></tr>
<tr><td colspan="2"></td><td colspan="2"></td><td colspan="2"></td><td colspan="2"></td></tr>
<tr><td colspan="2"></td><td colspan="2"></td><td colspan="2"></td><td colspan="2"></td></tr>
</table>

思考实践

1. 若王大爷进行居家适老化改造的意愿不强，该怎么办？
2. 如何才能真正做到就居家适老化改造方案和老人进行平等的沟通和交流？

任务二 设计居家适老化推广活动

任务导入

今年72岁的吴老，一年前，因为在家中被一个空纸箱绊倒骨折，后来尽管恢复得不错，却还是要依靠助行器走路。由于家中卫生间空间狭小，助行器无法进入，吴老的大小便只能在卫生间之外解决。

像吴老这样的老人在他所在社区还有很多。这是一个老旧社区，每户均为小户型，过道、厨房、卫生间的空间都很狭小，非常不适合老人居住。此外，社区老人往往把居家养老的关注点放在上门照护等服务上，却忽略了住宅建设适老性设计与配置问题。很多居家养老的老人尤其是生活能够自理的老人，常有不服老的心理，但实际上这一群体在这样的环境下出现问题的风险更大。

这些存在的问题大多是因忽视居家适老化改造的重要性而引起的。我们需要对居家适老化改造的案例进行宣传，让更多人意识到这是一项重要的工作，从而最大限度地减少不幸的发生。

任务分析

一、服务需求分析

通过分析本任务可知，该社区为老旧小区，居民并不了解居家适老化改造，老人的经济水平也较为一般，文化程度也不高。

二、制定服务方案

该社区老人需要接受系统的居家适老化改造的推广宣传，进而提升接受居家适老化改造的意愿。

三、主要服务目标

（1）让老人知晓居家适老化改造的类别、项目与主要内容。

（2）促使老人接纳居家适老化改造。

任务实施

一、活动设计思维导图

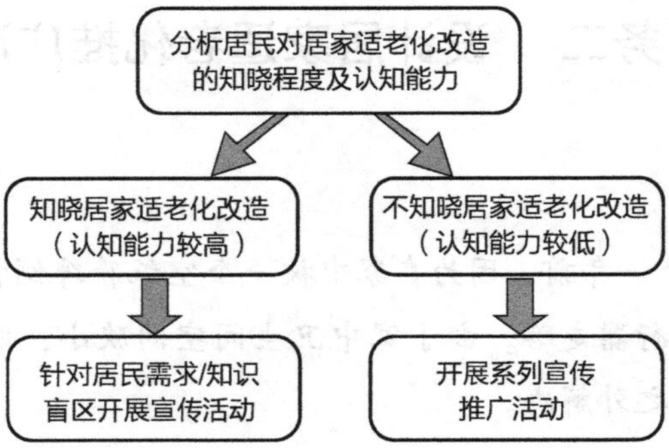

二、活动设计注意事项

（1）可从急需居家适老化改造的老人入手，一对一地提供入户宣传服务，促使老人接纳居家适老化改造，形成榜样效应，进而促使社区内其他老人争相效仿。

（2）由于老人的认知能力有限，宣传讲解应采用通俗易懂的方式，尽量把专业术语转换为老人能够听得懂的语言。

（3）应在活动中设置政策宣传环节，帮助老人了解获得政策支持的渠道。

任务工单

<table>
<tr><th colspan="7">任务信息</th></tr>
<tr><td>任务名称</td><td colspan="6">设计居家适老化推广活动</td></tr>
<tr><td>任务目的</td><td colspan="6">1. 帮助学习者掌握居家适老化推广活动的设计方法。
2. 帮助学习者掌握开展居家适老化推广活动的技巧。
3. 具备为老服务意识，能耐心、细心地为老人提供服务</td></tr>
<tr><td>任务要求</td><td colspan="6">背景：C 社区是一个教师家属院，居民以某学校的教职工为主，张老师为了方便照顾年迈的母亲，将母亲接来与自己同住，但是张老师很快发现自己的家里充满了安全隐患。张老师在某次外出交流时了解到了居家适老化改造，于是找到为老服务者小唐询问自己的社区是否也有进行居家适老化改造的途径，来参加活动的秦阿姨和牟阿姨听到张老师的表述，表示对居家适老化改造非常感兴趣，希望为老服务者可以策划一场活动，为大家系统介绍一下居家适老化改造。
任务：如果你是小唐，请设计一场服务活动来满足老人对于了解居家适老化改造的需求，并做到如下几点。
1. 充分考虑到老人的认知能力，活动形式尽量直观。
2. 在活动后，对老人对居家适老化改造的了解程度进行评估</td></tr>
<tr><th colspan="7">任务评价</th></tr>
<tr><td>学生姓名</td><td></td><td>班级</td><td></td><td>学号</td><td colspan="2"></td></tr>
<tr><td>任务成绩</td><td>总分：</td><td colspan="2">自评：</td><td colspan="2">互评：</td><td>师评：</td></tr>
<tr><td>自我评价</td><td colspan="6"></td></tr>
<tr><td>互评评语</td><td colspan="6"></td></tr>
<tr><td>教师评语</td><td colspan="6"></td></tr>
<tr><th colspan="7">任务实施</th></tr>
<tr><td colspan="7">活动名称：</td></tr>
<tr><th colspan="7">活动背景</th></tr>
<tr><td colspan="7">（描述该群体或该问题的现状并分点陈述问题或需求）</td></tr>
<tr><td>目标人群</td><td colspan="2"></td><td colspan="2">名额</td><td colspan="2"></td></tr>
<tr><td>实施地点</td><td colspan="2"></td><td colspan="2">人手编配</td><td colspan="2"></td></tr>
<tr><td>活动日期</td><td colspan="2"></td><td colspan="2">时间</td><td colspan="2"></td></tr>
</table>

（续）

<table>
<tr><td colspan="5">活动理念（理论依据）</td></tr>
<tr><td colspan="5">（遵循什么样的服务理论、理念、方法来开展活动，须注意与本活动相结合）</td></tr>
<tr><td colspan="5">活动目标</td></tr>
<tr><td colspan="5">（对应问题或者需求，分点阐述，遵循 SMART 原则，尽可能做到可量化、可评估）</td></tr>
<tr><td colspan="5">预计困难及解决方法</td></tr>
<tr><td colspan="3">预计困难</td><td colspan="2">解决方法</td></tr>
<tr><td colspan="3"></td><td colspan="2"></td></tr>
<tr><td colspan="3"></td><td colspan="2"></td></tr>
<tr><td colspan="3"></td><td colspan="2"></td></tr>
<tr><td colspan="5">评估方法</td></tr>
<tr><td colspan="5">（问卷调查法、现场观察法、服务对象访谈法、其他方法）</td></tr>
<tr><td colspan="5">活动设计</td></tr>
<tr><td colspan="5">前期准备</td></tr>
<tr><td colspan="5">（具体写明什么时间、什么地点、谁负责什么事、需要什么物资）</td></tr>
<tr><td colspan="5">中期安排</td></tr>
<tr><td colspan="5"></td></tr>
<tr><td colspan="5">善后工作</td></tr>
<tr><td colspan="5"></td></tr>
<tr><td colspan="5">物资及预算</td></tr>
<tr><td>序号</td><td>物品名称</td><td>单价</td><td>数量</td><td>用途描述及备注</td></tr>
<tr><td>1</td><td></td><td></td><td></td><td></td></tr>
<tr><td>2</td><td></td><td></td><td></td><td></td></tr>
<tr><td>3</td><td></td><td></td><td></td><td></td></tr>
<tr><td>4</td><td></td><td></td><td></td><td></td></tr>
<tr><td>5</td><td></td><td></td><td></td><td></td></tr>
<tr><td>6</td><td></td><td></td><td></td><td></td></tr>
<tr><td>7</td><td></td><td></td><td></td><td></td></tr>
<tr><td>8</td><td></td><td></td><td></td><td></td></tr>
<tr><td>9</td><td></td><td></td><td></td><td></td></tr>
<tr><td>10</td><td></td><td></td><td></td><td></td></tr>
<tr><td colspan="2">总计</td><td colspan="3"></td></tr>
</table>

思考实践

1. 如何激发老人对居家适老化改造的兴趣？
2. 如何与老人建立信任关系？

参考工单

任务一 参考工单

任务二 参考工单

模块二

老年生命教育活动

项目一
适应性活动设计

随着我国人口老龄化程度的不断加深以及社会流动性的不断增强，有的老人跟随子女流动到城市社区，有的老人在退休后进入专业养老机构生活。这些来到社区或者院舍的老人经历了社会角色、生活环境、生活方式的改变，他们对新生活的适应程度，不仅关系到个人的生活品质，也会影响家庭、社会的稳定。为实现“二十大”报告中提及的“实施积极应对人口老龄化国家战略”，各部委和各地相继出台了政策措施，积极推进社会适老化改造。老年适应性活动设计是指为老服务者根据老人的特点，结合老人进入社区、院舍的状态，在全面了解不同类型老人的需求后，设计符合这一类老人特点的系列活动，从而帮助他们实现心理适应、经济适应、社会关系适应、家庭关系适应和居住安排适应，真正融入社区、院舍生活。

项目目标

知识目标

1. 理解老人适应性活动的内涵。
2. 了解老人适应性活动的设计流程、注意事项等。
3. 掌握开展老人适应性活动的方法、技巧等。

能力目标

1. 掌握收集老人需求的方法。
2. 能够自行设计帮助老人适应生活环境的活动方案，引导老年群体实现角色适应，推动老人更好地适应社区、院舍生活。

素质目标

1. 与老人交流过程中保持耐心、细心，并注意观察。
2. 当老人分享生活点滴时，耐心倾听，不打断其发言。
3. 留心观察老人的表情、身体语言，或其他非言语表达。

4. 对老人语言表达背后的情绪/想法/需要表示理解。

5. 与当地为老服务者、社区志愿者等形成团队，在活动开展过程中有良好的合作意识。

一、基本概念

1. 随迁老人和院舍老人

本书中的随迁老人指跟随通过升学、婚姻、就业等途径进入城市并定居在城市的子女一起生活，但户籍仍然留在农村的老人。院舍老人指因各种原因无法独居或与子女共同居住，而选择在专业的老年照料机构生活、居住的老人。

2. 社会适应

社会适应指跟随子女迁居城市的老人或者进入院舍生活的老人，通过行为模式、价值观念、生活方式以及心理状态的不断调整，在城市社会中继续社会化或再社会化的过程。

3. 适应性活动

适应性活动是指为满足老人在日常生活、心理调适、人际关系等方面的适应性需求而设计和开展的一系列小组活动，可以分为随迁老人适应性活动和院舍老人适应性活动。

二、常用理论

1. 社会化与继续社会化理论

1）理论概述

社会化是指个体在与社会的互动过程中，逐渐养成独特的个性和人格，并且通过社会文化的内化和角色知识的学习，逐渐适应社会生活的过程（郑杭生，2003）。法国著名成人教育学家马塞尔·莱斯纳提出“人的社会化过程是一个持续个体终身的过程”。高志敏（2006）认为，继续社会化是指以个体成年期社会角色的变化为中心，依照社会发展的需要，在原本初级社会化的基础之上继续发展成人的社会性，提升成人的知识、技能和行为规范，不断适应社会生活，创造新的社会生活，进而推动人类社会历史的延伸和发展的过程。老人在跟随子女迁居后或者在退休进入院舍后，容易产生多种身心问题，难以适应现有生活，甚至丧失自我认同，促进老人的继续社会化是解决老年期社会适应困难的有效途径之一。老人的继续社会化是指老人为适应社会环境和自身变化，而不断学习新的社会规范，承担新的社会角色，建立新的社会关系的过程。

2）实务应用

随迁老人和院舍老人的继续社会化可以通过社会教育和人际交往两个途径来进行。一是加强老人的社会教育，通过开展活动使老人认识所在社区、院舍资源的基本类别和标识，掌握资源的使用方法，较快地适应和融入社区、院舍生活；二是加强随迁老人和院舍老人的人际交往，为老服务者通过鼓励老人积极参与项目活动，帮助社区随迁老人加强个体间、个体与随迁老人群体间、随迁老人群体与社区其他社会群体间的社会互动来促进其继续社会化的完成，提升老人的社会功能，提高他们对社区、院舍生活的归属感。

2. 互动模式理论

1）理论概述

互动模式也称为互惠模式和交互模式，是在人与人之间、人与环境之间构建起的一种小组工作模式，这种模式更加强调通过成员间的互动、成员与环境的互动，促进小组成员在相互依存中互助、成长，找到归属感，激发自身潜能，进而实现自身价值（李羽飞，2016）。

2）实务应用

老人由于居住环境的变化，缺少与同龄人的沟通交流，容易引发一系列的适应性问题。根据互动模式理论，为老服务者开展共同制作装饰品以及合作装饰生活环境的活动，能够促进老年群体内部、老年群体与院舍工作人员间的交流，帮助老人熟悉社区、院舍，让老人在活动过程中思考和动手能力得到提升，增强老人对社区、院舍的归属感、认同感。

3. 优势视角理论

1）理论概述

优势视角理论是基于对问题视角成效的质疑而提出的，是以马斯洛的人本主义心理学，胡塞尔与舒茨的现象学理论、符号互动理论等为理论基础的。优势视角理论认为问题只是服务对象生活的一部分，如果对服务对象的问题过分关注，则会忽视他们成功处理生活中的问题的能力。优势视角下的社会工作反对将服务对象问题化，认为问题标签具有蚕食效应。基于对问题视角局限性的思考，优势视角理论的核心是帮助服务对象发掘自身的优势，并且通过周围其他人和社会工作者的支持，面对和克服生活中遭遇的逆境和困难（李亚文、杜立婕，2004）。

2）实务应用

优势视角是一种关注人的内在力量和优势资源的视角。为老服务者在开展社区资源探索、院舍环境融入等活动的过程中，将优势视角运用到老年群体中，就是帮助老人发现自身的优势和资源，认识到自身的特别之处，使其愿意主动促成自身的改变。为老服务者要始终对老人持正向期待，并鼓励老人关注和发掘自身的潜能，引导老人发现身边的资源和社区、院舍中可供利用的资源，更好地帮助老人适应和融入社区、院舍生活。

三、常用方法

1. 社区资源挖掘法

社区资源是指社区中可以为老人提供服务的一切组织、文化、人力、物力和财力资源。社区资源挖掘法是指通过设计茶话会、社区资源探索等活动，帮助随迁老人了解社区资源，充分利用社区资源，消除老人对所处环境的陌生感，进而帮助老人融入社区生活。

设计步骤参考如下。

第一步：收集社区随迁老人对社区资源的需求。通过前期探访、询问社区工作人员、观察老人参与活动的情况等，了解和收集老人的真实需求。

第二步：开展活动设计。可以按照活动介绍、破冰环节、活动开展、分享、总结的顺序进行活动设计。

例如，在“社区资源知多少”老人茶话会环节，为老服务者可灵活运用老人需求收集的方法，更好地掌握社区中老人的实际需求。

在“绘制资源地图”环节，为老服务者可提前联系社区有绘画经验的老师，在老人绘制地图前进行绘画技巧的教授、讲解。

2. 仪式疗法

仪式疗法是一种传统性、日常性、独特性兼具的治疗方法，被广泛应用于人类心理及社会服务实践。在院舍中使用仪式疗法主要通过欢迎会等具有仪式感的活动，以有效调动老人熟悉和适应新环境的积极性，从而帮助老人更好地接纳和适应院舍生活。

设计步骤参考如下。

第一步：收集院舍老人对融入院舍生活的需求。通过前期探访、发放问卷等形式，了解和收集老人的真实需求。

第二步：开展活动设计。可以按照活动介绍、破冰环节、活动开展、分享、总结的顺序进行活动设计。

例如，在欢迎会环节，为老服务者可提前了解新入住老人的特点，合理设计欢迎会的具体环节，给老人提供仪式感，从而帮助老人更好地接纳和融入集体生活。

四、注意事项

1. 活动前做好需求调查，确保活动成效

活动开展前，为老服务者需要详细了解服务对象的需求，可以采用问卷调查法、服务对象访谈法、现场观察法等方法，并据此做好活动设计，以便开展符合老人实际需求的服务，从而使活动达到最好的效果。

2. 整合和链接活动所需资源

为老服务者需要在策划活动时提前规划好活动所需资源，包括场地资源和人力资源，做好资源整合工作。比如开展“绘制资源地图”活动，需要提前联系能够提供绘画技巧帮助的老师，以便更好地呈现绘画效果。

3. 做好服务对象的合理分类

对参与者进行适当分类有利于小组内部的融合。比如开展老人茶话会活动，前期需要开展社区内随迁老人整体情况摸排，了解其户籍地等信息，在活动分组时尽量将来自相近地区的老人分在一组，以利于小组内部开展交流。

4. 注意活动开展的安全性

开展户外活动，需要考虑老人的健康状况，做好安全保障。开展室内活动，需要考虑老人的生理特点，每次开展活动时间不宜过长，开展小组活动过程中需要提供一定的休息时间。

任务一　随迁老人适应性活动设计

任务导入

W社区位于新兴移民城市，是一个由员工宿舍小区向综合性家庭式居住社区过渡的社区，依山傍海，社区居住环境逐步改善，社区常住人口持续增加，来自全国各地帮忙照顾孙辈和迁入社区养老的老人人数激增。

W社区为老服务者小王通过走访了解到，社区近一半的老人近一年内刚刚迁入，对社区的公共设施、社区资源并不熟悉，老人之间也比较陌生，部分老人表达了希望能在社区中结交朋友的想法。小王决定在社区中开展一次“社区资源知多少”老人茶话会活动，进一步了解老人的需求，同时也增进老人之间的了解，促进老人间的资源互换。

任务分析

一、服务需求分析

1. 了解服务对象对所处社区资源的具体需求

为老服务者在初步了解到随迁老人希望掌握更多的社区资源后，还需要进一步了解和分析，他们最希望掌握哪方面的资源，并据此提供相关资源支持。

2. 了解服务对象的能力

为老服务者需要了解有活动需求的老人，并了解他们是否有时间、精力参加完整的小组活动，以便达成活动目标。

二、制定服务方案

根据社区老人的需求，通过开展茶话会活动，帮助随迁老人了解社区公共设施等资源，更好地融入社区生活。

三、主要服务目标

（1）帮助社区老人建立内部联系。

（2）通过茶话会，进一步拉近为老服务者与老人之间的距离，帮助为老服务者进一步了解老人的需求。

（3）为老服务者和社区志愿者可以在交流中向老人介绍部分社区中已有的公共资源的情况，帮助他们熟悉社区环境。

任务实施

一、活动设计思维导图

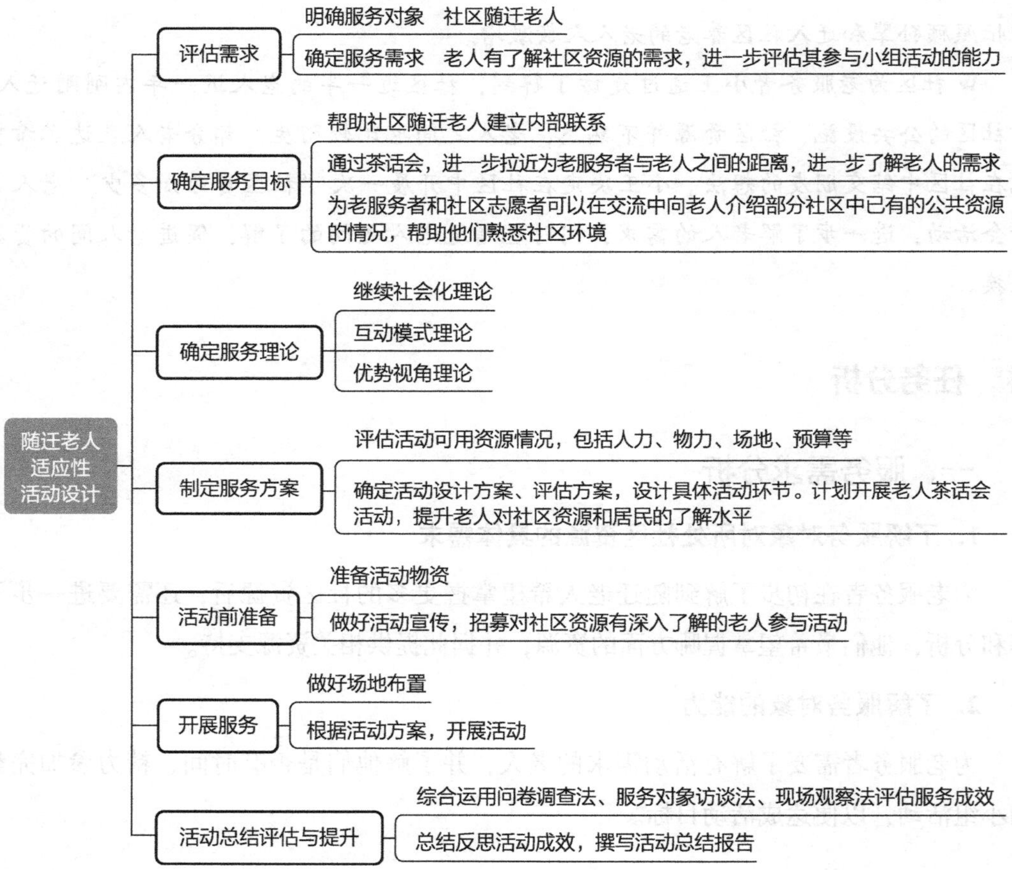

二、活动设计注意事项

（1）资料收集准备充分。活动前须做好资料收集，提前了解社区的各类设施情况、周边环境情况等。

（2）活动预案设计合理。活动开展需要考虑到老人的身体状况，并根据天气情况及时调整活动方案。

（3）做好应急预案。提前了解社区救护设施等，准备一些常用药品。

任务工单

<table>
<tr><th colspan="8">任务信息</th></tr>
<tr><td>任务名称</td><td colspan="7">随迁老人适应性活动设计</td></tr>
<tr><td>任务目的</td><td colspan="7">1. 帮助学习者掌握随迁老人适应性活动的设计方法。
2. 帮助学习者掌握随迁老人适应性活动开展的技巧。
3. 帮助学习者提升开展随迁老人适应性活动的能力</td></tr>
<tr><td>任务要求</td><td colspan="7">背景：W 社区位于新兴移民城市，是一个由员工宿舍小区向综合性家庭式居住社区过渡的社区，依山傍海，社区居住环境逐步改善，社区常住人口持续增加，来自全国各地帮忙照顾孙辈和迁入社区养老的老人人数激增。W 社区有较为丰富的公共设施，为老服务者在与社区志愿者沟通后联系到社区有意愿免费提供绘画服务的老师，请他们教授老人定点绘图方法。
任务：请根据任务背景，设计一场帮助社区中的随迁老人增进对社区公共设施、规章制度了解的活动，提高他们在社区生活的幸福感</td></tr>
<tr><th colspan="8">任务评价</th></tr>
<tr><td>学生姓名</td><td colspan="2"></td><td colspan="2">班级</td><td></td><td>学号</td><td></td></tr>
<tr><td>任务成绩</td><td colspan="2">总分：</td><td colspan="2">自评：</td><td>互评：</td><td colspan="2">师评：</td></tr>
<tr><td>自我评价</td><td colspan="7"></td></tr>
<tr><td>互评评语</td><td colspan="7"></td></tr>
<tr><td>教师评语</td><td colspan="7"></td></tr>
<tr><th colspan="8">任务实施</th></tr>
<tr><td colspan="8">活动名称：</td></tr>
<tr><th colspan="8">活动背景</th></tr>
<tr><td colspan="8">（描述该群体或该问题的现状并分点陈述问题或需求）</td></tr>
<tr><td>目标人群</td><td colspan="3"></td><td colspan="2">名额</td><td colspan="2"></td></tr>
<tr><td>实施地点</td><td colspan="3"></td><td colspan="2">人手编配</td><td colspan="2"></td></tr>
<tr><td>活动日期</td><td colspan="3"></td><td colspan="2">时间</td><td colspan="2"></td></tr>
<tr><th colspan="8">活动理念（理论依据）</th></tr>
<tr><td colspan="8">（遵循什么样的服务理论、理念、方法来开展活动）</td></tr>
</table>

（续）

<table>
<tr><th colspan="5">活动目标</th></tr>
<tr><td colspan="5">（对应问题或者需求，分点阐述，遵循 SMART 原则，尽可能做到可量化、可评估）</td></tr>
<tr><th colspan="5">预计困难及解决方法</th></tr>
<tr><td colspan="3">预计困难</td><td colspan="2">解决方法</td></tr>
<tr><td colspan="3"></td><td colspan="2"></td></tr>
<tr><td colspan="3"></td><td colspan="2"></td></tr>
<tr><td colspan="3"></td><td colspan="2"></td></tr>
<tr><th colspan="5">评估方法</th></tr>
<tr><td colspan="5">（问卷调查法、现场观察法、服务对象访谈法、其他方法）</td></tr>
<tr><th colspan="5">活动设计</th></tr>
<tr><th colspan="5">前期准备</th></tr>
<tr><td colspan="5">（具体写明什么时间、什么地点、谁负责什么事、需要什么物资）</td></tr>
<tr><th colspan="5">中期安排</th></tr>
<tr><td colspan="5"></td></tr>
<tr><th colspan="5">善后工作</th></tr>
<tr><td colspan="5"></td></tr>
<tr><th colspan="5">物资及预算</th></tr>
<tr><td>序号</td><td>物品名称</td><td>单价</td><td>数量</td><td>用途描述及备注</td></tr>
<tr><td>1</td><td></td><td></td><td></td><td></td></tr>
<tr><td>2</td><td></td><td></td><td></td><td></td></tr>
<tr><td>3</td><td></td><td></td><td></td><td></td></tr>
<tr><td>4</td><td></td><td></td><td></td><td></td></tr>
<tr><td>5</td><td></td><td></td><td></td><td></td></tr>
<tr><td>6</td><td></td><td></td><td></td><td></td></tr>
<tr><td>7</td><td></td><td></td><td></td><td></td></tr>
<tr><td>8</td><td></td><td></td><td></td><td></td></tr>
<tr><td>9</td><td></td><td></td><td></td><td></td></tr>
<tr><td>10</td><td></td><td></td><td></td><td></td></tr>
<tr><td colspan="2">总计</td><td colspan="3"></td></tr>
</table>

思考实践

1. 当社区中的老人不愿意参与活动时，如何打消他们的顾虑，提高他们参与活动的积极性？

2. 如何确保老人参与户外活动的安全性？

3. 如何解决为老服务者与老人沟通不畅的问题？

任务二 院舍老人适应性活动设计

任务导入

C护理院设置床位120张，主要接收高龄、患病、失能、失智等需要长期照护的老人和其他有需要的老人，护理院拥有专业的照护团队，24小时为在院老人提供服务，并配备护士、康复师、为老服务者等专业人员，全方位地为老人提供生理、心理上的照护。近期有一批新入住老人，为老服务者计划开展欢迎会活动，帮助老人熟悉和了解院舍的各类设施，同时促进新入住老人与其他老人间的相互熟悉、沟通交流，使其更好地融入院舍生活。

任务分析

一、服务需求分析

通过分析本任务可知，服务对象为新入住C护理院的老人，他们希望能够尽快了解和熟悉护理院的各类设施以及照护人员，以便更好地适应居住环境，并建立较好的人际关系。

二、制定服务方案

针对新入住老人的需求，开展新入住老人欢迎会系列活动，如护理院参观、设施讲解、照护人员介绍、其他老人情况介绍等。

三、主要服务目标

帮助新入住老人了解和使用护理院资源，提升其在护理院的归属感，使其进一步融入护理院生活。

任务实施

一、活动设计思维导图

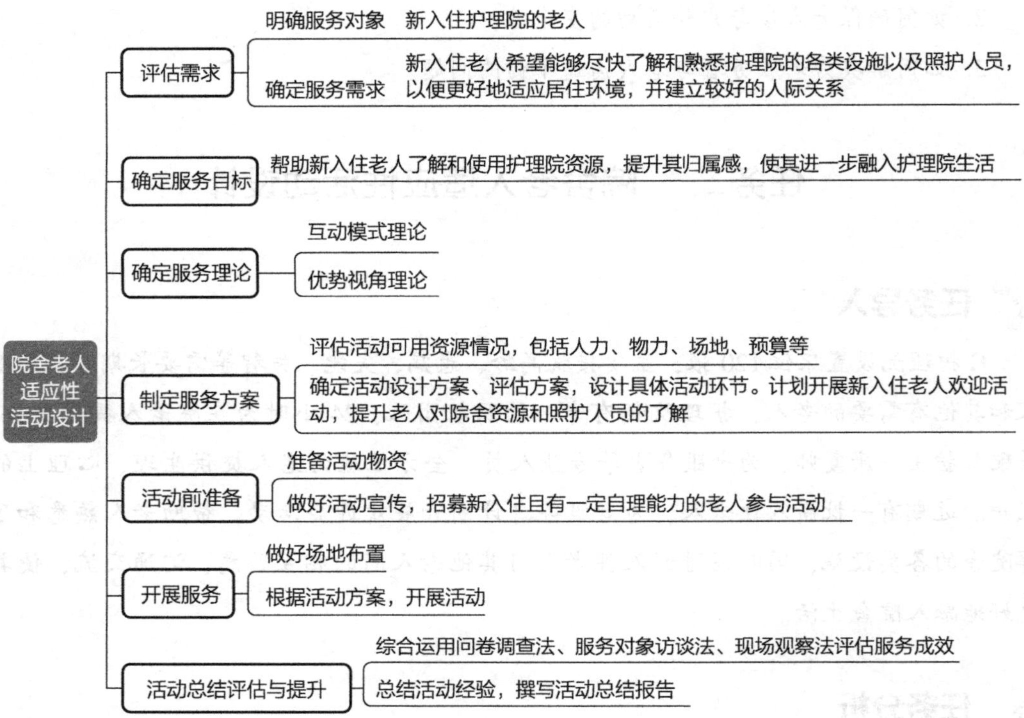

二、活动设计注意事项

（1）参与欢迎会活动的老人需要有一定的自理能力，为老服务者需要提前与工作人员联系，收集新入住老人的基本情况，合理选择参与活动的老人。

（2）考虑院舍老人的生理特点，合理设计欢迎会的具体环节。

（3）根据参与活动老人的身体状况，合理安排工作人员。

任务工单

<table>
<tr><th colspan="8">任务信息</th></tr>
<tr><td>任务名称</td><td colspan="7">院舍老人适应性活动设计</td></tr>
<tr><td>任务目的
（从知识、技能、素质三个维度写）</td><td colspan="7">1. 帮助学习者掌握院舍老人适应性活动的设计方法。
2. 帮助学习者掌握院舍老人适应性活动开展的技巧。
3. 帮助学习者提升开展院舍老人适应性活动的能力</td></tr>
<tr><td>任务要求</td><td colspan="7">背景：C 护理院设置床位 120 张，主要接收高龄、患病、失能、失智等需要长期照护的老人和其他有需要的老人，护理院拥有专业的照护团队，24 小时为在院老人提供服务，并配备护士、康复师、为老服务者等专业人员，全方位地为老人提供生理、心理上的照护。护理院设有阅览室、健身室、娱乐室、医务室、茶园、室外健身场等活动场所。近期有不少在院老人反映寝室的环境雷同，希望能进行一些新的布置，同时重阳节即将到来，护理院工作人员计划开展一次集体活动。
任务：请根据上述背景，设计一场院舍环境融入活动，帮助护理院老人改造和适应居住环境，增强对护理院的归属感</td></tr>
<tr><th colspan="8">任务评价</th></tr>
<tr><td>学生姓名</td><td colspan="2"></td><td>班级</td><td colspan="2"></td><td>学号</td><td></td></tr>
<tr><td>任务成绩</td><td colspan="2">总分：</td><td colspan="2">自评：</td><td colspan="2">互评：</td><td>师评：</td></tr>
<tr><td>自我评价</td><td colspan="7"></td></tr>
<tr><td>互评评语</td><td colspan="7"></td></tr>
<tr><td>教师评语</td><td colspan="7"></td></tr>
<tr><th colspan="8">任务实施</th></tr>
<tr><td colspan="8">活动名称：</td></tr>
<tr><th colspan="8">活动背景</th></tr>
<tr><td colspan="8">（描述该群体或该问题的现状并分点陈述问题或需求）</td></tr>
<tr><td>目标人群</td><td colspan="3"></td><td>名额</td><td colspan="3"></td></tr>
<tr><td>实施地点</td><td colspan="3"></td><td>人手编配</td><td colspan="3"></td></tr>
<tr><td>活动日期</td><td colspan="3"></td><td>时间</td><td colspan="3"></td></tr>
<tr><th colspan="8">活动理念（理论依据）</th></tr>
<tr><td colspan="8">（遵循什么样的服务理论、理念、方法来开展活动）</td></tr>
</table>

（续）

<table>
<tr><th colspan="5">活动目标</th></tr>
<tr><td colspan="5">（对应问题或者需求，分点阐述，遵循 SMART 原则，尽可能做到可量化、可评估）</td></tr>
<tr><th colspan="5">预计困难及解决方法</th></tr>
<tr><th colspan="3">预计困难</th><th colspan="2">解决方法</th></tr>
<tr><td colspan="3"></td><td colspan="2"></td></tr>
<tr><td colspan="3"></td><td colspan="2"></td></tr>
<tr><th colspan="5">评估方法</th></tr>
<tr><td colspan="5">（问卷调查法、现场观察法、服务对象访谈法、其他方法）</td></tr>
<tr><th colspan="5">活动设计</th></tr>
<tr><th colspan="5">前期准备</th></tr>
<tr><td colspan="5">（具体写明什么时间、什么地点、谁负责什么事、需要什么物资）</td></tr>
<tr><th colspan="5">中期安排</th></tr>
<tr><td colspan="5"></td></tr>
<tr><th colspan="5">善后工作</th></tr>
<tr><td colspan="5"></td></tr>
<tr><th colspan="5">物资及预算</th></tr>
<tr><th>序号</th><th>物品名称</th><th>单价</th><th>数量</th><th>用途描述及备注</th></tr>
<tr><td>1</td><td></td><td></td><td></td><td></td></tr>
<tr><td>2</td><td></td><td></td><td></td><td></td></tr>
<tr><td>3</td><td></td><td></td><td></td><td></td></tr>
<tr><td>4</td><td></td><td></td><td></td><td></td></tr>
<tr><td>5</td><td></td><td></td><td></td><td></td></tr>
<tr><td>6</td><td></td><td></td><td></td><td></td></tr>
<tr><td>7</td><td></td><td></td><td></td><td></td></tr>
<tr><td>8</td><td></td><td></td><td></td><td></td></tr>
<tr><td>9</td><td></td><td></td><td></td><td></td></tr>
<tr><td>10</td><td></td><td></td><td></td><td></td></tr>
<tr><td colspan="2">总计</td><td colspan="3"></td></tr>
</table>

思考实践

1. 如何调动在院老人参与活动的积极性？
2. 如何根据入住老人的身体状况、自理能力分类开展小组活动？

参考工单

任务一　参考工单　　　任务二　参考工单

项目二
缅怀往事活动设计

多数老人喜欢沉浸于回忆中，心理学家把这种现象称为“回归心理”。心理学家埃里克森（Erikson）在1963年提出的生命八阶段理论中指出人生的最后一个阶段——老年期的任务即解决自我整合与自我绝望的问题，产生满足感，从而避免陷入绝望。引导老人回忆自己一生中所经历的美好事情，可以消除因能力和机会限制所产生的无用感，协助老人获得自我成就感，从而提升老人晚年生活质量。

缅怀治疗作为一种心理社会治疗手段，能够协助老人增进自我了解，适应社会，提升自尊感，减少抑郁，建立社会支持网络，以更为健康的方式应对生活。

项目目标

知识目标

1. 理解缅怀治疗的定义。
2. 熟悉缅怀治疗的类型。
3. 掌握缅怀治疗活动设计过程。

能力目标

1. 能够评估老人对缅怀往事活动的接纳及需要程度。
2. 能够选择合适的主题设计缅怀往事活动。
3. 能够结合老人需要及特点开展缅怀往事活动，以促进老人能力提升。

素质目标

1. 具有良好的服务态度与服务意识，能够尊重、接纳老人的情绪和行为。
2. 具有专业服务理念，能够用发展的眼光看待老人，以正向视角看待老人。
3. 具有创新意识，能够结合不同老人的特点，创新服务主题及形式。

任务一 缅怀治疗技术要点

一、基本概念

1. 定义

缅怀治疗概念源自老年精神医学，是基于老人的心理特点发展而来的，是老年工作的一种常用方法之一。20 世纪 60 年代起，缅怀治疗被广泛用于美国的老人机构照顾和社区服务中。

缅怀治疗（Reminiscence Therapy）又称怀旧治疗、回忆疗法，是通过引导人们回顾过去生活，重新体验过去生活片段，整合理解过去生活经历，探索生命价值和人生意义，协助其认识自己、接纳自我、恢复自尊感的过程。

2. 适用对象

缅怀治疗适用对象范围较广，不同年龄段、不同地域的人可随时随地地运用该疗法，其对阿尔茨海默病、抑郁症的预防及治疗均有积极作用。缅怀治疗适用于：一般老人以及有轻度情绪抑郁、自尊感低的老人。

由于回忆过去的事件或情境必须具备一定的认知能力和前提条件，该疗法不适用于：有严重认知问题的老人、行为错乱的老人、有严重精神疾病的老人、失禁的老人。

3. 作用机制

缅怀治疗的工作机制基于老人爱回忆的心理调节机制，通过唤起老人本身的记忆和经验，鼓励老人谈论自己丰富人生经历中某些难忘的事情或片段，将其保留的老照片、收藏的纪念物品、熟悉的老歌曲作为引导物，促使其对往事进行回忆，使老人能够更从容地应对当前的生活。在实务中，可引导老人回忆成就，增强其自我价值感与自尊感，引导其回忆伤痛重新认识过去、接纳过去、尊重现实、展望未来，达到老人内在和外在的持续。

二、缅怀治疗的功能

缅怀治疗作为一种心理社会干预手段，对改善认知、舒缓情绪、恢复自尊感、提升自我价值感等都能带来正面影响。1993 年学者威士达提出了缅怀治疗 8 种主要功能。

（1）缓解厌烦情绪：缓解因缺乏环境刺激和缺少活动机会而产生的厌烦情绪。

（2）对死亡的准备：减少对死亡的恐惧，坦然地面对死亡

（3）自我认同：挖掘、诠释和明确作为一个独立个体所具有的品格。

（4）解决问题：用解决问题的旧方法应对当前面临的问题与挑战。

（5）交流沟通：增进与他人的沟通交流。

（6）维系亲密关系：与生命中的重要关系人保持联系。

（7）重现痛苦：在回忆痛苦经历的过程中释放情绪。

（8）教育：重视自身价值。

三、缅怀的类型

根据缅怀的特性，缅怀分为6个不同类型。

（1）整合型缅怀，这是人生回顾型缅怀，目的是帮助老人通过化解冲突，接纳过去与现在的不同，找到人生的意义，获得对过往人生的整合性看法。

（2）工具型缅怀，指重拾过去用过的解决问题的技能和方法，通过对过去事件的怀旧来明确人生的目标、所获得的成就以及解决问题的策略，帮助个体来解决当前所存在的问题。

（3）传递型缅怀，指将有关文化遗产或个人的传奇故事传递给下一代，是以教育他人或给听众提供娱乐为目的，以讲故事或讲述历史的形式来进行的怀旧。

（4）叙事型缅怀，指描述性地回忆生平经历或过去的故事的一种怀旧形式，可以对过去的经验或活动进行详细描述，也可以用来进行传统价值观和文化传统教育或给听众提供娱乐。

（5）规避现实型缅怀，指回顾能带来自豪感的过去，抵御眼前的困境。

（6）强迫型缅怀，指重新发掘能带来内疚、苦涩和绝望感的负面回忆。

在这6种类型中，只有4种类型与适应和适应不良有联系，其中整合型和工具型缅怀可促进适应，而规避现实型缅怀和强迫型缅怀则可导致适应不良或一些负面的结果。

任务导入

S社区地处城乡接合部，社区老人在退休之前多是企业的工人，有一定的退休金。根据问卷调查和随机走访发现，社区中有很多退休的空巢老人，还有一些没有子女的孤寡老人。他们因年轻时从事高强度的工作，导致退休之后疾病缠身，他们怀念自己年轻时的状态，对目前的生活充满着无力感。大部分老人的子女常年不在身边，加上

人际交往也逐步变少，失去了为社会做贡献的能力，老人们认为自己无所事事，心理有一定的落差，感觉被社会抛弃，对未来的生活失去信心。

针对此社区老人的需求，请选择合适的介入方法并说明理由。

任务分析

1. 需求分析

（1）在本案例中，S社区老人随着年龄的增长，身体机能逐渐衰退，各种疾病接踵而至，对自我生活的把控能力不断减弱。

（2）老人退休后，社会地位发生变化，对社会的贡献减少，自我价值感降低，心理和生理的双重压力让他们产生强烈的无力感与低自尊感。

（3）由于子女常年不在身边，人际交往减少，老人们认为自己无所事事，自我价值感减弱，他们更需要通过重新审视自己，增强自我价值感，适应退休生活，提升晚年生活的幸福感。

2. 理论分析

（1）根据埃里克森提出的八阶段理论，每个阶段都由一生中的不同经历组成，各阶段都有自己的发展历程，其中老年阶段则存在发展危机，即当处于这个阶段的人无法达到自我完善时，就会产生自我价值感降低、忧虑、抑郁的状况。

（2）基于八阶段理论，S社区中老人正处于我认同感比较低的阶段，利用缅怀治疗，可以使老人回忆起曾经的自己，通过对过去人生经历的回顾来寻求一种自我完善，帮助老人成功度过自我怀疑的阶段，从而获得满足感，为老年生活赋予较强的现实意义。

3. 介入方法

（1）缅怀治疗通过引导老年人回顾过去生活，重新体验过去生活片段，协助其了解自我，减轻失落感，增强自尊感。

（2）针对S社区的老人自我认同感低且经常怀念往事的特点，运用缅怀治疗，有目的地引导社区老人回忆人生中难忘的经历、分享过往生活中值得纪念的时刻，帮助老人从鲜活的往事中识别出正面事件以及价值意义，协助老人寻找到自我价值，促进其自我了解与自我整合，提升老人的自尊感与幸福感。

任务实施

一、缅怀治疗技术要点思维导图

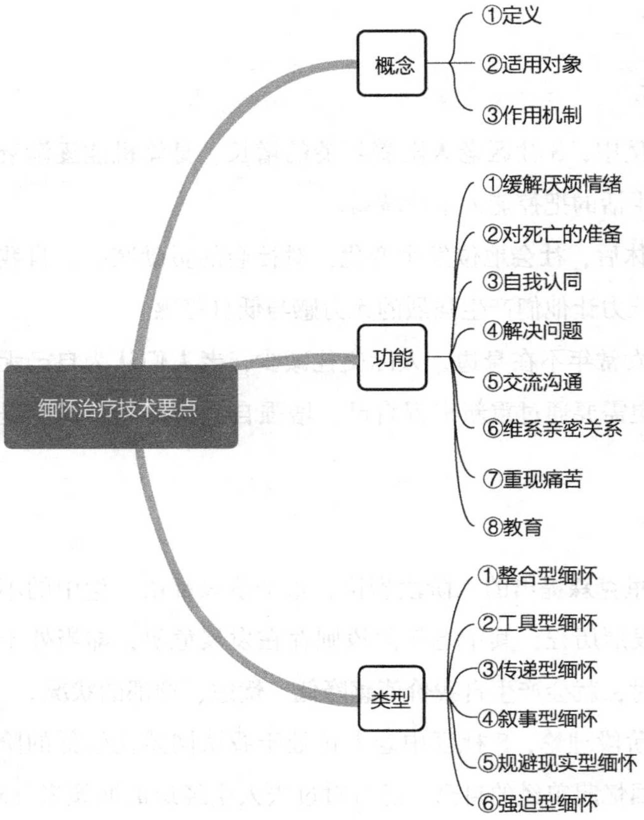

二、缅怀治疗注意事项

（1）筛选适用的服务对象。缅怀治疗适用于意识清醒、有一定语言逻辑能力的老人、患有轻微阿尔茨海默病的老人。

（2）营造良好的服务氛围。缅怀治疗需要安全、舒适的氛围，通过老照片、音乐、食物及熟悉的物件触发记忆，唤起老人对往事的回忆，鼓励其分享、讨论个人生活经历。

（3）灵活运用服务介入技巧。为老服务者灵活运用倾听、接纳、同理等介入技巧，时刻观察老人的面部表情及肢体语言，表达对老人关注和理解，寻找共同话题，深入老人的内心，体验其情感、思维，与老人在情感上产生共鸣。

任务工单

<table>
<tr><th colspan="5">任务信息</th></tr>
<tr><td>任务名称</td><td colspan="4">缅怀治疗技术要点</td></tr>
<tr><td>任务目标</td><td colspan="4">1. 理解缅怀治疗的基本概念。
2. 掌握缅怀治疗的作用机制。
3. 理解、接纳、关爱老人</td></tr>
<tr><td>任务要求</td><td colspan="4">背景：Y 社区是一个老旧社区，为某汽车厂职工家属大院。通过调研走访发现，居住在 Y 社区的主要为某汽车厂退休职工，他们是车厂成立时的第一批员工，见证了公司的成立、发展、变迁，这批老人也对那段时光十分难忘。但随着年龄的增长，他们身体机能逐渐下降，外出的机会减少，无力感日趋加重。76.52% 的老人表示“平日里无人陪同说话”，孤独感随之而来，对现实生活感到恐惧与不安，怀念以前的生活。
任务：请说明缅怀治疗的定义；请结合案例，阐述缅怀治疗的作用机制</td></tr>
<tr><th colspan="5">任务评价</th></tr>
<tr><td>学生姓名</td><td></td><td>班级</td><td></td><td>学号</td></tr>
<tr><td>任务成绩</td><td>总分：</td><td>自评：</td><td>互评：</td><td>师评：</td></tr>
<tr><td>自我评价</td><td colspan="4"></td></tr>
<tr><td>互评评语</td><td colspan="4"></td></tr>
<tr><td>教师评语</td><td colspan="4"></td></tr>
<tr><th colspan="5">任务实施</th></tr>
<tr><td colspan="5"></td></tr>
</table>

任务二 缅怀往事活动

一、缅怀往事活动适用范围

缅怀往事活动既可以采用个体方式，也可以采用团体方式。采用团体方式的主要优势是能让更多老人受益。缅怀往事活动适用于背景或经验相似的人，他们通过参与缅怀往事活动去肯定自己、接纳自己，主动与人沟通、交往，继而消除孤独感，增强自尊感与自信心。开展团体缅怀往事活动时，为老服务者可灵活利用不同的老人住所，如老年活动中心、居家养老服务中心、养老院、老年公寓、老人日间护理中心、老人护理院等。

二、缅怀往事活动的作用

团体缅怀往事活动是通过引导缅怀往事活动小组成员参与缅怀往事活动并促进成员间的互动，协助老人建立社会支持网络。团体缅怀往事活动的作用如下。

（1）帮助老人分享经历，重新评估自己的独特性、价值观，实现自我认同，重享过去的荣耀与快乐，找回自尊、自我价值与快乐感。

（2）促进老人在团体中与有类似过往经历或情感反应的同龄人交流，共同回顾过去解决问题的方法，鼓励老人正视现实中的挫折，适应步入老年后的变化。

（3）鼓励老人更积极地参与社会活动，增强与同辈群体的互动，拓宽人际交往圈，健全社会支持网络。

（4）团体缅怀往事活动所营造的被倾听、被理解、被接受的情感氛围可以提升老人的归属感，从而缓解寂寞感，达到群体治疗的目的。

三、缅怀往事活动设计流程

缅怀往事活动可分五步明确小组缅怀往事的操作过程和方法，具体内容如下。

缅怀功能量表

第一步：需求评估，分析活动理论。需求是活动策划的出发点。开展缅怀往事活动前，运用问卷法、访谈法等，借助缅怀功能量表进行前测评估，评估老人的心理情绪、社交和自我价值等方面的情况，了解老人对生活的感受，并在理论的指导下，明确缅怀往事的形式与内容，以此确定服务目标及服务方向。对于患有轻微阿尔茨海默病、情绪抑郁的老年人，通过简版老年抑郁量表（GDS－15）进行测评，评估老人对缅怀往事的需要程度。

简版老年抑郁量表

第二步：订立目标，确定缅怀往事所需要达到的目标。在清楚了解老人特点及需求后，设定活动所需达成目标。订立工作目标应遵循SMART原则。

第三步：明确方案。在明确活动目标后，进一步思考并明确为实现目标而需要采取的具体行动，列出活动内容、具体程序、时间规划、人手安排、所需资源、应变计划等，最终形成一份详细的活动方案。

第四步：实施缅怀往事活动方案，运用缅怀技巧开展主题活动。发现老人生命历程中的主题，帮助其了解这些主题对过去、现在和未来的影响。

第五步：成效评估，评估活动的效果。在活动结束阶段，评估老人活动前后的改变情况，评估活动效果，进一步引导老人识别并运用其自身拥有的力量。

四、缅怀往事活动设计技巧

（一）常用理论

1. 埃里克森八阶段理论

1）理论概述

埃里克森基于心理社会发展理论提出人的八阶段理论，每个阶段都由人一生中的不同经历组成，各阶段都有自己的发展历程，其中老年阶段则存在发展危机，即当处于这个阶段的人无法达到自我完善时，将产生自我价值感降低、忧虑的状况。在老年阶段，回顾过去是成功完成自我完善这一任务的基本要素，从而实现自我整合，获得完善感。

2）实务应用

在埃里克森八阶段理论指导下，为老服务者适当引导老人回忆曾经的自己，找出一些让老人有成就感的事件，能完成自我完善这一老年期的人生任务，提升自我认同感和价值感，从而获得完善感和满足感，顺利度过老年期。

2. 缅怀往事理论

1）理论概述

缅怀往事的理论框架起源于埃里克森八阶段理论，是基于老人的心理特点发展而来的。缅怀往事通过引导人们对以往的经历、情感、想法的回顾，重新体验过去生活片段，协助其了解自我，提高他们对现实生活环境的适应能力。

2）实务应用

缅怀往事理论指导为老服务者通过组建缅怀治疗小组，营造良好的缅怀氛围，鼓励组员分享类似经历，感受他人的支持，一方面，维持认知功能和增强言语表达、社交活动的能力，减轻孤独感，增强归属感；另一方面，引导老人重新整合自己的一生，透过回忆和分享强化个人正面感受，肯定自己的人生，达到团体缅怀治疗的目的。

3. 连续理论

1）理论概述

连续理论又称持续活动理论，该理论认为个体持续性的行为模式更有利于老人扮演新的社会角色，获得幸福和快乐。根据连续理论的观点，老人享受愉快的晚年生活，最基本的原则是持续与社会接触，继续以往中年期的一切活动，即使退休了，仍以退而不休的做法获得充实感，避免因退休带来的失落与寂寞。

2）实务应用

在连续理论指导下，为老服务者通过唤起老人的经验应对和解释现有的改变，协助老人使用熟悉的知识技能和思维方式培养稳定的行为模式，以应对个体的老化，获得满足感。

（二）活动规模

团体缅怀往事活动相对于个体缅怀往事活动更具有结构性，缅怀往事活动小组人数为 10 ~ 15 人，具体人数根据参加活动的老人的身心功能状况确定。

（三）活动长度

缅怀往事活动一般有 4 ~ 8 节活动。养老院、老年公寓、老人日间护理中心和护理院的活动次数可以比老年活动中心多一些。老年活动中心主要面向居住在社区中的老人，活动次数可安排在 4 节左右。每节活动持续时间一般是 30 ~ 90 分钟，每周进行 1 ~ 2次，每次至少持续 4 周。

（四）主题选择方式

1. 按时间顺序

缅怀往事活动主题选择的方式之一是按时间顺序来选择。主题的选择取决于活动的目的，如果活动的目的是增强老人的自尊感，那么主题就是老人人生各阶段取得的主要成就。如果活动的目的是引发正面的、幸福的家庭生活回忆，那么主题就是引导老人盘点人生的快乐时光。

2. 按特定主题

缅怀往事活动主题选择的另一个方式是发掘一些与老人的人生没有联系在一起的主题。如果活动的目的是获得正面的感受，那么缅怀往事活动的主题可以是过去喜爱的食物，节日的庆祝活动、度假活动或者社会生活事件。这些“安全”的主题可以帮助老人放松下来，自在地缅怀往事。

五、缅怀往事活动实务要点

（1）首先需要了解每位老人的背景，以便找出与他们相关的引导物，确定主题，促进组员间的沟通。

（2）积极鼓励老人分享，若有老人在分享活动后意犹未尽，鼓励老人进一步分享，必要时可安排其他分享时间。在每次活动结束前，为老服务者应积极营造大团圆氛围。

（3）注意老人视力及听力情况，若老人视力及听力存在障碍，事先准备放大镜及耳机等辅助工具。

（4）活动过程中，引导每位老人固定自己的位置，协助老人建立稳定的人际关系，同时座位距离以便于老人听清楚其他组员声音为宜。

任务导入

某养老机构现有老人一百余人，80周岁以上的高龄老人高达70%以上，在机构中他们的基本生活能得到保障，但这群老人社会交往减少，经常以自己年纪大了、动手能力差、身体不好、记忆力减退、眼睛不好了等身体机能退化为由拒绝参加活动，与社会脱离，对自己的认同感比较低。长时间脱离社会使老人开始产生无力感、孤独感，老人们怀念以前的生活，对现在的生活充满无奈与悲伤。

任务分析

一、服务需求分析

（1）缓解因身体机能衰退而造成的无力感。随着年龄的增长，老人身体机能逐渐衰退，无力感与无用感越来越强烈，须提升其生活能力与适应社会能力。

（2）增强自我效能感。老人怀疑自己的能力，拒绝参加活动，自尊感低，为老服务者须提升其自我价值感与自信心，减少其消极情绪，减轻其无用感。

（3）增加社会交往。与子女存在一定的距离感，与院友的沟通交流也不多，较少参与院内组织的活动，老人孤独感较强烈，欲增加社会交往，获得陪伴与自尊感。

二、制定服务方案

针对机构内老人的表现和需求，结合老人喜欢回忆的特点，为老服务者为老人开展“岁月长歌”缅怀往事活动，以怀旧为主题，设计“童年趣事”“故乡情怀”“当年工作”“婚恋育儿时代”等主题活动，引导老人一起回忆分享，在情感上重新体验快乐、成就、尊严等，并通过挖掘老人所获得的成就，调整其面对老年生活的态度，实现老有所为、老有所乐。

三、主要服务目标

总目标：提升服务对象的自我效能感和价值感，以正面积极的态度面对晚年生活。

分目标：

（1）帮助老人积极认识自我，协助老人正视身体状况，接受身体变化，重构生命意义；

（2）提高老人自我效能感，挖掘老人身上的闪光点，协助老人体验人生成就，重塑自我形象；

（3）增加老人社会交往，加强老人与院友之间的联系和交流，使其获得情感慰藉，强化社会支持。

任务实施

一、缅怀往事活动设计思维导图

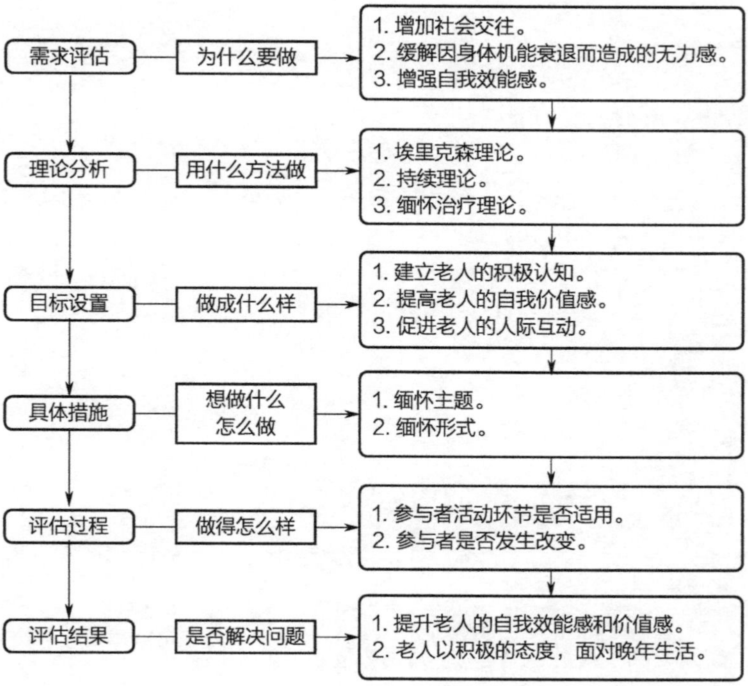

二、缅怀往事活动设计注意事项

1. 活动前面谈

为老服务者与每位老人面谈，了解他们的喜好、经历、长处和成就。同时，留意老人有哪些负面经历，并在活动过程中适当避免。

2. 小组设计意图

开展缅怀往事活动的目的是让老人通过追溯过去的生活经历并跟其他小组成员分享，获得良好的感觉。如果在活动开展过程中发现老人把注意力放在了未解决的问题上，或是困扰自己的感受上，那么使用更具结构性的人生回顾会更为合适。

任务工单

<table>
<tr><th colspan="6">任务信息</th></tr>
<tr><td>任务名称</td><td colspan="5">缅怀往事活动设计</td></tr>
<tr><td>任务目的</td><td colspan="5">1. 掌握缅怀往事活动的流程与要点。
2. 能够根据老人特点及需求设计缅怀往事活动。
3. 能够尊重、接纳老人的情绪和行为。
4. 能够结合不同老人的特点，创新服务主题及形式</td></tr>
<tr><td>任务要求</td><td colspan="5">背景：某养老院是公建民营的养老院，该养老院的基础设施较为完善。通过前期的观察、走访和访谈发现，部分老人在身体、心理和认知功能等方面出现了不同程度的退化。身体状况每况愈下、儿女陪伴时间较少、与其他院内老人交往不多等情况，让他们产生了极大的孤独感，加之不会使用微信等科技化产品，让他们产生了无力感，形成了老来无用的悲观论。他们经常怀念未入住养老机构时的生活情形，为在养老院生活感到失落、无力，甚至失去了生活的希望，对未来没有期待，过一天算一天。
任务：
1. 请分析案例中老人的需求；
2. 请针对案例设计一份服务方案</td></tr>
<tr><th colspan="6">任务评价</th></tr>
<tr><td>学生姓名</td><td></td><td>班级</td><td></td><td>学号</td><td></td></tr>
<tr><td>任务成绩</td><td>总分：</td><td>自评：</td><td colspan="2">互评：</td><td>师评：</td></tr>
<tr><td>自我评价</td><td colspan="5"></td></tr>
<tr><td>互评评语</td><td colspan="5"></td></tr>
<tr><td>教师评语</td><td colspan="5"></td></tr>
<tr><th colspan="6">任务实施</th></tr>
<tr><td colspan="6">活动名称：</td></tr>
<tr><th colspan="6">活动背景</th></tr>
<tr><td colspan="6">（描述该群体或该问题的现状并分点陈述问题或需求）</td></tr>
<tr><td>目标人群</td><td colspan="2"></td><td>名额</td><td colspan="2"></td></tr>
<tr><td>实施地点</td><td colspan="2"></td><td>人手编配</td><td colspan="2"></td></tr>
<tr><td>活动日期</td><td colspan="2"></td><td>时间</td><td colspan="2"></td></tr>
<tr><th colspan="6">活动理念（理论依据）</th></tr>
<tr><td colspan="6">（遵循什么样的服务理论、理念、方法来开展活动）</td></tr>
</table>

（续）

<table>
<tr><td colspan="5">活动目标</td></tr>
<tr><td colspan="5">（对应问题或者需求，分点阐述，遵循 SMART 原则，尽可能做到可量化、可评估）</td></tr>
<tr><td colspan="5">预计困难及解决方法</td></tr>
<tr><td colspan="2">预计困难</td><td colspan="3">解决方法</td></tr>
<tr><td colspan="2"></td><td colspan="3"></td></tr>
<tr><td colspan="2"></td><td colspan="3"></td></tr>
<tr><td colspan="2"></td><td colspan="3"></td></tr>
<tr><td colspan="5">评估方法</td></tr>
<tr><td colspan="5">（问卷调查法、现场观察法、服务对象访谈法、其他方法）</td></tr>
<tr><td colspan="5">活动设计</td></tr>
<tr><td colspan="5">前期准备</td></tr>
<tr><td colspan="5">（具体写明什么时间、什么地点、谁负责什么事、需要什么物资）</td></tr>
<tr><td colspan="5">中期安排</td></tr>
<tr><td colspan="5"></td></tr>
<tr><td colspan="5">善后工作</td></tr>
<tr><td colspan="5"></td></tr>
<tr><td colspan="5">物资及预算</td></tr>
<tr><td>序号</td><td>物品名称</td><td>单价</td><td>数量</td><td>用途描述及备注</td></tr>
<tr><td>1</td><td></td><td></td><td></td><td></td></tr>
<tr><td>2</td><td></td><td></td><td></td><td></td></tr>
<tr><td>3</td><td></td><td></td><td></td><td></td></tr>
<tr><td>4</td><td></td><td></td><td></td><td></td></tr>
<tr><td>5</td><td></td><td></td><td></td><td></td></tr>
<tr><td>6</td><td></td><td></td><td></td><td></td></tr>
<tr><td>7</td><td></td><td></td><td></td><td></td></tr>
<tr><td>8</td><td></td><td></td><td></td><td></td></tr>
<tr><td>9</td><td></td><td></td><td></td><td></td></tr>
<tr><td>10</td><td></td><td></td><td></td><td></td></tr>
<tr><td colspan="2">总计</td><td colspan="3"></td></tr>
</table>

参考工单

任务一　参考工单

任务二　参考工单

活动包

任务二　活动包

项目三
生命回顾活动设计

由于身体机能持续退化，工作生产能力、生活自理能力逐渐丧失，老人的社会角色从“社会活跃者”转变为“社会旁观者”，其不仅难以看到自身的优势与价值，还容易对当下以及未来的生活不抱任何期待，产生无助、无力等消极情绪。生命回顾活动是指通过带领老人重新回顾自己一生的经历，尤其是对其人生历程中的“正面事件”与“负面事件”进行聚焦与整合，使其看到自己人生历程的独特性，发现自己被遗忘的优势与潜能，提高其参与生活的兴趣。

项目目标

知识目标

1. 理解回忆、生命历程、生命回顾疗法的内涵。
2. 掌握访谈、回忆、复述等生命回顾活动训练技能。
3. 熟悉生命历程图、重要物件分享法、正面事件回忆法等非药物干预方法。

能力目标

1. 能协助老人开展回忆、复述训练，提高其生命回顾能力。
2. 能引导、鼓励老人进行自我表达，使其在回忆中获得愉快体验。
3. 能让老人在其人生经历中发现自身优点和价值，获得自信。
4. 能及时缓解老人因回忆过去而产生的不良情绪。
5. 能组织老人绘制生命历程图，描绘其人生经历。
6. 能引导老人对未来生活重拾希望。

素质目标

1. 能够接纳老人的负面情绪。
2. 在活动开展过程中，能察觉并影响老人的情绪。
3. 在老人讲述自己人生经历时要用心倾听，积极予以回应。

任务一 生命回顾训练

一、基本概念

1. 叙述

叙述是一种表达方式，指将事情的前后经过真实地说出来。在生命回顾训练中，为老服务者要通过各种方法引导老人将他的以往经历完整地叙述出来。

2. 生命回顾

回顾是指回想、思考过去发生的事件，并对过去事件进行总的观察。生命回顾即指通过回顾、重整、评价个人的人生经历，使其生命历程中有意义的事件被重新挖掘、未被解决的矛盾问题得以剖析，从而帮助个体重新整合自我认知、发现生命意义的干预措施。

二、活动理论

1. 生命历程理论

1）理论概述

生命历程理论来自芝加哥学派对移民的研究，它侧重于研究剧烈的社会变迁对个人生活与发展的显著影响，将个体的生命历程看作社会力量和社会结构的产物。生命历程理论的基本分析范式是将个体的生命历程理解为一个由多个生命事件构成的序列，同样一组生命事件，若排序不同，对人生的影响也会截然不同。

2）实务应用

生命历程理论采用深入访谈方法来回顾和描述被访谈者的人生经历，面对各种事件时的认识、态度、行为，从而立体地反映内在和外在、空间和时间、主观因素和客观因素对人的行为的影响。

2. 优势视角理论

1）理论概述

优势视角是一种关注人的内在力量和优势资源的视角。优势视角基于这样一种信念，即个人所具备的能力及其内部资源允许他们有效地应对生活中的挑战。

2）实务应用

在进行生命回顾时人们的特点在某种条件下都可以视为优势，包括体验、个人品德、感悟、天赋、社会资源等。

三、常用方法

1. 成长阶段回顾法

人的生命历程按时间顺序分为童年、少年、青年、壮年、中年以及老年这六个阶段，为老服务者应结合每个阶段的时代背景引导老人分享以前的人生经历。

设计步骤参考如下。

第一步：收集服务对象信息并对服务对象的资料进行细化。对老人存在的问题及其原因和需求进行分析，制定并修改服务方案。

第二步：开展服务设计。将过往经历与重要事件作为老人认识非理性认知与树立合理认知的突破口，在建立关系、聚焦生命故事、寻求独特优势、重构积极自我、巩固自尊水平等方面层层递进，使老人形成合理的自我认同感与自我价值感，进而改善并巩固自尊水平。

其中，为老服务者在聚焦生命故事方面可采用同理心、澄清、聚焦等技巧，在寻求独特优势方面可通过故事分享、优点大轰炸等方法，在老人讨论环节可采用情境式角色扮演等方法。

第三步：活动结束后的评估。运用标准化量表或者自制量表进行评估，讨论该活动解决问题的有效性，并提出改善建议，为今后的活动开展提供参考。

2. 生活经历回顾法

与生命历程图不同的是，生活经历回顾法把老人的人生经历分为三个方面进行回顾，即校园时光、工作经历、家庭生活经历。

（1）校园时光：无忧无虑的校园生活是美好且快乐的，在这一场域中寻找老人的快乐回忆，帮助老人认识到自己在某一学科或某一方面的特长与天赋，帮助老人重拾自信，肯定自我。

（2）工作经历：寻找老人在工作中的重要事件，发现闪光点，帮助老人认识到自己的工作能力以及所具备的优秀品质，使老人回忆工作期间得到的肯定与荣誉，帮助老人体会到自我价值、重拾自信，排解负面情绪。

（3）家庭生活经历：人在童年成长发展过程中会将一些特质、爱好及目标融入自己的人格中，这些将持续影响日后的行为模式。因此，回忆并分享老人成长过程中快乐的故事可以放松老人心情，使其获得幸福感。同时，回顾养育子女的成就价值，能增强老人的自我成就感，感知自己对家庭的价值，回忆与子女的美好生活。

设计步骤参考如下。

第一步：收集服务对象信息并对服务对象的资料进行细化。对老人存在的问题及其原因和需求进行分析，制定并修改服务方案。

第二步：开展服务设计。可按照活动介绍、热身游戏、生活经历分享、讨论、总结的顺序进行服务设计。

其中，在生活经历分享环节，为老服务者可使用比较法引导老人认识到自己发生的改变和获得的成长，在讨论环节可采用情境式角色扮演等方法。

第三步：服务结束后的评估。使用量表、访谈、问卷等方法进行评估，讨论该活动解决问题的有效性，并提出改善建议，为今后的活动开展提供参考。

四、注意事项

1. 活动开始前向老人普及生命回顾相关知识

老人们对生命回顾活动的了解和认知程度有待提高。为了使活动能顺利开展，为老服务者应该在活动开始前向老人普及生命回顾是什么，开展生命回顾活动有什么作用，等等。

2. 为老服务者须使用一定的技巧引导老人进行回顾

为老服务者应使用尊重、倾听、关注、同理、肯定等技巧，抓住老人描述的重要细节展开话题，引导老人完成开心、愉悦的生命片段的回顾。同时，在谈及死亡、挫折、遗言等可能引起老人不良情绪反应的话题时，为老服务者要及时捕捉老人的情绪变化，灵活应对。

任务导入

N福利院有30多名丧偶老人，为老服务者深入接触后发现他们在福利院与他人的互动极少，没有精神寄托，缺少陪伴和关怀。常年的福利院生活使老人们与社会严重脱离，平日除了吃饭就是睡觉、发呆，这导致他们的人生观、价值观、世界观较为狭隘，从而产生较为消极的生活情绪。

任务分析

一、服务需求分析

1. 改变不合理信念

福利院的老人们总是认为自己身体不舒服是在增添儿女的负担，儿女不来看望自己是因为自己年纪大不招人喜欢。这些不合理信念的存在使老人们容易否定自己，使自己陷入极端不良情绪体验的恶性循环之中。老人们需要建立强大的信念系统，消除不合理信念。

2. 提升自我价值感

福利院的老人们在步入老年阶段后，随着身体机能的下降和社会角色的变化，时常会产生无用感，尤其是退休之后，在社会中的价值感与成就感逐渐丧失，从社会舞台的中心转移至边缘位置，缺乏生活的目标和方向。

二、制定服务方案

针对福利院老人的问题表现，为其制定个性化的服务方案。本次服务要分为以下三个阶段进行。

第一阶段：获得服务对象信任，建立专业关系。通过与福利院老人们聊天了解其生命经历，结合老人早年生命经历，分析现存问题的内在成因。在厘清福利院老人们的需求后选择适合的回顾主题，制订活动计划。

第二阶段：生命回顾的介入。通过引导福利院老人们回忆儿时、青年、中年等时期的经历，使其从往事中获得更多正向体验，并在此过程中逐步完善老人们的社会支持网络，纠正不合理信念，提升老人自我价值感。

第三阶段：结合专业知识回顾整个服务过程。对服务效果进行总结与评估，巩固已有改变，强化服务效果，持续有效地改变服务对象。

三、主要服务目标

（1）消除老人当前的不良情绪。通过回顾幸福、快乐的往事，使老人获得愉悦、轻松的情绪感受，缓解老人的无力感和内疚感。

（2）增强老人自我价值感。老人回顾成功经历，借助成功经验应对生活改变与困难，增强自己的正向认知，发挥自身主观能动性。

（3）转变老人的不合理信念。转变老人看待问题的视角，让其理性看待身体问题，并引导老人放下曾经的不好的经历，重拾自信。

任务实施

一、活动设计思维导图

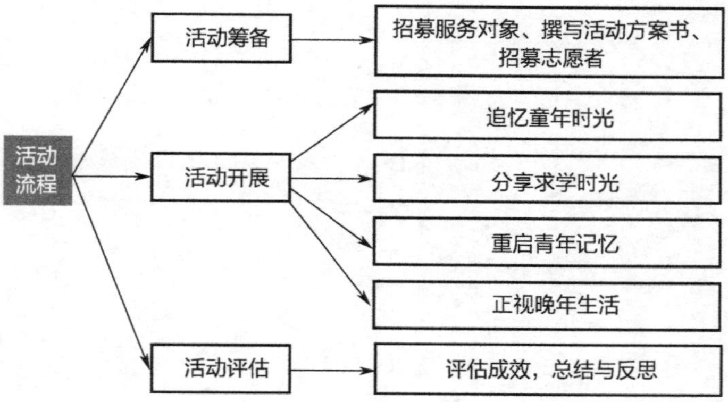

二、活动设计注意事项

1. 提前对福利院老人的背景进行摸排

根据老人的出生背景、人生经历确定回顾的重点内容；根据老人的行为习惯、认知程度、兴趣爱好、职业特征等调整活动方案。

2. 着重注意老人情绪变化

老人在进行生命回顾时可能会因为回顾到不好的经历而情绪低落，为老服务者应该有一颗仔细观察的心，及时关注每个老人的情绪变化，对于个别老人的特殊行为要细心留意，通过倾听、理解等服务技巧让老人在轻松的氛围中表达感受。

任务工单

任务信息	
任务名称	生命回顾训练
任务目的	1. 帮助学习者了解生命历程的内涵，学习优势视角、生命历程理论的知识。 2. 帮助学习者了解独居老人的特点和需求。 3. 帮助学习者掌握生命回顾活动的流程，学会提升老人自我价值感的技巧。 4. 帮助学习者学会尊重、接纳老人
任务要求	**背景**：H村大部分年轻人都外出务工，村中存在大量留守老人。为老服务者走访发现，H村部分留守老人受内在因素和外在因素的双重影响，对生活失去希望，具体表现为“碌碌无为”“一无是处”“啥也做不了”“老了没用了”等负能量表述成为他们日常交流的主题，对未来生活普遍持悲观和失望的态度。 **任务**：以H村留守老人为服务对象，为他们设计一场生命回顾训练活动并以小组的形式开展。协助老人进一步认识自己的生命历程，促使老人提升自我价值感，领悟生命的意义，唤起老人对自己晚年生活的热情

任务评价							
学生姓名		班级		学号			
任务成绩	总分：	自评：		互评：		师评：	
自我评价							
互评评语							
教师评语							

任务实施			
活动名称：			
活动背景			
（描述该群体或该问题的现状并分点陈述问题或需求）			
目标人群		名额	
实施地点		人手编配	
活动日期		时间	
活动理念（理论依据）			
（遵循什么样的服务理论、理念、方法来开展活动）			

（续）

活动目标
（对应问题或者需求，分点阐述，遵循SMART原则，尽可能做到可量化、可评估）

预计困难及解决方法	
预计困难	解决方法

评估方法
（问卷调查法、现场观察法、服务对象访谈法、其他方法）
活动设计
前期准备
（具体写明什么时间、什么地点、谁负责什么事、需要什么物资）
中期安排
善后工作

物资及预算				
序号	物品名称	单价	数量	用途描述及备注
1				
2				
3				
4				
5				
6				
7				
8				
9				
10				
总计				

思考实践

1. 面对不善于表达的老人，不能完整描述出自己的生命历程，你应当如何处理？

2. 小组服务对象发生矛盾，导致活动不能继续开展，为老服务者应当如何更好地调解矛盾，使活动顺利开展？

任务二　生命重要事件回顾训练

一、基本概念

生命重要事件是指在人生命历程中发挥重要作用，产生重大影响的事件，这些事件可能是人生的转折点，包括正面的和负面的。正面的重要事件对个人发展起积极推动作用，负面的重要事件对个人发展起消极阻碍作用。

二、活动理论

1. 人格发展理论

1）理论概述

埃里克森的人格发展理论将人的一生分为八个阶段：婴儿期、儿童期、学龄期、青春期、成年早期、成年期、成熟期和老年期。这八个阶段各不相同，相互联系，但是每个阶段都有其应完成的主要任务，只有顺利地完成了上一阶段的要求和任务，才能更好地进行下一阶段的发展。如果某个阶段的矛盾没有得到很好的解决，就会产生一些消极的影响。只有矛盾得到有效解决，人才能更好地适应社会的发展。

2）实务应用

人格发展理论认为老人晚年生活产生消极情绪是因为在前几个阶段中还存在未解决的矛盾，所以老人要进行生命回顾，解决之前几个阶段中存在的矛盾。

2. 生态系统理论

1）理论概述

生态系统理论以整体的视角来看待人和社会。生态系统理论主要认为与环境以及其他人互动是人的本能，人与环境的关系是互惠的，因此要理解个人，就必须将其置于环境之中，个人的问题是生活过程中的问题，对个人问题的理解和判定也必须在其生存的环境中来进行。因此，要从服务对象所处的整个生态系统出发，把他们的问题放到不同层面的系统中去看待和解决。

2）实务应用

在实务中生态系统理论要求为老服务者帮助服务对象提高其与环境的协调度，采用积极视角，系统地分析服务对象拥有的社会资源，在不利的情境中看到服务对象改变与进步的可能性，提高环境对个人的支持度，帮助服务对象解决生活中的困难，恢复其与环境的平衡，使之相互协调，形成良性的互动。

三、常用方法

1. 重要物件分享法

通过分享、介绍重要物件引导老人说出物件背后的故事，鼓励老人学会自我表达，使其在回忆中获得愉快体验。例如通过分享老照片，不断引入新话题使对话逐步深入，积极鼓励老人进行自我表达，让老人谈谈照片背后的故事，激活老人回忆中的愉快情绪体验，缓解负面情绪。

设计步骤参考如下。

第一步：收集服务对象信息并对服务对象的资料进行细化。对老人基本情况信息进行收集，根据收集到的信息分析存在的问题及其原因和需求，制定并修改服务方案。

第二步：开展服务设计。可按照活动介绍、热身游戏、重要物件分享、讨论、分享、总结的顺序进行服务设计。

其中，在重要物件分享环节，为老服务者可使用情境模拟法让老人把与重要物件相关事件表演出来。讨论环节可采用情境式角色扮演等方法。在总结环节，为老服务者应重点帮助老人巩固合理认知，消除不合理认知。

第三步：服务结束后的评估。使用量表、访谈、问卷等进行评估，讨论该活动解决问题的有效性。

2. 重要事件回顾法

1）重要正面事件回顾

老人通过回忆、分享自己年轻时的成功经验，可增强对自我的认同感。为老服务者应引导并鼓励老人在回顾的过程中发现自己的优势，转变之前对于自己以及人生经历的负面情绪与评价。

2）重要负面事件回顾

负面事件不仅对老人的情绪和行为产生了消极影响，也使他们忽略了生命历程中正面事件带给自己的正能量。通过对重要负面事件的回顾，为老服务者要在言语与叙述中发现老人的非理性认知，及时对这一认知进行讨论，让老人认识到过去一些矛盾的产生，并不完全是自己的原因，通过现在与过去的对比，认识到现在拥有更多机会与可能性，应更多地注重当下，帮助老人建立正确认知。

3. 生命历程图

生命历程图将生命历程分为不同阶段，引导老人回忆各个生命阶段中发生的重要事件，请老人对各个重要事件打分，分值范围为 -5 ~ 5 分。分数越高说明该重要事件使老人产生的正面情绪越多，分数越低说明该重要事件使老人产生的负面情绪越多。根据生命历程图，为老服务者帮老人重新构建认知。

设计步骤参考如下。

第一步：收集服务对象信息并对服务对象的资料进行细化。对老人存在的问题及其原因和需求进行分析，制定并修改服务方案，根据老人生活背景、人生经历设计活动重点环节。

第二步：开展服务设计。可按照活动介绍、热身游戏、为老服务者示范绘制生命历程图、老人绘制生命历程图、讨论、总结的顺序进行服务设计。

其中，在开展绘制生命历程图环节之前，为老服务者应对生命历程图的绘制方法进行介绍并在绘制过程中给予老人指导。讨论环节可采用情境式角色扮演等方法。

第三步：服务结束后的评估。使用量表、访谈、问卷等进行评估，讨论该活动解决问题的有效性。

四、注意事项

1. 对老人的表述要真诚聆听和耐心引导

因为年龄和身体的原因，有的老人吐字、发音不清晰，为老服务者不要急于赶进度，对于个别表述吃力的老人，应该引导其放慢语速，用合适的音量与老人沟通，必要时也可以运用手势或肢体语言帮助老人澄清表述。

2. 提前向老人介绍工具使用方法

活动中提到了一些使用工具，对此老人可能没办法理解其运用方法。例如生命历程图，为老服务者需要提前制作生命历程图模板，并在设计活动环节时，增加示范和展示的环节，帮助老人理解什么是生命历程图以及如何绘制生命历程图。

任务导入

X 社区为农转居还迁房小区，这里的老人失去了以前赖以生存的土地，年轻人的工作地点不在小区附近，所以就出现了老人没有经济来源并单独居住的情况。老人们的受教育程度普遍偏低，参加社区活动的积极性不高。他们在生活中遇到挫折容易埋怨自己、产生自卑情绪，总以批判的眼光、消极的态度看待自己的过去、现在和将来。

任务分析

一、服务需求分析

1. 生命意义重建需求

身体机能变化及收入来源的缺失会使社区老人逐渐丧失自我价值感，失去生活的目标及方向。因此，为老服务者要从提升老人的自我认同意识出发，恢复其价值感和自信心，让其重新接纳所处的生活环境，点燃对生活的希望，让老人活出生命的意义和价值。

2. 情绪支持需求

子女由于工作原因不在老人身边，老人得不到有效的情绪支持，也无处宣泄自身负面情绪。老人缺乏归属感，为老服务者要帮助老人减少负面情绪困扰，增加积极正向情绪体验。

二、制定服务方案

针对以上问题表现，为社区老人制定个性化的服务方案。本次服务主要分为以下三个阶段进行。

第一阶段：通过访谈了解社区老人的经历，结合老人的早年经历，在充分尊重老人意愿的前提下选择合适的主题，共同探讨，制订介入计划。

第二阶段：为社区老人提供建立新的社会支援系统的机会，帮助他们扩大交际圈。利用小组活动的形式，帮助他们在社区建立新的朋友交际圈，扩大他们的社会支援网络。回顾一生的重要经历，能使他们更好地认识自己，减轻负面情绪，培养正面的积极情绪，重新获得对自己人生的掌控感。

第三阶段：在老人讲述、分享人生经历后，为老服务者要给予相应的鼓励和支持，减轻老人的无助感、失落感，提升他们的自我满足感，这对于老人而言是十分重要的。对服务进行总结与评估，巩固已有成果，强化服务效果。

三、主要服务目标

（1）减轻老人负面情绪。让老人认识到过去一些矛盾的产生，并不完全是自己的原因，应更多地注重当下，建立正确认知。

（2）满足老人的倾诉与表达需求，让老人保持积极的心态。

（3）增强老人生活信心。帮助老人挖掘潜能，扩大他们的社会支援网络，实现自我价值。帮助老人重构看待问题的视角，重新点燃生活希望。

任务实施

一、活动设计思维导图

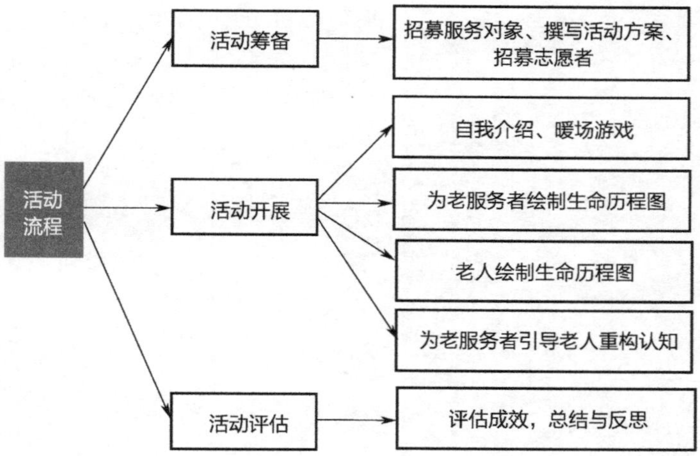

二、活动设计注意事项

1. 考虑到老人身体状况，活动时间不宜过长

为老服务者应将老人的身体健康放在首位，在设计游戏时要避开难度较大或者活动节奏较快、较强的设计环节，应该做到让老人轻松地参与其中。同时，为老服务者也应该充分尊重老人的意见，主动与其商讨活动的频率和时长，每次活动时间不宜过长，以免引起老人内心的反感和身体上的不适。

2. 及时称赞和鼓励老人

对于年轻人来说，表述自身经历可能非常轻松，但是对于老人来说，这会是一项“艰难的任务”。如果为老服务者能够及时鼓励和赞赏老人的表述能力，让其看到自身的潜力和能力，回顾就会变得简单。比如说为老服务者可以采用“您说得真好”“对您来说回忆往事一点都不难”等赞美性的话术对老人进行鼓励。

任务准备

一、活动设计思维导图

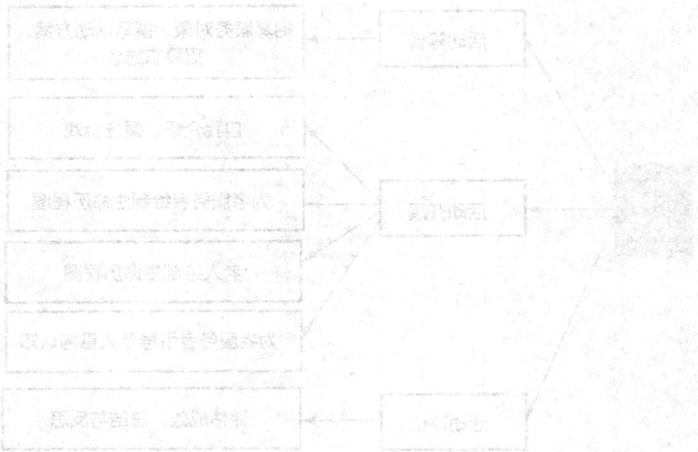

二、活动设计注意事项

1. 考虑到老人身体状况，活动时间不宜过长

养老服务者应将老人的身体状况放在首位。在设计游戏时要避开难度较大或者活动节奏较快、技能性较强的设计环节，应该做到让老人轻松地参与其中。同时，养老服务者也应该充分尊重老人的意见，注意与其商讨活动的频率和时长，保证活动时间不宜过长，以免引起老人内心的反感和身体上的不适。

2. 及时称赞和鼓励老人

对于年轻人来说，拿来自己经历了的事情回忆轻松，但是对于老人来说，这会是一项"艰难的任务"。如果养老服务者能及时鼓励和帮助老人的表达能力，让其看到自身的进步和能力，回顾就会变得简单。比如说养老服务者可以采用"您说得真好""对您来说回忆往事一点都不难"等积极性的话来对老人进行鼓励。

任务工单

任务信息	
任务名称	生命重要事件回顾训练
任务目的	1. 帮助学习者掌握沟通交流的技巧，能引导老人诉说生命历程中对自己影响较大的重要事件。 2. 帮助学习者掌握改变老人负面认知的技巧
任务要求	**背景**：S机构是南充市最早探索建立养老服务信息平台的养老机构，主要承担“三无”老人、残疾老人的养护、医疗、康复等工作。在与S机构老人接触的过程中，为老服务者经常听到老人因年老失能而自怨自艾，或者对自我充满怀疑与否定。 **任务**：以S机构中的老人为服务对象，为他们设计一场生命重要事件回顾训练活动，时长为2.5小时左右。协助老人对生命重要事件建立正确认知，从而产生自我价值感

任务评价					
学生姓名		**班级**		**学号**	
任务成绩	**总分：**	**自评：**	**互评：**	**师评：**	
自我评价					
互评评语					
教师评语					

任务实施			
活动名称：			
活动背景			
（描述该群体或该问题的现状并分点陈述问题或需求）			
目标人群		**名额**	
实施地点		**人手编配**	
活动日期		**时间**	
活动理念（理论依据）			
（遵循什么样的服务理论、理念、方法来开展活动）			

（续）

活动目标				
（对应问题或者需求，分点阐述，遵循 SMART 原则，尽可能做到可量化、可评估）				
预计困难及解决方法				
预计困难		解决方法		
评估方法				
（问卷调查法、现场观察法、服务对象访谈法、其他方法）				
活动设计				
前期准备				
（具体写明什么时间、什么地点、谁负责什么事、需要什么物资）				
中期安排				
善后工作				
物资及预算				
序号	物品名称	单价	数量	用途描述及备注
1				
2				
3				
4				
5				
6				
7				
8				
9				
10				
总计				

思考实践

1. 面对身体机能差，不能很好地融入活动的高龄老人，你应当如何处理？

2. 在引导自我价值感低的老人参与生命回顾活动时，为老服务者应当如何更好地实施人文关怀？

参考工单

任务一　参考工单

任务二　参考工单

活动包

任务二　活动包

项目四
生命晚期活动设计

自世界卫生组织提出“积极老龄化”的政策纲领以来，更加强调尊重老年人的基本人权、“不剥夺任何个人得益于发展的机会”、积极促进“人的毕生发展”等观念正日益成为各国应对21世纪人口老龄化问题的战略出发点，并在具体的行动中强调老年人“必须成为发展进程的充分参与者，也必须公平享有发展进程的种种好处”，而且明确提出要把健康、参与和保障三大支柱理念作为区别于之前人口老龄化理念的显著标志。习近平同志在党的二十大报告中指出应实施积极应对人口老龄化国家战略。因此，“积极老龄化”的理念在强调保障老年人自然生命“健康”的基础上，转而更加关注老年人社会生命的“参与”和精神生命的“保障”。因此，重视老年人晚期生活质量是践行“积极老龄化”理念的重要体现。

项目目标

知识目标

1. 能够了解晚年人生规划对个体、家庭、社会的重要性。
2. 能够了解对老年人开展生命教育的重要性。
3. 能够掌握老年人晚年人生规划和生命教育的内容。
4. 熟悉老年人晚年人生规划设计和生命教育活动开展的方法。

能力目标

1. 能够整合有关社区资源，开展老年人人生规划主题活动，丰富老年人的晚年生活。
2. 能够根据老年人的特点和需求，开展老年人生命教育的活动策划。
3. 能够根据老年人的特点和需求，开展适合的人生规划和生命教育主题活动，丰富老年人的晚年生活。

素质目标

1. 能够接纳老年人存在的差异化个性情绪和行为。
2. 在服务过程中，保持对老年人的尊重，与其耐心沟通。
3. 与利益相关方形成协作团队，培养团队协作的意识。

一、基本概念

1. 老年人生活规划

老年人生活规划是年满60周岁的老年人所制定的生活规划，指老年人为了达到一定的生活目标而做出的计划、选择。

2. 生命教育

生命教育的本质在于让人们处理好人生中“生命与生活的紧张”问题，正确体验生命的可贵，建立正确的生活态度与目的，从而追求更大的人生价值与意义。

3. 老年生命教育

老年生命教育是以老年人的生命活力为基础，以承认老年群体的身心特点及个性差异为前提，以倡导老年人的生命与自身和谐、与他人和谐、与自然和谐、与社会和谐为目标，激发他们的活力与潜能，全面提升老年人生命质量的一种教育活动。

4. 生死观

生死观是指人们对生与死的根本看法和态度。

5. 死亡教育

教育老年人正确认识生与死的关系，学会充实地生活与有尊严地死亡。

二、常用理论

1. 生涯发展理论

1）理论概述

生涯发展理论强调兴趣、能力、价值观等方面的个体差异对生涯发展的重要影响。舒伯是生涯发展研究领域中最具权威性的人物之一。舒伯的生涯发展理论的三个要点包括：自我概念、生涯发展阶段和生涯发展任务、生涯发展与生活角色。其中自我概念是舒伯生涯发展理论的核心，是指个人看待自己和自身境况的观点，包括个人如何选择，如何对选择进行调整，个人对其社会经济情况及与工作和生活有关的当前社会结构的评价。

2）实务应用

根据生涯发展理论，个人在老年阶段开始退出职业生涯，离开工作岗位，生活重心由社会转向家庭。其在心理上会依赖亲人，容易产生孤独、消极的情绪，需要家人和社会更多的精神关怀。由于老年人身体、心理机能的下降，医疗服务需求会上升，经济能力则会发生一定程度的下降。可见，个人在老年阶段的生活通常会发生比较明显的变化，在此期间若无合理的心理准备或安排，对养老极易产生消极的影响。因此，开展老年人生活规划是必要和适宜的，老年人的生活规划应依据自身的兴趣、能力、需求以及外部环境等特点对自己的老年生活进行规划，以促进自身在新的生活阶段合理有序地生活。

2. 发展任务论

1）理论概述

哈维格斯特的发展任务论认为人在生命的不同阶段各有其主要的发展任务。他把人生的发展分为六个时期，最后一个时期——老年期的发展任务的重点为：适应退休与收入的减少、适应健康和体力的衰退、与自己的同龄人建立亲近的关系、适应配偶的死亡、负起社会和公民的责任以及打造令自己满意的生活，根据自己的经济和家庭状况重新安排居住环境。

2）实务应用

根据发展任务论，个人在老年期如能适应身体和心理机能衰退的生活状态，并在这种生活状态之下建立新的人际交往关系，承担新的社会责任，还能根据自己的经济情况、家庭情况安排居住环境，就能提高个人的生活满意度。老年人生活规划是要为适应退休之后生活的转变做准备，退休后生活的转变包括收入减少、体力衰退、社会责任转变等。合理安排退休之后的收入，根据体力与生活环境做力所能及的事，完成个人所定下的发展目标，可以通过老年人生活规划进行。

3. 生命伦理学

1）理论概述

生命伦理学是兴起于20世纪五六十年代的一门交叉学科。生命伦理学的研究焦点是人及其生命价值，包括生命标准的界定、生命价值的讨论、对临终关怀的倡导等内容。生命伦理学旨在发展生命、完善生命、追求理想生命，不仅从理论建构上拓展了生命教育的内涵，也极大地丰富了生命教育的具体实践内容。

2）实务应用

根据生命伦理学的内容，老年人生命晚期的生命教育的内容包括人生教育、生死教育和传统文化教育，目标是让老年人更加爱护自我生命和关照他人生命，在学习中完整认识生命的本质，提升生命的质量，做到“活得幸福”“活得出彩”和“活得有意义”。因此，为老服务者为老年人开展生命教育主题活动，有助于引导老年人在晚年生活中关注和提升自己的生活质量，提升自己的老年生活水平。

三、常用方法

1. 活动学习法

活动学习法是指通过个别化辅导及活动的方式帮助老年人了解和学习认识晚年生活变化和自身需求的方法。首先，要设计晚年生活情境和需求的内容，通过学习的方式，从认知层面上帮助老年人掌握有关事实、资料等；其次，设计一些老年人晚年生活常见情境的是非选择，帮助老年人明了一些事实与观念的关系及转变的过程。

2. 经验学习法

经验学习法是指为老服务者借助个体或他人的经验，协助老年人了解老年人生活规划的重要性及必要性，掌握梳理自己晚年的生活目标和内容的方法。一些老年人晚年幸福生活的案例展示与讲解能够让老年人获得启发，以加强其对自身老年生活的规划或借鉴。

3. 任务中心规划法

任务中心规划法是指通过活动的方式帮助老年人梳理晚年时期的人生任务的方法。首先，应设计活动环节，帮助老年人从认知层面上明确晚年生活的任务清单；其次，通过清单的选择和计划的制订来帮助老年人完成自己的人生任务。

4. 讲述法

讲述法以为老服务者的讲授为主。为老服务者向老年人讲述与生命有关的基础知识和生命教育话题；为老服务者可借助日常储备的生活经典案例或生动的故事进行讲述，也可利用适当的教学媒体，配合问答、讨论的方式，提高老年人参与生命教育话题讨论的积极性。

设计步骤参考如下。

第一步：收集素材资料。收集、整理与生命有关的基础知识、老年生命教育话题以及有关老年人生命教育的典型案例和故事素材，然后将其制作成幻灯片。

第二步：开展服务设计。首先通过讲授的方式讲解与生命教育有关的知识点，了解老年人对生命教育知识的认知程度；其次通过分享典型案例和生动故事的方式加深老年人对生命教育重要性的认识，为讨论互动环节提供认知和知识基础。讨论环节可采取观看视频、案例讨论、情境模拟的方式，邀请老年人共同参与分享和讨论，并结合前面的知识讲解，巩固学习所得。

5. 实作教学法

实作教学法是指就生命教育的活动，为老服务者指导老年人进行相关操作的一种方法，如在生命教育活动中指导老年人去模拟预立遗嘱，开展沟通晤谈和病情告知以及制订自我成长计划等，既可从知识层面上增强老年人对主题内容的了解，也可从实践层面上指导老年人去操作，增强他们的体验感。

设计步骤参考如下。

第一步：知识讲解。通过讲授的方式帮助老年人掌握生命教育的具体内容。

第二步：开展服务设计。为老服务者可通过新闻故事、案例讲解的方式将服务内容具体化，以分组讨论和情境模拟的方式，引导老年人设计生前计划和身后事安排，帮助老年人增强规划意识，明确生活目标，提升生命质量。

6. 合作学习法

合作学习法是一种团体合作的学习方式，主要是指通过合作的学习方式设计生命教育相关主题活动并实现学习目标的一种方法，这种方法具有很强的互动性、交往性、分享性。例如小组成员共同设计较理想的告别仪式或进行临终个案关怀模拟等，通过合理分配学习任务，分头搜集资料，集中讨论、演练，不断修正、创新，提升自我认知等。

设计步骤参考如下。

第一步：主题设定。提前将学习的内容根据主题进行分类，主题的内容以老年人生命教育的内容为主。

第二步：开展服务设计。首先将老年人按照对主题内容的兴趣和选择进行分组。其次说明分组学习任务，先由各组自行讨论任务的具体分解和责任人，再在规定的时间内分头搜集资料，最后整理资料并进行组内的讨论和演练。

四、注意事项

1. 活动策划应以需求为导向，开展老年人生活规划的需求评估

在活动策划前，应围绕老年人群体的生理、心理、社交等方面的特征及需求进行需求调研，以便做到有的放矢。

2. 活动内容应与老年人的身体状况相匹配

活动的内容应与老年人的身体状况相匹配，老年人参加活动的安全问题为首要问题。

3. 活动时长应与老年人的体能和专注力相匹配

设计活动应充分考虑老年人的体能和专注力水平普遍处于下降的趋势，活动时间不宜过长。

4. 活动内容应考虑老年人个体的差异化需求

活动设计要充分考虑参与的老年人个体存在差异化需求，在注重个体与群体需求的协调整合的同时，适当满足个体的需求。

任务一 人生晚期规划活动设计

任务导入

A为B社区的为老服务者，其通过调研发现，近两年内，社区的高龄老人逐渐增多，这些老年人普遍存在身体功能退化及社会功能弱化的问题，具体表现为患有各种不同的慢性病甚至是重病、家属对其心理关注不足、出门少甚至不愿出门。与此同时，许多老年人对老年生活感到迷茫，出现适应障碍的现象，不知道如何安排自己的晚年生活、维护自己的身体健康、建立适合自己的交往圈以及打理自己的财物和培养自己的兴趣爱好等，这在很大程度上影响了这些老年人的生活质量。

任务分析

一、服务需求分析

1. 疾病管理的需要

随着身体各个器官组织功能的衰退，老年人会面临着多种健康问题。老年期是疾病多发期，健康维护是老年人最为关注的，也是最为渴望得到的。

2. 心理健康的需要

老年人除了需要生活的照顾外，还需要在精神心理方面得到更多关注和支持。老年人的心理健康需求是多样的，包括生理满足的心理需求、健康与疾病的心理影响、依存心理需求（生活照料）、安全（健康、财产等）心理需求、亲情和友情的情感需求及自我实现需求等。

3. 社交需求

由于自身和外界种种因素的影响，老年人的社交需求会受到一定的影响，人际交往显著减少，部分老年人对各种社交活动缺少兴趣。但客观上，许多老年人渴望获得关注和关怀，包括外界及同辈群体的支持，因此为老服务者要为老年人的社交活动创造条件，以满足其社交需求。

4. 老年人生活规划需要

老年人生活规划是解决个人在养老过程中的问题从而达到提高老年人生活质量的手段之一，因此其对老年人的晚年生活有现实的意义。许多老年人因年老或退休后，缺乏对生活的规划，加之社会角色的转变、身体机能的下降等客观因素影响，往往会导致生活质量受损。因此，协助老年人做出积极的规划，尊重老年人的兴趣、爱好和发展期望，可以提高老年人的生活质量。

二、制定服务方案

1. 明确需求

向利益相关方（社区老人、家属、社区工作人员、社区居民等）收集服务群体的基本信息并确定他们的需求。

2. 确定服务目标

根据 SMART 原则确定服务目标，并以目标指引服务内容的设计。

3. 设计活动方案

围绕服务背景、目标、服务内容、服务形式等进行活动方案的设计。

4. 招募服务对象

通过小区宣传栏张贴海报、居民交流群发布、定向邀请、社区推荐等方式招募符合条件的服务对象。

5. 实施活动

根据活动方案开展服务，注意活动实施过程中的痕迹管理。

6. 活动结束评估及存档

活动结束后可通过问卷、后测、访谈、观察记录等方式对活动进行评估并保存相关档案。

三、主要服务目标

（1）提高老年服务对象的疾病自我管理认知和能力。

（2）提升老年服务对象的心理支持能力。

（3）拓宽老年服务对象的社会交往渠道。

（4）提高服务对象对老年人第二生涯规划重要性的认识并协助服务对象建构自己的老年人生活规划。

任务实施

一、活动设计思维导图

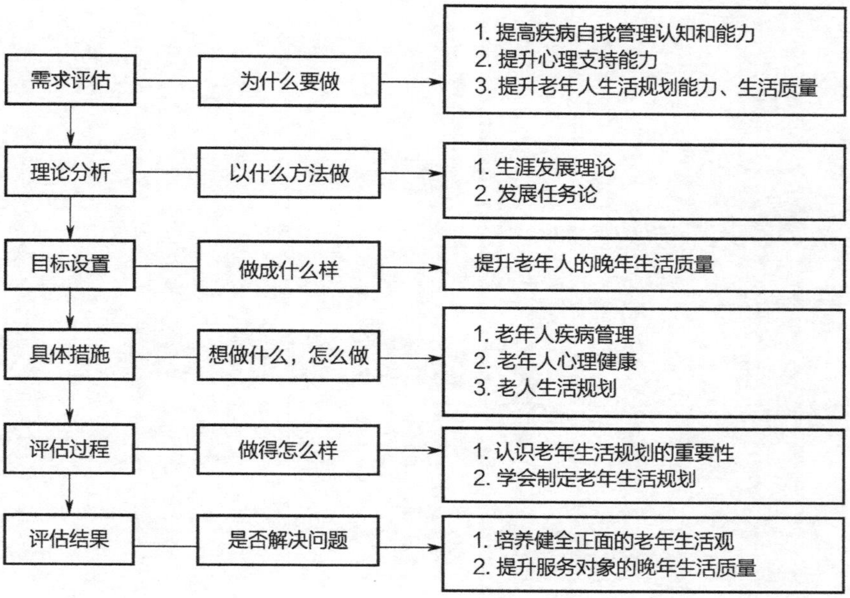

二、活动设计注意事项

（1）活动设计须以老年人晚年生活需求为导向设计服务内容。

（2）活动设计注意从认知到行为的改变。

（3）注意评估工具的设计和运用。

任务工单

<table>
<tr><th colspan="8">任务信息</th></tr>
<tr><td>任务名称</td><td colspan="7">人生七十才开始——老年人生活规划活动方案</td></tr>
<tr><td>任务目的</td><td colspan="7">1. 帮助学习者了解晚年人生规划的内容（生活、健康、社交、财务、兴趣爱好等）；
2. 帮助学习者掌握老年人晚期人生规划方案的撰写技能；
3. 能帮助学习者更好的理解老年人晚期人生规划的重要性</td></tr>
<tr><td>任务要求</td><td colspan="7">背景：A 社区是一个老旧小区，由于城市更新，许多青年人搬迁，居民以老人为主，其中，75 岁以上的高龄老人有 80 名。许多独居的老人对自己的生活感到迷茫并缺乏规划。具体表现为许多老人都患有不同程度的慢性病，如高血压、糖尿病、老年性头晕等；老人的人际交往单一、人际圈窄；兴趣爱好单一或发展不足等。这些问题不仅给他们的实际生活带来了较大的影响，同时也让他们产生了较大的心理负担，对晚年生活规划的不足降低了这些老人的生活质量。
任务：请认真阅读以上信息并完成如下任务。
1. 以健康规划为主题，为 A 社区的老人策划一场健康规划活动。
2. 请运用任务中心规划法，完成活动的设计并注意从老年人疾病知识学习、饮食管理、运动管理、药物管理等方面展开设计</td></tr>
<tr><th colspan="8">任务评价</th></tr>
<tr><td>学生姓名</td><td colspan="2"></td><td>班级</td><td colspan="2"></td><td>学号</td><td></td></tr>
<tr><td>任务成绩</td><td colspan="2">总分：</td><td colspan="2">自评：</td><td colspan="2">互评：</td><td>师评：</td></tr>
<tr><td>自我评价</td><td colspan="7"></td></tr>
<tr><td>互评评语</td><td colspan="7"></td></tr>
<tr><td>教师评语</td><td colspan="7"></td></tr>
<tr><th colspan="8">任务实施</th></tr>
<tr><td colspan="8">活动名称：</td></tr>
<tr><th colspan="8">活动背景</th></tr>
<tr><td colspan="8">（描述该群体或该问题的现状并分点陈述问题或需求）</td></tr>
<tr><td>目标人群</td><td colspan="3"></td><td colspan="2">名额</td><td colspan="2"></td></tr>
<tr><td>实施地点</td><td colspan="3"></td><td colspan="2">人手编配</td><td colspan="2"></td></tr>
<tr><td>活动日期</td><td colspan="3"></td><td colspan="2">时间</td><td colspan="2"></td></tr>
</table>

（续）

活动理念（理论依据）				
（遵循什么样的服务理论、理念、方法来开展活动）				
活动目标				
（对应问题或者需求，分点阐述，遵循 SMART 原则，尽可能做到可量化、可评估）				
预计困难及解决方法				
预计困难		解决方法		
评估方法				
（问卷调查法、现场观察法、服务对象访谈法、其他方法）				
活动设计				
前期准备				
（具体写明什么时间、什么地点、谁负责什么事、需要什么物资）				
中期安排				
善后工作				
物资及预算				
序号	物品名称	单价	数量	用途描述及备注
1				
2				
3				
4				
总计				

思考实践

1. 老年人的健康管理规划内容应考虑哪些方面？
2. 如何提高老年人的疾病自我管理能力？

任务二 晚期生命教育活动设计

任务导入

李奶奶，80岁，平时子女们忙于工作，近两年来，孙辈们也长大了，在外地读书，因此李奶奶的生活一下子就空闲了许多，精神上也感到空虚了很多。在子女的鼓励下，其慢慢和社区的同龄老人们有了更多的接触，精神状态也好了许多。但近段时间以来，李奶奶情绪低落了许多，加上上楼时不小心磕了一下小腿，小腿处的淤青和肿胀疼痛感多日未消，李奶奶整个人消沉了许多，也很少外出了。在家人的关心和询问下得知，与李奶奶经常在一起的几个老人中，有一个住进了养老院，有一个生病住院，还有一个回老家照顾生病的老伴，李奶奶顿时觉得人老后无常，觉得人老后生理机能下降，容易患很多疾病且难以治愈，联想到自己磕碰一下后伤处不易恢复的情况，更感到衰老和疾病带给老年人的无望感和孤独感。

任务分析

一、服务需求分析

1. 健康宣教需要

老年期是疾病多发期，健康维护是老年人最为关注的，也是最渴望得到满足的需要。案例中的李奶奶因年纪渐长，生理机能不断退化，身边亲近的老人频发疾病，加之受自己的外伤影响，对自身的健康状况产生了担忧，因此对于李奶奶在健康方面的需求，应采取以疾病预防、养生保健为主的方式。

2. 心理健康的需要

李奶奶近期的情绪低落，与其当前生活清闲、亲近老人朋友状态以及自身健康欠佳有关。为老服务者要在心理和情绪方面给予关注和支持。

3. 生命教育需要

李奶奶处在生命晚期，疾病、孤独、死亡等是最大的隐患，因而老年人的生命教育应以疾病养护、心理疏导和死亡教育为主，帮助其认识生命自然发展的历程，正确认识人生和死亡的意义，缓解其担忧和畏惧心理。

二、制定服务方案

（1）针对李奶奶在老年疾病与健康方面的需求，可以通过咨询医生、体检、听讲座等方式，帮助其正确认识和掌握老年常见疾病知识，养成正确生活方式，积累保健知识，缩短带病期，延长健康期，提高自理和自助能力。

（2）针对李奶奶的心理健康需求，一方面通过家访、面谈等方式给予李奶奶以个别化支持，协助其认识自身的心理需求；另一方面，通过加强家庭成员的互动和支持，增强李奶奶晚年生活幸福感。

（3）针对李奶奶在年老身体衰退及死亡方面的问题，引导其正确理解生命的过程和意义，对生老病死有一个更为积极的态度，解决老年人的生死困惑。

三、主要服务目标

1. 健康方面

通过学习老年生理特征及保健知识等有关健康的知识和技能，引导李奶奶形成对躯体自然老化的正确认识及预防保健意识。

2. 心理方面

指导李奶奶识别心理疾病特征，并提供心理支持，降低其心理负担。

3. 生命教育

协助李奶奶认识自己，树立正确的人生观、价值观和生死观，激发其晚年发展潜能，实现自我价值。

任务实施

一、活动设计思维导图

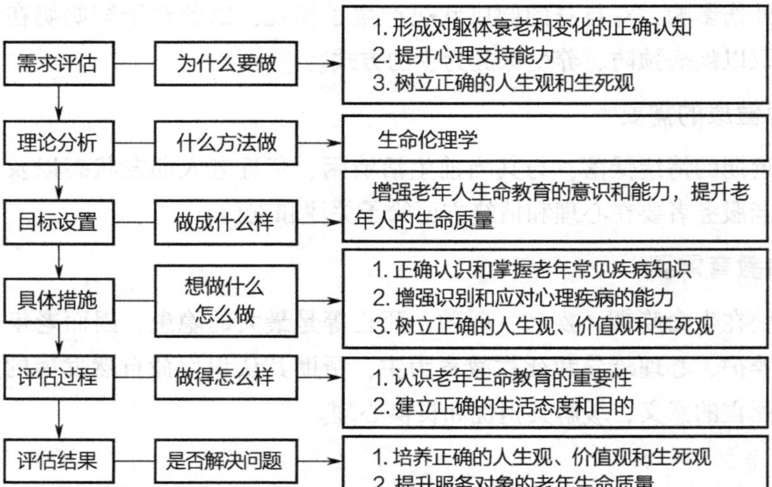

二、活动设计注意事项

（1）与服务对象建立良好的专业关系，获得服务对象信任。

（2）注意把握老人对生死问题的态度，注重沟通的技巧。

（3）老人身心状态可能不佳，需要耐心鼓励及引导。

任务工单

<table>
<tr><th colspan="6">任务信息</th></tr>
<tr><td>任务名称</td><td colspan="5">晚期生命教育活动设计</td></tr>
<tr><td>任务目的</td><td colspan="5">1. 能够学习和掌握生命教育的内容。
2. 帮助学习者掌握老年生命教育的方案设计技巧。
3. 帮助学习者更好地理解开展老年人生命教育的重要性</td></tr>
<tr><td>任务要求</td><td colspan="5">背景：A社区的常住人口近20000人，其中60岁以上的老人大约有3000人，高龄、独居等老人大约有100余人。在进行社区调研时，为老服务者发现，大部分老人面临疾病、孤独和抑郁的状态。在这样的生活状态下，部分老人既感觉生活无望、度日如年，又畏惧死亡。
为了更好地帮助这些老人增强他们对生命的认识，加强其对自我的爱护和提升其晚年生命质量，为老服务者计划在社区中开展老人的生命教育活动，让这些老人更好地理解生命、激发他们晚年的生活潜能及提高他们的生命质量。
任务：请根据上述背景，设计一场老人的生命教育活动</td></tr>
<tr><th colspan="6">任务评价</th></tr>
<tr><td>学生姓名</td><td></td><td>班级</td><td></td><td>学号</td><td></td></tr>
<tr><td>任务成绩</td><td colspan="2">总分：</td><td>自评：</td><td>互评：</td><td>师评：</td></tr>
<tr><td>自我评价</td><td colspan="5"></td></tr>
<tr><td>互评评语</td><td colspan="5"></td></tr>
<tr><td>教师评语</td><td colspan="5"></td></tr>
<tr><th colspan="6">任务实施</th></tr>
<tr><td colspan="6">活动名称：</td></tr>
<tr><th colspan="6">活动背景</th></tr>
<tr><td colspan="6">（描述该群体或该问题的现状并分点陈述问题或需求）</td></tr>
<tr><td>目标人群</td><td colspan="2"></td><td>名额</td><td colspan="2"></td></tr>
<tr><td>实施地点</td><td colspan="2"></td><td>人手编配</td><td colspan="2"></td></tr>
<tr><td>活动日期</td><td colspan="2"></td><td>时间</td><td colspan="2"></td></tr>
</table>

（续）

<table>
<tr><td colspan="5">活动理念（理论依据）</td></tr>
<tr><td colspan="5">（遵循什么样的服务理论、理念、方法来开展活动）</td></tr>
<tr><td colspan="5">活动目标</td></tr>
<tr><td colspan="5">（对应问题或者需求，分点阐述，遵循 SMART 原则，尽可能做到可量化、可评估）</td></tr>
<tr><td colspan="5">预计困难及解决方法</td></tr>
<tr><td colspan="3">预计困难</td><td colspan="2">解决方法</td></tr>
<tr><td colspan="3"></td><td colspan="2"></td></tr>
<tr><td colspan="3"></td><td colspan="2"></td></tr>
<tr><td colspan="5">评估方法</td></tr>
<tr><td colspan="5">（问卷调查法、现场观察法、服务对象访谈法、其他方法）</td></tr>
<tr><td colspan="5">活动设计</td></tr>
<tr><td colspan="5">前期准备</td></tr>
<tr><td colspan="5">（具体写明什么时间、什么地点、谁负责什么事、需要什么物资）</td></tr>
<tr><td colspan="5">中期安排</td></tr>
<tr><td colspan="5"></td></tr>
<tr><td colspan="5">善后工作</td></tr>
<tr><td colspan="5"></td></tr>
<tr><td colspan="5">物资及预算</td></tr>
<tr><td>序号</td><td>物品名称</td><td>单价</td><td>数量</td><td>用途描述及备注</td></tr>
<tr><td>1</td><td></td><td></td><td></td><td></td></tr>
<tr><td>2</td><td></td><td></td><td></td><td></td></tr>
<tr><td>3</td><td></td><td></td><td></td><td></td></tr>
<tr><td>4</td><td></td><td></td><td></td><td></td></tr>
<tr><td>5</td><td></td><td></td><td></td><td></td></tr>
<tr><td colspan="2">总计</td><td colspan="3"></td></tr>
</table>

参考工单

任务一　参考工单

任务二　参考工单

模块三

老年康乐保健类活动

项目一
慢性病管理类活动设计

项目目标

知识目标

1. 理解老年慢性病的基础知识和内涵。
2. 了解老年慢性病管理的常见问题。
3. 了解老年慢性病预防的常识。
4. 掌握老年慢性病自我管理的常用方法。

能力目标

1. 能组建适切的老年慢性病患者自我管理小组。
2. 能设计适切的老年健康养生类活动。

素质目标

1. 能够接纳患慢性病老人的反复和倒退、自暴自弃的行为。
2. 能及时给予患慢性病老人鼓励和支持。

任务一　老年慢性病自我管理活动设计

一、基本概念

糖尿病患者自我管理知识、态度、行为评价分量表

1. 老年群体慢性病

老年群体慢性病主要指慢性非传染性疾病，是以糖尿病、心脑血管疾病、恶性肿瘤、慢性呼吸系统疾病等为代表的一系列疾病的概称。

2. 慢性病自我管理

慢性病自我管理（Chronic Disease Self-management Program，CDSMP）

是指用自我管理的方法来控制慢性病。它通过系列健康教育课程教授患者自我管理所需知识、技能，使慢性病患者在医生的支持下，主要依靠自己解决慢性病给日常生活带来的各种生理和心理方面的问题。实现自我管理须在疾病管理、角色管理和情绪管理各方面建立并增强自信心。慢性病自我管理按健康教育课程的指导者的不同可分为：卫生专业人员教授的自我管理项目和非卫生专业人员指导的自我管理项目。本教材所指的慢性病自我管理能力并不涉及医学治疗，而是指心理状态调适、不良行为习惯改善、健康知识学习等在日常生活中具备的自身管理病情的能力。

二、常用理论

1. 社会支持理论

1）理论概述

社会支持网络指的是一组个人之间的接触。通过这些接触，个人得以维持社会身份并且获得情绪支持、物质援助和服务、信息与新的社会接触。依据社会支持理论的观点，一个人所拥有的社会支持网络越强大，就能够越好地应对各种来自环境的挑战。个人所拥有的资源又可以分为个人资源和社会资源。个人资源包括个人的自我功能和应对能力，社会资源是指个人社会网络中的广度和网络中的人所能提供社会支持功能的程度。社会支持理论强调通过干预个人的社会网络来改变其在个人生活中的作用。特别对那些社会网络资源不足或者利用社会网络的能力不足的个体，可给予他们必要的帮助，扩大他们的社会网络，提高其利用社会网络的能力。

2）实务运用

老年慢性病患者在进行自我健康管理时，大多依赖身边的医疗资源及个人资源，很少与患有相同慢性病的老人进行沟通互动。因此通过服务帮助他们构建一个同行者支持的网络以及提升他们运用身边社会网络资源的能力和水平是增强他们自我健康管理能力的一个有效的方法和途径。

2. 自我效能感理论

1）理论概述

自我效能感理论是美国心理学家班杜拉 1977 年提出的一种动机理论，是班杜拉社会学习理论的核心概念，自我效能感是指人们对自己能否成功地从事某一成就行为的主观判断。效能期待则指个体对自己能否实施某种成就行为的能力的判断，即人对自己行为能力的推测。当个体确信自己有能力进行某一活动时，他就会产生较强的自我效能感，并会去实施这一活动。它的形成受直接经验、替代性经验、言语劝说、情绪唤起四个因素的影响，并对人的选择过程、思维过程、动机过程、心身反应过程发挥主导性作用。

2）实务运用

由于大多数慢性病都无法通过临床治疗而治愈，患者要长期承担自我管理、自我保健的任务。患者要能较好地完成此任务，必须首先具备自我管理的知识、技能和信心，三者缺一不可。显然，自我效能感并不是指处理问题的某一种具体技能，而是指个体对于自身有能力处理问题的自信度，自我效能感能够影响人们的行为选择、情感反应等，因此为老服务者在介入过程中，应以自我效能感形成的四类影响因素为依据，侧重增强慢性病患者管理自身病情的动机，引导老年慢性病患者积极面对长期的病情管理事实，以增强老年慢性病患者自我管理的效能感的方式来间接提升其自我管理的能力。

三、常用方法

1. 同行支持小组

建立慢性病同行小组，为慢性病患者建立支持同盟，给慢性病患者提供一个相互交流、相互支持、共同成长的环境。此主题小组活动与一般性小组活动的不同之处在于需要融合慢性病自我健康管理的知识来推动小组活动的开展。

在社区开展此类型小组活动，设计步骤参考如下。

第一步：收集患有慢性病的老人的健康水平及老人自我管理的状态的相关信息。通过与老人单独面谈、在日常服务中观察等方法了解老人慢性病自我管理的情况，包括积极的行为和做法、存在的问题和困扰等，为设计活动提供参考依据。

第二步：与医疗资源对接，从医学角度了解慢性病管理的干预方法。通过查阅相关资料、咨询医生或访谈的方式，了解目前老人慢性病管理存在的问题和需求，找到从非医学角度的介入方法，为设计活动提供参考依据。

第三步：开展服务设计，可从“心理、运动、饮食、药物、教育、监测”六位一体的角度来设计小组活动的内容。

其中，饮食和药物涉及一定的医学指导，可邀请医生短讲，并结合互动提问和讨论的方式进行。

而心理、运动、教育、监测层面则可通过角色扮演、经验分享、视频学习、行动打卡、正向激励等方式来进行。

2. 专题知识讲座

通过开展社区慢性病知识的宣传、讲座和教育活动，让社区居民对慢性病的相关知识有更多的了解，并学习慢性病自我健康管理的方法。

这种活动主要满足更多的患有慢性病的老人的学习自我健康管理知识的需求。

在社区开展专题知识讲座，设计步骤如下。

第一步：通过问卷 + 个别访谈的方式，了解社区患有慢性病的老人在慢性病管理方面存在的共性问题和需求。

第二步：结合医学和非医学的角度的需求，整合医学和非医学的专业专家资源，设计慢性病管理的知识讲座体系课程。

第三步：参考由浅入深的思路，设计具体的专题知识讲座。

四、注意事项

（1）需要学习积极运用资源的能力。慢性病自我管理往往需要具备慢性病基础的医学干预知识，为老服务者虽从非医疗角度介入，但依然需要具备必要的与慢性病有关的医学知识，要学习积极运用资源的能力。

（2）服务中需要注意动态评估。慢性病管理的一个长期的过程，服务过程中，如果老人出现反复和倒退的迹象，为老服务者要做好调适，并不断给予服务对象鼓励。

任务导入

J社区老年人日间照料中心与J社区健康服务中心每年都会签订服务合作协议，双方合作共同为社区老人提供健康监测服务并建立老人健康档案。对老人建档信息分析发现，J社区许多老人患有慢性病，其中患有糖尿病的老人占比最高且呈现逐年上升的趋势。在日常的服务中了解到，很多老人有多年患病的经历，他们常常对自身的健康表示担心又感到无能为力。他们会从医嘱中去获得知识，调整个人的生活方式和习惯，但大多又坚持不下来。他们会担心自身因为没有养成良好的习惯会加重病情，进而影响了情绪和心理健康。为推动社区患有糖尿病的老人更好地实现自我健康管理，J社区老年人日间照料中心决定开展糖尿病自我管理互助小组来帮助社区老人形成互助网络，增强自我健康管理的能力和信心。

任务分析

一、服务需求分析

（1）对糖尿病健康管理知识了解得不全面。

（2）对糖尿病自我健康管理的意识薄弱。

（3）对糖尿病自我健康管理的技能不足。

（4）缺乏社会支持，患病及自我健康管理带来的情绪压力和困扰无法缓解。

二、制定服务方案

针对糖尿病患者实际情况，从健康教育、心理调适、行为改善等方面入手制定全面的介入方案，老年人日间照料中心调动专业的医疗资源解决糖尿病医学知识普及问题，形成“心理、运动、饮食、药物、教育、监测”六位一体的自我管理方法。

三、主要服务目标

（1）提升老人糖尿病健康管理的知识水平。

（2）提高老人对糖尿病自我健康管理的意识。

（3）提高老人对糖尿病健康管理技能的运用水平。

（4）建立患糖尿病老人的社会支持和互助网络体系。

任务实施

一、操作流程图

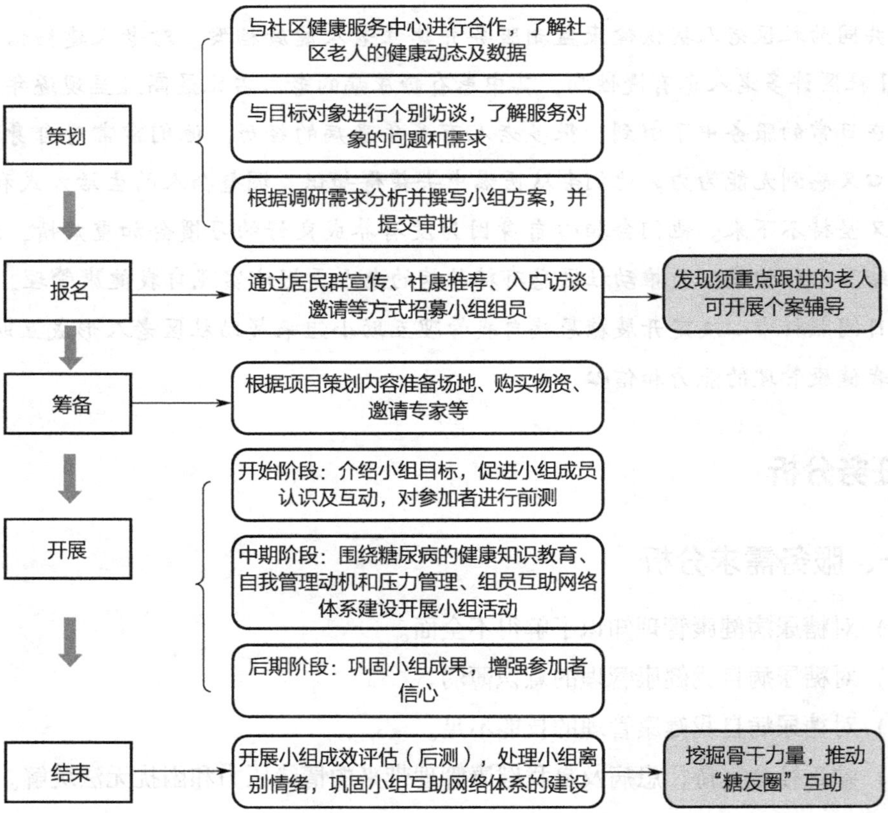

二、活动设计注意事项

（1）需要根据组员的特点设计活动内容。需要注意年龄、文化水平的差异性，针对不同年龄和文化水平的组员设计适合他们的小组活动内容。

（2）需要从系统的角度来看待小组的功能和设计。将小组活动作为其中一个介入的手段，小组活动结束并不代表任务完成，还需要个案及社区教育活动等服务做支撑来持续给予患糖尿病老人支持。

任务工单

<table>
<tr><th colspan="2">任务信息</th></tr>
<tr><td>任务名称</td><td>策划一个糖尿病老人自我健康管理支持小组活动</td></tr>
<tr><td>任务目的</td><td>1. 帮助学习者了解糖尿病自我健康管理的内涵。
2. 帮助学习者掌握“心理、运动、饮食、药物、教育、监测”六位一体的糖尿病自我健康管理方法。
3. 帮助学习者掌握开展糖尿病老人自我健康管理支持小组活动的方法。
4. 帮助学习者掌握与医疗资源进行合作的方法</td></tr>
<tr><td>任务要求</td><td>背景：J社区大多数老人患有慢性病，其中患糖尿病老人占比最高且呈现逐年上升的趋势，很多老人有多年患病的经历。从社区健康服务中心（简称“社康”）了解到，大多数老人与社康签订了家庭医生服务协议，家庭医生会定期跟进社区老人的健康情况，但很多老人不会主动来社康监测和定期检查，需要社康提醒。社康医生反馈很多老人自我健康管理意识不足，如果血糖过高就吃药或者打胰岛素控制一下，如果身体无碍，就会放松管理。大多老人不太重视饮食和运动，或者坚持一段时间又松懈了，他们的糖尿病健康管理知识主要通过医生叮嘱、子女教育、手机传播等方式获得。老人之间的交流不多，遇到了身体不适、血糖指标高的情况，他们会很担忧，希望能获得指导和支持。
为提升这些老人的自我健康管理能力，J社区老年人日间照料中心与社康合作，通过前期邀请、招募宣传，共招募到9名患有糖尿病的老人报名参加小组活动，这9名老人的基本信息如下。
<table>
<tr><th>序号</th><th>称呼</th><th>年龄</th><th>病龄</th><th>文化程度</th></tr>
<tr><td>1</td><td>李叔叔</td><td>65岁</td><td>8年</td><td>小学</td></tr>
<tr><td>2</td><td>薛阿姨</td><td>72岁</td><td>11年</td><td>文盲</td></tr>
<tr><td>3</td><td>丁阿姨</td><td>67岁</td><td>10年</td><td>小学</td></tr>
<tr><td>4</td><td>贺叔叔</td><td>75岁</td><td>14年</td><td>初中</td></tr>
<tr><td>5</td><td>赵阿姨</td><td>68岁</td><td>7年</td><td>小学</td></tr>
<tr><td>6</td><td>金阿姨</td><td>66岁</td><td>10年</td><td>初中</td></tr>
<tr><td>7</td><td>秦叔叔</td><td>70岁</td><td>12年</td><td>初中</td></tr>
<tr><td>8</td><td>郭叔叔</td><td>63岁</td><td>6年</td><td>初中</td></tr>
<tr><td>9</td><td>欧阳叔叔</td><td>71岁</td><td>8年</td><td>小学</td></tr>
</table>
这9位老人大多是来帮子女带娃的老人，因为孙子孙女已经上学，在孩子上学期间，他们会有自己的时间，在这期间大多会选择玩手机、跳广场舞，偶尔会参加社区组织的活动等。
任务：请设计一个小组活动，提升这9名患糖尿病老人自我健康管理的意识和能力，构建他们之间相互支持的网络</td></tr>
</table>

（续）

任务评价					
学生姓名		班级		学号	
任务成绩	总分：	自评：		互评：	师评：
自我评价					
互评评语					
教师评语					

任务实施			
活动名称：			
活动背景 （描述该群体或该问题的现状并分点陈述问题或需求）			
目标人群		名额	
实施地点		人手编配	
活动日期		时间	
活动理念（理论依据） （遵循什么样的服务理论、理念、方法来开展活动）			
活动目标 （对应问题或者需求，分点阐述，遵循 SMART 原则，尽可能做到可量化、可评估）			
预计困难及解决方法			
预计困难		解决方法	

（续）

评估方法				
（问卷调查法、现场观察法、服务对象访谈法、其他方法）				
活动设计				
前期准备				
（具体写明什么时间、什么地点、谁负责什么事、需要什么物资）				
中期安排				
善后工作				
物资及预算				
序号	物品名称	单价	数量	用途描述及备注
1				
2				
3				
4				
5				
6				
7				
8				
9				
10				
合计				

思考实践

1. 在小组活动过程中，对于低动力的老人如何提升他们参与的积极性？

2. 对于已经患有多年慢性病的老人，如何设计活动内容会让他们感觉有新意？

任务二 健康养生活动设计

一、基本概念

1. 养生保健

养生保健是一个中医概念，是以维护健康、延年益寿为主要目的，通过采取心理调适、合理膳食等措施，进行居家自我调节的一种健康管理方式。在社会工作服务中，为老服务者尝试把老年人健康养生保健和社会工作服务相结合，协调促进社区老年人的身体健康，提升老年人的健康福祉水平。

2. 保健教育

保健教育是指有组织、有计划地开展保健教育活动，使服务对象掌握相关健康知识，形成有益于身心健康的行为，并规避不良因素对身体健康的影响，使其生活质量得到不断提高的一种健康管理方式。当代中国人口老龄化速度逐渐加快，国家、社会及家庭面临着较为严峻的养老挑战，如何有效面对老龄化挑战及保障老年人的生活质量，成为整个社会急需重视的重要议题。

二、常用理论

1. 积极老龄化视角

1）理论概述

2002 年在联合国第二届世界老龄大会上，“积极老龄化”概念被正式确定。“健康”“参与”“保障”是积极老龄化框架的三大支柱。其中健康是实现积极老龄化的先决条件，包括身体健康、社会功能健全以及心理健康三大方面。

2）实务应用

为老服务中，健康是实现积极老龄化的先决条件，健康也是老年人最大的需求之一，很多服务都要围绕健康主题开展。同时为老服务者须明白老年人拥有丰富的知识和生活经验，因此在服务中应根据老年人自身的需要和能力，为其提供参与社会活动的条件，鼓励老年人参与各类社会活动。

2. 延续理论

1）理论概述

延续理论认为老年不是一个单独的阶段，而是人生之前阶段的延续。老年人若能延续一生所从事的活动就能适应良好。如中年时对社会活动表现活跃的人，进入老年仍会表现活跃。

2）实务应用

社区活动或服务可以为老年人提供活跃参与社会活动的机会，老年人因此可以改善其自身的健康状况，促进其幸福感的增强。

3. 知信行模式

1）理论概述

知信行（Knowledge，Attitude/Belief，Practice，KAP）指知识、信念与行为，知信行模式将刺激理论与认知理论进行融合，用掌握知识、建立信念与形成行为三个连续性过程阐述了人类行为改变的模式，用以解释个体的知识与信念对行为的影响。该模式目前已被广泛用于健康教育和健康促进的相关工作。

2）实务应用

在老年人健康养生活动中，掌握知识是指对健康养生信息、疾病的认知与理解；建立信念是指对疾病与健康的态度；形成行为是指老年人在已有的健康知识、信念与态度的推动下而产生的促进健康的行为。在社区中，为老服务者可培养社区老年人养生保健意识，教授健康养生方法，传播健康养生科学知识，进而促进老年人养成科学且健康的生活方式，保持健康的身体状态。

三、常用方法

1. 动机激发小组活动

小组活动是指为老服务者针对有相同需要的老年人，运用专业手法促进老年人之间的互动，最终达成服务目标的实现。动机激发小组活动是应用小组工作这一手法，刺激那些不再对眼前和将来感兴趣的人，从而帮助老年人重新与他人建立关系。动机激发小组活动的主题可以是园艺、传统节日习俗、手工制作等。

2. 老年人社区照顾

社区照顾模式是指通过动员社区资源、运用非正式支持网络、联合正规服务所提供的支持服务与设施，让需要照顾的人士在家里或社区中得到照顾，在其熟悉的环境中向其提供照顾和帮助的福利服务模式。社区照顾模式倡导不脱离家庭与熟悉的社区环境而接受照顾服务。社区照顾模式可以看作一个社会服务网络，非正式网络与各种正式的社会服务机构相配合构成了这个网络。老年人社区照顾主要包括行动照顾、物质支持、心理支持、整体关怀等四方面内容。这个网络需要医生、康复师、社会工作者等多专业人员的共同协作，为老服务者可根据自身定位发挥专业优势提供服务。

3. 讲座

讲座注重知识性传授，是通过讲师/为老服务者不定期地向老年人传授某一主题的知识、技巧，或改善某种能力、心态（如中医养生知识、三餐搭配技巧、退休心态调整等）的一种公开半公开的学习形式，促进老年人对某一方面知识的掌握的一种活动形式。

4. 工作坊

工作坊侧重于互动、参与性的活动。为老服务中，工作坊的应用可以是以一名在某个领域富有经验的主讲人为核心，在该名主讲人的指导之下，参与者通过活动、讨论、短讲等多种方式，共同探讨某个话题。

四、注意事项

（1）设计讲座、工作坊等服务时须考虑老年人群的文化水平、生活习性。设计互动类活动须考虑老年人的身体机能等情况，确保参与人员的安全。

（2）加强对信息传播源权威性和专业性的把关。对外联系讲师须对其资质进行审核，确保知识的专业性。

（3）面向老年人开展保健养生服务时须注重养生知识的通俗性、易读性和互动性。健康养生信息在一定程度上和医学有较为密切的联系，因此在传播过程中对于没有相关专业基础的受众来说专业术语会难以理解，并且在接收信息和解读信息的过程中容易形成错误理解。这就要求传播健康养生信息所使用的表述要更加注意通俗性和易读性，同时要更加注重受众的反馈。

任务导入

N社区是典型的纯居住型城中村社区，辖区常住人口31000多人，其中60岁以上老年人2228人。社区调研发现，辖区内没有社区健康服务中心，距离最近的社区健康服务中心和医院超过1.5公里。面对辖区老年人比较多的情况，N社区“夕阳红”都市养老服务中心要如何开展康复保健服务呢？

任务分析

一、服务需求分析

老年人具有康复保健需求。辖区内没有社区健康服务中心，公共医疗资源相对不足。老年人如有不太严重的慢性病，大多会因医院和其他社区健康服务中心较远且独自出行不便而选择忍受。

二、制定服务方案

（1）积极加强康复保健知识的宣传。

（2）组织医疗资源定期开展养生保健知识讲座等活动。

（3）邀请/聘请专业人员定期开展艾灸、推拿等中医康复理疗服务。

三、主要服务目标

（1）加强社区老年人对康复保健知识的掌握。

（2）促进社区老年人身体健康状况的改善。

（3）培养社区老年人建立科学健康的生活方式。

任务实施

一、操作流程图

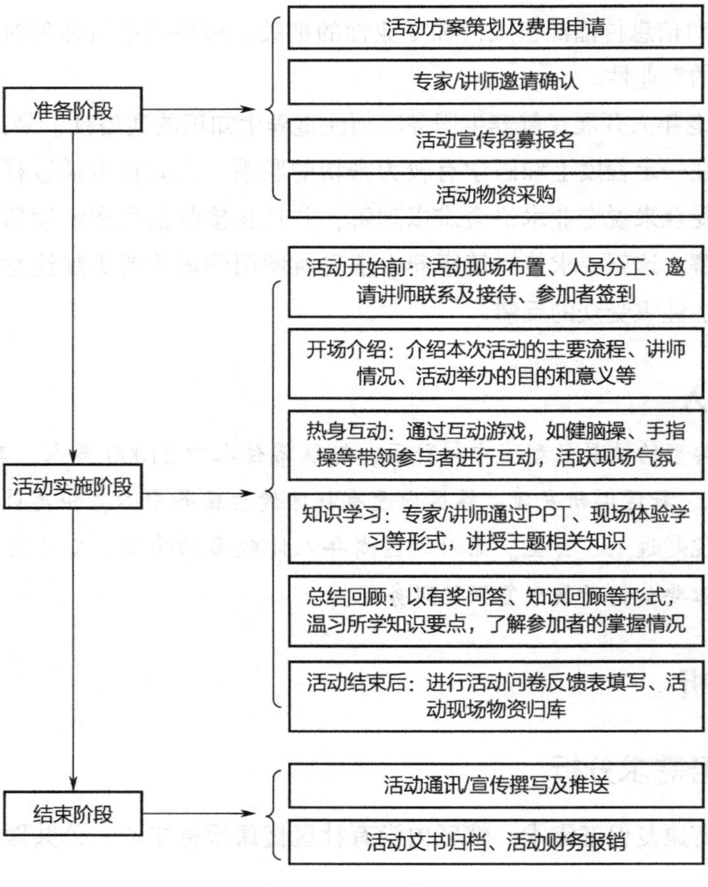

二、活动设计注意事项

（1）注意活动设计的适切性。熟悉辖区老年群体特征，根据老年人的学历水平、认知能力、语言风俗习惯、兴趣爱好、需求等制定活动方案。

（2）注意服务的安全性。在服务设计中，需要注意老年人的健康状态，适度参与，确保安全。

任务工单

<table>
<tr><th colspan="6">任务信息</th></tr>
<tr><td>任务名称</td><td colspan="5">社区老年人养生保健讲座设计练习</td></tr>
<tr><td>任务目的</td><td colspan="5">1. 掌握养生保健讲座活动设计的方法和流程。
2. 培养社区老年人建立科学健康的生活方式。
3. 提升为老服务者跨专业合作的能力</td></tr>
<tr><td>任务要求</td><td colspan="5">背景：S市打造“老有颐养”民生幸福标杆城市，在政策上大力推动医养康养结合。N社区老年人有2000多人，日常康复保健等需求比较大。辖区内医疗资源紧张，老年人因康复、疼痛等外出就医不便利且意愿低。J养老护理院希望能够与社区建立良好的互动关系，共同推动辖区养老事业发展。为了改善辖区老年人的康复保健状况，提高老年人的幸福感和获得感，N社区“夕阳红”都市养老服务中心计划开展相关的保健康复活动。
任务：根据前文中提及的理论模式，设计一次社区老年人保健知识讲座活动</td></tr>
<tr><th colspan="6">任务评价</th></tr>
<tr><td>学生姓名</td><td></td><td>班级</td><td></td><td>学号</td><td></td></tr>
<tr><td>任务成绩</td><td>总分：</td><td>自评：</td><td></td><td>互评：</td><td>师评：</td></tr>
<tr><td>自我评价</td><td colspan="5"></td></tr>
<tr><td>互评评语</td><td colspan="5"></td></tr>
<tr><td>教师评语</td><td colspan="5"></td></tr>
<tr><th colspan="6">任务实施</th></tr>
<tr><td colspan="6">活动名称：</td></tr>
<tr><th colspan="6">活动背景</th></tr>
<tr><td colspan="6">（描述该群体或该问题的现状并分点陈述问题或需求）</td></tr>
<tr><td>目标人群</td><td colspan="2"></td><td>名额</td><td colspan="2"></td></tr>
<tr><td>实施地点</td><td colspan="2"></td><td>人手编配</td><td colspan="2"></td></tr>
<tr><td>活动日期</td><td colspan="2"></td><td>时间</td><td colspan="2"></td></tr>
</table>

（续）

<table>
<tr><td colspan="5">活动理念（理论依据）</td></tr>
<tr><td colspan="5">（遵循什么样的服务理论、理念、方法来开展活动）</td></tr>
<tr><td colspan="5">活动目标</td></tr>
<tr><td colspan="5">（对应问题或者需求，分点阐述，遵循 SMART 原则，尽可能做到可量化、可评估）</td></tr>
<tr><td colspan="5">预计困难及解决方法</td></tr>
<tr><td colspan="2">预计困难</td><td colspan="3">解决方法</td></tr>
<tr><td colspan="2"></td><td colspan="3"></td></tr>
<tr><td colspan="2"></td><td colspan="3"></td></tr>
<tr><td colspan="2"></td><td colspan="3"></td></tr>
<tr><td colspan="5">评估方法</td></tr>
<tr><td colspan="5">（问卷调查法、现场观察法、服务对象访谈法、其他方法）</td></tr>
<tr><td colspan="5">活动设计</td></tr>
<tr><td colspan="5">前期准备</td></tr>
<tr><td colspan="5">（具体写明什么时间、什么地点、谁负责什么事、需要什么物资）</td></tr>
<tr><td colspan="5">中期安排</td></tr>
<tr><td colspan="5"></td></tr>
<tr><td colspan="5">善后工作</td></tr>
<tr><td colspan="5"></td></tr>
<tr><td colspan="5">物资及预算</td></tr>
<tr><td>序号</td><td>物品名称</td><td>单价</td><td>数量</td><td>用途描述及备注</td></tr>
<tr><td>1</td><td></td><td></td><td></td><td></td></tr>
<tr><td>2</td><td></td><td></td><td></td><td></td></tr>
<tr><td>3</td><td></td><td></td><td></td><td></td></tr>
<tr><td>4</td><td></td><td></td><td></td><td></td></tr>
<tr><td>5</td><td></td><td></td><td></td><td></td></tr>
<tr><td>6</td><td></td><td></td><td></td><td></td></tr>
<tr><td colspan="2">总计</td><td colspan="3"></td></tr>
</table>

思考实践

1. 活动设计过程中，有哪些方法和技巧可以让老年人全身心投入并积极参与互动？
2. 在资源整合过程中，如何做好资源的筛选、整合和使用？

参考工单

任务一　参考工单　　任务二　参考工单

项目二 康乐类活动设计

根据国家统计局发布的《中华人民共和国2021年国民经济和社会发展统计公报》，我国60周岁及以上人口已达2.67亿，占比18.9%（人口老龄化标准为10%），其中65周岁及以上人口占比14.2%（人口老龄化标准为7%）。随着人口老龄化程度的不断加深，老年人的身心健康发展是当下备受关注的话题，开展老年康乐类活动也显得尤为重要和紧迫。老年康乐类活动是指针对老年人的生理、心理特点，在老年社会工作者的协助、辅导下，通过语言交流、肢体活动、老年志愿服务活动等形式，满足老年人心理和生理需要，促进其身心健康，提高老年生活质量的各类活动，在保持老年人情绪稳定和促进身体健康方面都有着非常积极的意义。

项目目标

知识目标

1. 了解老年康乐类活动的概念及常用理论。
2. 掌握策划和开展老年康乐类活动的方法。
3. 掌握节庆类和兴趣类活动的设计技巧。
4. 掌握老年人的心理特征和情绪状态。

能力目标

1. 能够充分调动老年人参加活动的兴趣和积极性。
2. 能够在开展老年康乐类活动中坚持个别化原则，充分回应不同身心状态的老年人的需求。
3. 能够将理论知识充分运用到实践中，指导为老服务工作。

素质目标

1. 在活动开展中，能与老年人沟通、交流与合作。
2. 能够接纳老年人，建立信赖关系。
3. 能够具备老年康乐社工职业素养，建立专业意识。

任务一 节庆类康乐活动设计

一、基本概念

一般来讲，在积极老龄化视角下，按照活动操作类型，老年康乐类活动主要分为：智力类康乐活动、运动类康乐活动、操作类康乐活动、音乐类康乐活动、四季节日主题类康乐活动和患认知症老人康乐活动等。

节庆活动是在固定或者不固定的时间，以特定主题活动方式或者某种世代相传、约定俗成的方式开展庆祝的一种社会活动。在我国，传统节日源远流长，也蕴含着独特的民族文化记忆，甚至形成了文化符号。节庆类康乐活动以节日为载体，根据不同的节日主题，将音乐、手工、园艺、游戏等不同的活动形式组织成与主题相呼应的内容。老年节庆类康乐活动以春节、元宵节、重阳节、中秋节等传统节日为主题的居多。如：围绕除旧布新、拜祖祭祀、家族团圆、祈求年丰等形式，春节形成了如买年货、扫尘、祭灶、贴对联、吃团圆饭、守岁、拜年、庙会等比较固定的习俗。围绕春节主题可以开展团圆饭、新春游园会、书法送春等节庆类康乐活动。

二、常用理论

1. 社会撤离理论

1）理论概述

社会撤离理论认为，从生物学的意义上，人类随着年龄增长到一定阶段，在身体机能、精神等各方面呈现出逐步下降的趋势，进而会逐渐丧失在社会生产和生活中所扮演的关键角色和地位。老年人的主动撤离，有利于社会实现有序交接和更新换代，社会也不会因为老年人的死亡而受到影响。这一理论充分认识到人的生物性特质，有一定合理性和科学性，却忽略了人的社会化需求。

2）实务应用

依据社会撤离理论，人进入老年之后生理、心理都产生了不同程度的变化，特别是我们应注意到老年人在生理机能上的变化使得老年人的活动能力较之前有了衰退。社会撤离理论要求我们在设计老年康乐类活动时更多采用与老年人的身体机能和精神状态以及角色扮演相适应的活动环节和活动环境。

2. 活动理论

1）理论概述

活动理论认为活动水平高的老年人比活动水平低的老年人对生活感到满意的水平更高，同时也有着更强的社会适应能力。该理论主张老年人要尽可能长久地保持原有的生活方式和生活节奏，或者适当地转换社会角色以取代因丧偶或退休而失去的角色，从而把自身与社会的距离缩小到最低限度。活动理论的基本观念更加符合老年人社会需求的实际，为大多数老年社会工作者所认同和肯定。

2）实务应用

活动理论主张老年人应积极地参与他们力所能及的社会活动并适当转换角色，而且社会需要为老年人活动提供必要的条件。但是现实情况却事与愿违，老有所为、老有所乐往往缺少合适的场所或机会，因而开展老年康乐类活动成为一种必要的补充，能最大限度地满足老年人精神文化需求和活动需求。

3. 连续性理论

1）理论概述

连续性理论认为，无论是年轻还是年老，人们都有着不同的个性和生活方式，而个性在适应衰老时起着重要的作用。在连续性理论看来，如果一个人在老年时仍能保持中年时代的个性和生活方式，那么他（她）便会有一个幸福的晚年。因此，每个人不用去适应共同的规范，而是根据自己的个性来设定标准，这是老年人对生活感到满意的基础。

2）实务应用

连续性理论在老年康乐类活动设计中的应用要基于不同老年人的不同个性和生活方式，活动中要遵循个别化原则，避免用共同的规范和标准来要求具有不同个性需求的老年人。

三、常用方法

1. 欢庆节日法

以老年人为主体，通过引入适合老年人开展的、适应本地区风俗习惯的庆祝节日的活动，让老年人能够在轻松愉快的氛围中庆祝属于自己的节日，体验集体活动的快乐。

设计步骤参考如下。

第一步：招募活动参加者。在社区、养老机构、疗养院、医院老年病区、老年大学等招募愿意参加活动且身体条件合适的老年人。

第二步：节庆类康乐活动设计。可参照活动介绍、成员破冰、主题活动、分享小结等环节设计，其中主题活动是节庆类康乐活动的主体部分，要能够与欢庆的节日相符合，达到庆祝节日，丰富老年人娱乐生活的目的。

2. 主题环境布置法

布置与节庆主题相适应的环境。如中秋节可以采用嫦娥奔月、玉兔捣药等与中秋节有关的活动背景，除了要选择与节日习俗相适应的场景，还要考虑设计与老年人身心健康状况相适应的活动。如，活动的安排上可以选择赏月、吃月饼、登高、秋游等类型的项目。

四、注意事项

1. 坚持个别化原则

开展老年康乐类活动要顾及每一位老年人的个体需求和个性特征。

2. 照顾老年人身体和精神状态

老年康乐社工在招募参加活动的老年人时应兼顾老年人身体状态和活动内容安排，活动开展过程中要能够保持平和、接纳的态度，根据参加活动的老年人的精神状态适当调整活动安排。

任务导入

X市三甲医院老年病区住着100多位患有急、慢性病的老年患者，大部分老年患者常年住院疗养，住院生活单调，部分老年患者无家属长期陪伴，同时面对较大的疾病压力。医院社工部的为老服务者在走访时了解到老年患者渴望情感交流，缓解住院疗养期间的心理压力。为老服务者计划在医院开展节庆类康乐活动。

任务分析

一、服务需求分析

（1）身体状态：长期卧床，行动不便，患有各类急、慢性病，精神状态不佳。

（2）心理状态：更容易出现焦虑、不安、烦躁、敏感、猜疑等负面情绪，易激动，好挑剔和责备他人；部分老年患者由于家属无法时时陪伴，住院期间生活单调，缺乏情感交流，容易产生被抛弃感，急重病患者往往会有巨大的心理压力，容易对生活失去信心。

（3）精神需求：渴望获得陪伴和情感交流，希望有丰富的娱乐生活。

二、制定服务方案

“我们的节日——重阳”活动方案	
活动背景	敬老爱老是中华民族的传统美德，重阳节是我们的传统节日，又被称为“中国老人节”和“敬老节”。为了让医院病房里的老年患者都能感受到温馨愉快的节日氛围，丰富单调的住院生活，在重阳节开展“我们的节日——重阳”活动
活动目标	丰富单调的住院生活，加强老年患者之间的沟通交流； 帮助老年人调整焦虑不安的负面情绪，树立面对疾病和未来生活的信心
活动对象	医院内70岁以上的老年患者12人左右，允许家属陪同（一般以能够自理或半自理的老年患者为主，不推荐完全卧床、有视听障碍的老年患者参加活动）
活动时间	45分钟（建议避开医生查房时间）
物品准备	座椅、音响、话筒、投影仪、小礼品、毛绒布偶、绸布、彩色丝线、香囊吊坠、针线包、茱萸
活动安排	环节一：“养生堂”——秋季健康养生（15分钟） 围绕老年人日常养生保健、病患护理与秋季养生保健等开展养生讲座。 此环节主要是为患者和家属提供健康保健及日常护理的知识和使用技巧。 环节二：击鼓传“花”（10分钟） 击鼓传毛绒布偶，拿到布偶的老人进行自我介绍。 破冰环节，增进了解，活跃气氛。 环节三：重阳节里话茱萸——制作香囊（20分钟） 准备好做香囊的绸布、彩色丝线、茱萸等，现场老年人一起制作茱萸香囊。 此环节可以让老年人享受动手乐趣、感受传统节日氛围

三、主要服务目标

（1）加强交流：丰富单调的住院生活，加强老年患者之间的沟通交流。

（2）调整情绪：在轻松愉快的活动中，帮助老年人调整焦虑不安的负面情绪，树立面对疾病和未来生活的信心。

（3）感受愉悦的节日氛围，体验传统节日风俗。

任务实施

一、活动设计思维导图

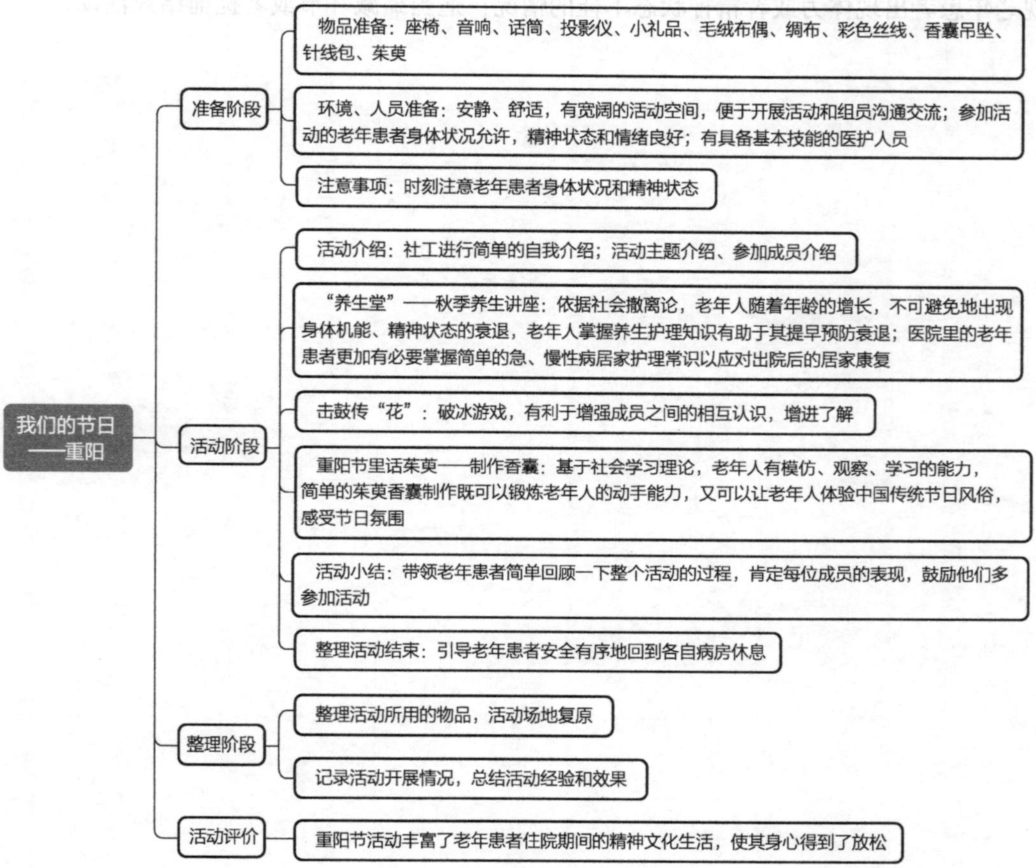

二、活动设计注意事项

1. 了解节日风俗

为老服务者在开展活动前要充分了解我国传统节日的风俗习惯以及庆祝方式，选择与本地区相适应的节日庆祝方式，设计活动时要注意避开文化忌讳，照顾到老年群体的特殊性，充分发挥传统文化在老年节庆类康乐活动中的作用并注意文化传承。

2. 有效排摸活动参加对象

活动开展前需要对医院内的老年患者群体进行排摸，根据老年患者的患病情况、认知程度、自理程度等制定活动方案。

3. 做好活动预案

活动开展前做好预案，评估老年患者的身体情况、情绪状态和意愿，无意愿不可强迫。如果在活动开展过程中，部分老年患者丧失兴趣，为老服务者可先中断活动，观察 2 ~3 分钟，如其仍不配合可启用备选方案或者终止活动。在活动开展过程中，发现老年患者出现体力或者精神状态不佳的情况，适当缩减环节或者提前结束活动。

任务工单

任务信息	
任务名称	社区老年人迎新春活动
任务目的	1. 能够掌握节庆类康乐活动的设计与策划技巧。 2. 能够与社区老年人进行有效的沟通和交流。 3. 能够与社区工作人员形成良好的合作关系。 4. 能够独立设计并开展节庆类康乐活动
任务要求	**背景**：春节是我国最隆重盛大的传统节日，也是团圆的日子，但是，社区中的一些孤寡老人形单影只，无人陪伴，只能独自过节，无法体会到节日的温暖和热闹。 **任务**：针对社区孤寡老人策划一次活动

任务评价						
学生姓名		班级		学号		
任务成绩	总分：	自评：		互评：	师评：	
自我评价						
互评评语						
教师评语						

任务实施			
活动名称：			
活动背景			
（描述该群体或该问题的现状并分点陈述问题或需求）			
目标人群		名额	
实施地点		人手编配	
活动日期		时间	
活动理念（理论依据）			
（遵循什么样的服务理论、理念、方法来开展活动）			

（续）

<table>
<tr><td colspan="5">活动目标</td></tr>
<tr><td colspan="5">（对应需求，分点阐述，遵循 SMART 原则，尽可能做到可量化、可评估）</td></tr>
<tr><td colspan="5">预计困难及解决方法</td></tr>
<tr><td colspan="3">预计困难</td><td colspan="2">解决方法</td></tr>
<tr><td colspan="3"></td><td colspan="2"></td></tr>
<tr><td colspan="3"></td><td colspan="2"></td></tr>
<tr><td colspan="3"></td><td colspan="2"></td></tr>
<tr><td colspan="5">评估方法</td></tr>
<tr><td colspan="5">（问卷调查法、现场观察法、服务对象访谈法、其他方法）</td></tr>
<tr><td colspan="5">活动设计</td></tr>
<tr><td colspan="5">前期准备</td></tr>
<tr><td colspan="5">（具体写明什么时间、什么地点、谁负责什么事、需要什么物资）</td></tr>
<tr><td colspan="5">中期安排</td></tr>
<tr><td colspan="5"></td></tr>
<tr><td colspan="5">善后工作</td></tr>
<tr><td colspan="5"></td></tr>
<tr><td colspan="5">物资及预算</td></tr>
<tr><td>序号</td><td>物品名称</td><td>单价</td><td>数量</td><td>用途描述及备注</td></tr>
<tr><td>1</td><td></td><td></td><td></td><td></td></tr>
<tr><td>2</td><td></td><td></td><td></td><td></td></tr>
<tr><td>3</td><td></td><td></td><td></td><td></td></tr>
<tr><td>4</td><td></td><td></td><td></td><td></td></tr>
<tr><td>5</td><td></td><td></td><td></td><td></td></tr>
<tr><td>6</td><td></td><td></td><td></td><td></td></tr>
<tr><td>7</td><td></td><td></td><td></td><td></td></tr>
<tr><td>8</td><td></td><td></td><td></td><td></td></tr>
<tr><td>9</td><td></td><td></td><td></td><td></td></tr>
<tr><td>10</td><td></td><td></td><td></td><td></td></tr>
<tr><td colspan="2">总计</td><td colspan="3"></td></tr>
</table>

思考实践

1. 你所了解的与春节有关的传统习俗有哪些？

2. 作为为老服务者，你认为在策划老年人春节庆祝活动时应该注意什么？

任务二　兴趣类康乐活动设计

一、基本概念

兴趣类康乐活动是依托某种兴趣而聚集起来的老年人的团体康乐活动。常见的适合老年人的兴趣类康乐活动主要有：太极拳小组活动、园艺小组活动、音乐小组活动、书法小组活动、户外摄影活动、门球比赛等。

二、常用理论

1. 社会学习理论

1）理论概述

社会学习理论最早由美国心理学家阿尔伯特·班杜拉提出，该理论认为个人的认知、行为与环境因素三者及其交互作用共同对人类的行为产生影响。人的行为，特别是人的复杂行为，主要是通过示范、观察或者模仿等方式后天习得的。

2）实务应用

社会学习理论在开展老年康乐类活动时的应用主要体现在开展兴趣类康乐活动时，如开展音乐、插花、园艺、书法等兴趣小组活动时树立学习榜样，老年人是有能力通过示范、观察或者模仿来学习相关知识并激发学习兴趣的，同时作为榜样的老年人能够利用自己的所长更好地发挥价值和引领作用。

2. 社会参与理论

1）理论概述

社会参与理论是关于受众权利的一种理论，最早是由美国学者巴伦（J. Barron）提出的。老年人社会参与强调的是老年人能够按照自己的需要、愿望和能力参与社会活动。以就业劳动、社区社会活动、闲暇活动等形式开展一系列活动，这种与社会保持联系的过程有益于老年人的身心发展。

2）实务应用

社会参与理论应用到老年兴趣类康乐活动中主要有以下三个方面的意义：一是老

年人在退休后积极参与各项社会活动能够保证老年人资源的继续利用，可以发挥老年人自己的特长；二是社会活动的参与能够满足老年人的精神和心理需求，通过积极向上的兴趣培养促进老年人良好的身心状态的保持；三是社会参与能够帮助实现人在老年期的发展。

3. 增权理论

1）理论概述

增权，即增强权能又译为增能、赋权，1976 年巴巴拉·所罗门首次提出增强权能的概念。增强权能意味着赋予或充实社会个体的权利，增强个体应对环境影响的能力。该理论强调每个人都是积极的主体，个人是有能力和有价值的，要时刻关注个人潜能的发掘。

2）理论应用

依据增权理论，开展老年兴趣类康乐活动应积极培养老年人个人能力，并倡导在兴趣培养中挖掘、激发老年人的潜力。

三、常用方法

1. 园艺治疗

组织和协助老年人参加园艺活动，接触自然环境，从而缓解压力与复健心灵。目前，园艺治疗运用在一般疗愈和复健医学方面，可以预防、缓解老年人身体和精神衰老。开展园艺兴趣小组活动可以增加城市社区老年人接触自然的机会，通过绿植养护爱好增进老年人之间的交流。

2. 兴趣小组法

根据活动参加者的兴趣爱好、个人特长、生活经验等组织兴趣小组，充分挖掘小组内组员的特长，带动其他小组成员形成共同的兴趣。在兴趣培养的同时形成老年人的有效交流、互动。老年人比较容易接受的兴趣小组，如广场舞、阳台蔬菜栽培、书法、乐器、音乐赏析等方面的小组。

四、注意事项

1. 坚持个别化原则

在开展兴趣类康乐活动的过程中，要充分考虑每一位老年人的适应程度和学习进度，活动开展节奏应按照参加者的进度做适当调整，还要估计到老年人独特的心理特征和个性化需求。

2. 给予情感支持

在兴趣类康乐活动中，为老服务者要充分认识到老年人对某项活动有兴趣和擅长是两回事，在带有学习任务的兴趣类康乐活动中老年人的进度不同，接受能力有所不同。为老服务者应给予接受进度慢的老年人更多的情感支持，避免老年人因为喜欢又学不会而感到懊恼和焦虑。

任务导入

Y市Z医院社工部小王了解到医院老年患者的就医体验亟须提升，许多慢性病患者有康复训练、锻炼手脑并用能力的需求，长期住院的慢性病患者的文化娱乐生活单调枯燥，精神需求得不到满足。为满足Z医院老年患者康复和精神需求，小王准备联合医院康复科开展一期老年兴趣活动。

任务分析

一、服务需求分析

（1）身体状态：医院病房中的老年患者长期卧床、行动不便，患有各类急、慢性病。

（2）心理状态：老年患者更容易出现焦虑、不安、烦躁、敏感、猜疑等负面情绪，易激动，好挑剔和责备他人。

（3）精神状态：住院生活单调乏味，部分老年患者容易丧失信心。

二、制定服务方案

“绘出彩人生”手绘涂色兴趣小组	
活动背景	伴随着年龄的增长，人的身体机能、思维能力、手眼协调力都有不同程度的衰退，尤其是正在进行康复训练的老年患者身体机能衰退或丧失得更加严重，他们对功能的恢复和重建的需求也更为突出。手绘涂色在丰富精神生活的同时，能够帮助康复患者锻炼手眼协调力、控制动作的速度和力度，从而锻炼双手的灵活性
活动目标	1. 丰富老年患者精神娱乐生活，丰富他们单调的住院生活，加强老年患者之间的沟通交流。 2. 锻炼老年患者的大脑、眼睛、手部的协调能力，可以配合老年患者的康复训练。 3. 让老年人的思维得到一定的锻炼

（续）

“绘出彩人生”手绘涂色兴趣小组	
活动对象	医院内70岁以上的老年患者12人左右，允许家属陪同（一般以能够自理或半自理的老年患者为主，不推荐完全卧床、有视听障碍的老年患者参加活动）
活动时间	40分钟
物品准备	水彩笔、涂色画册、围裙、桌椅、话筒、照相机
活动安排	环节一：活动导入（5分钟） 社工进行自我介绍，并介绍参加活动的成员、活动主题、内容以及操作程序，通过绘画、涂鸦等话题破冰。 环节二：一起涂一涂（25分钟） 为老服务者分发材料包（水彩笔、涂色画册、围裙）给每位老年患者，引导他们按照自己的喜好进行涂色，并给予帮助，对于手部不够灵活的老年患者多鼓励，让他们不要着急，对于不知道如何选择色彩、怎么下笔的老年患者多帮助他们遵从自己内心的想法，避免过多地干涉甚至帮助他们完成涂色作品。 环节三：活动总结（10分钟） 对手绘涂色活动进行整体总结，鼓励老年患者相互之间交流介绍自己的涂色作品以及涂色心得和创作过程。

三、主要服务目标

（1）加强交流：丰富单调的住院生活，加强老年患者之间的沟通交流。

（2）调整情绪：培养积极向上的兴趣爱好，丰富老年患者的住院生活；轻松愉快的兴趣活动帮助老年人调整焦虑不安的负面情绪，树立面对疾病和未来生活的信心。

（3）康复辅助：手绘涂色有利于老年人思维能力和手眼协调力的锻炼，对于正在进行康复治疗的老年患者有一定的辅助作用，同样也有利于阿尔茨海默病的早期预防。

任务实施

一、活动设计思维导图

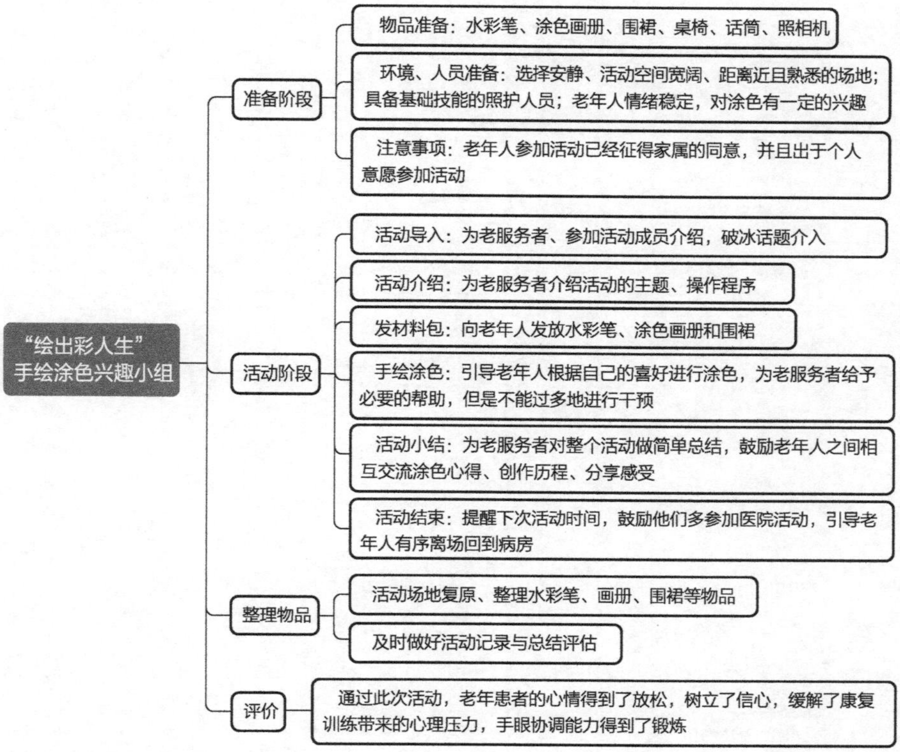

二、活动设计注意事项

1. 排摸参加对象

活动开展前需要对医院内的老年患者群体进行排摸，包括老年患者的患病情况、认知程度、自理程度及兴趣特长等，尽量选择具有相同兴趣的患者开展康乐类活动。

2. 提前做好预案

活动开展前做好预案，评估老年患者的身体情况、情绪状态和意愿，无意愿不可强迫。如果在活动开展过程中，部分老年患者丧失兴趣，为老服务者先中断活动，观察 2～3 分钟后，如其仍不配合可选择提前终止活动。在活动开展过程中，发现老年患者出现体力或者精神状态不佳的情况，适当缩减环节或者提前结束活动。

3. 选择合适的兴趣活动

老年兴趣类康乐活动不同于其他活动，为老服务者要结合老年人的生理特点，设置适合老年人学习或者操作的兴趣活动，以简单易行为原则。

任务工单

任务信息	
任务名称	“五彩缤纷”社区老年园艺活动
任务目的	1. 能够掌握兴趣类康乐活动的设计与策划技巧。 2. 能够与社区老年人进行有效的沟通和交流。 3. 能够与社区工作人员形成良好的合作关系。 4. 能够独立设计并开展兴趣类活动
任务要求	**背景**：X 社区是 Y 市一个典型的老龄社区，辖区内老年人占比高，基础设施薄弱，社区活动单一，大部分老年人只能通过闲聊、打麻将等打发闲暇时光。近日，X 社区的刘阿姨到社区服务中心找到为老服务者小李，提出社区缺少老年康乐活动设施，社区活动缺乏，社区老年人精神文化需求长期得不到满足，小李了解到很多老年阿姨都有种植花卉、绿色植物的兴趣，希望可以组织老年人开展园艺活动，交流经验和心得。 **任务**：请为 X 社区策划一次园艺兴趣活动

任务评价							
学生姓名		班级			学号		
任务成绩	总分：	自评：		互评：		师评：	
自我评价							
互评评语							
教师评语							

任务实施			
活动名称：			
活动背景			
（描述该群体或该问题的现状并分点陈述问题或需求）			
目标人群		名额	
实施地点		人手编配	
活动日期		时间	
活动理念（理论依据）			
（遵循什么样的服务理论、理念、方法来开展活动）			

（续）

<table>
<tr><td colspan="5">活动目标</td></tr>
<tr><td colspan="5">（对应需求，分点阐述，遵循 SMART 原则，尽可能做到可量化、可评估）</td></tr>
<tr><td colspan="5">预计困难及解决方法</td></tr>
<tr><td colspan="3">预计困难</td><td colspan="2">解决方法</td></tr>
<tr><td colspan="3"></td><td colspan="2"></td></tr>
<tr><td colspan="3"></td><td colspan="2"></td></tr>
<tr><td colspan="3"></td><td colspan="2"></td></tr>
<tr><td colspan="5">评估方法</td></tr>
<tr><td colspan="5">（问卷调查法、现场观察法、服务对象访谈法、其他方法）</td></tr>
<tr><td colspan="5">活动设计</td></tr>
<tr><td colspan="5">前期准备</td></tr>
<tr><td colspan="5">（具体写明什么时间、什么地点、谁负责什么事、需要什么物资）</td></tr>
<tr><td colspan="5">中期安排</td></tr>
<tr><td colspan="5"></td></tr>
<tr><td colspan="5">善后工作</td></tr>
<tr><td colspan="5"></td></tr>
<tr><td colspan="5">物资及预算</td></tr>
<tr><td>序号</td><td>物品名称</td><td>单价</td><td>数量</td><td>用途描述及备注</td></tr>
<tr><td>1</td><td></td><td></td><td></td><td></td></tr>
<tr><td>2</td><td></td><td></td><td></td><td></td></tr>
<tr><td>3</td><td></td><td></td><td></td><td></td></tr>
<tr><td>4</td><td></td><td></td><td></td><td></td></tr>
<tr><td>5</td><td></td><td></td><td></td><td></td></tr>
<tr><td>6</td><td></td><td></td><td></td><td></td></tr>
<tr><td>7</td><td></td><td></td><td></td><td></td></tr>
<tr><td>8</td><td></td><td></td><td></td><td></td></tr>
<tr><td colspan="2">总计</td><td colspan="3"></td></tr>
</table>

思考实践

1. 作为为老服务者，你如何处理老年人参加活动积极性不高的问题？你认为活动设计应该如何提升吸引力？

2. 你认为什么样的兴趣类康乐活动适合老年人？

参考工单

任务一　参考工单

任务二　参考工单

活动包

任务一　活动包

项目三 治疗类活动设计

治疗类活动设计适用于特殊老人，如患认知症老人、患抑郁症老人。在提供为老服务时，为老服务者有很大概率会遇到这样的老人，针对此类特殊老人，可设计有针对性的活动，促进其功能的维持及症状的缓解。

项目目标

知识目标

1. 了解患认知症老人的特点。
2. 了解患抑郁症老人的特点。
3. 掌握设计认知训练活动的知识。
4. 掌握设计缓解抑郁活动的知识。

能力目标

1. 能设计与患认知症老人相关的活动。
2. 能设计与患抑郁症老人相关的活动。

素质目标

1. 能够接纳和理解患认知症老人、患抑郁症老人。
2. 具备与患认知症老人、患抑郁症老人沟通的服务意识。

任务一 认知训练活动设计

一、基本概念

1. 认知症

认知症，又称认知障碍症、脑退化症、失智症等。认知症是一种因脑部伤害或疾病所导致的渐进性认知功能退化，且此退化的速度远快于正常老化的速度，特别会影响到记忆、注意力、语言、解题能力，严重时病人会无法分辨人事时地物。目前认知症尚不能治愈，但可预防、可延缓。

2. 认知症的征兆

认知症并不仅仅是健忘那么简单，以下是罹患认知症可能出现的征兆。

征兆1：记忆衰退影响日常生活。

征兆2：无法操作微波炉等家用电器。

征兆3：无法辨认原本熟悉的事物。

征兆4：东西摆放错乱且失去回头寻找的能力。

征兆5：言语表达或书写出现困难。

征兆6：情绪和个性出现改变。

征兆7：失去对时间地点的概念。

征兆8：计划事情或解决问题有困难。

征兆9：判断力变差，警觉性降低。

征兆10：丧失活动及开创力。

3. 常用的筛查工具

认知症常用的筛查工具有画钟测试、MMSE（Minimum Mental State Examination）量表、MOCA（Montreal Cognitive Assessment）量表等。为老服务者需要接受培训后再使用这些筛查工具。另外，这些筛查工具仅用于筛查，不能用于诊断。

4. 认知功能促进

认知功能是大脑反映客观事物的特征、状态及其相互联系，并揭示事物对人的意义与作用的判断能力，是一种高级心理功能。认知功能包括感觉、知觉、注意、记忆、思维、想象等，认知功能促进指的是针对认知功能方面的促进活动。认知功能促进有很多方法，包括缅怀治疗、现实辨识等。

5. 社交活动保持

虽然患有认知症的老人的认知能力有所退化，但是继续保持社交生活对他们来说意义重大，社交活动也有利于病情的延缓。

6. 认知症的非药物延缓策略

认知症的延缓可以通过非药物的方式，包括适量运动、认知训练、社交活动、娱乐爱好活动、家人陪伴、慢性疾病预防与控制、地中海式饮食、保持心情愉悦等。

二、常用理论

1. 活动理论

1）理论概述

活动理论聚焦于个人调整自己的行为以适应社会，而不是社会做出调整来适应个人。活动理论预测能与社会环境保持积极互动关系的老人最可能有成功的老年生活。四处旅行、部分时间工作或者参加多种多样社会活动的老人会发现老年是一生中颇有所得的、令人心满意足的时光。如果老年人退出社会活动，他们会更容易抑郁，对年老不满。当然，活动理论的局限在于未考虑身体健康问题和社会经济方面的限制，这些限制使老年人不可能积极地参与社会活动。

2）实务应用

活动理论带来的启示是老年活动，应根据不同老人的特点进行设计，让更多的老人参与活动。

2. 社会支持理论

1）理论概述

关于社会支持的概念有很多讨论，人们从不同角度对社会支持给予不同的界定。林南综合众多学者对社会支持的讨论给出了一个综合的定义：社会支持是由社区、社会网络和亲密伙伴所提供的感知的和实际的工具性或表达性支持。一个人的社会网络中只是个人可以直接接触的一些人，包括亲戚、同事、朋友。这些人对于个人来说十分重要。亲密伙伴关系是个人生活中的一种紧密关系，关系中的人彼此认同和期待，相互负有责任。工具性支持包括引导、协助、有形支持与解决问题的行动等，表达性支持包括心理支持、情绪支持、自尊支持、情感支持、认可等。

2）实务应用

为老年人设计活动可以在活动中增加社交方面的元素，扩展老年人的社会支持网络。

3. 蒙台梭利认知症照护模式

1）理论概述

蒙台梭利认知症照护模式起源于蒙台梭利教育法。蒙台梭利教育法又称蒙氏教育法，是由意大利著名教育家、医学博士玛利娅·蒙台梭利（Maria Montessori）命名并创立的一种儿童教育方法。其早期用于0至6岁的智障儿童，后期用于全部的儿童。蒙氏教育法融合了医学、生物学、心理学、教育学、人类学多学科的发展成就，主要包括感官教育、语言教育、日常生活教育、数学教育、文化教育五部分。

20世纪90年代，Camp博士首次尝试将蒙氏教育法应用在患认知症老人的认知功能训练上。经过多年的探索和研究，近年来，蒙氏教育法已被国内外学者应用于患认知症老人的日常照护中，是一种以受认知症困扰的老人为中心的照护方法，按照老人个人的长处、兴趣、技巧及能力来设计一些活动、安排日常生活角色及日常工作任务，最大限度发挥老人的长处，维护老人的功能，使老人回归正常的生活。

2）实务应用

在活动设计中，可多方面刺激患认知症老人的感官，如从视觉、嗅觉、听觉、触觉、味觉等方面设计训练方案。

4. 优势视角理论

1）理论概述

在优势视角理论看来，几乎所有的事物都包含着“优势”：包括体验、个人品德、天赋、感悟、故事、灵性、意义和社区资源等。

2）实务应用

为老服务者在设计和开展活动时，要用“优势”的视角而不是“问题”的视角看待老年人。

三、常用方法

1. 现实辨识

现实辨识是一个过程，在这一过程中，轻度到中度认知混乱的老人会在环境中得到一些提示，这些提示帮助他们确认时间、方位或者人。现实辨识一般应用于以小组的形式开展的活动中，适用于轻度到中度认知混乱的老人。它隐含的假设是，向老人提供持续的刺激和适当的环境提示，帮助他们重新弄清楚自己目前身在何处，可能有助于阻止老人的记忆力丧失。理想的情况下，应用现实辨识组织的活动应是养老服务机构常规工作的组成部分。为老服务者会强化环境的提示，在一天当中不断引导老人，而不是仅仅在小组活动的时候才引导老人。

现实辨识小组一般每天活动1~2次，每次30分钟左右。

设计步骤参考如下。

第一步：收集和评估患认知症老人的身体和认知情况。

第二步：构思与老人匹配的活动。现实辨识可以从感官刺激、生活能力锻炼等方面设计训练活动。在实际操作过程中，设计可以从时间、位置、记忆、计算、语言、信息接收、书写、视觉、触觉、听觉、嗅觉、味觉等方面进行。

2. 缅怀治疗

缅怀治疗同样适用于患认知症老人。为患认知症老人设计缅怀往事活动需要根据患认知症老人的认知情况来制定方案，每次时间不宜过长，此外，活动应有老人间互动的内容。

3. 园艺治疗

园艺治疗可简单解释为利用园艺进行的治疗。美国园艺治疗协会对其做了如下定义：园艺治疗是对于有必要在其身体以及精神方面进行改善的人们，利用植物栽培与园艺操作活动从其社会、教育、心理以及身体诸方面进行调整更新的一种有效方法。植物与人类自古以来便关系密切，通过设计一系列参与性较强、适合患认知症老人的园艺活动，可达到刺激老人感官、延缓认知退化的目的。园艺治疗活动一般由具备园艺治疗资质的专业人员实施，但为老服务者可受此启发，在活动中加入园艺的因素。

设计步骤参考如下。

第一步：收集和评估患认知症老人的身体和认知情况。

第二步：构思具有园艺元素的活动，如耕种作物、一起种植盆栽观察其生长、手工 DIY 微景观等。

4. 音乐治疗

音乐本身就是一种能量，由耳朵传入大脑，刺激中枢神经和内分泌系统，起到调节功效。利用音乐，使患认知症老人身心得到刺激，进而改善人际关系、稳定情绪、强化认知功能。研究发现，患认知症老人即使不能再通过任何口头语言跟人沟通，但他们仍有能力用鼓或其他打击乐器有节奏地奏出音乐。音乐使我们能与患认知症老人保持某种形式的沟通。音乐治疗活动一般由具备音乐治疗资质的专业人员实施，但为老服务者可受此启发，在活动中加入音乐的元素。

设计步骤参考如下。

第一步：收集和评估认知症老人的身体和认知情况。

第二步：构思具有音乐元素的活动。例如使用奥尔夫乐器或生活中能发出声响的物品进行敲击、唱歌、听音乐等活动。

5. 益智游戏法

益智游戏是一种以智力活动为基础的、有规则的游戏。它以生动、新颖、有趣的游戏形式，使患认知症老人在活动中训练认知功能。

设计步骤参考如下。

第一步：收集和评估患认知症老人的身体和认知情况。

第二步：搜罗适合老人的益智道具，根据其游戏规则，结合老人的认知情况进行相应调整。对于症状轻微的老人，可以搜罗一些脑筋急转弯的问题进行问答互动。此外，还可以直接购买或自行制作益智类的游戏道具进行训练。需要留意的是，挑选的游戏道具不要过于低龄化，如果包装上有 3 岁、5 岁、宝宝成长这样的字眼务必要去除包装，避免老人觉得未得到尊重。

四、注意事项

（1）每个训练活动尽可能不少于 2 种训练元素。训练元素可以包括时间、位置、语言、记忆、计算、信息接收、书写、视觉、触觉、听觉、嗅觉、味觉等。设计的认知训练活动应尽可能覆盖到多种训练元素，从而使训练更加有效和有趣。比如，让老人进行拼图游戏，拼图的训练至少包含了视觉、触觉元素。这样的训练就属于包含了 2 种训练元素。

（2）适合老人的身体状况和认知情况。提供认知训练活动时应根据老人的身体安排时长，时间过长会让老人无法集中注意力。此外，要根据老人现时认知能力设计和开展符合其认知水平的训练。

（3）愉悦感和成就感比训练结果更重要。提供认知训练活动的过程中，为老服务者应以激发老人兴趣，引发老人愉悦感和成就感为导向，不必过于纠结认知训练的结果。

（4）避免标签化。专门针对患认知症老人开展的活动，在公布活动名称时一般不能有“认知症”的字眼，这是为了避免标签化，而本任务的叙述只是为了方便读者了解活动的主题，在实际操作中不会使用有“患认知症老人”字眼的活动名称。

任务导入

A 养老院，经过为老服务者筛查和评估，发现有 20 多名患认知症老人，其中患轻、中度认知症老人有 10 名，为老服务者拟为这些老人开展每日一次的认知训练活动。这些老人平时没有什么活动，与别人的互动也极少，或者终日昏睡，或者每天对着电视机，长此以往，认知能力退化速度会越来越快。试用现实辨识的方法设计训练活动。

任务分析

一、服务需求分析

（1）延缓认知退化的需要：通过筛查及为老服务者的观察，可以了解到院里患认知症老人缺乏相应的服务。

（2）社会交往的需求：社交活动对认知症的延缓很有帮助，另外，即使得了认知症，亦与其他老年人一样，有社会交往的需求。

二、制定服务方案

针对患认知症老人的情况，制定适宜的活动方案，融入认知训练与社交互动的内容。

三、主要服务目标

（1）认知训练：引导患认知症老人在记忆力、定向力、感知、思维等方面进行训练。

（2）社交互动：引导患认知症老人在活动中进行简单的社交互动。

任务实施

一、操作流程图

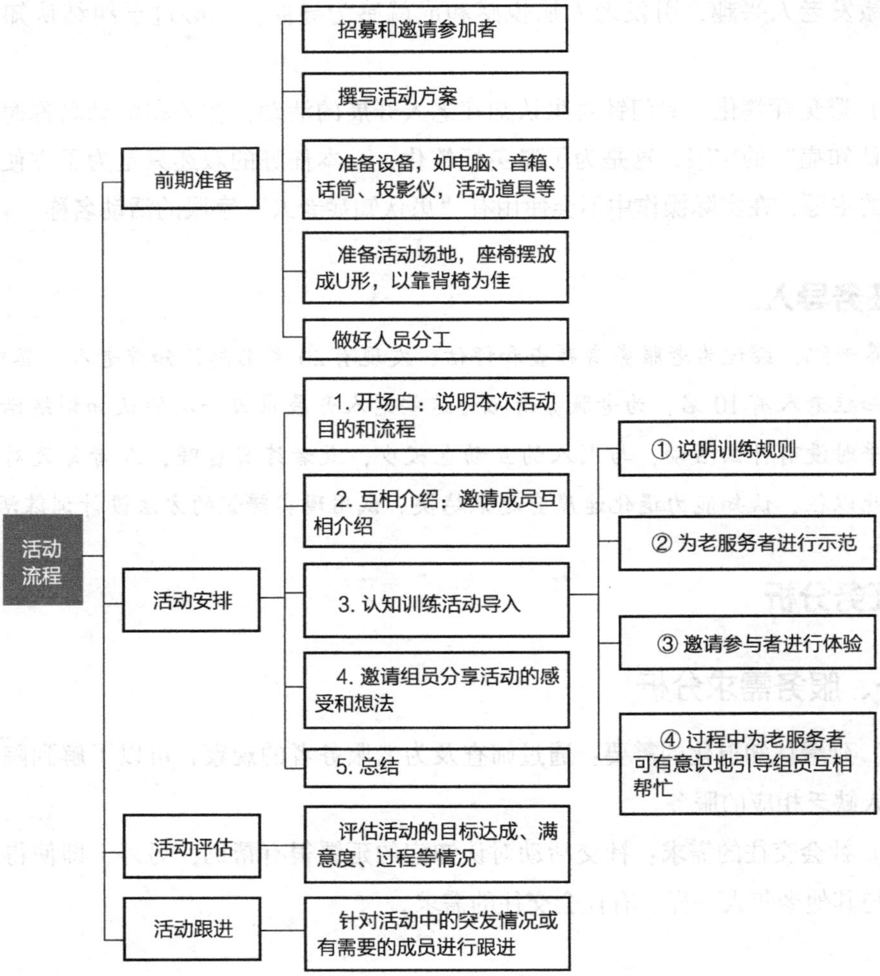

二、活动设计注意事项

（1）开展活动前应熟悉老人的行为习惯。为老服务者对老人最好有一定的了解，根据老人的认知程度、兴趣爱好、职业特征等制定老人的训练方案。

（2）不强迫老人参与。为老服务者在开展训练时，需要随时留意老人的身体情况、情绪状态和意愿，无意愿不可强迫。训练过程中，若老人丧失兴趣，为老服务者先中断训练，观察 2 ~ 3 分钟，如其仍不配合可终止训练。

（3）设计的活动以能激发老人的愉悦感和参与动机为佳。研究表明，保持愉悦的心情对延缓认知症有正向作用。所以，活动应以增强老人的愉悦感和参与动机为主要目的，不要纠结认知训练过程中做对了或做错了的结果。

（4）训练游戏的设置不宜太过幼稚。不宜使用过于低幼化的道具，以免引起老人的反感。

任务工单

任务信息	
任务名称	认知训练活动设计
任务目的	1. 帮助学习者熟悉认知训练活动的设计流程。 2. 帮助学习者了解设计认知训练活动的简单方法。 3. 帮助学习者更多地理解患认知症老人的特性
任务要求	**背景：** M 社区日间照料中心有 6 名患轻、中度认知症老人，经过医生和为老服务者的评估，他们的语言、听力、视觉方面受损程度不大，可以参与团体活动。 **任务：** 1. 设计一个针对患认知症老人的团体训练游戏，时长不超过 20 分钟。 2. 该游戏的训练应包括两个训练元素。 3. 可从以下维度进行考虑，嗅觉、听觉、味觉、视觉、触觉

任务评价					
学生姓名		**班级**		**学号**	

任务成绩	**总分：**	**自评：**	**互评：**	**师评：**

自我评价	
互评评语	
教师评语	

任务实施
活动名称：
活动背景
（描述该群体或该问题的现状并分点陈述问题或需求）

目标人群		**名额**	
实施地点		**人手编配**	
活动日期		**时间**	

活动理念（理论依据）
（遵循什么样的服务理论、理念、方法来开展活动）

（续）

活动目标				
（对应问题或者需求，分点阐述，遵循 SMART 原则，尽可能做到可量化、可评估）				
预计困难及解决方法				
预计困难		解决方法		
评估方法				
（问卷调查法、现场观察法、服务对象访谈法、其他方法）				
活动设计				
前期准备				
（具体写明什么时间、什么地点、谁负责什么事、需要什么物资）				
中期安排				
善后工作				
物资及预算				
序号	物品名称	单价	数量	用途描述及备注
1				
2				
3				
4				
5				
6				
总计				

思考实践

1. 活动中如果遇到患认知症老人没有任何反应，你应当如何处理？
2. 在实施认知训练时，为老服务者应当如何更好地实施人文关怀？

参考工单

任务一　参考工单

拓展资源

任务一　患认知症老人认知训练活动包

任务二　缓解抑郁活动设计

一、基本概念

1. 老年抑郁症

抑郁症是一种以持久（至少两周）的情绪低落或抑郁心境为主要临床表现的精神障碍（又称情感障碍）。

抑郁症不同于通常的情绪波动和对日常生活中的挑战产生的短暂情绪反应。尤其是当抑郁症反复发病，并达到中度或重度时，其可能成为一个严重的健康疾患。患者可能会受极大影响，最严重时，抑郁症可引致自杀。在抑郁症发作期间，患者连续两周以上几乎每天大部分时间都心情郁闷（感觉悲伤、烦躁、空虚），对活动丧失愉悦感或兴趣。患者还会出现其他一些症状，包括注意力不集中、过度内疚或自我贬低、对未来感到绝望、有死亡或自杀想法、睡眠紊乱、食欲或体重变化以及感到特别劳累或精力不足。

老年抑郁症泛指存在于老年人这一特定人群中的抑郁症。

2. 常用的筛查方式

抑郁症常用的筛查方式有GDS量表，它有30题、15题、5题的版本，为老服务者需要在接受培训后并排除老年人未患认知症的情况方能使用这些量表。另外，这些量表仅用于筛查，不能用于诊断。

二、常用理论

1. 活动理论

略。

2. 社会支持理论

略。

3. 认知行为疗法

1）理论概述

认知行为疗法（CBT）是一种心理治疗方法，是一种谈话疗法，旨在通过以目标为导向的、系统的程序来解决与功能失调的情感、行为和认知有关的问题。它适用于各个年龄段的当事人，用来解决多种情绪问题，适用于治疗轻、中度的抑郁症。

不过，认知行为疗法并不适用于所有患抑郁症的老人，它对口头表达能力不错、认知即使受损伤也不太大的老人最有效。因为在运用认知行为疗法的过程中要求老人能够识别自己的想法并表述出他的感受。

2）实务应用

认知行为疗法用于治疗患抑郁症老人，与用于治疗其他患抑郁症人士的理念和流程并无不同，它的基本流程和步骤在有关认知行为疗法的专门书籍中有详细介绍，此处不再赘述。

4. 正念减压疗法

1）理论概述

正念减压疗法（MBSR）又称静观练习。乔·卡巴金指出，正念是一种觉知力，是通过有目的地将注意力集中于当下，不加批判，觉知一个又一个瞬间所呈现的体验，而涌现出的一种觉知力。正念的练习方法包括身体扫描、静坐、正念行走、正念瑜伽等，可以以个人的形式进行，也可以以团体的形式进行。在此疗法的基础上，结合认知行为疗法，发展出了正念认知疗法（MBCT）。

2）实务应用

可通过正念的引导语，进行身体扫描和冥想，对自我进行觉察。正念练习适合作为活动当中的一个环节。此外，正念并不一定适合所有人，如个人不愿意进入正念练习的场景，带领者不要强迫。

5. 优势视角理论

略。

三、常用方法

1. 渐进式放松训练

渐进式放松训练是一种逐渐的、有序的、使肌肉先紧张后放松的训练方法。具体做法是，找一个安静的场所，先使肌肉紧张起来，保持5~7秒，注意肌肉紧张时产生的感觉。紧接着很快地使紧张的肌肉彻底放松，并细心体察放松时肌肉有什么感觉。每部分肌肉一张一弛做两遍。渐进式放松训练可以缓解人的身体和心理方面的紧张状态。

设计步骤参考。

第一步：了解老人的身体情况是否能接受渐进式放松训练。

第二步：选择舒适、安静和安全的场地，有条件的可选择舒缓的轻音乐。

第三步：熟悉渐进式放松训练的引导语，提前做准备。

渐进式放松引导语如下（需要提前了解参与者的情况，可根据需要适当删除一些条目）。

①找一个自己觉得舒适的地方，慢慢闭上眼睛。

②深吸一口气到腹部，然后慢慢地呼出。照这样做3次，呼气时，要想象全身的紧张感开始消失。

③攥紧拳头，坚持（7~10秒），然后放开。

④抬起前臂向肩膀处靠近以拉紧肱二头肌，双臂同时用力以显现出肌肉形状。坚持……然后放松。

⑤向外伸直胳膊，转动肘部以拉紧大臂下侧的肌肉（肱三头肌）。坚持……然后放松。

⑥尽你所能抬高眉毛以拉紧前额的肌肉。坚持……然后放松。放松时，想象你前额的肌肉变得平滑而柔软。

⑦紧闭双眼以拉紧眼周的肌肉。坚持……然后放松。想象深度放松的感觉从眼周扩散开去。

⑧张大嘴伸展腭部周围的肌肉以拉紧腭部。坚持……然后放松。嘴唇分开，让腭部松垮下来。

⑨头向后仰以拉紧脖子后面的肌肉，就像你要用头部去触及背部一样（动作要轻，

以免受伤）。只集中拉伸你脖子的肌肉。坚持……然后放松。（因为该位置经常处于紧绷状态，所以做两次拉紧—放松的活动是有好处的。）

⑩做几次深呼吸，使你的头不再发沉。

⑪抬高肩膀，就像你要用肩膀去触摸耳朵一样，从而拉紧肩部肌肉。坚持……然后放松。

⑫向后拉伸肩胛，就像你要使左右肩胛接触，从而拉紧肩胛周围的肌肉。让你肩胛保持紧张……然后放松。因为该处经常处于紧张状态，你可以重复进行两次拉紧—放松的活动。

⑬深呼吸，从而拉紧胸部的肌肉。坚持10秒钟……然后慢慢地呼气。想象在呼气的过程中，胸部所有多余的紧张感都消失了。

⑭收腹，从而拉紧你腹部肌肉。坚持……然后放松。想象一股放松感遍及你的腹部。

⑮弓起背部，从而拉紧你背下面的肌肉（如果你背下部有伤，你可以不做这项运动）。坚持……然后放松。

⑯把臀部肌肉向中间挤，从而拉紧臀部的肌肉。坚持……然后放松。想象臀部的肌肉变得平滑而柔软。

⑰挤压你大腿上的肌肉一直往下到膝盖。可能随着挤压大腿会拉紧臀部的肌肉，因为大腿上的肌肉与骨盆相连。坚持……然后放松。感觉你的肌肉变得平滑，并且得到了彻底的放松。

⑱向下弯曲脚趾，从而拉紧脚上的肌肉。坚持……然后放松。

⑲感觉下自己的身体有没有任何残留的紧张感。如果在某些地方还有紧张感，对那组肌肉重复一或两次拉紧、放松活动。

⑳现在，想象一股放松感慢慢遍及你的全身，从头部开始向下直到你的脚趾，逐渐渗透到每块肌肉。

2. 缅怀治疗

缅怀治疗法同样适用于患抑郁症老人。为患抑郁症老人设计缅怀往事活动需要根据患抑郁症老人的情况来制定方案。

3. 园艺治疗

具体内容见本书相关章节。园艺治疗的方法同样适用于患抑郁症老人。

4. 音乐治疗

具体内容见本书相关章节。音乐治疗的方法同样适用于患抑郁症老人。

四、注意事项

（1）时间不宜过长。缓解抑郁活动应根据老人的情况安排时长，时间过长会让老人无法集中注意力参加活动。

(2) 动机激发很重要。患抑郁症老人可能会因为罹患抑郁症而对任何事情都没有兴趣，所以设计的活动应能激起老人的动机，并尽可能融入社交互动。

(3) 关注服药情况。对于一些患抑郁症老人，服药是一个重要的治疗手段，所以为老服务者在开展活动时也需要留意老人是否有按时服药。

(4) 社交元素不可或缺。抑郁症的预防和缓解都涉及社会功能的发挥，因此有社交元素的活动均适用于患抑郁症老人，因此本书其他章节的一些活动也适用于患抑郁症老人。

(5) 避免标签化。专门针对患抑郁症老人的活动，在公布活动名称时一般不会有“抑郁”的字眼，这是为了避免标签化，而本任务的叙述只是为了方便读者了解活动的主题，在实际操作中不会使用有“抑郁”字眼的活动名称。

任务导入

B养老院，在一次心理筛查中，发现有8名患抑郁症老人，表现出轻、中度抑郁症状，但均有遵医嘱进行药物干预。他们与其他老人的互动比较少，部分老人因为抑郁症经常睡不好觉。为老服务者拟用渐进式放松训练为这些老人提供团体活动。

任务分析

一、服务需求分析

(1) 社会交往的需求：老人较少与周围人互动，说明社交活动较少。而社交活动对抑郁症的缓解是有益的。

(2) 抑郁症状缓解的需求：治疗抑郁症除了服药外，可以配合其他舒缓的非药物方式作为辅助，案例中提到部分老人因为抑郁症的影响会经常睡不好觉，活动中可设计相关的舒缓内容。

二、制定服务方案

针对患抑郁症老人的情况，制定适宜的活动方案，融入社交互动和舒缓压力的内容。

三、主要服务目标

(1) 社交互动：引导患抑郁症老人在活动中进行简单的社交互动。

(2) 压力缓解：引导患抑郁症老人学习放松的多种方式。

任务实施

一、操作流程图

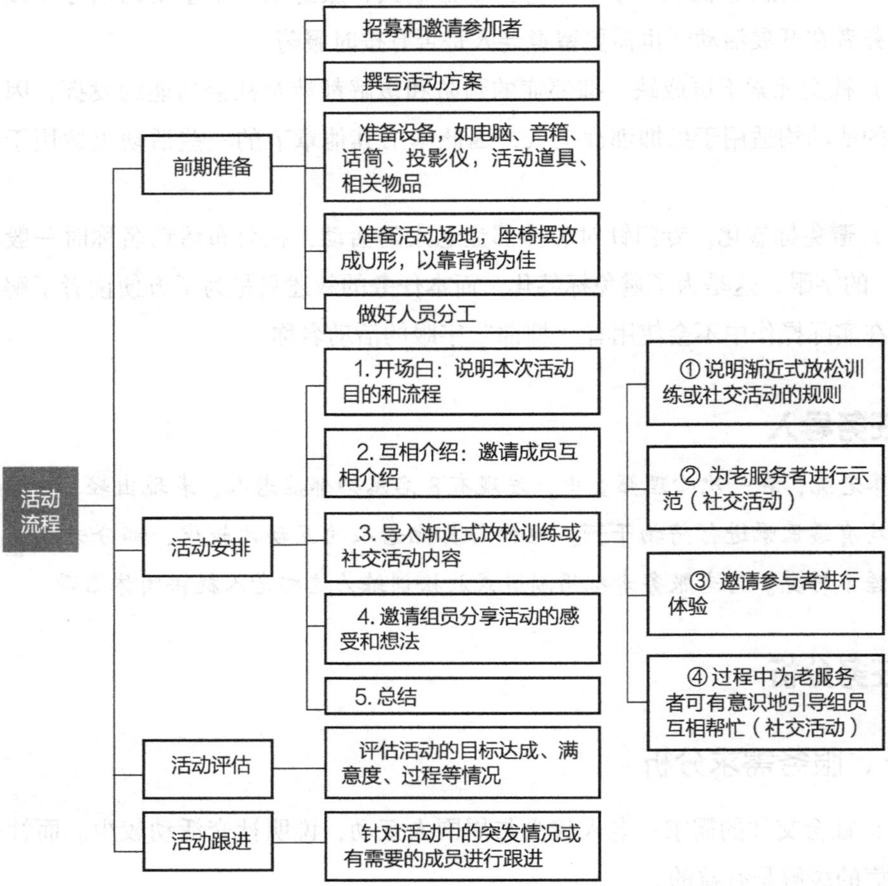

二、活动设计注意事项

（1）操作前熟悉老人的行为习惯。为老服务者对老人最好有一定了解，根据老人的服药情况、抑郁水平、兴趣爱好、职业特征等制定活动方案。

（2）不强迫老人参与。为老服务者在开展活动的过程中应评估老人的身体情况、情绪状态和意愿，无意愿不可强迫。

（3）人手安排建议 2 名以上。活动中尽可能安排 2 名以上工作人员，如果活动过程中老人的状态不佳，可由 1 名工作人员将其带离现场进行跟进。

（4）渐近式放松训练需要安静的场所。为了保证活动的顺利进行，应选安全、隔音效果较好和舒适的场地。

（5）留意老人是否有腿脚不便的情况。在设计活动时还需要考虑参与的老人腿脚是否灵便。如果参与活动的老人腿脚不便，活动设计就需要去除需要长时间站立的游戏环节。

任务工单

<table>
<tr><th colspan="8">任务信息</th></tr>
<tr><td>任务名称</td><td colspan="7">减压活动带领</td></tr>
<tr><td>任务目的</td><td colspan="7">1. 帮助学习者了解缓解抑郁活动的带领思路。
2. 帮助学习者了解缓解抑郁活动的设计流程。
3. 帮助学习者了解患抑郁症老人的特性</td></tr>
<tr><td>任务要求</td><td colspan="7">背景：通过筛查及医生诊断，发现了养老院中有 6 名患轻度抑郁症老人。这 6 名老人自理能力和行动能力均未受损。
任务：使用渐进式放松训练为养老院 6 名患轻度抑郁症老人开展减压活动</td></tr>
<tr><th colspan="8">任务评价</th></tr>
<tr><td>学生姓名</td><td colspan="2"></td><td>班级</td><td colspan="2"></td><td>学号</td><td></td></tr>
<tr><td>任务成绩</td><td colspan="2">总分：</td><td colspan="2">自评：</td><td colspan="2">互评：</td><td>师评：</td></tr>
<tr><td>自我评价</td><td colspan="7"></td></tr>
<tr><td>互评评语</td><td colspan="7"></td></tr>
<tr><td>教师评语</td><td colspan="7"></td></tr>
<tr><th colspan="8">任务实施</th></tr>
<tr><td colspan="8">活动名称：</td></tr>
<tr><th colspan="8">活动背景</th></tr>
<tr><td colspan="8">（描述该群体或该问题的现状并分点陈述问题或需求）</td></tr>
<tr><td>目标人群</td><td colspan="3"></td><td>名额</td><td colspan="3"></td></tr>
<tr><td>实施地点</td><td colspan="3"></td><td>人手编配</td><td colspan="3"></td></tr>
<tr><td>活动日期</td><td colspan="3"></td><td>时间</td><td colspan="3"></td></tr>
<tr><th colspan="8">活动理念（理论依据）</th></tr>
<tr><td colspan="8">（遵循什么样的服务理论、理念、方法来开展活动）</td></tr>
</table>

（续）

<table>
<tr><td colspan="5">活动目标</td></tr>
<tr><td colspan="5">（对应问题或者需求，分点阐述，遵循 SMART 原则，尽可能做到可量化、可评估）</td></tr>
<tr><td colspan="5">预计困难及解决方法</td></tr>
<tr><td colspan="3">预计困难</td><td colspan="2">解决方法</td></tr>
<tr><td colspan="3"></td><td colspan="2"></td></tr>
<tr><td colspan="3"></td><td colspan="2"></td></tr>
<tr><td colspan="3"></td><td colspan="2"></td></tr>
<tr><td colspan="5">评估方法</td></tr>
<tr><td colspan="5">（问卷调查法、现场观察法、服务对象访谈法、其他方法）</td></tr>
<tr><td colspan="5">活动设计</td></tr>
<tr><td colspan="5">前期准备</td></tr>
<tr><td colspan="5">（具体写明什么时间、什么地点、谁负责什么事、需要什么物资）</td></tr>
<tr><td colspan="5">中期安排</td></tr>
<tr><td colspan="5"></td></tr>
<tr><td colspan="5">善后工作</td></tr>
<tr><td colspan="5"></td></tr>
<tr><td colspan="5">物资及预算</td></tr>
<tr><td>序号</td><td>物品名称</td><td>单价</td><td>数量</td><td>用途描述及备注</td></tr>
<tr><td>1</td><td></td><td></td><td></td><td></td></tr>
<tr><td>2</td><td></td><td></td><td></td><td></td></tr>
<tr><td>3</td><td></td><td></td><td></td><td></td></tr>
<tr><td>4</td><td></td><td></td><td></td><td></td></tr>
<tr><td>5</td><td></td><td></td><td></td><td></td></tr>
<tr><td colspan="2">总计</td><td colspan="3"></td></tr>
</table>

思考实践

1. 活动中如果遇到患抑郁症老人一直沉默，你应当如何处理？
2. 在开展缓解抑郁活动时，为老服务者应当如何更好地实施人文关怀？

参考工单

任务二 参考工单

拓展资源

任务二 减压团体活动包

模块四

老年社会参与活动

项目一 老人交友活动设计

人际交往是人与社会互动、获得社会支持、增强个人权能、满足爱与归属需要的重要方式。老人随着年龄的增长逐渐退出劳动领域，其社会交往圈子迅速缩小，人际交往的对象主要是家人、邻里或有共同兴趣爱好的朋友。研究发现，社区老人的社会支持与其心理健康正相关。社会支持越多元化、异质性越高，老人生活满意度越高。老人通过频繁的人际交往，能有更多机会获得精神与物质支持，促进身心健康，提高生存质量。因此，为老人开展交友活动，使其保持必要的人际交往，对老人的身心健康和晚年生活质量的保障起到重要作用。

项目目标

知识目标

1. 能识别社区孤寡老人、院舍老人和单身老人的交友需要。
2. 掌握促进老人相互认识、交流、合作等的活动的设计技巧。

能力目标

1. 能根据老人的需要设计合适的交友活动。
2. 能根据老人的身心特点，设计合适的活动形式和内容。

素质目标

1. 能够接纳老人有不同的择友观。
2. 在设计过程中，能充分尊重不同类型老人的身心特点和独特性。

【说明】

本项目中讨论的社区孤寡老人、院舍老人和单身老人这三类老人在特征上存在一些共同之处。为便于分类讨论，本项目主要根据开展交友活动的目的对老人交友活动加以区分。针对孤寡老人，交友活动的重点在于提供精神关爱、搭建社区人际支持网络；针对院舍老人，交友活动的重点是帮助其在院舍中获得相对充分的人际互动，增强归属感；针对单身老人，交友活动的重点是满足其婚恋情感和人际交往需要。

任务一　社区孤寡老人交友活动设计

一、基本概念

孤寡老人是指无配偶，无子女，没人照顾，年纪超过60周岁，丧失劳动能力的人。

二、常用理论

1. 社会支持理论

社会支持是由社区、社会网络和亲密伙伴所提供的感知的和实际的工具性或表达性支持。为老服务者运用该理论对老人的社会支持网络进行评估，如人员类型、人数、亲疏关系、具体的功能等。在此基础上，找出老人需要增强的支持网络，制订并实施服务计划。

社会支持网络评估表

在开展社会支持网络评估时，为老服务者可通过拜访老人，向社区工作人员了解、查询社区建档资料等方式收集相关信息，按照正式和非正式进行分类整理。社会支持网络评估表格式可参考二维码资料。

2. 增能理论（增强权能理论）

增能（empowerment），是指个体改变生活状况和获取资源的控制能力和影响力。增能理论认为，个人的无力感源于环境的压迫。这种不利的环境是可以改变的。个人的能力是可以通过有效的社会互动不断被发掘出来的。

为老服务者在服务孤寡老人的过程中，要看到老人与其环境互动的情况，找出不利的环境因素，协助老人形成有效的社会互动，从而增强老人的有能感。在交友活动中，重点是拓展和增强孤寡老人的人际网络，通过与他人互动获得正向体验，增强获取资源和应对问题的能力。

三、常用方法

1. 睦邻探访

组织志愿者或孤寡老人的邻居到老人家中探访，拓展老人的人际互动网络。对于身体条件允许的孤寡老人，也可组织其外出拜访周边邻居或老人的好友。

设计步骤参考如下。

第一步：收集孤寡老人信息。整理有交友需要的孤寡老人的名单，了解老人喜欢谈论的话题、兴趣爱好、交往禁忌（如不要提及丧偶有关话题）等。

第二步：招募有意愿的志愿者和邻居。在社区居民群、志愿者群中招募有意愿探访孤寡老人、能与孤寡老人结对的志愿者，也可通过走访、电访孤寡老人的邻居，寻找周边有意愿的邻居作为探访者。同时，向确定参与的志愿者和邻居了解其特长（如擅长手工制作、美食制作等）或特殊的人生经历或故事。

第三步：开展服务设计。按照活动介绍、相互认识（首次）、话题交流和互动、互留联系方式、约定下次探访、总结、道别的顺序进行服务设计。

其中话题交流和互动环节，可结合前面了解到的孤寡老人的信息进行设计。比如可以先从关心孤寡老人日常生活起居、身心状况的话题开始，如“您最近身体怎么样?”“您平时会去哪里买菜?”“您平时闲下来的时候会做些什么?”接着设计一些互动，如帮助老人择菜、做饭，或者一起做一些和传统节日、季度气候相关的手工物件，如端午节做香囊，冬季编织围巾，或者带领老人做一些有益于身心健康的保健操、认知训练等。在此过程中双方自然交流，探访人也有意识地主动让孤寡老人参与互动，如做香囊的时候可以问：“以往的端午节，您一般会做些什么?”以此逐步加深互动，促进双方信任关系和友谊的建立。

2. 长者支持活动

组织 8 ~ 12 位（人数可微调）有共同交友需要的老人开展相互认识、相互支持的活动。可按照活动介绍、热身、相互认识（首次）、分享/互助、互留联系方式、总结、道别的顺序进行服务设计。

其中，分享/互助环节，可采取两到三种设计。一是邀请老人分享近期感受、经验、困惑等，如“分享近期一件最开心的事”，“分享您近期生活中的困扰或难处”，“您最想给在座其他人的一个温馨建议”等。二是让老人互相帮助，分享资源、经验等，如在每位参加者分享一些困扰或难处后，请其他参加者给予其关心、鼓励或为其提供建议和帮助等，增强其解决问题的能力和信心。三是设计合作任务让参加者协作完成任务。合作任务可遵循简单、可实现、符合老人年龄特点、增强信心的原则进行设计，如合作完成一份以“朋友”为主题的黏土作品，在限定时间内用筷子夹玻璃珠等。通过合作，增强老人间的信息和感情交流，获得正面的人际交往经验。

3. 长者兴趣交流活动

根据老人的兴趣爱好、特长和经验等，找出某个大家都比较关注、感兴趣的活动，如跳广场舞、种菜、做手工、做美食等，组织大家定期相聚、交流，促进他们的交流和互助的常态化。可按照活动介绍、热身、相互认识（首次）、兴趣活动、参加者分享、总结、道别的顺序进行服务设计。

任务导入

陈奶奶，75 岁，早年发生家庭变故，现今孤身一人。平时会自己种点农作物，身体比较硬朗，独居，能自理。逢年过节，政府部门会上门慰问。由于年纪大，陈奶奶很少到其他地方走动，只和隔壁邻居偶有来往。有时她觉得连个说话的人也没有，感到有些孤单，也害怕自己万一出事了也没人知道。

任务分析

一、服务需求分析

（1）人际交往需求：通过朋辈互动，与社会保持一定的联系，个人从中找到价值感和归属感。

（2）精神关爱需求：从朋辈的互动中获得关心，感受到爱和被需要。

（3）紧急援助需求：当遇到紧急情况需要援助时，可通过告知朋辈或由朋辈主动发现并联系相关部门或资源，从而得到及时的帮助。

二、制定服务方案

以某个节日为契机，组织陈奶奶与周边其他有交友需要的孤寡老人或普通老人聚在一起，相互认识和交流。

三、主要服务目标

促进孤寡老人与周边邻里老人相互认识与互动，为其搭建日常相互关怀与支持的沟通网络。

任务实施

一、活动设计思维导图

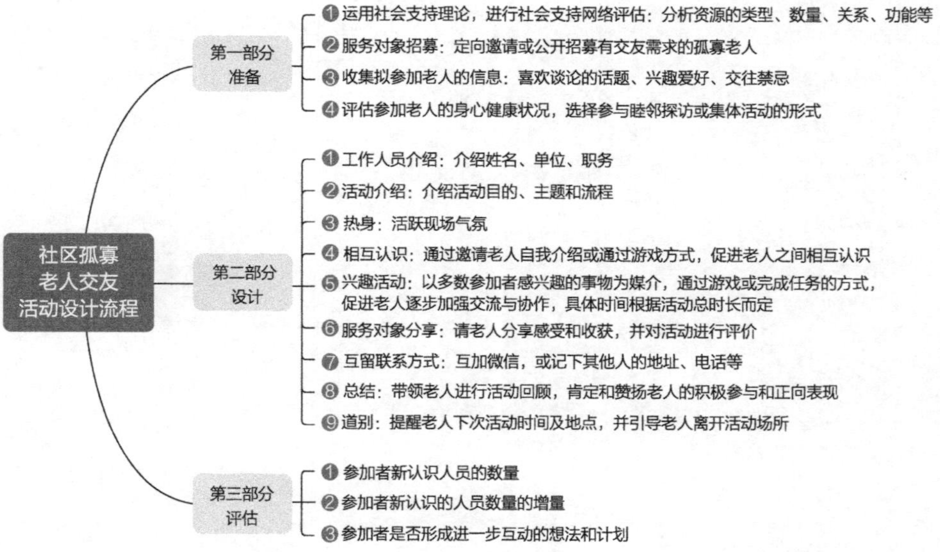

二、活动设计注意事项

1. 要提前对参与探访的志愿者和邻居进行培训

将培训列为活动的一个必选环节。培训内容包括但不限于孤寡老人的身心特点、探访流程、交流话题、互动技巧、注意事项（如尊重老人、保护隐私）等。

2. 提前评估孤寡老人近期的身心健康状态

评估的要素包括老人的行动能力、视力、听力、认知、意识、情绪等。根据评估结果，选择运动量、形式和内容适宜的活动。比如老年人视力不佳，则不安排“阅读报纸”等对视力有一定要求的环节。

3. 活动地点的距离宜在步行 15 分钟内

不统一安排交通工具接送的活动，其地点应选择在与老人相对距离适中的地方，一般在步行 15 分钟以内的区域。如超过 15 分钟，要提前考虑好交通安排。

4. 涉及交通工具的外出活动应做好安全措施

如涉及统一乘坐大巴或其他交通工具前往的活动地点，建议要购买保险，备好常用应急用品，而且要安排好工作人员与服务对象相匹配，全程做好安全提醒和照护。

任务工单

<table>
<tr><th colspan="6">任务信息</th></tr>
<tr><td>任务名称</td><td colspan="5">社区孤寡老人交友活动设计训练</td></tr>
<tr><td>任务目标</td><td colspan="5">知识目标
1. 能识别孤寡老人的交友需要。
2. 熟悉促进孤寡老人认识、交流、合作等的活动的设计技巧。
能力目标
1. 能根据社区孤寡老人的不同需要设计合适的交友活动。
2. 能根据不同类型老人的身心特点，设计合适的活动形式和内容。
素质目标
1. 能够接纳老人有不同的择友观。
2. 在设计过程中，能充分尊重不同类型老人的身心特点和独特性</td></tr>
<tr><td>任务要求</td><td colspan="5">任务：
1. 请对陈奶奶的社会支持网络进行初步评估；
2. 请借元宵节契机，为 A 社区的孤寡老人们设计一场交友活动，为他们搭建起交流平台，增强他们的社会支持网络。
（案例背景详见二维码）
任务一 任务工单、任务要求及案例背景</td></tr>
<tr><th colspan="6">任务评价</th></tr>
<tr><td>学生姓名</td><td></td><td>班级</td><td></td><td>学号</td><td></td></tr>
<tr><td colspan="3">任务成绩</td><td colspan="3">总分：</td></tr>
<tr><td>自我评价</td><td colspan="5"></td></tr>
<tr><td>教师评价</td><td colspan="5"></td></tr>
<tr><th colspan="6">任务实施</th></tr>
<tr><td colspan="6">活动名称：</td></tr>
<tr><th colspan="6">活动背景</th></tr>
<tr><td colspan="6">（描述该群体或该问题的现状并分点陈述问题或需求）</td></tr>
<tr><td>目标人群</td><td colspan="2"></td><td>名额</td><td colspan="2"></td></tr>
<tr><td>实施地点</td><td colspan="2"></td><td>人手编配</td><td colspan="2"></td></tr>
<tr><td>活动日期</td><td colspan="2"></td><td>时间</td><td colspan="2"></td></tr>
<tr><th colspan="6">活动理念（理论依据）</th></tr>
<tr><td colspan="6">（遵循什么样的服务理论、理念、方法来开展活动）</td></tr>
</table>

（续）

活动目标					
（对应问题或者需求，分点阐述，遵循 SMART 原则，尽可能做到可量化、可评估）					
预计困难及解决方法					
预计困难			解决方法		
评估方法 （问卷调查法、现场观察法、服务对象访谈法、其他方法）					
评估内容		评估方法		量化指标	
活动设计					
前期准备					
时间	内容		物资	工作人员	
物资清单：					
中期安排					
时间	内容		物资	工作人员	
善后工作					
时间	内容		物资	工作人员	
物资及预算					
序号	物品名称	单价	数量	小计	备注
1					
2					
3					
4					
5					
总计					

思考实践

1. 面对性格内向、交友意愿不强的老人，为老服务者应当如何处理？

2. 对于走动不便、身体残障等的特殊孤寡老人，应如何帮助他们获得朋辈支持？

任务二　院舍老人交友活动设计

一、基本概念

院舍老人指在养老机构中集中居住和生活的老人。

二、常用理论

1. 生态系统理论

生态系统理论关注人及其与所处情境的互动，把人的发展看作持续适应环境并与环境的众多层面进行系统交换的过程。在相对封闭的院舍中，院舍老人的生活方式与人际关系发生了明显的变化，其生态系统中的元素和能量流向发生了变化，对其带来一定的挑战。在该理论的指导下，为老服务者可通过分析院舍老人所处的生态环境，如绘制生态图，判断院舍老人在其生态系统中是否需要增强人际关系，并且是否需要通过改变系统来实现个人需要的满足。生态图绘制指引详见二维码参考资料。

生态图绘制指引

2. 其他常用理论

社会支持理论、增能理论同样适用。详见本项目中任务一的“常用理论”。

三、常用方法

1. 院舍迎新活动

帮助新入住的老人与其他成员相互认识，使其迅速适应和融入院舍集体生活。在收集新入住老人信息的基础上，为老服务者可按照活动介绍、热身、相互认识、分享/互助、互留联系方式、总结的顺序进行服务设计。

其中，在相互认识环节，为老服务者可先邀请新入住老人做自我介绍，介绍信息可包括姓名、昵称、老家、兴趣爱好、过往的职业等一般信息，也可包括更多个人想法的信息，如刚入住的感受、对院舍生活的期待、交友的需求等。如新入住老人的性格偏内敛、不习惯第一个发言，为老服务者可先安排其他老人介绍、为其提供示范后，再邀请其进行分享。

2. 人际关系协调活动

帮助老人协调人际关系，处理好矛盾纠纷，恢复良性沟通。人际关系协调活动与其他活动的区别在于，要有针对性地融入人际交往相关的知识和技巧。为老服务者可按照活动介绍、热身、人际交往知识分享、讨论/练习、分享/互助、总结的顺序进行服务设计。

其中，人际交往知识分享环节，可通过故事分享、案例讲解、视频学习等方式，引出人际交往的知识和技巧，如人际交往中的语言技巧、非语言技巧。讨论/练习环节，可采用案例讨论、情境式角色扮演等方式，分组让老人们共同参与讨论，结合前面的知识讲解和个人经验的分享等，找出解决的方法。

3. 其他方法

睦邻探访、长者兴趣交流活动，可参考本项目中任务一中的相应设计。

任务导入

林奶奶，75岁，因子女忙于工作无暇照顾她，为了不给子女增加负担，自愿选择入住养老院。入住一个月以来，她只认识同房间的李奶奶，因与其他老人不熟，不好意思去其他房间串门，经常想念家人和好友，在养老院里感到孤单。

任务分析

一、服务需求分析

（1）发展新的朋辈关系：老人到了院舍这个新环境后，原有家庭和朋友关系网络弱化，急需从新环境中获得支持，与院舍中其他老人建立信任和稳固的朋辈关系，保持必要的社会交往。

（2）维持良好的朋辈关系：当老人已在院舍建立了一定的朋辈关系后，需要持续维护好已建立的朋辈关系，避免关系动摇或破裂。

（3）人际关系协调：当老人之间出现意见不合、矛盾或纠纷时，需要有人帮助其协调人际关系，缓和当事老人之间的矛盾，化解冲突，修复双方的关系。

二、制定服务方案

组织院舍中有交友需要的老人共同参加团体活动，增进他们的认识和交流。

三、主要服务目标

（1）帮助新来的老人与院舍中其他老人相互认识与互动，结识新朋友。

（2）帮助院舍中有交友需要的老人发展新的朋辈关系。

（3）调解院舍老人之间的矛盾纠纷，避免和化解冲突。

任务实施

一、活动设计思维导图

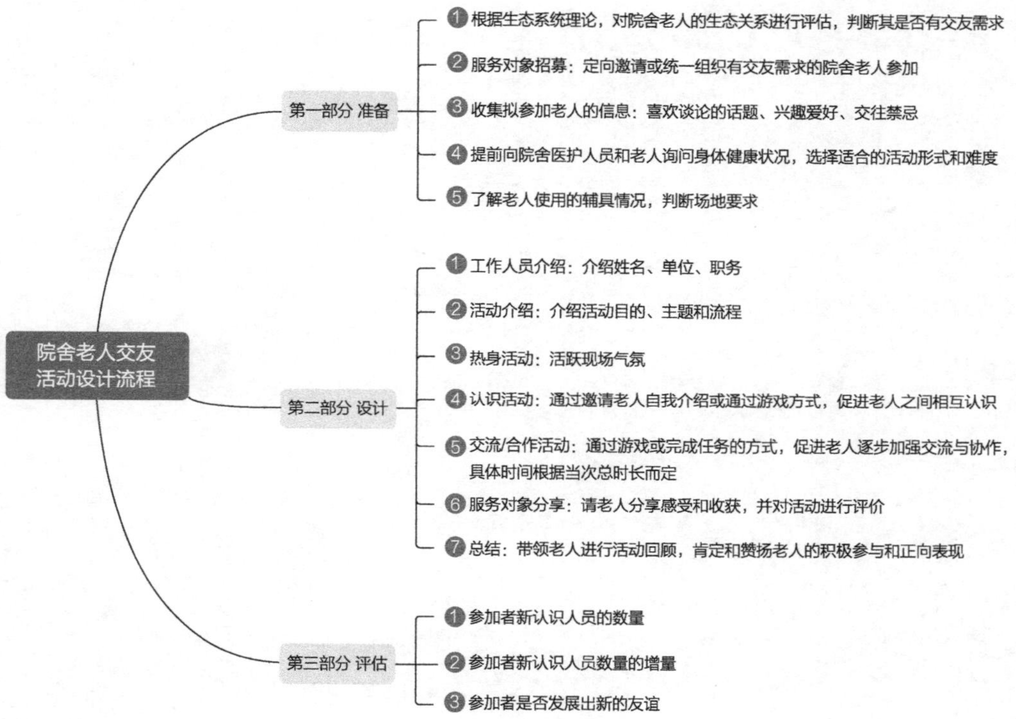

二、活动设计注意事项

1. 要提前征询医护人员的意见

为老服务者依据医护人员的意见，筛选出适合参加活动的院舍老人，并且提前了解需要特别注意的事项。

2. 活动形式和内容设计要符合院舍老人的身心特点

为老服务者要充分考虑到每一位院舍老人的情况，如是否使用辅具，并根据他们的身体及行动特点设计难度适中的游戏或任务，预留足够的活动空间。

任务工单

任务信息					
任务名称	院舍老人交友活动设计训练				
任务目标	**知识目标** 1. 能识别院舍老人的交友需要。 2. 熟悉促进院舍老人认识、交流、合作等的活动的设计技巧。 **能力目标** 1. 能根据院舍老人的不同需要设计适切的交友活动。 2. 能根据不同类型老人的身心特点，设计适合的活动形式和内容。 **素质目标** 1. 能够接纳老人有不同的择友观。 2. 在设计过程中，能充分尊重不同类型老人的身心特点和独特性				
任务要求	任务： 1. 请运用生态系统理论分析林奶奶的交友需求。 2. 请以种植多肉植物为媒介，设计一场迎新交友活动，为中心内有交友需求的老人们搭建沟通交流平台，加强他们的人际交往 （案例背景详见二维码） 任务二　任务工单、任务要求及案例背景				
任务评价					
学生姓名		班级		学号	
任务成绩			总分：		
自我评价					
教师评价					
任务实施					
活动名称：					
活动背景					
（描述该群体或该问题的现状并分点陈述问题或需求）					
目标人群		名额			
实施地点		人手编配			
活动日期		时间			
活动理念（理论依据）					
（遵循什么样的服务理论、理念、方法来开展活动）					

（续）

活动目标
（对应问题或者需求，分点阐述，遵循 SMART 原则，尽可能做到可量化、可评估）

预计困难及解决方法	
预计困难	解决方法

评估方法

（问卷调查法、现场观察法、服务对象访谈法、其他方法）

评估内容	评估方法	量化指标

活动设计

前期准备

时间	内容	物资	工作人员

物资清单：

中期安排

时间	内容	物资	工作人员

善后工作

时间	内容	物资	工作人员

物资及预算

序号	物品名称	单价	数量	小计	备注
1					
2					
3					
4					
5					
总计					

思考实践

1. 如何判断不能自理、需要依靠护工护理的老人是否存在交友需求？
2. 面对需要依靠轮椅或护工护理的老人，如何促进他们的互动交流？

任务三 单身老人交友活动设计

一、基本概念

单身老人指因未婚、丧偶、离异等原因当前无配偶、处于单身状态的老人。

二、常用理论

1. 布莱德肖的需要理论

布莱斯德肖的需要理论认为，人的需要包括规范性需要、感觉性需要、表达性需要、比较性需要四大类。

为老服务者应主动学习有关专业理论知识，把握好单身老人是否有规范性需要；注意观察单身老人是否曾经说过自己有消除孤单、与人交往的感觉性需要；是否曾表达过交友、再婚等想法，存在托朋友介绍异性朋友的行为等表达性需要；是否存在通过对比身边朋友的婚姻状况，产生异性交往的想法等比较性需要。

2. 其他常用理论

马斯洛需要层次理论、阿尔德弗尔的 ERG 理论、社会支持理论、增能理论、生态系统理论等。

三、常用方法

1. 交友联谊活动

组织单身、有意愿建立亲密关系的老人们相互认识和交流。为老服务者可按照活动介绍、热身、相互认识（首次）、促进交流与协作、互留联系方式、参加者分享、总结、道别的顺序进行服务设计。

其中，促进交流与协作环节，可采用话题讨论、游戏、合作任务等方式让参加者的互动逐步加深，增进参加者之间的了解。游戏和任务建议按由易到难、由时间较短到时间较长、由身体接触较少到接触较多的顺序设置。

2. 团体历奇活动

历奇为本辅导（Adventure Based Counseling）简称历奇辅导。该模式以“经验式学习法”为主，通过让参与者循序渐进经历由低到高不同难度的任务挑战，体验解决难题、战胜挑战的成功感，并将经验整理、升华、转移、应用到日常的生活实践中。

为老服务者可采用历奇手法，组织老人们一起完成一些对身体条件要求较低、安全系数较高的团体合作任务，帮助单身老人加深对沟通模式、互动模式的观察和了解，促进沟通、相处和协作。

为老服务者可按照活动介绍、热身（讲解—活动—分享）、破冰（讲解—活动—分享）、主题内容（讲解—活动—分享）、总结的顺序进行服务设计。其中，讲解是由为老服务者讲解、示范该环节的规则。活动是指历奇游戏和体验。分享是指每次体验结束后，每位参加者表达自己的活动心得。具体游戏请上网搜索或阅读相关书籍资料。

3. 长者兴趣交流活动

参考本项目中任务一“常用方法”中第3点。

任务导入

张叔叔，65岁，10年前丧偶，目前单身。近年来子女陆续成家，搬出去住，张叔叔一个人居住，感到有些孤单。近期他听一位原来也是单身的好朋友说，他通过别人介绍认识了一位女性，俩人很合得来，近期准备再婚了。张叔叔替朋友高兴的同时，也产生了再找个老伴的想法。他找到为老服务者，打听社区中有没有有同样想法的老年单身女性，希望能有机会认识。

任务分析

一、服务需求分析

（1）发展新的人际关系：单身老人由于人际关系网络缩小，缺少伴侣进行日常交流、相伴、相守，关系需求较为突出。需要通过认识新的朋友，保持一定的社会交往，获得友情、忠诚和关心。

（2）建立亲密关系：部分单身老人除了希望发展一般的人际关系外，还期待有更深、更稳定的亲密关系，当遇到志趣相投的异性时，他们会心动，渴望爱情。

二、制定服务方案

以庆祝元宵节为契机，组织有交友需要的单身老人参加交友联谊活动。

三、主要服务目标

促进单身老人相互认识与交流，增进彼此的了解，帮助其发展新的人际关系或亲密关系。

任务实施

一、活动设计思维导图

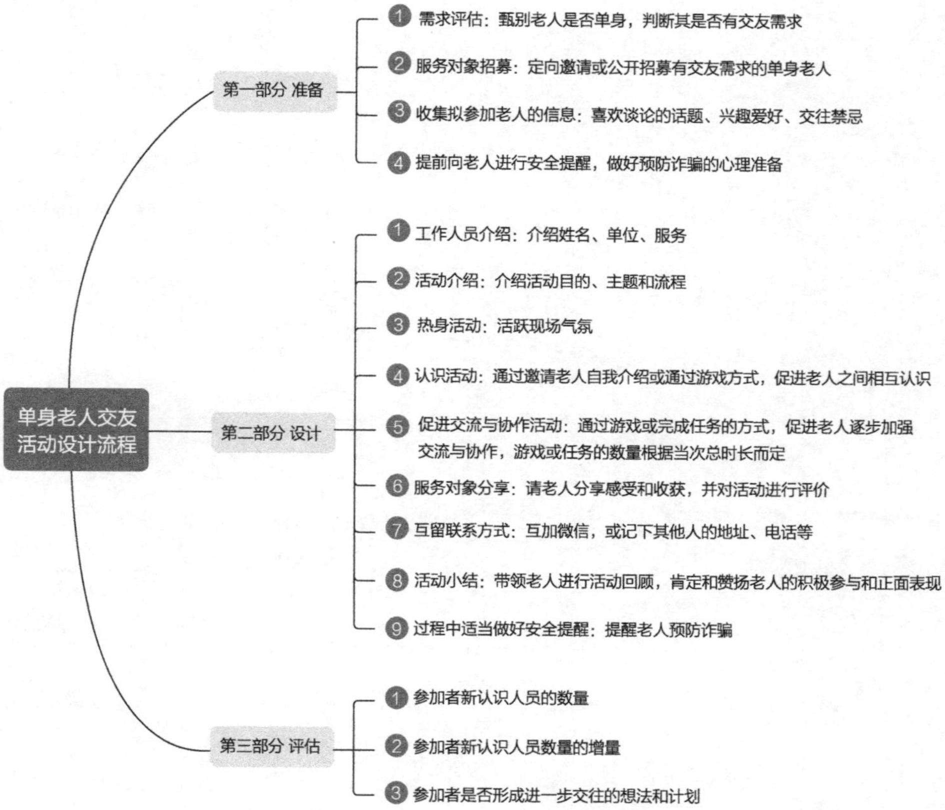

二、活动设计注意事项

1. 做好防骗和安全提醒

单身老人在交友过程中可能会放松警惕、失去判断、上当受骗。为老服务者在老人报名时和活动中都要进行安全提醒，以免老人遭受不必要的损失。

2. 尊重老人的交友意愿

为老服务者在邀请单身老人参与活动时，或向他人介绍单身老人前，须提前了解老人的交友意向并征得老人的同意，以免在活动现场引发尴尬或误会。

任务工单

任务信息	
任务名称	单身老人交友活动设计训练
任务目标	**知识目标** 1. 能识别单身老人的交友需要。 2. 熟悉促进单身老人认识、交流、合作等的活动的设计技巧。 **能力目标** 1. 能根据单身老人的不同需要设计适切的交友活动。 2. 能根据不同类型老人的身心特点，设计适合的活动形式和内容。 **素质目标** 1. 能够接纳老年人有不同的择友观。 2. 在设计过程中，能充分尊重不同类型老人的身心特点和独特性
任务要求	任务： 1. 请运用布莱德肖的需要理论对张叔叔的交友需求进行分析。 2. 请以庆祝元宵节为契机，设计一场交友联谊活动，为社区中与张叔叔有同样交友需求的老人们搭建起交流平台 （案例背景详见二维码） 任务三 任务工单、任务要求及案例背景

任务评价					
学生姓名		班级		学号	
任务成绩			总分：		
自我评价					
教师评价					

任务实施			
活动名称：			
活动背景			
目标人群		名额	
实施地点		人手编配	
活动日期		时间	
活动理念（理论依据）			
（遵循什么样的服务理论、理念、方法来开展活动）			

（续）

活动目标			
（对应问题或者需求，分点阐述，遵循 SMART 原则，尽可能做到可量化、可评估）			

预计困难及解决方法	
预计困难	解决方法

评估方法（问卷调查法、现场观察法、服务对象访谈法、其他方法）		
评估内容	评估方法	量化指标

活动设计

前期准备			
时间	内容	物资	工作人员

物资清单：

中期安排			
时间	内容	物资	工作人员

善后工作			
时间	内容	物资	工作人员

物资及预算					
序号	物品名称	单价	数量	小计	备注
1					
2					
3					
4					
5					
总计					

思考实践

1. 当单身老人有意愿组建新家庭，子女担心老人受骗极力反对时，应如何处理？
2. 当单身老人长期陷入悲伤往事而不愿与人交流时，应如何处理？

参考工单

任务一　参考工单　　任务二　参考工单　　任务三　参考工单

项目二 老年心理关爱活动设计

为促进老年人身心健康，国家卫生健康委 2022 年 6 月印发通知，决定 2022—2025 年在全国广泛开展老年心理关爱行动。开展老年心理关爱行动的主要目标包括：了解掌握老年人心理健康状况与需求；增强老年人心理健康意识，改善老年人心理健康状况；提升基层工作人员的心理健康服务水平。通知要求，对评估结果显示为正常的老年人，鼓励其继续保持乐观、向上的生活态度，并积极带动身边老年人共同参与社会活动；对评估结果显示为轻度焦虑、抑郁的老年人，可实施心理咨询、心理治疗等心理干预，改善其心理健康状况，并定期随访；对评估结果显示为疑似存在认知异常或中度及以上心理健康问题的老年人，建议其到医疗卫生机构心理健康门诊就医。

项目目标

知识目标

1. 理解心理健康的定义，熟悉心理健康的标准。
2. 熟悉老年人的心理特点及常见的心理问题。
3. 了解老年人心理变化的影响因素。
4. 掌握老年人心理健康状况的评估方法。
5. 掌握老年人常见不良情绪及应对策略。
6. 掌握关爱老年人心理健康的办法和技巧。

能力目标

1. 掌握分析老年人常见心理问题的方法。
2. 提高分析老年心理健康问题和解决老年心理健康问题的能力。
3. 学会心理健康与不健康等基本心理识别技术。
4. 掌握老年心理健康管理的方法与技术。

5. 培养在实践中学习、在学习中实践、自觉提升服务品质的能力。

6. 学会赢得老年人信赖的沟通技巧。

素质目标

1. 具备对老年人心理健康状况识别的综合素质。

2. 具备识别老年人早期心理问题，并给予必要干预和处理的基本素质。

3. 具备洞悉老年人的心理诉求和与其进行心理沟通的素质。

4. 具备与社区工作人员等形成团队的素质，在训练和照护中有良好的合作意识。

任务一　了解老年人心理问题活动设计

进入老年期，人的各种生理功能都逐渐进入衰退阶段。伴随着生理功能的老化，某些心理功能或心理功能的某些方面也出现衰退的状况。

本任务是进行了解老年人心理问题的活动设计。

一、基本概念

1. 心理健康

第三届国际心理卫生大会将心理健康定义为："所谓心理健康，是指在身体、智力以及情感上与他人的心理健康不矛盾的范围内，将个人心境发展到最佳状态。"

心理健康包括两层含义：一是与绝大多数人相比，心理功能正常，无心理疾病；二是能积极调节自己的心理状态，顺应环境，建设性地发展、完善自我，充分发挥自己的能力，过有效率的生活。

2. 老年人心理健康标准

综合国内心理学专家对老年人心理健康标准的研究，结合我国老年人的实际情况，老年人心理健康可以从以下 7 个方面进行界定：①智力正常；②情绪健康；③意志坚定；④关系融洽；⑤适应环境；⑥人格健全；⑦行为正常。

3. 老年人的心理特征

老年人的心理特征主要包括：孤独心理、怀旧心理、忧虑多疑、牵挂心理、性需求心理等。

4. 老年人的心理表现

老年人的心理表现主要包括：记忆能力下降、智力改变、情绪改变、性格改变等。

二、常用理论

1. 老年人感知觉的变化

感知觉的过程是人们通过感觉器官接收外界信息和认识客观事物的过程，是进行正常心理活动的基础，也是人们交往并与外界沟通的重要环节。随着年龄的增长，感觉器官的结构与功能也发生了衰退性的变化，心理活动相应受到影响，给老年人带来很多不便。具体表现为：视觉器官发生衰退性变化、听觉器官发生减退性变化、味觉与嗅觉发生迟钝性变化、皮肤觉发生明显性变化、平衡觉严重下降。

2. 老年人运动反应的变化

运动反应是一种比较复杂的反应，其反应时间的长短，反映了中枢神经系统的功能状态。反应时间随年龄增大而逐渐延长，但失误较少，反应准确。反应速度变慢主要表现在对复杂问题需要进行识别，才能做出反应，这样就大大延长了反应的时间。故老年人不适宜从事节奏太快、对时间与速度有限制、需要做出迅速反应的工作，如驾驶车辆、操纵机器等。

3. 老年人认知功能的变化

记忆是一种重要的心理活动过程，是事物在人脑中形成、巩固及恢复的过程，故大脑是记忆的载体。记忆可分为识记、保持、再认与回忆。老年人随着年龄的增长，感觉器官不能正常有效地接收信息，同时记忆细胞的萎缩影响了各种记忆信息的储存。某些疾病对记忆也会产生影响，但两者的性质和程度均不相同。老年人记忆的特点为：初级记忆保持较好，次级记忆减退较多；回忆能力衰退明显，再认能力衰退不明显；有意记忆处于主导地位，无意记忆则应用很少；机械记忆明显衰退，意义记忆保持较好；老年人的长期记忆力良好，短期记忆力衰退。

三、常用方法

了解老年人心理问题，是关爱老年人心理健康的基础。识别判定心理健康常用的方法如下。

（1）观察老年人能否充分了解自己，即老年人是否具有客观分析的能力，是否能做出恰如其分的判断。对能力的判断，对情绪有很大的影响。如过高地估计自己的能力，勉强去做超出自己能力的事情，常常会得不到想象中的结果，自己的精神遭受失败的打击；过低地估计自己的能力，常常会产生抑郁情绪。

（2）观察老年人是否有切合实际的目标，即老年人是否能够根据自己的经济能力、家庭条件及相应的社会环境来制定生活目标。生活目标的制定既要符合实际，还要留有余地，不要超出自己及家庭的经济承受能力。

（3）观察老年人能否与外界环境保持接触。与外界环境保持接触一方面可以丰富的自己精神生活，另一方面可以及时调整自己的行为，以便更好地适应环境。与外界环境保持接触包括三个方面，即与自然、社会和人的接触。如今的老年活动中心、老年文化活动站以及老年大学为老年人与外界环境接触提供了条件。

（4）观察老年人能否保持个性的完整与和谐。个性中的能力、兴趣、性格等心理特征必须和谐而统一，这样人在生活中才能有幸福感和满足感。例如个人的能力很强，但对其所从事的工作无兴趣，所以他未必能够体验到成就感和满足感。相反，如果他对自己的工作感兴趣，但能力很差，力不从心，也会感到很烦恼。

四、注意事项

（1）老年人心理健康问题可以通过心理测验发现，但是心理测验也存在误差，并不能代替医生的诊断。

（2）老年人的心理活动总是表现在生活的各个方面，专业人员也可以通过各种表现判断老年人是否有问题。

任务导入

据相关调查显示，我国人口结构逐渐呈现出老龄化趋势，我国60岁以上人口约占全世界老年人口的1/5，65岁以上的老年人占全部人口的近9%，到21世纪中叶，60岁及以上的老年人可能超过4亿，特别引人注意的还有高龄化问题，80岁及以上的老年人将超过1亿，是如今的10倍左右。随着我国人口结构的老龄化程度逐渐加重，老年人的心理健康状况成了社会关注的重点问题。据报道，我国社区老年人近半数以上存在不同程度心理健康问题，同时，存在心理健康问题的社区老年人数目呈逐渐上升趋势，这不仅对社区老年人的日常生活质量造成严重影响，也会影响其心理健康水平。

任务分析

一、服务需求分析

进入老年期，人的各种生理功能都逐渐进入衰退阶段，并面临社会角色的改变、丧偶等生活事件，老年人必须努力面对和适应这些事件。在面对和适应过程中，老年人常会出现一些特殊的心理变化，影响着老化过程、健康状况、老年病的防治和预后。因此，本任务就是通过熟练掌握“老年人心理健康量表”的使用方法，了解和识别老年人的心理问题，以便有针对性地开展关爱老年人心理健康活动。

二、制定识别老年人心理问题的活动方案

针对老年人的心理问题表现，制定识别老年人心理健康状况的“老年人心理健康量表”训练活动方案。

三、识别和了解老年人心理问题的目标

利用“老年人心理健康量表”，准确识别老年人心理健康状况和心理问题，以便有针对性地开展关爱老年人心理健康活动。

任务实施

一、老年人心理健康自我测试

老年人心理健康量表

个人基本情况：

性别（男、女）：

婚姻状况（1. 已婚　2. 未婚　3. 离异　4. 丧偶）：

题目		回答
1	我往往会为一点小事而情绪激动	是/否
2	我喜欢将心事压在心里，不表现出来，但又忘不了	是/否
3	我是一个快乐的人	是/否
4	我常为一些事担心、忧虑	是/否
5	当我遇到熟人时，常常记得起对方的名字	是/否
6	我的记忆力大不如前了	是/否
7	在困难环境中，我通常无法保持乐观情绪	是/否
8	我喜欢结交朋友	是/否
9	我的情绪容易变化、波动	是/否
10	大家认为我是一个愿意帮助别人的热心人	是/否
11	我通常不在意别人对我的态度	是/否
12	别人觉得我常常有点糊涂	是/否
13	无论事情有多么糟，我总是努力往好处想	是/否
14	我常常感到自己不如别人	是/否
15	我时常感到悲观、失望	是/否
16	我有能力对付各种困难	是/否
17	我常为一些小事发脾气	是/否

（续）

题目		回答
18	我不能很快适应新环境	是/否
19	我做事时通常不受情绪干扰	是/否
20	如果我遇到困难或麻烦，就会立即求助于人，或找人诉说	是/否
21	我不能尽快忘掉不愉快的事	是/否
22	我能经受得住挫折和打击，很快振作起来	是/否
23	我乐于参加各种集体活动	是/否
24	我很少紧张、焦虑	是/否
25	当生活中遇到重要问题时，我能较好地解决	是/否
26	与一般人相比，我的朋友是少了些	是/否
27	我现在学习新东西的能力和从前差不多	是/否
28	我不能从容应对各种事情	是/否
29	别人认为我很合群	是/否
30	生活是复杂多变的，我不知如何去应付	是/否
31	我与别人交往，很难敞开心扉	是/否
32	我的脑子和以前一样好使	是/否
33	我现在常常提笔忘字	是/否
34	我很难与别人保持亲密的关系	是/否
35	我像过去一样，能很好地思考问题	是/否
36	一旦出现紧急情况，我不知怎么办好	是/否
37	我能根据实际情况来解决问题	是/否
38	我越来越感到力不从心	是/否
39	我感到生活中充满乐趣	是/否
40	在需要当机立断时，我总是紧张激动，不能冷静处理	是/否
41	我与人交往自如，很容易“自来熟”	是/否
42	在与人交往中，我常常体验到温暖和真诚	是/否
43	我常常感到精神压力很大	是/否
44	遇到紧急情况时，我不能保持镇静	是/否
45	当我受到较大精神刺激时，不能很快平静下来	是/否
46	我喜欢主动与人聊天	是/否
47	当苦恼时，我喜欢一个人独处，不愿找人诉说	是/否
48	我不在乎别人对我有什么看法	是/否
49	对日常生活中的问题，我能较好地解决（如：采购、打电话等）	是/否
50	当我发现自己快要发火了，就竭力使自己平静下来	是/否

1. 量表介绍

“老年人心理健康量表”用于测量老年人心理健康状况，是理想的老年人心理健康问卷，具有良好的信效度，内部一致性系数为0.87。其中包括认知、情绪、适应、性格和人际5个维度的分量表，含50个项目，总共得分为50，得分越高，表明心理健康状况越好。反之，总得分越低，表明心理健康状况出现问题，且问题越严重。

2. 计分方式

“老年人心理健康量表”共计50道题，选择“是”，得1分；选择“否”，得0分。

正向计分的题目有25题，反向计分的题目也有25题。

正向题目：3、5、8、10、11、13、16、19、20、22、23、24、25、27、29、32、35、37、39、41、42、46、48、49、50。

反向题目：1、2、4、6、7、9、12、14、15、17、18、21、26、28、30、31、33、34、36、38、40、43、44、45、47。

按维度划分各题目。

①认知维度：5、6、12、27、32、33、35，总共7项。

②情绪维度：1、4、9、17、19、24、39、43、50，总共9项。

③适应维度：7、16、18、22、25、28、30、36、37、38、40、44、45、49，总共14项。

④性格维度：2、3、11、13、14、15、21、48，总共8项。

⑤人际维度：8、10、20、23、26、29、31、34、41、42、46，47，总共12项。

二、活动设计注意事项

（1）选择适宜场所，提供安静舒适的环境。室温保持在22～24摄氏度，光线防止直接照射，保持环境安静、舒适。理想场所是老人家里，让老人待在自己熟悉的空间，会减少其在陌生环境中出现的注意力分散和焦虑。

（2）与老人交谈时，选择适宜的体位、方法。尽量与老人保持平等的高度，以免让老人抬头仰望，有不被尊重的感觉。

（3）评价过程中根据老人的文化程度，要耐心合作完成，提前做好与老人交流沟通的预案，以顺利完成对老人心理的评估工作。

任务工单

任务信息	
任务名称	了解老年人心理问题活动设计
任务目的	1. 帮助学习者掌握了解老年人心理活动的注意要点。 2. 帮助学习者掌握了解老年人心理活动的设计方法
任务要求	**背景**：2021 年的数据表明，我国 60 岁及以上老年人口已达 2.71 亿。随着社会的进步和经济的发展，存在心理问题的老年人不断增加，老年人心理健康问题日益凸显，感知觉的退行性变化、记忆力下降、思维的年老变化、社会生活的改变、人格的变化五个方面的变化引发了老年人的心理变化。关爱老年人心理健康，必须有针对性地全面识别老年人的心理问题。 **任务**：请根据上述背景，设计一场了解老年人心理问题的活动

任务评价							
学生姓名		班级		学号			
任务成绩	总分：	自评：		互评：		师评：	
自我评价							
互评评语							
教师评语							

任务实施			
活动名称：			
活动背景			
（描述该群体或该问题的现状并分点陈述问题或需求）			
目标人群		名额	
实施地点		人手编配	
活动日期		时间	
活动理念（理论依据）			
（遵循什么样的服务理论、理念、方法来开展活动，需注意与本活动进行结合）			

（续）

<table>
<tr><td colspan="5">活动目标</td></tr>
<tr><td colspan="5">（对应问题或者需求，分点阐述，遵循 SMART 原则，尽可能做到可量化、可评估）</td></tr>
<tr><td colspan="5">预计困难及解决方法</td></tr>
<tr><td colspan="3">预计困难</td><td colspan="2">解决方法</td></tr>
<tr><td colspan="3"></td><td colspan="2"></td></tr>
<tr><td colspan="3"></td><td colspan="2"></td></tr>
<tr><td colspan="3"></td><td colspan="2"></td></tr>
<tr><td colspan="5">评估方法</td></tr>
<tr><td colspan="5">（问卷调查法、现场观察法、服务对象访谈法、其他方法等）</td></tr>
<tr><td colspan="5">活动设计</td></tr>
<tr><td colspan="5">前期准备</td></tr>
<tr><td colspan="5">（具体写明什么时间、什么地点、谁负责什么事、需要什么物资）</td></tr>
<tr><td colspan="5">中期安排</td></tr>
<tr><td colspan="5"></td></tr>
<tr><td colspan="5">善后工作</td></tr>
<tr><td colspan="5"></td></tr>
<tr><td colspan="5">物资及预算</td></tr>
<tr><td>序号</td><td>物品名称</td><td>单价</td><td>数量</td><td>用途描述及备注</td></tr>
<tr><td>1</td><td></td><td></td><td></td><td></td></tr>
<tr><td>2</td><td></td><td></td><td></td><td></td></tr>
<tr><td>3</td><td></td><td></td><td></td><td></td></tr>
<tr><td>4</td><td></td><td></td><td></td><td></td></tr>
<tr><td>5</td><td></td><td></td><td></td><td></td></tr>
<tr><td>6</td><td></td><td></td><td></td><td></td></tr>
<tr><td colspan="2">合计</td><td colspan="3"></td></tr>
</table>

思考实践

1. 一般邀请哪些类型的老年人参与老年人心理问题活动训练？
2. 活动训练过程中如果有的老人不配合应该怎么办？
3. 如何根据测试数据做好老年人心理健康评估工作？

参考工单

任务一 参考工单

任务二 关爱老年人健康心理活动设计

做好老年人心理保健，除老年人自己努力外，家庭和社会也应给予必要的支持和帮助。那么，我们应该通过哪些途径来关爱老年人的心理健康呢？本任务将重点围绕关爱老年人心理健康问题展开，任务主题为关爱老年人心灵，丰富老年人精神生活。

一、基本概念

1. 心理健康

第三届国际心理卫生大会将心理健康定义为：“所谓心理健康，是指在身体、智力以及情感上与他人的心理健康不矛盾的范围内，将个人心境发展到最佳状态。”

心理健康包括两层含义：一是与绝大多数人相比，心理功能正常，无心理疾病；二是能积极调节自己的心理状态，顺应环境，建设性地发展、完善自我，充分发挥自己的能力，过有效率的生活。

2. 老年人心理健康标准

综合国内心理学专家对老年人心理健康标准的研究，结合我国老年人的实际情况，老年人心理健康可以从以下 7 个方面进行界定：①智力正常；②情绪健康；③意志坚定；④关系融洽；⑤适应环境；⑥人格健全；⑦行为正常。

3. 沟通疏导

对于有心理问题的老人而言，在生活中一定要重视沟通疏导，因为大部分的老人出现心理问题是因为本身有心理缺陷，例如自卑、敏感、偏执等，这些问题通过医学治疗是无法治愈的，老年人必须经常鼓励自己，让自己的心理问题得到矫正。

4. 常见的老年人心理需求

常见的老年人心理需求包括：生理需求、安全需求、情感需求、适应需求、独立需求、自我实现需求。

二、常用理论

1. 理性情绪治疗理论

美国著名心理学家艾利斯认为理性情绪治疗通过认知技术、情感技术和行为技术了解各方的信念，以消除他们的情感和行为问题，实现自己的无条件接受是理性情绪治疗的目标。治疗涉及四个方面。

（1）目标，与服务对象建立信任和接纳的关系，确定服务对象的问题，并与服务对象共同确定服务目标和计划。

（2）改正，对服务对象不合理的信念进行批评，使服务对象认识到心理保健方面的不合理信念。

（3）培训，为服务对象提供适当的培训，以帮助服务对象运用合理的思维方式替代原来的不合理的思维方式。

（4）巩固，布置家庭作业是为了使服务对象学习并建立一套新的、合理的理性信念。

2. 关爱老年人的路径

（1）通过积极宣传，提高老年人心理自助的能力。

（2）通过专业培训，提高朋辈心理陪护的能力。

（3）通过专业支持，提高社区医生干预问题的能力。

（4）通过各级联动，提高整个心理援助体系的运作效率。

三、常用方法

1. 故事叙述法

故事叙述法主要通过老人讲述自己的故事来达到树立生活自信、减少自责的训练目的。在团体训练过程中，为老服务者可安排老人讲述自己年轻时的故事或曾经拥有的光辉经历，让团体成员分享快乐，在互助中鼓励老人积极面对人生，树立自信。

2. 艺术欣赏法

艺术欣赏法通过组织老人对音乐、美术和舞蹈等艺术的美进行欣赏，陶冶老年人的情趣，以起到提高心理健康水平的作用。

3. 游戏法

开展老年人普遍喜欢的活动，可以达到在游戏中唤起老年人的童心的目的。游戏活动要具有趣味性、创新性和安全性的特点。不同的游戏可起到不同的心理效果，竞争性游戏可激活老年人的竞争意识和团结合作精神；非竞争性游戏可以减轻紧张和焦虑，使其获得轻松愉快的情绪体验。

4. 角色扮演法

角色扮演法通过在活动中，让老年人扮演或模仿不同的角色，用不同角色的行为来影响其心理过程。如通过扮演各种角色使团体成员认识到每个角色的意义，每一角色应有自己的行为规范。

5. 表演情景剧或短剧

为老服务者准备情景剧或短剧的剧本，让团体成员进行表演，以活跃活动的气氛。例如，在活动开始时让几个老年人表演一段与老伴发生冲突的情景，然后让大家讨论，提高老年夫妻对情感的认识等。

四、注意事项

（1）活动中为老服务者应随时留意老年人的情绪变化，必要时加以干预。

（2）活动设计应由易到难，充分考虑老年人的承受能力，尽量避免挫败感的出现。

任务导入

第七次全国人口普查数据显示，60岁及以上人口占我国全部人口的比重为18.7%，当前，我国老龄化趋势日渐明显，据世界卫生组织预测，到2050年，中国将有35%的人口超过60岁。当代老年医学研究证实，衰老和疾病、精神创伤、环境变化是影响老年人心理健康的最重要的三大因素。受到社会角色、社会关系、家庭关系以及身体功能的显著变化的影响，老年人很容易产生一些心理问题，并逐渐成为社会广泛关注的重点，关爱老年人心理健康已经成为目前社会治理的重点核心任务。

任务分析

一、服务需求分析

精神生活贫乏、心灵孤独、生活乏味，没有足够的娱乐活动，成为老年人面临的最大问题。他们最渴望的是子女们对他们内心世界的关心和照顾，他们最希望社会给他们提供心理上的支持和关爱。

二、制定服务方案

本活动从老年人心理需求出发，运用社区工作方法，利用学校资源，为老年人设计一个关爱活动方案，给老年人提供更多精神层次的关怀，帮助老年人开开心心生活，缓解老年人的孤独和寂寞。

三、主要服务目标

丰富老年人的精神生活，使老年人心灵不再孤单，安度晚年；减轻家庭养老、照料负担，增强家庭幸福感；提升老年人的自我认同感；提高老年人的人际沟通能力；丰富老年人的精神生活，提高其生活满意度和幸福指数，使老年人“老有所为、老有所乐”。

任务实施

一、活动设计思维导图

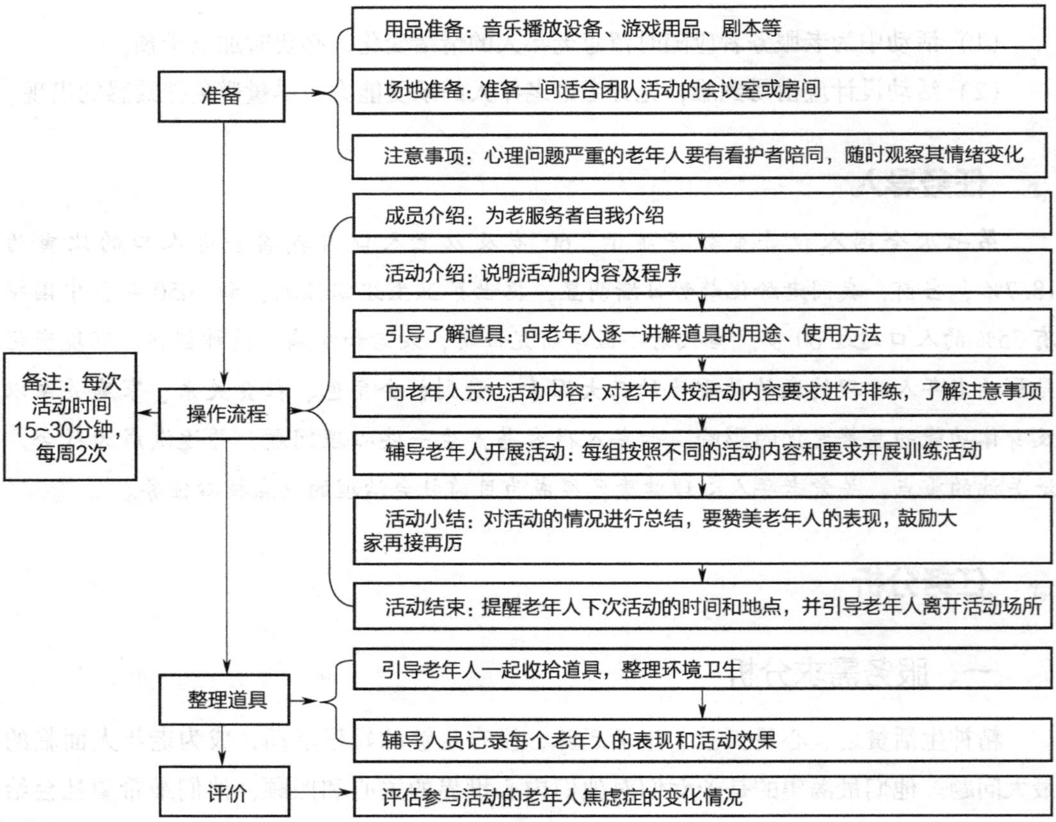

二、活动设计注意事项

（1）操作前掌握老年人的基本资料：熟悉并掌握老年人心理问题和情绪变化，明确活动的目的、目标和要求。

（2）活动中提高老年人的自信心：老年人的行动和反应较慢，在活动中应及时肯定老年人的点滴改变，以此来增强老年人的自信心和参与意愿。

任务工单

任务信息	
任务名称	关爱老年人健康心理活动训练设计
任务目的	1. 帮助学习者掌握关爱老年人健康心理活动的注意要点。 2. 帮助学习者掌握关爱老年人健康心理活动的设计方法
任务要求	**背景：**研究表明，进入老年期，人的各种生理功能都逐渐进入衰退阶段，并面临社会角色的改变、丧偶等生活事件，老年人必须努力面对和适应这些事件。在面对和适应过程中，老年人常会出现一些特殊的心理变化，影响着老化过程、健康状况、老年病的防治和预后。 **任务：**请根据上述背景，设计一场关爱老年人心理问题的活动

任务评价					
学生姓名		班级		学号	

任务成绩	总分：	自评：	互评：	师评：
自我评价				
互评评语				
教师评语				

任务实施
活动名称：
活动背景
（描述该群体或该问题的现状并分点陈述问题或需求，需注意与任务目的结合）

目标人群		名额	
实施地点		人手编配	
活动日期		时间	

活动理念（理论依据）
（遵循什么样的服务理论、理念、方法来开展活动，须注意与本活动进行结合）

（续）

<table>
<tr><td colspan="5">活动目标</td></tr>
<tr><td colspan="5">（对应问题或者需求，分点阐述，遵循 SMART 原则，尽可能做到可量化、可评估）</td></tr>
<tr><td colspan="5">预计困难及解决方法</td></tr>
<tr><td colspan="2">预计困难</td><td colspan="3">解决方法</td></tr>
<tr><td colspan="2"></td><td colspan="3"></td></tr>
<tr><td colspan="2"></td><td colspan="3"></td></tr>
<tr><td colspan="2"></td><td colspan="3"></td></tr>
<tr><td colspan="5">评估方法</td></tr>
<tr><td colspan="5">（问卷调查法、现场观察法、服务对象访谈法、其他方法）</td></tr>
<tr><td colspan="5">活动设计</td></tr>
<tr><td colspan="5">前期准备</td></tr>
<tr><td colspan="5">（具体写明什么时间、什么地点、谁负责什么事、需要什么物资）</td></tr>
<tr><td colspan="5">中期安排</td></tr>
<tr><td colspan="5"></td></tr>
<tr><td colspan="5">善后工作</td></tr>
<tr><td colspan="5"></td></tr>
<tr><td colspan="5">物资及预算</td></tr>
<tr><td>序号</td><td>物品名称</td><td>单价</td><td>数量</td><td>用途描述及备注</td></tr>
<tr><td>1</td><td></td><td></td><td></td><td></td></tr>
<tr><td>2</td><td></td><td></td><td></td><td></td></tr>
<tr><td>3</td><td></td><td></td><td></td><td></td></tr>
<tr><td>4</td><td></td><td></td><td></td><td></td></tr>
<tr><td>5</td><td></td><td></td><td></td><td></td></tr>
<tr><td>6</td><td></td><td></td><td></td><td></td></tr>
<tr><td colspan="2">合计</td><td colspan="3"></td></tr>
</table>

思考实践

1. 面对情绪不高的老年人，不愿意参加训练活动，你应当如何解决？
2. 当老年人不耐烦，要终止训练活动时，你准备了哪些预案？

参考工单

任务二　参考工单

项目三
老年领袖能力培养活动设计

老年领袖是从社区党组织、社区居民骨干、小区楼栋长、老年志愿者服务团队等群体中涌现出来的一批具有积极参与社区治理工作意识、深厚的群众基础、天然的居民号召力的一部分人。伴随着人们生活质量的不断提高，越来越多的老人身体健康、并且有丰富的知识储备，他们逐渐成为各类团体（特别是志愿服务团队）的领袖。这一角色需要具备多方面的能力，例如沟通协调能力、资源整合能力、参事议事能力、决策能力、用人能力，而大多数老年领袖可能并不具有这些综合能力。随着团队的不断壮大，老年领袖在面对一些问题时力不从心，问题无法解决，影响退休老人的参与积极性，并且会导致团队服务质量的下降。

通过开展系列老年领袖能力建设服务，提升老年领袖人际沟通能力、活动策划能力、参事议事能力是鼓励他们继续发挥价值，追求自我实现，满足“老有所为”老年工作要求的基础保证。

项目目标

知识目标

掌握老年领袖能力培养活动设计的过程、方法。

能力目标

1. 能根据不同老年团队的领袖的需要设计有针对性的能力培养活动。
2. 能操作开展领袖能力提升培养活动。

素质目标

1. 能认识、挖掘并提升老年领袖的能力。
2. 在服务过程中能辨识老年领袖的能力提升需要。

任务一 人际交往能力培养活动设计

一、基本概念

1. 人际交往能力

人际交往能力是社会交往过程中需要掌握的一项能力，包括处理问题的能力、人际融合的能力以及沟通表达的能力等，是个体在交往过程中为了达到一定的目的而与他人或组织进行工作、生活、思想等交流的技巧和能力。提升人际交往能力能够对人际交往效率起到正面作用从而确保交往质量，本任务所提及的人际交往能力指沟通表达的能力，即个体在互动中善于与人交往，有效表达自己观点，与他人进行理性沟通的能力。

2. 有效沟通能力

有效沟通能力是沟通双方建立在互相信任的基础上以合理的方式表达需求并给予积极的反馈的能力。在本任务中，笔者将沟通能力分为理性沟通（即非情绪化沟通）能力、倾听能力及表达能力。

二、常用理论

1. 沟通理论

1）理论基础

沟通理论是建立在社会心理学、语言学和人类学上的一门有关人际沟通的社会工作理论，该理论认为人际关系中的许多问题都出现在沟通交流方面，强调人际沟通的重要性，通过解决人际沟通中存在的问题，改善交往技巧，帮助人们消除沟通过程中的一些障碍，避免矛盾的形成，使人们之间获得良好的沟通。提升沟通质量，促进人际交往能力的提升，有利于提升自我以及建立健康、和谐的人际关系。

2）实务应用

为老服务者在开展老年领袖人际交往能力提升主题服务时，要注重提升老年领袖的有效沟通能力，可以考虑在策划服务时设计以培养同理心为主题的服务，提升老年领袖换位思考能力；此外，还可以设计老年领袖表达能力提升活动，提升老年领袖会谈的技巧、识别情绪的技巧。

2. 活动理论

1）理论基础

活动理论认为活动水平高的老年人比活动水平低的老年人对生活感到满意的水平

更高，同时也有着更强的社会适应能力。该理论主张老年人要尽可能长久地保持原有的生活方式和生活节奏，或者适当地转换社会角色，从而把自身与社会的距离缩小到最低限度。活动理论指出相较于活动参与度低的老年人，活动参与度高的老年人的生活满意度更高，更能适应社会。该理论主张应鼓励老年人积极参与社会活动，而且应努力为老年人参与活动提供条件。

2）实务应用

为老服务者在开展老年领袖人际交往能力提升主题服务时，要推动老年领袖积极参与社区活动。为老服务者可以从设置符合老年人年龄特征的破冰游戏开始，例如击鼓传花，大雨、中雨和小雨等游戏，让老年人参与到活动中来。

三、常用方法

1. 老年领袖人际交往能力测量方法

人际交往能力测量有多种方法，比如可以采用我国学者郑日昌编制的量表对老年领袖人际交往能力进行监测，此量表共计 28 题，分为四个维度：个人交谈、交际交友、待人接物及异性相处。维度的测量标准有三：善于交谈、存在困扰以及困扰程度极大，计分点分别为 0～2 分、3～5 分、≥6 分。该量表可用于活动服务的前测与后测中，以测量服务对象的能力改变状况。

人际交往测量量表

设计步骤参考如下。

第一步：使用人际交往测量量表了解老年领袖的人际交往能力情况。

第二步：根据人际交往测量量表的得分确定老年领袖的能力情况，如有能力提升需求，即可针对沟通能力进行测量，从而提升活动设计的针对性。

2. 老年领袖有效沟通能力提升的方法

1）情境教学法

情境教学法也称视听法，这种教学方法是指在教学过程中，教学者通过一定手段，创设具有一定程度的情绪色彩的情境，以及设置一些生动形象的场景来引起学员的真实体验，从而帮助学员更深入地理解教学内容，激发学员心理机能的方法。在具体活动设计中，情境教学的设计难点在于情境的设计与创建，一般采取情境展示、话语情境设计及活动展示的方法。具体来说，情境展示的方法有：照片、插画展示，多媒体视频及图片展示。话语情境设计的方法有：运用语言描述相关情境或利用启发式提问形式。活动展示的方法有：小组活动、戏剧表演。

2）角色扮演教学法

角色扮演教学法源于符号互动理论，这种学习方法以角色理论为基础，促使参与者使用假定的身份在虚拟的情境中进行互动。角色扮演的一般活动设计步骤有：小组预备活动、挑选扮演者、布置场景、组织观众、表演、讨论和评价表演、重新表演、讨论和评价表演、总结。

任务导入

在A社区居委会及B社会组织的推动下，老旧小区C成立了小区业主委员会（以下简称“业委会”），委员有7人，7名委员年龄都在50周岁以上。业委会自成立以来，由于需要推动老旧小区有序化管理、引进物业服务公司等工作，小区业主和业委会之间、业主与业主之间的矛盾逐渐升级。业主群中的争吵甚至互相辱骂等现象屡见不鲜，业委会成员开始抵触与业主沟通，甚至萌生了辞职的想法……

任务分析

一、服务需求分析

业委会作为小区业主的代表相当于小区的领袖，该业委会成员中老年人比较多，所以可以认定此组织满足老年领袖的服务范围。作为小区领袖，有配合街道、居委工作，团结业主建设和谐小区的职责，他们虽有着丰富的阅历和经验但是在面对众多业主时，却无法有效表达自己观点、与业主进行理性沟通。

1. 理性沟通能力提升的需要

理性沟通的核心在于非情绪沟通，老年领袖在处理团队问题、参与社区治理工作时有理性沟通的能力需求，先处理沟通时的情绪再处理实际问题是正确方法及途径。

理性沟通能力量表

2. 倾听能力提升的需要

小组社会工作有一个重要的模式——互动模式。该模式认为，在团体中，互动是互相学习的重要方法，而互相倾听是互动的基础。老年领袖在人际交往过程中需要倾听团队其他成员或其他人的想法意见从而为表达沟通奠定基础。

3. 表达能力提升的需要

语言是人类最重要的沟通工具，通过语言，人能够清晰地表达自己的想法、感受和需求，引起别人的注意，因此语言表达对每一个人来说都是至关重要的。老年领袖提升表达能力的主要原因在于：①老年领袖的表达方式受经验和习惯的制约；②由于老年领袖在服务中须面对各类群体，表达的方式方法须区分；③大多数老年领袖未学习如何有效表达需求，缺乏表达能力的提升指导。

自我表露能力量表

二、制定服务方案

根据老年人在沟通方面的短板有针对性地设计不同的活动环节，分别用于提升老年人的理性沟通能力、倾听能力、表达能力。

三、主要服务目标

提升老年领袖的人际交往能力，培养老年领袖的理性沟通能力、倾听能力、表达能力，树立有效沟通的理念。

任务实施

一、活动设计流程

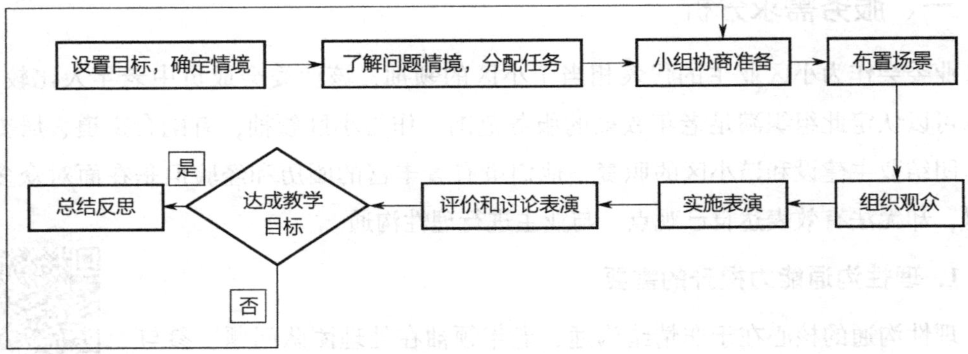

二、活动设计注意事项

（1）设计活动前，应准确测量并识别老年人的沟通能力短板，以便有针对性地设计活动内容。

（2）对沟通能力的训练要循序渐进，活动节奏也不宜过快，应随时关注老年人的学习进程，及时解决训练中的困难。

任务工单

<table>
<tr><th colspan="6">任务信息</th></tr>
<tr><td>任务名称</td><td colspan="5">老年领袖人际交往能力培养活动设计</td></tr>
<tr><td>任务目的</td><td colspan="5">能力目标：提升学习者老年领袖人际交往能力培养活动的设计能力。
知识目标：掌握活动设计的流程、需求评估方法。
素质目标：通过提升老年领袖的人际交往能力，培养老年领袖沟通能力、树立有效沟通的理念</td></tr>
<tr><td>任务要求</td><td colspan="5">背景：B社区的老年志愿者骨干们最近遇到了难题，请求为老服务者帮助：新招募到的加入团队的志愿者因为服务时长记录、积分兑换的问题和志愿者领袖起了争执。为老服务者了解这个情况后，准备开展一次老年领袖人际交往能力培养小组活动，通过角色扮演等方法重点提升这些志愿者骨干的倾听能力、表达能力以及理性沟通能力。
任务
1. 以老年领袖中的需要提高人际交往能力的老人为主要对象，为他们设计一周的提升能力训练计划，每次时长45分钟左右。
2. 学习者须测量并识别服务对象的人际交往能力提升需求。
3. 活动中应体现角色扮演的情境教学设计环节。
4. 活动设计应贴近服务对象实际工作生活</td></tr>
<tr><th colspan="6">任务评价</th></tr>
<tr><td>学生姓名</td><td></td><td>班级</td><td></td><td>学号</td><td></td></tr>
<tr><td>任务成绩</td><td>总分：</td><td>自评：</td><td colspan="2">互评：</td><td>师评：</td></tr>
<tr><td>自我评价</td><td colspan="5"></td></tr>
<tr><td>互评评语</td><td colspan="5"></td></tr>
<tr><td>教师评语</td><td colspan="5"></td></tr>
<tr><th colspan="6">任务实施</th></tr>
<tr><td colspan="6">活动名称：</td></tr>
<tr><th colspan="6">活动背景</th></tr>
<tr><td colspan="6">（描述该群体或该问题的现状并分点陈述问题或需求，需注意与任务目的结合）</td></tr>
</table>

（续）

<table>
<tr><td>目标人群</td><td colspan="2"></td><td colspan="2">名额</td><td></td></tr>
<tr><td>实施地点</td><td colspan="2"></td><td colspan="2">人手编配</td><td></td></tr>
<tr><td>活动日期</td><td colspan="2"></td><td colspan="2">时间</td><td></td></tr>
<tr><td colspan="6">活动理念</td></tr>
<tr><td colspan="6">（遵循什么样的服务理论、理念、方法来开展活动，须注意与本活动进行结合）</td></tr>
<tr><td colspan="6">活动目标</td></tr>
<tr><td colspan="6">（对应问题或者需求，分点阐述，遵循 SMART 原则，尽可能做到可量化、可评估）</td></tr>
<tr><td colspan="6">预计困难及解决方法</td></tr>
<tr><td colspan="3">预计困难</td><td colspan="3">解决方法</td></tr>
<tr><td colspan="3"></td><td colspan="3"></td></tr>
<tr><td colspan="3"></td><td colspan="3"></td></tr>
<tr><td colspan="3"></td><td colspan="3"></td></tr>
<tr><td colspan="6">评估方法</td></tr>
<tr><td colspan="6">（问卷调查法、现场观察法、服务对象访谈法、其他方法）</td></tr>
<tr><td colspan="6">活动设计</td></tr>
<tr><td colspan="6">前期准备</td></tr>
<tr><td colspan="6">（具体写明什么时间、什么地点、谁负责什么事、需要什么物资）</td></tr>
<tr><td colspan="6">中期安排</td></tr>
<tr><td colspan="6"></td></tr>
<tr><td colspan="6">善后工作</td></tr>
<tr><td colspan="6"></td></tr>
<tr><td colspan="6">物资及预算</td></tr>
<tr><td>序号</td><td>物品名称</td><td>单价</td><td>数量</td><td colspan="2">用途描述及备注</td></tr>
<tr><td>1</td><td></td><td></td><td></td><td colspan="2"></td></tr>
<tr><td>2</td><td></td><td></td><td></td><td colspan="2"></td></tr>
<tr><td>3</td><td></td><td></td><td></td><td colspan="2"></td></tr>
<tr><td colspan="2">总计</td><td colspan="4"></td></tr>
</table>

思考实践

1. 情境教学内容应贴合实际工作生活，很多人际交往问题往往很复杂，甚至无法解决，那么在活动设计中对组织者、教学者实操技能要求会更高，为老服务者应如何设计活动预案，避免因无法解决问题而打击参与者的积极性？

2. 活动设计中应使用哪些技巧，以避免服务对象在互动中转移话题导致服务目标无法达成？

任务二 老年领袖参事议事能力培养活动设计

一、基本概念

老年领袖参事议事能力是其参与社区公共事务建设的重要前提条件。在老年领袖参加与自身利益密切相关的社区事务时，参事议事能力的差异影响着其参与老年服务活动乃至敬老助老社区建设的程度。由于受到固有的社会经验、受教育程度、未接触过议事技巧等因素限制，老年领袖在参与议事活动时需要掌握一定的议事技巧和议事规则。社区老年领袖议事会培育项目中议事规则、常规议事会议培训，除提升其议事决策能力之外，将会对其整体的议事水平提升产生积极影响。

二、常用理论

常用理论有观察学习理论。

1）理论基础

观察学习理论由美国著名的心理学家班杜拉提出，其理论的核心是如何通过观察而模仿他人进行学习，也可叫“模型模仿论”。班杜拉在观察学习行为的过程中提出了贯穿于整个理论的三个重要概念，即替代性榜样、强化与认知、自我调节。其中替代性榜样解释为：“通过观察别人的行为，观察者本身即是作为习得学习现象的替代性基础。”认知的作用过程是指：在个体的学习过程中，一旦认知获得发展，如知觉、问题解决的能力、动机等就可以成为观察学习个体的功能领域的重要因素。在自我调节过程中，班杜拉认为个人能够在一定范围内，根据自身的已有认知来假设事件的结果，从而调节他们自己的行为，这一过程属于自我控制，而非条件刺激反应。

2）实务应用

观察学习理论强调通过模仿他人进行学习的过程，为老服务者在设计老年领袖参事议事能力培养活动时，可以请有议事经验、能力的工作者作为示范，引导老年领袖观察学习并模仿，从而得到能力的提升。

三、常用方法

观察学习是一个连续且自主的心理活动过程，包含注意、保持、运动再现和动机四个过程。老年领袖参事议事能力培养活动设计为保证成效性，服务方案与活动都是根据观察学习的四个过程进行设计的。首先，根据观察学习理论对活动实务方案进行分析，探索活动的方式对成员的观察学习过程的影响。其次，这一服务方案基于观察学习理论视角，关注老年领袖在活动中学习议事规则、议事流程的情况。最后，根据观察学习理论的三个重要概念——替代性榜样、强化与认知及自我调节对活动的内容和开展的形式进行分析。

任务导入

在A社区居民委员会及B社会组织的助力下，A社区居民委员会从居民中选拔出了一批楼栋长，共有10人，且都为60周岁以上老年人。楼栋长选拔出后，居民委员会为了逐步建立社区的相关制度，发挥楼栋长的先锋带头作用，组建居民议事会，先以各个楼栋长为抓手，开展居民议事会工作，可是这些楼栋长受文化水平等因素限制，对于议事会的流程等并不熟悉，A社区居民委员会委托B社会组织开展参事议事能力培养活动。

任务分析

一、服务需求分析

楼栋长作为居民代表有参与社区治理工作的责任及义务，虽然他们被选为楼栋长是因为他们有深厚的群众基础，但是他们对于参事议事的流程、内容、方法等不够了解，有参事议事能力提升的需求。

二、制定服务方案

以某一议事主题为例，为老年领袖布置观察任务，而后由老年领袖再现该情境，从而达到学习的目的。

三、主要服务目标

通过示范和观察学习，培养老年领袖参事议事能力。

任务实施

一、活动流程设计

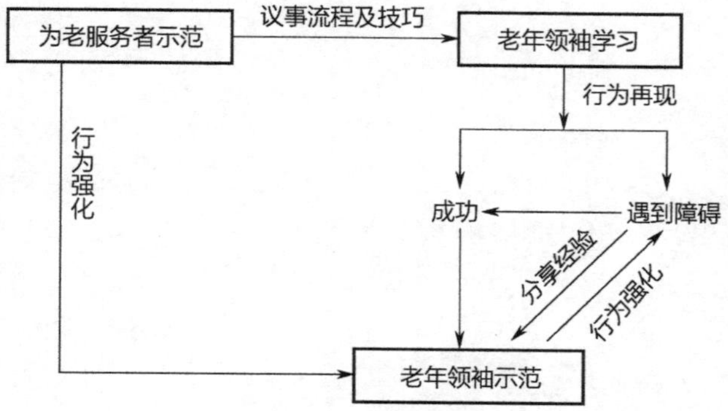

二、活动设计注意事项

（1）运用观察学习法时应对不同的议事环节加以区分，在每一环节做适当的停顿，以帮助老年领袖理清议事步骤。

（2）可尝试运用罗伯特议事规则并将其作为活动的核心内容，帮助老年领袖学习并掌握。

任务工单

<table>
<tr><th colspan="8">任务信息</th></tr>
<tr><td>任务名称</td><td colspan="7">老年领袖参事议事能力培养活动设计</td></tr>
<tr><td>任务目的</td><td colspan="7">能力目标：提升学习者老年领袖参事议事能力培养活动的设计能力。
知识目标：掌握活动设计的流程、需求评估方法。
素质目标：通过提升老年领袖的参事议事能力，培养老年领袖发挥自身优势的能力和社会参与的意识</td></tr>
<tr><td>任务要求</td><td colspan="7">背景：C社区的小区楼栋长准备针对楼栋高空抛物的问题召开一次楼栋协商议事会，但是由于年龄较大且没有受过专业的训练不清楚如何开展议事工作，向为老服务者请教，为老服务者计划开展一次老年领袖参事议事能力提升小组活动，请区级政协工作人员给大家讲解示范如何参事议事及其相关技巧。
任务：
1. 以老年领袖中的需要提高参事议事能力的老年人为主要对象，在议事前为他们设计提升能力训练计划，时长在3小时左右。
2. 活动中应体现观察学习的教学设计环节。
3. 活动设计应贴近服务对象实际工作生活，最好能结合当地的独特文化底蕴</td></tr>
<tr><th colspan="8">任务评价</th></tr>
<tr><td>学生姓名</td><td colspan="2"></td><td>班级</td><td colspan="2"></td><td>学号</td><td></td></tr>
<tr><td>任务成绩</td><td colspan="2">总分：</td><td colspan="2">自评：</td><td colspan="2">互评：</td><td>师评：</td></tr>
<tr><td>自我评价</td><td colspan="7"></td></tr>
<tr><td>互评评语</td><td colspan="7"></td></tr>
<tr><td>教师评语</td><td colspan="7"></td></tr>
<tr><th colspan="8">任务实施</th></tr>
<tr><td colspan="8">活动名称：</td></tr>
<tr><th colspan="8">活动背景</th></tr>
<tr><td colspan="8">（描述该群体或该问题的现状并分点陈述问题或需求，须注意与任务目的结合）</td></tr>
</table>

（续）

<table>
<tr><td>目标人群</td><td></td><td>名额</td><td></td></tr>
<tr><td>实施地点</td><td></td><td>人手编配</td><td></td></tr>
<tr><td>活动日期</td><td></td><td>时间</td><td></td></tr>
<tr><td colspan="4">活动理念</td></tr>
<tr><td colspan="4">（遵循什么样的服务理论、理念、方法来开展活动，须注意与本活动进行结合）</td></tr>
<tr><td colspan="4">活动目标</td></tr>
<tr><td colspan="4">（对应问题或者需求，分点阐述，遵循 SMART 原则，尽可能做到可量化、可评估）</td></tr>
<tr><td colspan="4">预计困难及解决方法</td></tr>
<tr><td colspan="2">预计困难</td><td colspan="2">解决方法</td></tr>
<tr><td colspan="2"></td><td colspan="2"></td></tr>
<tr><td colspan="2"></td><td colspan="2"></td></tr>
<tr><td colspan="2"></td><td colspan="2"></td></tr>
<tr><td colspan="4">评估方法</td></tr>
<tr><td colspan="4">（问卷调查法、现场观察法、服务对象访谈法、其他方法）</td></tr>
<tr><td colspan="4">活动设计</td></tr>
<tr><td colspan="4">前期准备</td></tr>
<tr><td colspan="4">（具体写明什么时间、什么地点、谁负责什么事、需要什么物资）</td></tr>
<tr><td colspan="4">中期安排</td></tr>
<tr><td colspan="4"></td></tr>
<tr><td colspan="4">善后工作</td></tr>
<tr><td colspan="4"></td></tr>
</table>

任务三　老年领袖活动策划能力培养活动设计

一、基本概念

本任务中所提及的活动策划能力指老年领袖以熟悉的社区为基础，组织、策划、开展服务活动的能力，具体包括开展活动前的需求调研、活动目标设置、活动方案撰写、活动资源整合等几方面的能力。

二、常用理论

常用理论有优势视角理论。

1）理论基础

优势视角是一种关注人的内在力量和优势资源的视角。优势视角理论主张把人们及其所处环境中的优势和资源作为关注的焦点。优势视角理论基于这样一种信念，即个人所具备的能力及其内部资源使他们能够有效地应对生活中的挑战。

2）实务应用

优势视角理论是社会工作实务中常用的一种理论，强调服务对象是有优势、有能力的个体，社会工作者在设计活动策划能力培养活动时，可以通过服务对象自画像、社区资源自画像等活动挖掘老年领袖自身及其所处环境中的资源。

三、常用方法

头脑风暴法又称智力激励法、自由思考法，是由美国创造学家奥斯本提出的一种激发性思维方法。多人围绕特定的兴趣领域产生新观点的这种情境就叫作头脑风暴。当参加者有了新观点和想法时，他们会被鼓励大声说出来，然后在他人提出的观点之上再建立新观点。所有的观点被记录下来但不进行批评，只有头脑风暴会议结束的时候，才会对这些观点和想法进行评估。

头脑风暴
体验反馈表

头脑风暴法的特点是解放与会者的思想，使各种设想在相互碰撞中激起创造性风暴，其可分为直接头脑风暴法和质疑头脑风暴法，前者是在专家群体决策基础上尽可能激发创造性，产生尽可能多的设想和方法，后者则是对前者提出的设想和方案逐一质疑，探讨其现实可行性的方法，这是一种集体开发创造性思维的方法。

任务导入

A社区的B志愿者队伍是社区的主要志愿服务力量，B志愿者队伍共有50名成员且多为老年人，其中又分5个小队，他们分别承担着社区文娱、便民、矛盾调解、垃圾分类及卡口执勤工作；5个小队的队长发现最近团队的士气比较低迷，大家都忙于自己的事情，5个小队的队长商议借即将到来的端午节策划活动，把志愿者们凝聚在一起，有了这个想法后，5个小队的队长向社区请求帮助。

任务分析

一、服务需求分析

通过任务导入可以发现，志愿者队伍各小队的队长作为社区志愿者队伍的领袖，需要策划一场凝聚人心的节日活动，但是他们缺乏活动策划的能力，期待社区或社会组织为他们增能以便他们更好地做好自我服务、自我管理工作。

二、制定服务方案

将志愿者队伍各小队的队长聚集起来，帮助他们学习活动策划的方法，激发灵感，同时提供情感支持。

三、主要服务目标

帮助老年领袖学习活动策划的步骤，激发策划灵感，给予其情感支持。

任务实施

一、活动流程设计

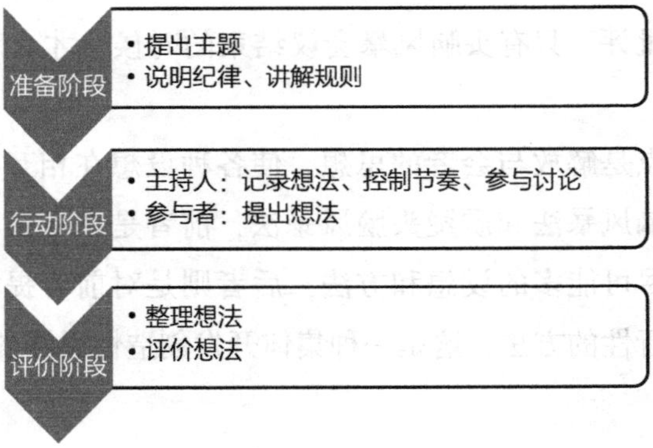

二、活动设计注意事项

（1）活动策划是一项考验老年领袖综合能力的工作。活动策划能力培养活动既要帮助老年领袖掌握策划的步骤，梳理策划的逻辑，又要帮助老年领袖掌握获得灵感的方法。活动设计要尽量兼顾两者。

（2）活动设计应设计一两个环节为老年领袖提供情感支持，肯定他们的付出和努力。

任务工单

<table>
<tr><th colspan="8">任务信息</th></tr>
<tr><td>任务名称</td><td colspan="7">老年领袖活动策划能力培养活动设计</td></tr>
<tr><td>任务目的</td><td colspan="7">能力目标：提升学习者老年领袖活动策划能力培养活动设计能力。
知识目标：掌握活动设计的流程、头脑风暴的方法。
素质目标：通过提升老年领袖的活动策划能力，培养老年领袖发挥自身优势的能力和参与社区服务设计的意识</td></tr>
<tr><td>任务要求</td><td colspan="7">背景：D社区的老年热心居民在参与了多年的社区主办的活动后，向社区居委会请求允许他们针对社区困难人群开展一场互帮互助的关爱服务，但是居委会考虑到这些老年居民的能力，组织为老服务者针对活动策划开展一次培训工作。
任务：
1. 以老年领袖中的需要提高活动策划能力的老年人为主要对象，在开展凝心聚力的节日活动前为他们设计提升能力训练计划，时长在2小时左右。
2. 活动中应体现头脑风暴的教学设计环节。
3. 活动设计应贴近服务对象实际工作生活，发挥服务对象在实际工作中的优势</td></tr>
<tr><th colspan="8">任务评价</th></tr>
<tr><td>学生姓名</td><td colspan="2"></td><td>班级</td><td colspan="2"></td><td>学号</td><td></td></tr>
<tr><td>任务成绩</td><td colspan="2">总分：</td><td colspan="2">自评：</td><td colspan="2">互评：</td><td>师评：</td></tr>
<tr><td>自我评价</td><td colspan="7"></td></tr>
<tr><td>互评评语</td><td colspan="7"></td></tr>
<tr><td>教师评语</td><td colspan="7"></td></tr>
<tr><th colspan="8">任务实施</th></tr>
<tr><td colspan="8">活动名称：</td></tr>
<tr><th colspan="8">活动背景</th></tr>
<tr><td colspan="8">（描述该群体或该问题的现状并分点陈述问题或需求，须注意与任务目的结合）</td></tr>
</table>

（续）

<table>
<tr><td>目标人群</td><td></td><td>名额</td><td></td></tr>
<tr><td>实施地点</td><td></td><td>人手编配</td><td></td></tr>
<tr><td>活动日期</td><td></td><td>时间</td><td></td></tr>
<tr><td colspan="4">活动理念</td></tr>
<tr><td colspan="4">（遵循什么样的服务理论、理念、方法来开展活动，须注意与本活动进行结合）</td></tr>
<tr><td colspan="4">活动目标</td></tr>
<tr><td colspan="4">（对应问题或者需求，分点阐述，遵循 SMART 原则，尽可能做到可量化、可评估）</td></tr>
<tr><td colspan="4">预计困难及解决方法</td></tr>
<tr><td colspan="2">预计困难</td><td colspan="2">解决方法</td></tr>
<tr><td colspan="2"></td><td colspan="2"></td></tr>
<tr><td colspan="2"></td><td colspan="2"></td></tr>
<tr><td colspan="2"></td><td colspan="2"></td></tr>
<tr><td colspan="4">评估方法</td></tr>
<tr><td colspan="4">（问卷调查法、现场观察法、服务对象访谈法、其他方法）</td></tr>
<tr><td colspan="4">活动设计</td></tr>
<tr><td colspan="4">前期准备</td></tr>
<tr><td colspan="4">（具体写明什么时间、什么地点、谁负责什么事、需要什么物资）</td></tr>
<tr><td colspan="4">中期安排</td></tr>
<tr><td colspan="4"></td></tr>
<tr><td colspan="4">善后工作</td></tr>
<tr><td colspan="4"></td></tr>
</table>

参考工单

任务一　参考工单

任务二　参考工单

任务三　参考工单

项目四
技能学习活动设计

中共中央、国务院于2021年11月18日发布《中共中央 国务院关于加强新时代老龄工作的意见》，在“促进老年人社会参与”方面，提出“扩大老年教育资源供给”，“鼓励老年人继续发挥作用”，“为有劳动意愿的老年人提供职业介绍、职业技能培训和创新创业指导服务”等内容。响应党和政府的号召，为满足广大老年人在物质生活水平不断提高的情况下，精神文化和学习需求不断增长的需要，社会应为老年人提供更多的教育资源，搭建教育学习平台，提供场地和资源保障，让老年人在自我发展中融入社会，在自我实现中获得精神享受与个人尊严，提升我国养老保障的服务质量与水平。

项目目标

知识目标

1. 理解老年人参与技能学习活动的意义和价值。
2. 掌握技能学习活动设计的技巧。
3. 熟悉老年人技能学习活动开展的方法。

能力目标

1. 能够整合教育资源，开展技能学习活动，丰富老年人的生活。
2. 能根据老年人的特点和需求，开展合适的技能学习活动，帮助老年人提升个人能力。

素质目标

1. 能够接纳老年人在学习方面的挫败情绪和异常行为。
2. 在教育和服务过程中，能与老年人保持耐心的沟通和平等的交流。
3. 与专业讲师、培训员等组成团队，在技能培训中有良好的合作意识。

一、基本概念

1. 技能学习活动

技能学习活动指的是以掌握某种技能、技巧为目的的学习活动。

互联网时代的到来，让社会飞速发展，科技不断进步，人们的生活方式也在不断向网络化发展。从这个层面上，我们将技能学习活动分为传统技能学习活动和智能时代技能学习活动。

2. 传统技能学习活动

传统技能学习活动指的是在互联网时代之前，通过传统的面对面的教育方式，以主导者教授知识、被教育者接受知识的方式开展的学习活动。它包括老年人文娱方面的兴趣爱好、手工技能、身体照顾和康复、健康教育、文化传统、安全防范等方面的学习。

3. 智能时代技能学习活动

智能时代技能学习指的是在互联网时代，以网络为载体，运用智能设备，通过练习形成的、控制动作执行的、合乎法则要求的行动方式。对于老年人而言，智能时代的技能包含但不局限于短视频拍摄技能、直播操作技能、微信操作技能、图片美化操作技能、网上冲浪操作技能等。

在互联网时代，网络工具的使用日益常态化，如果不能很好地使用现代化技术和设备，不单单影响老年人对现有资源的使用，更为严重的是，它降低了老年人对自我能力的评价，影响老年人的心理健康和生活质量。因此，开展技能学习活动，让老年人掌握更多的传统技能和现代化技术，帮助老年人更好地融入现代社会，更加充分地发挥自身的价值。

二、常用理论

1. 活动理论

1）理论概述

活动理论指出，与社会环境维持互动的关系，并保持活跃的老年人，较能够获得成功的老化，并认为老年期是中年时期的延伸，老年人虽面临生理、健康状况的改变，但仍具有社会性和心理性活动的需求。

2）实务应用

根据活动理论，活动水平高的老年人比活动水平低的老年人的生活满意度更高和更能适应社会。如经常参加老年大学活动的老年人，他的社会化程度更高，更为活跃，对于自己的生活更满意。而长期独居在家中的老年人更容易产生抑郁焦虑等负面情绪。

2. 优势视角理论

1）理论概述

优势视角理论是社会工作的经典理论之一，其核心理念是相信人们天生具有一种能力，即通过利用他们自身的自然资源来改变自身的能力。

2）实务应用

在现实生活中，外部环境和家庭成员都不太相信老年人有保持独立生活或学习新事物的能力，甚至老年人自己也会对自身有类似的负面评价。但是，现今各大短视频直播平台上的老年“网红”用自身的经验告诉我们，他们是有能力的。如62岁拥有20万粉丝的王金香奶奶直播唱歌，70多岁被冠以“最帅老人”的“北海爷爷”，68岁以方言说唱的“罗姑婆”等。他们运用自身的经验和优势，学习新技能，成为新一代“网红”，展示自己的能力和价值。

3. 社会学习理论

1）理论概述

社会学习理论是由美国心理学家阿尔伯特·班杜拉于1952年提出的。根据班杜拉的观点，行为是经由观察其他的人或事而习得的，一个人可以不用亲自实践而学会新行为，观察者可以通过看、听、读而获得或学习新行为。

2）实务应用

根据社会学习理论，老年人可以通过观察其他人或事习得新的技能。如老年人在社区开设的老年大学上课，跟随老师的示范，观察、学习、掌握方法和技巧。因此，为老服务者组织老年人技能学习活动时，可以通过PPT呈现、讲师示范讲解、老年人现场练习、成功学员的示范等方式，帮助老年人掌握新技能。

4. 需要层次论

1）理论概述

马斯洛在《动机与人格》一书中提出了“需要层次论”，他认为人有5种基本的需要，依次构成需要的层次。五种需要像阶梯一样从低到高，按层次逐级递升，分别为：生理需要、安全需要、归属与爱的需要、尊重的需要、自我实现的需要。

2）实务应用

如今生活富足安稳，老人们大多对物质生活并不那么苛刻与挑剔，但他们却难以适应社会快速转型进程中家庭结构的核心化、小型化与空巢化，害怕孤独。渴望亲情与沟通，是老年人归属与爱的需要的体现。当今社会出现的很多中老年人交友网站，就是在满足老年人归属与爱的需要。

离开工作岗位后，老年人面临着角色转变与社会适应的矛盾，他们受关注、受认同、融入社会等的心理需求会更加强烈。互联网时代的到来，让社会飞速发展，人们的生活方式也产生了巨大的变化，网络工具和电子化设备的使用日益常态化。技能学习包含了文娱康乐、安全健康、现代化技术和设备等方面的学习，能够满足老年人的需求。老年大学的设立，老年人教育的不断倡导和发展，就是为了满足老年人尊重的需要和自我实现的需要。

三、常用方法

1. 体验学习法

体验学习法是通过为老年人构建体验的场景，让老年人通过体验而掌握一种技能的方法。在进行活动设计时，为老服务者应构建体验场景，让老年人有意识地挖掘和利用有效的信息资源参与讨论、情境模拟。体验学习法让老年人从行为和情感上参与知识的构建活动，强化和丰富老年人的感性认识，使老年人产生对知识的了解和掌握的渴望。

2. 观察学习法

观察学习是通过观察他人的行为及其结果而发生的替代性学习。观察学习法是通过对学习对象的行为、动作以及它们所引起的结果的观察，获取信息，而后经过学习主体的大脑进行加工、辨析、内化，再将习得的行为在自己的动作、行为、观念中反映出来的一种学习方法。观察学习是通过观察示范行为进行的，因而采用观察学习的方法开展服务时，榜样的选择很重要。

3. 模仿学习法

模仿学习法是按照别人提供的模式、样板来进行模仿，从而形成一定的技能、品格和行为习惯的方法。体育技能、书法技能、绘画技能等大都是通过模仿，达到比较熟悉的程度而形成的。

不论是采用哪种学习法，在设计和实施过程中都需要了解老年群体的明确需求及其技能掌握的基本情况，服务设计者须了解或掌握技能操作的详细内容或步骤，明确技能学习要达到的程度和采用的教学方法等。

设计步骤参考如下。

第一步：提前收集服务群体需求和问题，明确技能学习的方向或具体目标。因技能类别不同（如兴趣爱好的技能和获得专业证书的技能）、掌握程度不同（如了解心肺复苏知识和掌握心肺复苏的操作方法）、难度不同（如会使用手机拍照和拍出构图好、清晰度高的照片等情况），不同的老年人即使在学习同样的技能时，可能也会存在不一样的需求或者问题，因此，为老服务者需要通过更加详细的了解或访谈，结合老年人的能力，掌握不同服务群体的确切需求。

第二步：服务设计者须了解或掌握技能操作的详细内容或步骤。将技能操作的方法或步骤进行细致的拆解，根据日常观察、为老服务者在开展技能学习方面的经验累积，或与专业的培训师沟通了解到的服务群体掌握这些技能大致需要的时长、学习频率，操作练习次数等，确定活动开展的具体安排。

第三步：开展服务设计。可参考活动介绍、热身、技能学习方法和技巧培训、实操练习、学习总结、布置作业的顺序进行服务设计。其中，技能学习方法和技巧培训，可采用现场场景演示、案例讲解、视频学习、现场示范、模仿练习等方式开展，如心肺复苏学习，既可采用为老服务者模拟患者，让服务群体讨论如何处理及操作的方式开展，也可以通过播放视频，进行现场示范，让服务群体学习的方式开展。

四、注意事项

1. 了解不同年龄层的老年人的生理特点

年龄的增长会使老年人的视力、听力、记忆力、行动力等出现不同程度的下降，因此，开展老年人服务需要了解和掌握老年人的特点，在与老年人的沟通和为其服务的过程中根据不同老年人的情况，因人而异地开展服务。

2. 做好老年人的需求调查

在策划技能学习活动前，为老服务者须深入了解技能学习活动所面向群体的确切需求。如对于有摄影技能学习需求的老年人，为老服务者还须了解老年人摄影的基础、使用的设备、摄影的用途、种类等，才能更好地策划活动。

3. 明确活动的目标

为老服务者在确定活动的服务目标时，需要遵循目标设定的基本要求，如 SMART 原则。在社会工作服务中，目标的设定常常围绕人的能力、意识、态度、技能、行为等。能力、意识、态度等是难以测量的，也难以呈现在服务成效上，因此，为老服务者设置的服务目标需要尽量通过量化的方式去体现目标完成的情况。

4. 选择适当的学习方法

考虑到活动效果及老年人的接纳特点，开展不同的技能学习活动要选择不同的学习方法。同时，在学习的不同阶段，也可以使用不同的方法。如电脑操作学习课程初期，适合采用传统的教学方法，先让老年人了解电脑的基本概念和功能，后期则可以根据老年人的需要采用更为个性化的教学方法。

5. 活动内容应与老年人的学习能力相匹配

在设计活动前，应充分考虑到老年人的需求和技能水平，避免老年人觉得服务不适合自己，不愿意参与。

6. 保障有充分的操作和练习安排

由于老年人记忆力和学习能力有不同程度的退化，为老服务者在策划该类服务时，须充分考虑老年人的学习能力，课件制作尽可能详细，每次课程留有充足的操作学习和练习的时间。

7. 注重老年人的安全

在策划、准备活动及选择道具的过程中，须充分考虑老年人的情况，选择适合的、安全的服务场地和服务道具，避免给老年人带来伤害。

8. 尊重老年人的选择

为老年人提供培训和学习的机会，但不能要求老年人必须参与，尊重老年人自己的选择。

任务一　传统技能学习活动设计

任务导入

C社区有常住人口15000余人，其中60岁以上老年人2500余人，社区外来人口众多，社区周边有较多的电子市场和商贸市场，因此社区内的经商人员较多，部分随迁老人帮子女做饭、做家务、协助接送孙辈上下学等。老年人服务领域的为老服务者小丽在日常服务过程中，了解到社区有一群老年人有整理家务的需求，大家希望掌握整理和收纳方面的知识，将家里的各项物资更好地收纳。在与老年人深入交流后，小丽计划面向有需要的老年人开展家居收纳整理技能提升活动。

任务分析

一、服务需求分析

1. 了解服务对象家务整理的基本情况

为老服务者小丽在了解到老年人有整理家务的需求后，还需要进一步了解和分析，有服务需求的老年人目前在家庭中主要承担哪些方面的家务、家里面临的家务整理的困难有哪些。

2. 了解服务对象的能力

为老服务者小丽还需要了解有服务需求的老年人家务整理的能力如何、他们的动手能力、他们对家务整理干净程度的要求等。

二、制定服务方案

1. 确定服务形式

为老服务者需要分析老年人的能力是否处在相似的程度上，对于家务整理的要求是否大致一致，以此来初步确定具体的活动形式。

2. 确定活动的频率

为老服务者需要向专业的整理收纳师了解掌握家务整理和收纳技能需要的时长，思考通过一次的活动，老年人的家务整理技能能获得多大程度的提升，是否需要重复练习、定期复习等，以确定活动开展的频次。

3. 确定活动时间

在服务时间的选择上，一方面要确保每次活动的时长适合老年人，另一方面要选择让老年人感觉更轻松、更有意愿参与服务的时间。

三、主要服务目标

（1）通过学习，掌握家务整理和收纳方面的知识。

（2）通过技能学习，提升老年人家居收纳整理的技能。

任务实施

一、活动设计思维导图

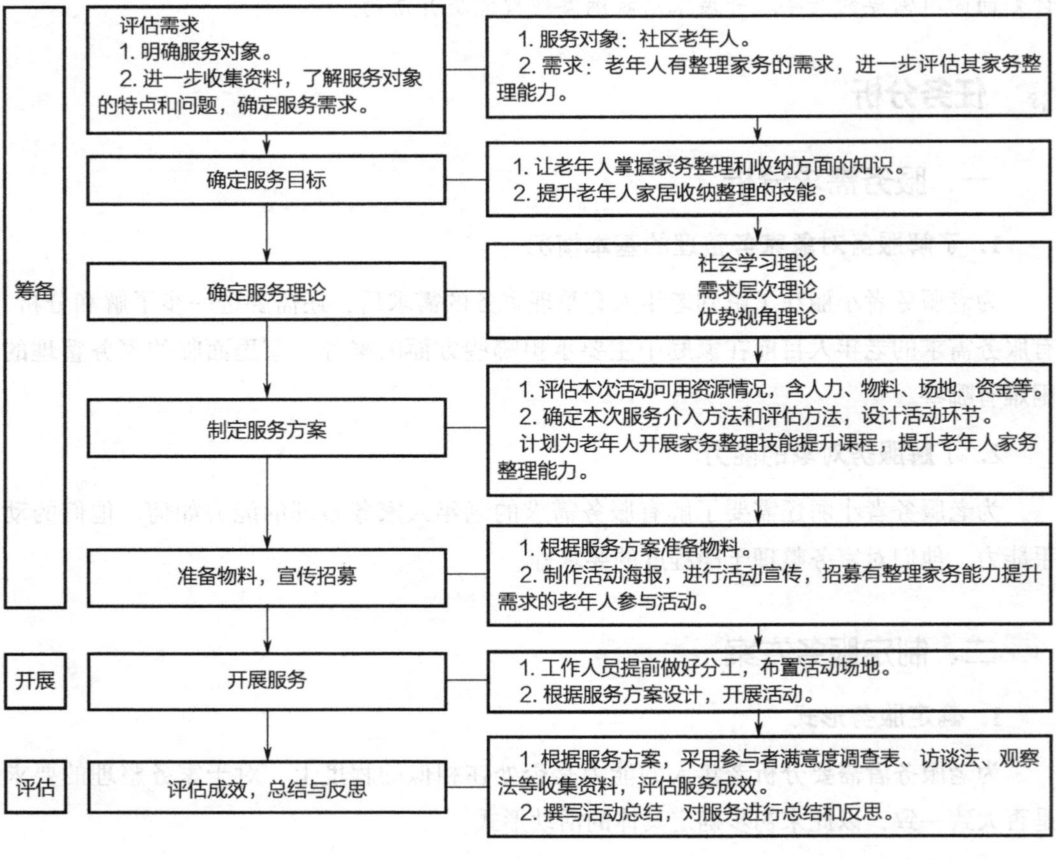

二、活动设计注意事项

1. 活动安排应与老年人承受能力相符

在设计活动时，为老服务者需要考虑老年人的接受和理解能力，给予老年人充分的理解和学习时间。每次活动的时长需要符合老年人的生理特点。

2. 活动节奏要符合老年人的特点

在开展技能学习活动的过程中，为老服务者需要放慢节奏，多展示，多重复演练；语速方面，尽可能地降低语速，增大音量，确保老年人都能够接受。

3. 活动物资的准备要考虑老年人的视力情况

为老服务者准备的活动道具、文字说明、图片、PPT 等活动物资需要适当放大，保障每个服务对象都能看清楚。

4. 活动要激发老年人的能动性

在设计活动时，为老服务者应尽可能少地处在“领导者”或“带领者”的位置，可以在说明或展示后让老年人之间相互学习交流，让他们成为“主导者”。

任务工单

<table>
<tr><th colspan="8">任务信息</th></tr>
<tr><td>任务名称</td><td colspan="7">老年人传统技能学习活动设计</td></tr>
<tr><td>任务目的</td><td colspan="7">1. 帮助学习者熟悉传统技能学习活动的设计流程。
2. 帮助学习者掌握设计传统技能学习活动的方法。
3. 帮助学习者提高开展传统技能学习活动的技巧</td></tr>
<tr><td>任务要求</td><td colspan="7">背景：C社区有常住人口15000余人，其中60岁以上老人2500余人，社区高龄、独居、失独老人100余人。在社区需求调查中，为老服务者了解到老人的急救知识缺乏，安全意识较为薄弱。近期，社区发生了老人在家中突然晕倒的情况，幸亏家人及时求救，迅速送医，避免了严重后果的产生。从公共安全角度出发，为了让老人们能更好地应对生活中各种各样的突发状况，掌握一定的急救知识，在关键时刻能够自救，甚至在关键时刻帮助他人，为老服务者计划在社区开展老人心肺复苏急救技能学习活动，让参与学习的老人能够了解和掌握心肺复苏急救技能，增强应对危急状况的能力。
任务：请根据上述背景，设计一场老人心肺复苏急救技能学习活动。学习内容包括掌握心肺复苏操作方法，认识并掌握使用自动体外除颤器。要求学习活动的每个环节清晰明确，让参与学习的老人学会心肺复苏急救方法，学会操作自动体外除颤器，同时需要设置练习环节，让老人能够通过练习，掌握具体的操作方式。在学习和练习的过程中，注意关注老人的接受能力和身体状态，避免老年人在学习过程中受伤</td></tr>
<tr><th colspan="8">任务评价</th></tr>
<tr><td>学生姓名</td><td colspan="2"></td><td>班级</td><td colspan="2"></td><td>学号</td><td></td></tr>
<tr><td>任务成绩</td><td colspan="2">总分：</td><td colspan="2">自评：</td><td colspan="2">互评：</td><td>师评：</td></tr>
<tr><td>自我评价</td><td colspan="7"></td></tr>
<tr><td>互评评语</td><td colspan="7"></td></tr>
<tr><td>教师评语</td><td colspan="7"></td></tr>
<tr><th colspan="8">任务实施</th></tr>
<tr><td colspan="8">活动名称：</td></tr>
<tr><th colspan="8">活动背景</th></tr>
<tr><td colspan="8">（描述该群体或该问题的现状并分点陈述问题或需求）</td></tr>
<tr><td>目标人群</td><td colspan="3"></td><td>名额</td><td colspan="3"></td></tr>
<tr><td>实施地点</td><td colspan="3"></td><td>人手编配</td><td colspan="3"></td></tr>
<tr><td>活动日期</td><td colspan="3"></td><td>时间</td><td colspan="3"></td></tr>
</table>

（续）

活动理念（理论依据）				
（遵循什么样的服务理论、理念、方法来开展活动）				
活动目标				
（对应问题或者需求，分点阐述，遵循 SMART 原则，尽可能做到可量化、可评估）				
预计困难及解决方法				
预计困难		解决方法		
评估方法				
（问卷调查法、现场观察法、服务对象访谈法、其他方法）				
活动设计				
前期准备				
（具体写明什么时间、什么地点、谁负责什么事、需要什么物资）				
中期安排				
善后工作				
物资及预算				
序号	物品名称	单价	数量	用途描述及备注
1				
2				
3				
4				
5				
6				
7				
8				
9				
10				
总计				

思考实践

1. 心肺复苏急救知识属于专业知识，如为老服务者并未考取救护证或本身不具备此方面的知识，怎么办？

2. 在技能学习过程中，若老人的学习效率不高，或容易遗忘，为老服务者应如何应对？

任务二　智能时代技能学习活动设计

任务导入

Z社区党群服务中心的为老服务者小陈在日常服务过程中，了解到社区老人有学习短视频拍摄的需求，在与部分老人深入访谈后，小陈了解到有部分老人希望把自己在老年大学学习到内容拍摄下来，放在网络平台上，自己可以反复学习，也可以分享给其他人。为满足这些老人的需求，小陈计划面向社区老人开展一次短视频拍摄技能提升活动。

任务分析

一、服务需求分析

通过分析本任务可知，服务对象为有意愿学习短视频拍摄技能的老人，他们希望运用网络平台把自己在老年大学学习到的知识拍摄下来并传到网络平台上，用于自我学习和分享给其他人，满足学习成长需求。

二、制定服务方案

针对这些老人的学习成长需求，为其开展短视频拍摄技能提升活动，如视频拍摄脚本设计、场景选择、设备调试、道具制作、音乐选择、视频剪辑等。

三、主要服务目标

提升社区老人短视频拍摄技能水平，满足其学习成长需求。

任务实施

一、活动设计思维导图

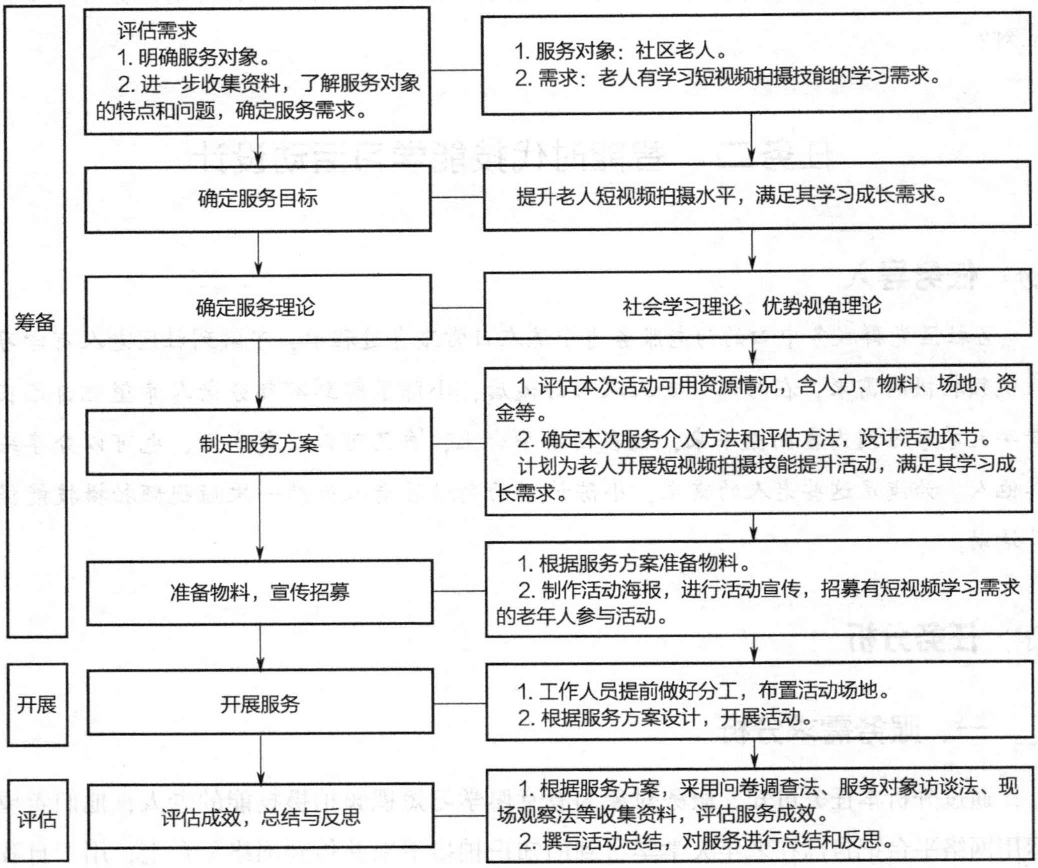

二、活动设计注意事项

（1）为老服务者须提前做好老年人需求调研，了解服务对象的需求，更精准地设计符合他们的活动。

（2）由于老人记忆力和学习能力的下降，开展该类型服务时，课程设计须详细，给老人们留有充足的操作练习时间，为老服务者须耐心给予指导和鼓励。

（3）对于老年人教育类课程，建议设置多节关联课程，每节课程进行上一节课程的回顾，并适当地设置家庭作业，让老人进行课后巩固练习。

任务工单

<table>
<tr><th colspan="8">任务信息</th></tr>
<tr><td>任务名称</td><td colspan="7">老年人智能时代技能学习活动设计</td></tr>
<tr><td>任务目的</td><td colspan="7">1. 帮助学习者掌握老年人智能时代技能学习活动的设计方法。
2. 帮助学习者提高开展老年人智能时代技能学习活动的技巧</td></tr>
<tr><td>任务要求</td><td colspan="7">背景：近期，B社区舞蹈队的刘阿姨来到社区党群服务中心，找到社区为老服务者，提出舞蹈队的老人想学习微信操作技能，为老服务者与刘阿姨深入交流，了解到舞蹈队有15人，年龄集中在65～70岁，他们都有智能手机，基本会使用发文字或发送语音信息的功能，其他的微信功能不太会操作。他们希望学习其他的微信功能，如添加好友、建群、发送图片、转发文章、打电话、发朋友圈等。为老服务者了解情况后，计划为他们设计开展一次微信操作技能提升主题的服务。
任务：如果你是为老服务者，请设计一系列服务活动来满足老人们的微信技能学习需求，并做到如下几点。
1. 细分微信操作技能要点，并以技能要点为单位设计多次服务活动。
2. 按照微信添加好友、组建群聊、通过微信发送图片、转发文章、打微信电话，发朋友圈的用途，设计每次活动的具体环节。
3. 每次活动邀请老年人进行学习分享，布置家庭作业。
4. 在最后一次服务活动中设置考题，现场检验并了解老年人微信操作学习情况</td></tr>
<tr><th colspan="8">任务评价</th></tr>
<tr><td>学生姓名</td><td colspan="2"></td><td>班级</td><td colspan="2"></td><td>学号</td><td></td></tr>
<tr><td>任务成绩</td><td colspan="2">总分：</td><td colspan="2">自评：</td><td colspan="2">互评：</td><td>师评：</td></tr>
<tr><td>自我评价</td><td colspan="7"></td></tr>
<tr><td>互评评语</td><td colspan="7"></td></tr>
<tr><td>教师评语</td><td colspan="7"></td></tr>
<tr><th colspan="8">任务实施</th></tr>
<tr><td colspan="8">活动名称：</td></tr>
<tr><td colspan="8">活动背景</td></tr>
<tr><td colspan="8">（描述该群体或该问题的现状并分点陈述问题或需求，须注意与任务目的结合）</td></tr>
<tr><td>目标人群</td><td colspan="3"></td><td colspan="2">名额</td><td colspan="2"></td></tr>
<tr><td>实施地点</td><td colspan="3"></td><td colspan="2">人手编配</td><td colspan="2"></td></tr>
<tr><td>活动日期</td><td colspan="3"></td><td colspan="2">时间</td><td colspan="2"></td></tr>
</table>

（续）

活动理念（理论依据）

（遵循什么样的服务理论、理念、方法来开展活动，须注意与本活动进行结合）

活动目标

（对应问题或者需求，分点阐述，遵循 SMART 原则，尽可能做到可量化、可评估）

预计困难及解决方法

预计困难	解决方法

评估方法

（问卷调查法、现场观察法、服务对象访谈法、其他方法等）

活动设计

前期准备

（具体写明什么时间、什么地点、谁负责什么事、需要什么物资）

中期安排

善后工作

物资及预算

序号	物品名称	单价	数量	用途描述及备注
1				
2				
3				
4				
5				
6				
7				
8				
9				
10				
总计				

思考实践

1. 对于多次教导但是学习情况仍不理想，拖慢了课程进度的老人，为老服务者应当如何应对？

2. 为老服务者该如何鼓励在课程中多次遇到挫折的老人？

参考工单

任务一　参考工单

任务二　参考工单

活动包

活动包："应急有方，救在身边"
——老年人心肺复苏急救技能
学习培训课件

参考文献

图书

［1］郑杭生．社会学概论新修［M］．3 版．北京：中国人民大学出版社，2003.

［2］高志敏，等．成人教育社会学［M］．石家庄：河北教育出版社，2006：30，340－342.

［3］李锦顺．高级社会工作师应试指南［M］．北京：中国社会出版社，2021：190.

［4］游丽里，张美淑．老年团体活动设计［M］．台北：五南图书出版社，2015.

［5］张兆球，苏国安，陈锦汉．活动程序：计划、执行和评鉴［M］．香港：香港城市大学出版社，2016.

［6］张晓琴．社区活动策划［M］．南京：南京大学出版社，2021.

［7］张晓琴，李坪．社会工作文书［M］．南京：南京大学出版社，2017.

［8］何雪松．社会工作理论［M］．上海：上海人民出版社，2007.

［9］杨培珊，梅陈玉蝉．台湾老人社会：工作理论与实务［M］．2 版．台北：双叶书廊有限公司，2011.

［10］姜燕，朱佩．老年康乐活动策划与组织［M］．南京：南京大学出版社，2020.

［11］凯瑟琳·麦金尼斯－迪特里克．老年社会工作：生理、心理及社会方面的评估与干预［M］．2 版．隋玉杰，译．北京：中国人民大学出版社，2008.

［12］全国社会工作者职业水平考试教材编委会．社会工作综合能力：中级［M］．11 版．北京：中国社会出版社，2022.

期刊

［1］孙立新，罗彤彤．困境与出路：老年教育促进老年人继续社会化研究［J］．职教论坛，2014（6）：28－31.

［2］姚兆余，王鑫．城市随迁老人的精神生活与社区融入［J］．社会工作（下半月），2010（9）：43－45.

［3］许飘，张一奇．生命回顾疗法介入老年科患者集体记忆困境的实务路径：以上海市徐汇区中心医院为例［J］．中国社会工作，2021（27）：28－32.

［4］朱萌，邸焕双．人生回顾疗法在重构贫困空巢老人生命意义中的研究［J］．长春理工大学学报（社会科学版），2020，33（2）：82－87.

［5］李冰．生命恒律动与灵魂盈清漾：看《旋律与和声——黄邦雄、张卫艺术回顾双个展》有感［J］．雕塑，2019（3）：26－29.

［6］田新朝．生命回顾的策略适应及其价值：基于老年人小组式叙说的质性研究［J］．理论月刊，2018（10）：69－75.

［7］闫寒，李兵．生命回顾干预对胰腺癌患者自我感受负担与幸福感的影响［J］．中国实用护

理杂志，2018，34（10）：737－742.
［8］马玉霞，王丹文，张姮．人生回顾疗法在带病生存患者重建生命意义过程中的运用与启示［J］．解放军护理杂志，2016，33（16）：49－51.
［9］曾迪洋．生命历程理论及其视角下的移民研究：回顾与前瞻［J］．社会发展研究，2016（2）：192－209，245－246.
［10］吴开泽，陈琳．从生命周期到生命历程：中西方住房获得研究回顾和展望［J］．城市发展研究，2014（12）：7－13.
［11］朱明红．“积极老龄化”理念背景下老年人参与志愿服务的“赋权”与“增能”［J］．经济研究导刊，2018（35）：164－167.
［12］高翔，温兴祥．城市老年人志愿服务参与对其健康的影响［J］．人口与经济，2019（4）：107－121.
［13］刘晋飞．培育老年社区志愿者的实践困境与应对之策：以东莞市D社区为例［J］．东莞理工学院学报，2018，25（4）：1－5.
［14］沈娟．老年志愿服务组织管理的长效机制探究［J］．中外企业家，2014（16）：224－225.
［15］刘澜淼．城市社区老年人参与志愿服务激励机制的发展困境及对策研究［J］．中国市场，2015（8）：161－162，166.
［16］吴忠燕．社会工作缅怀治疗小组实操五步法［J］．中国社会工作，2021（30）：42.
［17］李东晓．微屏时代谁在传播健康？——对微信平台健康养生信息兴起的传播学分析［J］．现代传播（中国传媒大学学报），2016，38（4）：21－26.
［18］李东晓．微信用户健康养生信息的传播行为分析［J］．浙江传媒学院学报，2016，23（4）：90－97，153.
［19］汪清秀，孙旭文，石鸿艳，等．知信行模式干预对社区老年高血压患者自我管理行为的影响［J］．护理学杂志，2015，30（1）：88－90.
［20］王芳，王家宝．社区居家养老医疗保健服务综述［J］．商，2016（30）：75.
［21］曾富生．老年社会理论与“老”的探讨［J］．西部学刊，2020（24）：65－67.
［22］陶莉，邬贤斌，陈春红，等．养老院老人抑郁状态与社会支持的相关分析［J］．解放军护理杂志，2008（11）：29－31.
［23］许靓．增权理论在老年社会工作服务中的应用［J］．大众标准化，2021（14）：151－153.
［24］康文萍，张一奇．小组社会工作在糖尿病病人健康教育中的运用［J］．中华护理杂志，2004（5）：342－344.
［25］贾丽娜，袁平，庄海林，等．社区老年人慢性病患病现状及与生命质量关系［J］．中国公共卫生，2011（11）：1361－1364.

论文

［1］李羽飞．小组互动模式运用于社区社会组织培育的实务研究：以深圳市F社区为例［D］．郑州：郑州大学，2016.

[2] 顾蒙蒙. 优势视角下社会工作介入老年志愿者培育的研究：以佛山市 X 社区 Y 项目为例 [D]. 广州：华南理工大学，2018.
[3] 冯辉. 团体怀旧治疗对社区老年人抑郁症状的干预效果研究 [D]. 长沙：中南大学，2010.
[4] 冯梅，蒋文慧. 慢性病自我管理的研究实践及问题探讨 [D]. 西安：西安交通大学，2012.
[5] 林晏平. 居家养老 PPP 模式的可行性和运营机制研究 [D]. 北京：清华大学，2017.
[6] 谢秋山. 农村老年贫困家庭社会工作介入个案研究：以内蒙古赤峰市×居民家庭为例 [D]. 长沙：中南大学，2013.
[7] 齐婧楠. 城市失独老人的养老困境及对策：基于辽源市失独老人的定性研究 [D]. 长春：吉林农业大学，2021.
[8] 刘丹. 农村留守老人康乐活动小组工作介入实践 [D]. 长春：长春工业大学，2016.

Module 1

Environment-friendly activities for the elderly

Project 1
Service design of aging policy popularization

Since entering the aging society, China has experienced the development process from understanding the problem of aging, publicizing the problem of aging, and solving the problem of aging, to actively responding to the aging of the population. After the founding of the People's Republic of China, the CPC and the government attached great importance to the population structure and the social changes brought about by the extension of the average life expectancy, and made corresponding institutional arrangements.

As an integral part of the society, human beings interact with the social environment at all times. Both the elderly and the elderly service staff are products of the interaction between human behavior and social environment. Creating a friendly elderly environment is conducive to the elderly to better realize the integration of life, and the formulation and popularization of the aging policy is conducive to the creation of a friendly environment. Therefore, those elderly service staff should pay attention to and participate in the popularization of aging policies.

Project objectives

1. Understand the concept and importance of the aging policies.

2. Master the main areas and collection methods of the aging policies.

3. Master the method of visual dissemination of the aging policies.

Ability objectives

1. Be able to collect and sort out the aging policies according to work needs.

2. Be able to accurately apply the collected and organized policies for the elderly to practical work.

3. Be able to disseminate the aging policies through intelligent means.

Quality objectives

1. Correctly handle the contradiction between the legitimacy of the aging policies and the reason in the process of the elderly service.

2. Correctly handle the contradiction between the macro-control of the aging policies and the actual needs of the elderly.

3. Be good at applying aging policies to the elderly care projects.

1 Basic concepts

(1) The aging policies

The aging policies include two aspects: one is in the broad sense, which refers to the public policies to promote economic and social development under the conditions of aging society; the other is in the narrow sense, which focuses on the elderly group, meeting the growing material and cultural needs of all the elderly, in which the elderly care policy is the core.

(2) Visual design of the aging policies

The visual design of the aging policies consists of a series of visual elements, mainly including text, colors and graphics. The aging policies are directly presented to the audience in the visual form, so that it can be directly perceived through the vision, so as to realize the experience, vividness and dissemination of the aging policies.

2 Common theories

(1) Social learning theory

a. Theoretical overview

The theory was proposed by the American psychologist Albert Bandura in 1952. According to Bandura, the behavior is learned by observing other people or things, meaning that an observer can acquire or learn a new behavior by seeing, listening, or reading. Observations include paying attention to the process and outcome of emergence, which can help the observer come to the conclusion of what is predictable and what the rules governing the director's behavior are. Observers represent themselves as symbols and match their actions to what they see. The theory focuses on the role of observation learning and self-regulation in triggering human behavior, valuing the interaction of human behavior and environment.

b. Practical application

First of all, the theory emphasizes the role of observational learning in the acquisition of human behavior, believing that most of people's behavior is learned by observing other people's behavior and the results of their behavior. Therefore, opportunities for observational learning should be created as far as possible in the process of advocacy and dissemination of the aging policies. Secondly, the theory attaches great importance to the influence of the role model. The charm or reward of the role model, the complexity of the role model behavior, and the interpersonal relationship between the role model and the observer will all affect the behavioral performance of the observer. Therefore, in the process of publicizing and disseminating the aging policies, attention should be paid to the cultivation of silver hair consultant and the commendation of effective policy communication units and individuals.

(2) Elderly social environment theory

a. Theoretical overview

The elderly social environment theory was proposed by Cubrium in 1972. In the theory, Cubrium proposed that the environment of the elderly people contains two important aspects: personal essence and social connotation. Personal essence refers to health, economic ability, and the flexibility of social support affecting behaviors, while the social connotation refers to the clear social norms leading to the social homogeneity, the spatial distance of the residences of the elderly, and the local measures to protect the elderly. The interaction between individual and society causes the individual to take action. If the individual essence and social connotation are both very ideal, the individual will have high enthusiasm and happy life.

b. Practical application

According to the social environment theory of the elderly, in general, if the elderly are healthy and have strong economic capabilities, they will have enough ability to deal with many problems and need less assisted social services, so the burden of social welfare will be reduced. On the contrary, if the elderly are in poor health or embarrassing life, their ability to adapt to the environment is worse. And they are often extremely adversely affected in the requirements of social norms. Therefore, the aging welfare policy should be on the basis of facing up to the aging population and appropriately tend to the elderly with poor ability.

(3) Geriatric subculture theory

a. Theoretical overview

The geriatric subculture theory was proposed by Rose in 1965. The theory holds the following aspects. First, it is more difficult for the elderly to adapt to the environment due to the gradual decline of various aspects. Second, the participation of the elderly in the geriatric subculture is determined by the degree of aggregation of the elderly group, the essence and degree of the contact between the group and the whole society (through families, mass media, employment agencies, etc.), and the resistance of the elderly to aging.

b. Practical application

According to the geriatric sub culture theory, in the design of elderly social work services or promoting aging policies, according to the elderly value standards and behavior norms, the elderly interaction and dialogue, and the basic content and characteristics of the geriatric sub culture, it should try to avoid other age groups of culture imposed on the elderly, or to measure the value, lifestyle and behavior of the elderly.

3 Common methods

(1) Common collection and sorting methods for aging policies

a. The reading method

We can read the relevant documents, newspapers, magazines, books, etc., to obtain the required information. If we need to collect and sort out the policies in the field of livable environment for the elderly, we can refer to "Law of the People's Republic of China on the Guarantee of the Rights and Interests of the Elderly" and "Guidance on Promoting the Construction of a Livable Environment for the Elderly"etc.

b. The purchase method

We can purchase relevant information from educational science centers, consulting service units, educational research institutions, and relevant colleges and universities. For example, if we want to understand what policies have been issued at the national and local levels in the aging industry since 2013 and what effects have been achieved, we can collect and sort out data through project purchase from policy research institutions.

c. The listening method

We can get relevant information from the radio, etc. It's a good idea to listen regularly to the program of Dragonfly FM, in which many useful elderly care policies are involved.

d. The inquiry method

We can ask about the relevant information sources for the relevant information. If the elderly staff want to help the disabled families apply for long-term care insurance, they can consult the relevant departments for detailed policies through the inquiry window.

e. The viewing method

We can get relevant information from TV, video, movies, etc. For the elderly service people can watch regularly *News Network, Sunset Red, Society and Law* and other programs, so as to obtain real-time dynamic elderly care policy.

f. The collection method

We can send special personnel to relevant regions and departments to collect relevant information. For example, we collected the elderly service policies issued by the civil affairs department in a certain area and sorted out.

For the elderly, we should establish the awareness of the collection and arrangement of the aging policies, and provide accurate consultation, push and publicity of the aging policy according to the actual needs of our service objects in daily work.

The design steps are described as follows.

①Services for the elderly should develop the habit of collecting and sorting out the aging policies, and the aging policies can be collected and sorted out according to the two categories of inclusive and preferential policies. The inclusive policy for the elderly should be memorized in mind, while the preferential policy for the elderly and its applicable population, can be fully learned and used.

②While collecting the basic information and service needs of the service objects, we collect and sort out the aging policies that the service objects have enjoyed and that they should enjoy but did not enjoy. We can take the way of listing all the aging policies suitable for the service objects, to confirm and record the policy enjoyment of the service objects.

③According to the aging policies enjoyed by the service objects, we can use the policy explanation, resource docking, service provision, policy advocacy and other ways to satisfy the service objects to the maximum extent.

④We can evaluate and summarize the enjoyment situation and the final effect of the service object for the aging policy, and conditionally write them into cases to facilitate the handling of similar situations.

(2) Common methods used in the visual design of the aging policies

a. Flat-plane visual design

Through the plane combination of words, colors and graphics, let the aging policy enter into the brain and the heart. For example, the aging policy will be displayed in banners, posters, leaflets and other ways.

b. Three-dimensional visual design

Through the three-dimensional combination of words, colors and graphics, let the aging policy enter into the brain and the heart. For example, the aging policy will be displayed in short films and animations.

For the elderly, we should master a variety of visual design methods to facilitate the dissemination of the aging policies. In daily work, through visual design, the aging policies can be well seen, heard and checked.

The design steps are described as follows.

①Servicers for the elderly should have the ability to accurately interpret the aging policies. Compared with the spread of the aging policy, in fact, the way we view the aging policy is the core.

②Servicers edit and sort out the key parts of the aging policy for the elderly, so as to form a general text materials convenient for the public to read.

③The highly generalized text materials, through the plane or three-dimensional visual design, become a product for dissemination.

④The cost and effectiveness analysis of the visual communication should be done.

4 Notes

(1) Focus on the cultivation of caregivers' macro vision

Services for the elderly often focus on providing specific services for the elderly, but ignoring the social influence of the aging policies on the elderly. The servicers for the elderly should have the micro vision, and through continuous learning and training broaden their macro vision.

(2) In addition to making good use of the aging policies, caregivers should also make efforts to push forward the advocacy of the aging policies

We must be familiar with the aging policies and their deficiencies. Caregivers should apply the aging policy to carry out the elderly care services, and can best feel the deficiencies and limitations of the existing aging policy. They should actively carry out policy advocacy work, to create a more friendly policy environment for the elderly.

(3) Pay attention to the timeliness of the aging policies

The aging policies are timely. Those caregivers serving the elderly should update their knowledge reserve in time to ensure that they are proficient in the policy and do not fall behind.

(4) Enhance the sense of experience and participation of policy publicity, and achieve edutainment

Those caregivers serving the elderly should have the ability to use the aging policy, enhance the sense of experience and participation of policy publicity, do a good job of teaching through fun activities, so that the aging policies can enter into ordinary people's homes.

Task 1 Collection and sorting of the aging policies

Task introduction

Caregiver Xiao Hua works in a subdistrict-level home care center. One of the responsibilities of the center is to provide aging policy consultation and guidance services for various community home care centers within the area. In order to better promote this work, Xiao Hua planned to sort out the elderly care service policies issued by the national and local governments in the past five years. She also planned to organize no less than 10 sessions of the lectures titled "Know-all on the Aging Policies", and train no less than 20 "silver-haired consultants".

Task analysis

1 Analysis of service requirements

(1) Understand the knowledge of the aging policies in the past five years

Xiao Hua, through questionnaire survey and household interview, learnt about how the staff in the family elderly care center understood the aging policies in the past five years.

(2) Understand the service needs of each community home care service center for the elderly age policies

Xiao Hua used observation, inquiry and consultation methods to understand the specific needs and sorting methods the community home care service center for the past five years of the elderly policy compilation.

(3) Understand the full-time and part-time personnel in various community home care service centers who can participate in the aging policy service

Xiao Hua needs to find the full-time and part-time personnel who have been clearly defined or arranged in the community home care service centers to participate in the elderly policy service, and register their basic information to facilitate the later organization of training.

2 Develop a service plan

(1) Service background and demand introduction

The old service providers can analyze the background of the service and the needs of the service object one by one from the macro, medium and micro levels.

(2) Introduction of service purpose and objectives

The old service providers need to clarify the purpose of the service and the short-term and long-term goals based on the SMART principle.

(3) Identify the beneficiaries

The beneficiary can be either a direct beneficiary or an indirect beneficiary, and the number and characteristics of the beneficiary must be clear.

(4) Determine the service content and implementation plan

The old service providers should clarify the content of the service and plan the service time, frequency, site, executive personnel, execution budget, etc.

(5) Service risk and response

The old service providers should analyze the possible risks in the service and try to provide a solution.

3 Primary service objectives

① Organize and compile the aging policies for the past five years.

② Cultivate no less than 20 full-time and part-time personnel who can preach and carry out consultation on the aging policies.

③ Improve the understanding, mastery and use ability of the staff in community home care service centers on the elderly policies.

Task implementation

1 Activity design mind map

Assess requirements: 1. Clarify the service targets; 2. Collect information and learn about the characteristics of the service targets	1. Service targets: service providers for the elderly. 2. Requirements: the service providers need to understand the aging policies
Clarify the service objectives	1. Sort out and compile the aging policies released in the past five years. 2. Cultivate no less than 20 full-time and part-time personnel who can popularize and carry out the aging policy consultation. 3. Improve the understanding of the aging policies of the service staff and strengthen their ability to serve the elderly
Determine the service theory	Elderly social environment theory, elderly subculture theory,and social learning theory
Develop service plans	1. Assess the available resources of this activity, including manpower, materials, venues and funds. 2. Determine the intervention and evaluation method of the service, and design the activities
Prepare materials, publicize and recruit	1. Prepare the materials according to the service plan. 2. Make activity posters,carry out the publicity of the activity, and recruit the service providers for the elderly who have relevant demands to participate
Conduct the service	1. The service staff divide the work in advance and arrange the activity venues. 2. Design the activities according to the service scheme, and carry out the activities
Evaluate effectiveness, summarize and retrospect	1. Collect the data and evaluate the service effectiveness according to the service plan through the methods of questionnaire survey, field observation, participant satisfaction survey, etc. 2. Write a summary of the activities

2 Notes for the activity design

(1) Activity design should first ensure safety

Both the choice of the activity venue and the arrangement of the time of the activities should follow the security principles to ensure the safety of the participants.

(2) The activity design should maximize the enthusiasm of the participants

Activity design should fully consider how to make participants better involved. On the one hand, the lecture is the output of professional knowledge; on the other hand, it should also consider the positive interaction of the participants.

(3) Activity design should pursue effectiveness

The activity design should be result-oriented and pay attention to the actual effect of the activities.

Task order

Task information	
Task name	Activity planning of publicizing family elderly care bed policy
Task purposes	1. Help learners to be familiar with the family elderly care bed policy. 2. Help learners to master the skills of collecting and sorting family elderly care bed policy. 3. Help learners to improve the ability and quality of the policy scenario-based use of family care bed policy
Task requirements	**Background:** Caregiver Xiao Hua works in a subdistrict-level home care service center. One of the responsibilities of the center is to provide daily aging policy consultation and guidance services for various community home care service centers within the area. In order to better promote this work, Xiao Hua plans to organize and compile the national, provincial, municipal and district elderly care service policies set in the past five years, to carry out no less than 10 "Know-all on the Aging Policies" information sessions, at the same time to cultivate no less than 20 "silver consultants". Now it is the third session of the "Know-all on the Aging Policies", and the theme of this session is the family elderly care bed policy publicity. **Task:** If you were Xiao Hua, please plan a policy publicity activity for the family elderly care bed policy. First, let the elderly directly understand and master the time, background, beneficiaries, implementation content and communication significance of the policy. Second, let the caregivers learn to collect and organize the policies for the elderly. Third, let the caregivers learn to use the family elderly care bed policy consciously and accurately in daily scenes, so that the elderly in the area can enjoy the service more conveniently

Task-appraisal					
Name of student		**Class and grade in school**		**Student ID**	
Task performance	**Total score:**	**Self-evaluation:**	**Mutual evaluation:**	**Teacher evaluation:**	
Self-comments					
Mutual comments					
Teacher comments					

Task implementation			
Activity name:			
Activity background			
(Describe the status of the group or the issue and state the problems or needs)			
Target		**Quota**	
Place		**Staff**	

(Continued)

<table>
<tr><td>Date</td><td></td><td>Time</td><td></td><td></td></tr>
<tr><td colspan="5">Activity concept (theoretical basis)</td></tr>
<tr><td colspan="5">(What kind of service theories, concepts, and methods to carry out the activities are followed?)</td></tr>
<tr><td colspan="5">Activity objective</td></tr>
<tr><td colspan="5">(Corresponding to problems or requirements, follow the SMART principle, and be quantifiable and evaluable as much as possible)</td></tr>
<tr><td colspan="5">Estimated difficulties and solutions</td></tr>
<tr><td colspan="2">Estimated difficulties</td><td colspan="3">Solutions</td></tr>
<tr><td colspan="2"></td><td colspan="3"></td></tr>
<tr><td colspan="2"></td><td colspan="3"></td></tr>
<tr><td colspan="2"></td><td colspan="3"></td></tr>
<tr><td colspan="5">Appraisal procedure</td></tr>
<tr><td colspan="5">(Questionnaire survey method, field observation method, service object interview method, etc.)</td></tr>
<tr><td colspan="5">Activity design</td></tr>
<tr><td colspan="5">Previous preparation</td></tr>
<tr><td colspan="5">(Time, place, person in charge, and materials)</td></tr>
<tr><td colspan="5">Mid-term arrangement</td></tr>
<tr><td colspan="5"></td></tr>
<tr><td colspan="5">Aftermath work</td></tr>
<tr><td colspan="5"></td></tr>
<tr><td colspan="5">Materials and budget</td></tr>
<tr><td>Number</td><td>Name</td><td>Unit-price</td><td>Quantity</td><td>Applications and remarks</td></tr>
<tr><td>1</td><td></td><td></td><td></td><td></td></tr>
<tr><td>2</td><td></td><td></td><td></td><td></td></tr>
<tr><td>3</td><td></td><td></td><td></td><td></td></tr>
<tr><td>4</td><td></td><td></td><td></td><td></td></tr>
<tr><td>5</td><td></td><td></td><td></td><td></td></tr>
<tr><td>6</td><td></td><td></td><td></td><td></td></tr>
<tr><td>7</td><td></td><td></td><td></td><td></td></tr>
<tr><td>8</td><td></td><td></td><td></td><td></td></tr>
<tr><td>9</td><td></td><td></td><td></td><td></td></tr>
<tr><td>10</td><td></td><td></td><td></td><td></td></tr>
<tr><td colspan="2">Amount to</td><td colspan="3"></td></tr>
</table>

Task 2 Visual design of aging policy

Task introduction

With the introduction of "A City Elderly Care Service Regulations", in order to better popularize the regulations, the government outsourced services through project bidding. Xiao Hua's agency won the project. The project require to design no less than three visual publicity tools, and do a good job of "seeing" publicity, "hearing" publicity, "checking" publicity.

Task analysis

1 Analysis of service requirements

(1) Accurate interpretation of "A City Elderly Care Service Regulations", to ensure that the publicity of the elderly care policy is positive.

(2) A variety of publicity methods can be adopted, so that the elderly care policy can be more widely "seen", "heard" and "checked".

2 Develop a service plan

(1) Service background and demand introduction

The old service providers can analyze the background of the service and the needs of the service object one by one from the macro, medium and micro levels.

(2) Introduction of service purpose and objectives

The old service providers need to clarify the purpose of the service and the short-term and long-term goals based on the SMART principle.

(3) Identify the beneficiaries

The beneficiary can be either a direct beneficiary or an indirect beneficiary, and the number and characteristics of the beneficiary must be clear.

(4) Determine the service content and implementation plan

The old service providers should clarify the content of the service and plan the service time, frequency, site, executive personnel, execution budget, etc.

(5) Service risk and response

The old service providers should analyze the possible risks in the service and try to provide a solution.

3 Primary service objectives

① Through the design and implementation no less than three visual publicity tools, publicize the "visible", "audible" and "available" regulations of A City.

② Through accurate interpretation and extensive publicity of policies, establish an elderly-friendly city and actively respond to the aging population.

Task implementation

1 Activity design mind map

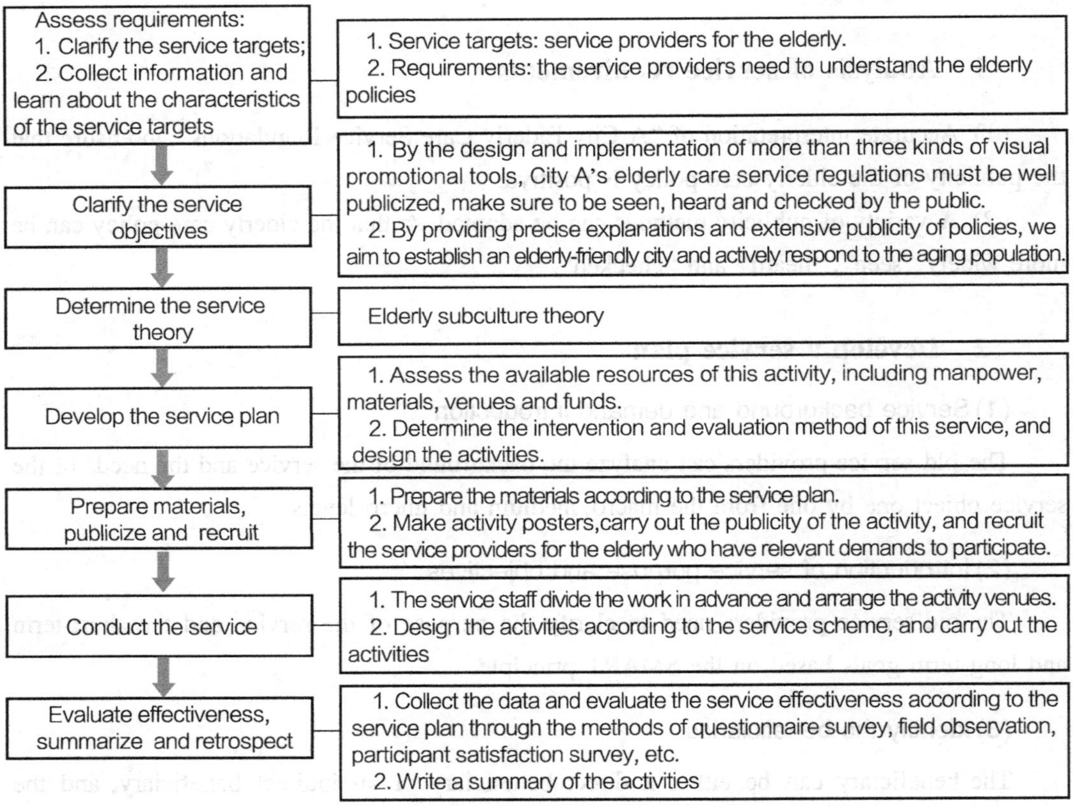

2 Notes for the activity design

(1) Enhance the sense of experience and participation of policy publicity, and combine teaching through fun activities

In addition to the regular paper publicity, the old service providers can also make the policies publicized into videos, sketches, sitcoms and other forms, to enhance the interest and experience of communication.

(2) Pay attention to the effectiveness of activity design

The publicity of the aging policies often has high requirements for the number of people covered, and satisfaction. Those serving the elderly should pay attention to the actual publicity effect, especially the extent to which the target can understand and can be used.

Task order

Task information	
Task name	Activity propagation planning of " A City Elderly Care Service Regulations"
Task purposes	1. Help the service objects to master the knowledge of " A City Elderly Care Service Regulations". 2. Help the service objects to use no less than three visual publicity tools to disseminate " A City Elderly Care Service Regulations". 3. Help the service objects to improve the quality of organizing, planning and implementing the visual publicity of the aging policies
Task requirements	**Background:** With the introduction of "A City Elderly Care Service Regulations", in order to better popularize the regulations, the government outsourced the publicity services through project bidding. Xiao Hua's agency won the project. The project requires that no less than three visual publicity tools should be designed to do a good job of "seeing" publicity, "hearing" publicity and "checking" publicity. **Task:** If you were Xiao Hua, please plan an aging policy communication activity for "A City elderly care Service Regulations", to ensure the scale of the number of people, the diversity of communication modes, to the applicability of the communication effect

Task-based appraisal					
Name of student		**Class and grade in school**		**Student ID**	
Task performance	**Total score:**	**Self-evaluation:**	**Mutual evaluation:**	**Teacher evaluation:**	
Self-comments					
Mutual comments					
Teacher comments					

Task implementation			
Activity name:			
Activity background			
(Describe the status of the group or the issue and state the problems or needs)			
Target		**Quota**	
Place		**Staff**	
Date		**Time**	

(Continued)

Activity concept (theoretical basis)

(What kind of service theories, concepts, and methods to carry out the activities are followed?)

Activity objective

(Corresponding to problems or requirements, follow the SMART principle, and be quantifiable and evaluable as much as possible)

Estimated difficulties and solutions

Estimated difficulties	Solutions

Appraisal procedure

(Questionnaire survey method, field observation method, service object interview method, etc.)

Activity design

Previous preparation

(Time, place, person in charge, and materials)

Mid-term arrangement

Aftermath work

Materials and budget

Number	Name	Unit-price	Quantity	Applications and remarks
1				
2				
3				
4				
Amount to				

Project 2
Design of the elderly service activities

With the rapid development of economy and society, as well as the improvement of people's living standards, the aging trend of China's population is gradually accelerating. And actively coping with the aging of the population has become a major strategic issue in China. Since the 18th CPC National Congress, General Secretary Xi Jinping has made a series of important remarks on respecting the elderly, emphasizing the significance of respecting the elderly for many times. Respect for the elderly, as one of the traditional virtues of the Chinese nation, shows the love, filial piety, and kind moral spirit, to build a good social atmosphere fall of love, not only making the elderly group feel social care, enhance the level of elderly physical and mental health, but also maintaining family harmony and social order.

Project objectives

Knowledge objectives

1. Understand the concept, significance value and common theory of the elderly service.
2. Master the methods of planning and carrying out the elderly service activities.

Ability objectives

1. Be able to master the common forms of the elderly service.
2. Be able to master the methods and skills of designing and developing elderly services.
3. Be able to master the key points of developing elderly service activities.

Quality objectives

1. Understand and recognize the cultural thought of respecting the elderly in China, and be willing to serve the elderly group.
2. Actively integrate the service concept of respecting the elderly in the design of service activities.

1 Basic concepts

(1) The elderly service activities

The elderly service activities refer to all kinds of services carried out for the purpose of respecting the elderly, which can be divided into two levels: advocating the concept of respecting the elderly and helping the action of caring for the elderly.

Serving the elderly from the two levels of advocating the concept of respecting the elderly and supporting the action of helping the elderly, has the following three positive effects. First of all, from the perspective of the individual level of the elderly, the elderly services help the elderly to build a positive self-concept and enhance their self-identity. Secondly, from the social perspective, the elderly services help to create a good social atmosphere of respecting caring for and helping the elderly, carrying forward the traditional Chinese virtues and inheriting the Chinese culture. Thirdly, from the individual level, everyone will be old, and looks forward to live in the elderly care environment full of care and love; Therefore, planning and actively participating in all kinds of respect service activities, are for the future to have a good elderly care environment, which has positive significance for everyone.

(2) The offline elderly service

The offline elderly service refers to a series of activities with the purpose of respecting the elderly carried out through traditional social networking and face-to-face interaction. Its recruitment and publicity methods are not limited to the offline form, but the main links should be carried out in the offline form.

(3) The online elderly service

The online elderly service refers to the activities initiated on the Internet and all or most links carried out on the Internet for the purpose of respecting the elderly. The links may include, but are not limited to, releasing activity information on the network, recruiting activity personnel, and carrying out activities with the help of the network platform. For example, online question-and-answer activities of knowledge of the elderly, online photo or video collection of the elderly service, online class of knowledge for the elderly, online art performance on the theme of respecting the elderly, etc.

2 Common theories

(1) Symbol interaction theory

a. Theoretical overview

The symbol interaction theory is also known as the interaction theory. The theory holds that the interaction between people is made by symbols, such as sound, language, text, pictures, expressions and gestures, which are all symbols of people's interaction. In the process of interaction, people often explain their thoughts and meanings from the perspective of others, and guide their own behaviors, and also know themselves from the attitudes and views of others, so as to form and modify their self-concepts. That is, people think about themselves in their own social environment and in the communication with others, according to the judgments and attitudes of others, to form and modify their self-concepts.

b. Practical application

According to the symbolic interaction theory, if the whole society adopts a discriminatory and negative attitude towards the elderly, it will inevitably have a negative impact on the self-cognition of the elderly. Vice versa, if the society holds a positive caring attitude towards the elderly, it will also have a positive impact on the elderly and help to improve the happiness of the elderly in their later years.

Using the theory of symbol interaction, we can carry out service activities for the elderly at the social level, carry forward the virtues of the Chinese nation, create a good atmosphere of respecting and loving the elderly in the community, recognize the ability and advantages of the elderly, and help the elderly to build a positive situation to enhance the self-identity of the elderly.

(2) Hierarchy of needs theory

a. Theoretical overview

Maslow's hierarchy of needs theory was proposed by American psychologist Abraham Maslow. This theory holds that human beings have five needs, which are related to each other. The five needs are physiological needs, safety needs, love and belonging needs, respect needs, and self-realization needs. Among them, physiological needs include the need for sustaining survival, such as diet, sleep, sexual desire, etc. Security needs include the need to protect themselves from threat and thus gain a sense of security. The love and belonging needs include acceptance, love, attention, appreciation, encouragement and support. Respect needs include respect and self-respect. Respect refers to the hope that others to value, while self-respect refers to the hope for personal value. Self-realization needs include the spiritual level, which means to reach the highest level of life.

b. Practical application

According to the hierarchy of needs theory, the elderly in different environments and different scenarios also have different needs. For example, the poor and sick elderly need medical treatment and survival, so their needs are physiological and safety needs. The elderly who live alone prefer someone to care for themselves and meet their needs of love and belonging.

When planning the service of the theme of respect for the elderly, only by fully and accurately grasping the needs of the service objects, can we plan and develop the service for the elderly in line with the needs of the service objects. For example, the elderly living alone have the need of love and belonging, and the elderly care staff can plan from the level of helping the elderly, like volunteer visiting activities for the group, the elderly living alone services, etc. The community veteran members have respect needs and desire to be valued and affirmed by others, and the elderly care staff can plan from the level of advocating the concept of respect, such as teaching party lessons, collecting and displaying the life stories of the elderly party members, etc.

3 Common methods

(1) Service method of advocating the concept of respecting the elderly

The advocacy level of the concept of respecting the elderly is a level of the service activities of respecting the elderly. It means to carry out various advocacy services of the concept of respecting the elderly for the members of the society, so as to carry forward the traditional virtues of respecting the elderly and inherit the fine culture of respecting the elderly. In the design, the concept of respecting the elderly advocacy level service activities should add the relevant knowledge and skills of the concept of respecting the elderly, and focus on improving the participants' awareness of respecting the elderly.

Common service methods to advocate the concept of respecting the elderly, include the Double Ninth Festival publicity activities of advocating the concept of respecting the elderly, smile advocacy service, the elderly publicity composition collection, the elderly theme with prizes, the elderly culture publicity wall production, the elderly theme story sharing meeting, etc.

(2) Service method of helping and supporting the elderly

The action level of helping and caring for the elderly is a level of the service activities for the elderly, which refers to the various helps and cares for the elderly, in order to achieve the service purpose of respecting the elderly. In the design, the difference between the activities and the advocacy level of the concept of respecting the elderly lies in the targeted knowledge and action skills related to helping the elderly, and the focus on improving the participant actions of respecting the elderly. The following are common aging for services.

①Serve for the elderly volunteers, such as accompanying medical services, helping the elderly to buy living materials, assisting the elderly to clean up, etc. (see project 3 in module 1 of this book).

②Public environment and home-based aging renovation, such as repairing houses for the elderly, home-friendly renovation, building community friendly environment for the elderly, etc. (see Project 4 in Module 1 of this book).

③Psychological care activities for the elderly, such as visiting and caring activities for the elderly, psychological counseling services for the elderly, etc. (see project 2 in module 4).

④Festival care services, such as the activities of caring for the elderly on the Double Ninth Festival, sending couplets to the elderly during the Spring Festival, etc. (see project 2 in module 3 of this book).

4 Notes

(1) Understand the needs and characteristics of the service objects in advance, and carry out compatible services

Before planning the service for the elderly, the service providers for the elderly should fully understand the needs of the service objects and the characteristics of the group, plan and carry out the services that meet their needs and characteristics. For example, planning obscure knowledge lectures for children, or planning strenuous exercise activities for the elderly, which easily make the service objects feel that the services do not meet their needs and they are unwilling to participate.

(2) Evaluate and integrate the resources required by the activities and in advance

Before planning the service, the elderly service providers should evaluate the service needs and the types and quantity of resources that can be integrated, and make preparatory work for the service. If the elderly service providers plan to carry out outdoor publicity activities for the elderly, the community outdoor field, the activity human resources and the activity publicity materials should be integrated in advance.

(3) Accumulate online service channels in advance to improve their own online service level

As the services for the elderly that need to break the geographical restrictions, the elderly should give priority to the form of online services, which would require the planners to accumulate the publicity and recruitment channels of online services and have certain operational ability for the online service platform.

(4) Pay attention to assess the feelings of the elderly to ensure the effectiveness of the service

The main audience of the service is the elderly, and whether the service actually makes them feel helpful loved and respected. Therefore, when planning and evaluating the service for the elderly, we should not only collect the activity feedback of the service group, but also collect the activity feedback of the elderly group, so as to better evaluate the effectiveness of the service.

(5) Creating a social atmosphere of servicing the elderly requires long-term efforts, not accomplished overnight

The purpose of servicing the elderly aims to create a social atmosphere of respecting and caring for the elderly, which requires all members of the society to work together for a long time.

(6) Review the attitude towards the culture of respecting the elderly in advance, and be responsible for the service

The main purpose of the service activities is to advocate the public to respect and care for the elderly, let the elderly feel respect and care, and carry forward the traditional virtues of the Chinese nation. Therefore, those who serve the elderly must understand and recognize the cultural thought of respecting the elderly in advance, and be willing to serve the elderly group. Only in this way, for the elderly to carry out the concept of respecting the elderly and help the elderly service, will the caregivers feel handy.

Task 1 Offline design of the elderly service activities

Task introduction

Community A has 8, 000 permanent residents, including 1, 000 elderly people over 60 years old and 200 elderly people over 80 years old People, 900 children and adolescents aged 6 to 12 years. Most of the elderly in the community have reported that the community atmosphere of loving and respecting the elderly is not good, and they do not feel the recognition of children. Children take their grandparents to care for them and lack respect and care for the elderly, which makes them feel sad and disappointed.

When the Month of Respect the Elderly approaching, as one of caregiver Community A for the old service, you want to recruit 20 children to share respect theme stories, encourage them to tell the touching stories with the elderly, and show in the community culture column collected to respect stories, propaganda respect concept, in order to promote the Chinese nation virtue of respect, build community good atmosphere of respect and love, and improve community residents' respect, love and support consciousness.

Task analysis

1 Analysis of service requirements

①The elderly people want to receive recognition and care from their grandchildren.

②The elderly want to live in a community atmosphere of respecting and caring for the old people.

③Children's moral awareness of respecting and caring for the elderly needs to be cultivated. Respecting and loving the elderly, as the traditional virtues of the Chinese nation, should be passed on.

2 Develop a service plan

In the Month of Respecting the Elderly, 20 community children were organized to hold a story sharing meeting on the theme of respecting the elderly. Let each child tell a touching story between himself and the elderly, and organize the story into graphic materials in the community culture column for publicity and display.

3 Primary service objectives

①Cultivate children's moral awareness of respecting the elderly through the theme story sharing meeting of respecting the elderly.

②Through the publicity of the story of respecting the elderly, let the elderly feel the children's love and affirmation of the elderly, and meet the needs of the elderly to be recognized and cared.

③Create a cultural atmosphere of respecting, loving and caring for the elderly in the community through the cultural wall publicity of the theme of respect for the elderly.

Task implementation

1 Activity design mind map

Stage	Step	Details
Preparation	Evaluate the needs: 1. Clarify the service targets; 2. Collect data, understand the characteristics and problems of the service targets, and determine the service needs	1. Service targets: the elderly and children in the community. 2. Needs: (1) The elderly hope to be recognized and cared, and live in a community where people respect them; (2) Children need to be educated in the moral values of respecting and caring for the elderly and inherit the cultural concept of respecting and caring for the elderly
Preparation	Set the service goals	1. Meet the needs of the elderly people for recognition and care. 2. Create the cultural atmosphere of respecting and caring for the elderly in the community. 3. Cultivate children's moral awareness of respecting and caring for the elderly
Preparation	Determine the service theories	Symbolic interaction theory, and hierarchy of needs theory
Preparation	Determine the service plan	1. Evaluate the resources available for this activity, including manpower, materials, venues, funds, etc. 2. Determine the service introduction approach and evaluation method, and design activity segments: (1)Adopt the form of a respecting the elderly-themed story sharing session in this activity to cultivate children's awareness of respecting the elderly; (2)Make the elderly feel recognized and cared through the promotion of respecting the elderly-themed cultural walls, and create the cultural atmosphere of respecting, honoring, and loving the elderly in the community
Preparation	Prepare materials, publicize the activity, and recruit the participants	1. Prepare materials according to the service plan. 2. Make a poster to promote the activity, and recruit 20 children to participate as story sharers
Implementation	Carry out services	1. The staff will distribute work in advance and set up the activity venue. 2. Carry out the services according to the plan and design
Evaluation	Evaluate effectiveness, summarize and retrospect	1. Collect data and evaluate the effectiveness of the service according to the plan through the methods of participant satisfaction survey, field observation, questionnaire survey etc. 2. Write a summary of the activity and reflect on the services

2 Notes for the activity design

(1) Combine multiple recruitment methods

The activity recruits children, so they can do the following items. They can recruit through parents, cooperate with primary schools, and promote stalls in places where children are regularly active.

(2) Pay attention to the appropriate time of the activities and duration, and add game or rest time

Since the group of this activity is children, the people serving the elderly should consider the characteristics of children's academic time and children's attention are not easy to focus for a long time. So it is suggested to carry out in children's spare time. The activities should be appropriately set up to rest or game interactive links, to avoid too long duration activities, so that children can be free from the activities.

(3) Pay attention to the feedback of the elderly on the service, and evaluate the effectiveness of the service

Another service group of this service is the elderly, so the service providers for the elderly should pay attention to collect the feedback of the elderly group on the service, and it is recommended to use the questionnaire method, interview method and other methods.

(4) The font or design layout of the text propaganda content should fully consider the vision condition of the elderly

If the activity has a community culture column of respecting the elderly story publicity link, the relevant text content and typesetting design must fully consider the visual condition of the elderly. For example, as the text size must be appropriately enlarged.

Task order

Task information	
Task name	Offline design of elderly service activities
Task purposes	1. Help learners to master the key points of offline theme activities on respecting the elderly. 2. Help learners to master the methods and skills of designing and carrying out offline themed activities of respecting the elderly
Task requirements	**Background:** About 40 elderly people from the elderly activity center in S Community Activity Center for the Elderly come to participate in the activities every day. The elderly often report to the people serving the elderly that the words on the center wall are too small to see, and the outdoor space of the center lacks propaganda to care for the elderly. They hope that the surrounding living environment will be more friendly to them. In order to meet the needs of the elderly, we plan to hold an offline meeting for the elderly, inviting 11 elderly people to participate, let them put on the perspective of the elderly, put forward opinions on the environmental construction of the elderly, and create an environment for respecting and caring for the elderly. During the activities of the meeting, at least 5 opinions on the construction of friendly environment for the elderly will be collected for the elderly, and 3 environmental measures for the elderly will be implemented within one month after the end of the meeting. **Task:** If you were a service worker for the elderly in the Community Activity Center for the Elderly, please design an offline meeting activity for the elderly to meet the needs of the elderly for the construction of a friendly environment, and do the following two items. 1. In this activity, at least 5 opinions on the construction of friendly environment for the elderly should be collected for the elderly providers to affirm the value of the elderly. 2. Within one month after the end of the activity, implement three friendly environmental measures for the elderly to create respect and care for the elderly environment.

Task-based appraisal					
Name of student		**Class and grade in school**		**Student ID**	
Task performance	**Total score:**	**Self-evaluation:**	**Mutual evaluation:**	**Teacher evaluation:**	
Self-comments					
Mutual comments					
Teacher comments					

Task implementation
Activity name:
Activity background
(Describe the status of the group or the issue and state the problems or needs)

(Continued)

Target		**Quota**	
Place		**Staff**	
Date		**Time**	

Activity concept (theoretical basis)
(What kind of service theories, concepts and methods to carry out the activities, we should pay attention to the combination with this activity)
Activity objective
(Corresponding to problems or requirements, follow the SMART principle, and be quantifiable and evaluable as much as possible)
Estimated difficulties and solutions

Estimated difficulties	Solutions

Appraisal procedure
(Questionnaire survey method, field observation method, service object interview method, etc.)
Activity design
Previous preparation
(Time, place, person in charge, and materials)
Mid-term arrangement
Aftermath work
Materials and budget

Number	Name	Unit-price	Quantity	Applications and remarks
1				
2				
3				
4				
5				
6				
7				
8				
9				
10				
Amount to				

Thinking practice

1. What types of elderly people can be invited to participate in the service?

2. In the activity, if the participants disagree, what should the elderly service deal with?

3. What are the available assessment tools for the assessment and effectiveness measurement of the service?

Task 2 Online design of the elderly service activities

Task introduction

Community C has a permanent population more than 15,000 people, including more than 2,500 people over 60 years old, and the community has the starlight elderly home, the elderly activity center, the party and mass service center and other activity places. The elderly can go to the daily activity places to play chess, watch TV, play table tennis and so on. Recently, due to the epidemic, some activity centers have been suspended for more than a month, and all offline services have been suspended. Some community residents also need to reduce their travel or home quarantine according to the epidemic prevention. Through online communication with the elderly, the community learns that some elderly people express that they help take care of their children and grandchildren, and sometimes they are disliked. Some elderly people feel that their families do not care about and respect them, and some elderly people think that they do not feel happy to stay at home all the time.

Learning part of the old people occupy the home life, Xiao Liu for the old service plans to invite feedback problems of the elderly, their family members, and other interested community residents, to participate in online "elderly the elderly" theme works solicitation, which may widely mobilize the elderly physical and mental conditions of different groups, respect support activities, build respect support love social atmosphere, guide the whole society to respect, support, love the traditional virtue, and strengthen the elderly feeling and happiness.

Task analysis

1 Analysis of service requirements

(1) The elderly people want to get the care and recognition from their families.

(2) The elderly want to gain recognition and respect from the society.

2 Develop a service plan

The elderly and their family members give feedback, as well as other interested community residents, to participate in the online "Respecting the Elderly" theme works collection activity. The collection of works is divided into two kinds: paintings and pictures. Among them, the paintings can include cartoons, sketches, posters and other forms. The pictures can be taken as real photos in line with the theme of "Respecting the Elderly", and the participants will attach a brief explanation. For the collection works, the old service providers will post on multiple social platforms for the residents to appreciate, vote and discuss, and set rewards for excellent works.

3 Primary service objectives

①Guide the participants to cultivate the awareness of respecting the elderly through the collection of works on the theme of respecting the elderly.

②Through the whole family participating in the elderly activities, the elderly can get the care and recognition from their families.

③Enhance the sense of self-esteem and happiness of the elderly through the presentation and discussion of the works of respect for the elderly.

Task implementation

1 Activity design mind map

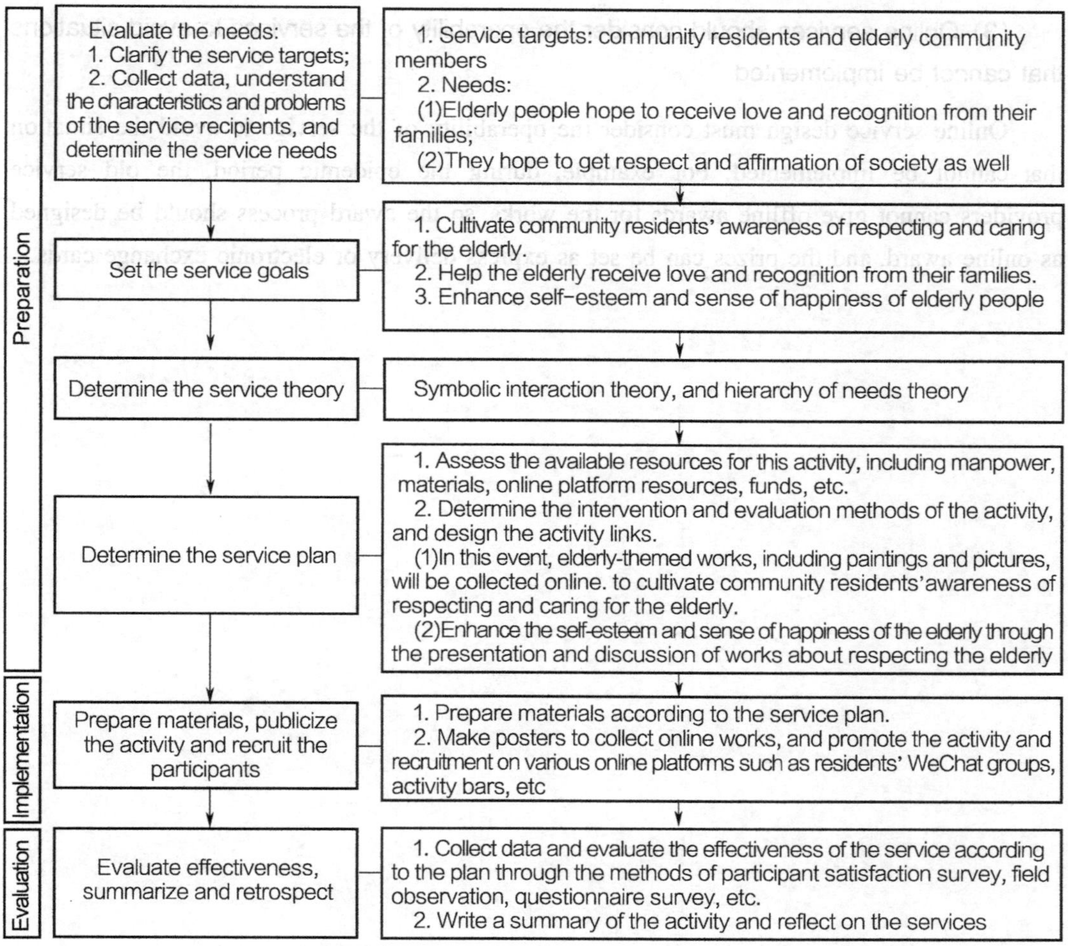

2 Notes for the activity design

(1) Select the online service platform familiar to the service objects to make it easier to participate

When carrying out online services, the old service providers must use the platform that is often used or mastered. For example, the platform often used by the service objects is We Chat, so using the WeChat platform to carry out online service for the elderly, it is easier for the service objects to participate in it.

(2) Strengthen the online service publicity and activity interaction, so that the service objects can understand and participate in it

For online services, the elderly should pay attention to strengthen publicity, encourage residents to participate, and try to interact with residents on "participation platforms" WeChat group, so that more service objects can understand and participate in it.

(3) Online services should consider the operability of the services to avoid situations that cannot be implemented

Online service design must consider the operability of the service to avoid the situation that cannot be implemented. For example, during the epidemic period, the old service providers cannot give offline awards for the works, so the award process should be designed as online award, and the prizes can be set as express delivery or electronic exchange cards.

Task order

<table>
<tr><th colspan="2">Task information</th></tr>
<tr><td>Task name</td><td>Online service activities for the elderly</td></tr>
<tr><td>Task purposes</td><td>1. Help the learners to master how to design online elderly care services.
2. Help the learners to master the skills of developing online services.
3. Help the learners to improve their ability to provide online services</td></tr>
<tr><td>Task requirements</td><td>Background: Because of the outbreak, an elderly activity center has not open more than half a month, the center of the old men can only occupy the home. Some of the elderly reflect they can only stay at home, and no one can accompany them. They can't feel the family care and respect, so they hope the family can take some time, more care to accompany them.
Because temporarily it is unable to develop offline services, in the "Month of Respecting the Elderly"the elderly activity center for the old service plans to call for the elderly family to participate in 15 days to respect service online clock challenge activities, and help families to create a good atmosphere to respect. Let the elderly can live more happily, feel the family care and respect, promote the elderly self value. At the same time, the old service plan will clock in content for video, residents by voting to choose the most creative five actions. The elderly activity center would give the winner certain rewards, and the video and clock content into activity reports or video clips, would release to other online platform, advocating respect behavior for the elderly, to further expand the influence.
Task: If you were the elderly caregiver of the activity center, please design an online service activity for the elderly to meet the needs of the elderly to get family care and respect, and enhance their self-value. You can do the following items.
1. Those serving the elderly should call on the families of the elderly activity center to participate in the activity, and design the questionnaire before and after the activity.
2. Before the activity, you should prepare examples of service for the elderly, and guide participants to understand the needs of the elderly online. The daily service time for the elderly should be no less than 10 minutes, and you should encourage participants to punch in online.
3. In the process of service, you should timely organize the video and the content in the activity into the activity report or video clips, and publish it to other online platforms. The reading amount is not less than 10,000 person-times to expand the influence of the elderly activity.
4. In the later stage of the activity, you should organize the content of the elderly punch card into a video, let residents vote online, select the most creative five actions to respect the elderly, and reward the participating families</td></tr>
</table>

<table>
<tr><th colspan="6">Task-based appraisal</th></tr>
<tr><td>Name of student</td><td></td><td>Class and grade in school</td><td></td><td>Student ID</td><td></td></tr>
<tr><td>Task performance</td><td>Total score:</td><td>Self-evaluation:</td><td colspan="2">Mutual evaluation:</td><td>Teacher evaluation:</td></tr>
<tr><td>Self-comments</td><td colspan="5"></td></tr>
</table>

(Continued)

<table>
<tr><td>Mutual comments</td><td colspan="3"></td></tr>
<tr><td>Teacher comments</td><td colspan="3"></td></tr>
<tr><td colspan="4">Task implementation</td></tr>
<tr><td colspan="4">Activity name:</td></tr>
<tr><td colspan="4">Activity background</td></tr>
<tr><td colspan="4">(Describe the status of the group or the issue and issue the problems or needs)
The instructions can be rewritten according to the specific task needs</td></tr>
<tr><td>Target</td><td></td><td>Quota</td><td></td></tr>
<tr><td>Place</td><td></td><td>Staff</td><td></td></tr>
<tr><td>Date</td><td></td><td>Time</td><td></td></tr>
<tr><td colspan="4">Activity concept (theoretical basis)</td></tr>
<tr><td colspan="4">(What kind of service theories, concepts, methods to follow to carry out activities)</td></tr>
<tr><td colspan="4">Activity objective</td></tr>
<tr><td colspan="4">(Corresponding to problems or requirements, points, follow the SMART principle, and be as quantifiable and evaluated as possible)</td></tr>
<tr><td colspan="4">Estimated difficulties and solutions</td></tr>
<tr><td colspan="2">Estimated difficulties</td><td colspan="2">Solutions</td></tr>
<tr><td colspan="2"></td><td colspan="2"></td></tr>
<tr><td colspan="2"></td><td colspan="2"></td></tr>
</table>

(Continued)

Appraisal procedure				
(Questionnaire survey method, field observation method, service object interview method, etc.)				
Activity design				
Previous preparation				
(Time, place, person in charge, and materials)				
Mid-term arrangement				
Aftermath work				
Materials and budget				
Number	Name	Unit-price	Quantity	Applications and remarks
1				
2				
3				
4				
5				
6				
7				
8				
9				
10				
Amount to				

Thinking practice

1. What are the constraints of online activities, and from what aspects can we reduce these constraints?

2. Online activities, how to recruit more suitable participants?

3. The online service cycle is long, so how to better maintain the participation progress of the participants?

4. Is there an appropriate evaluation tool for the service evaluation and service effectiveness measurement of online activities?

Project 3
Design of the elderly volunteer service

Project objectives

Knowledge objectives

1. Understand the meaning and connotation of elderly volunteers, elderly volunteer service, elderly volunteer training and elderly volunteer incentive.

2. Master the knowledge and methods of carrying out volunteer services for the elderly and cultivate the elderly volunteer teams.

Ability objectives

1. Be able to design service activities suitable for the elderly to recruit the elderly volunteers.

2. Be able to design service activities suitable for the elderly to complete the training for the elderly volunteers.

3. Be able to design service activities suitable for the elderly to carry out incentives and commendation for the elderly volunteer team.

Quality objectives

1. Tap the potential of the elderly in the volunteer service design.

2. Make good use of the concept of "social workers + volunteers", and establish the pattern thinking of co-construction, joint governance and sharing.

3. Play the role of resource integration and cooperate with multiple parties.

Task 1 Recruitment and selection of the elderly volunteers

1 Basic concepts

(1) Elderly volunteers

There is no clear definition of the concept of elderly volunteers in China. According to Article 2 of the "Law on the Protection of Rights and Interests of the Elderly", the citizens of the People's Republic of China at the age of 60 or above belong to the elderly. According to

"The Basic Terms of Volunteer Services" (MZ/T148 – 2020) volunteers are defined as a natural person engaged in volunteer service based on their time, knowledge, skills and physical strength. Based on the above concepts, this textbook defines the elderly volunteers as natural persons who are 60 years old and above and are engaged in volunteer service with their own time, knowledge, skills and physical strength.

(2) Volunteer service

According to "The Basic Terms of Volunteer Services" (MZ/T 148 – 2020), the volunteer service is defined as the public service provided by volunteers, volunteer service organizations and other organizations voluntarily or freely to the society or others.

(3) Volunteer service activities for the elderly

Voluntary service activities for the elderly refer to the voluntary service behaviors carried out or participated in by the elderly volunteers, the elderly voluntary service organizations and other organizations. The content of volunteer service activities includes but are not limited to life assistance, student teaching assistants, health care, legal services, environmental protection, public security prevention and control, safety guarantee, civilized guidance, mass culture, community services, large-scale activities, emergency rescue, etc.

(4) Volunteer recruitment

Volunteer recruitment refers to the process in which volunteer service organizations attract applicants who meet the characteristics of volunteer service, capability requirements and other characteristics to the volunteer services according to the purpose and requirements of the activities, so as to meet the human resource needs of volunteer services.

2 Common theories

(1) Activity theory

a. Theoretical overview

According to the activity theory, there is a positive connection between the life satisfaction of the elderly and the activities. The volunteer services can provide the opportunity for the elderly to participate in social activities, which can enhance interpersonal communication, and promote the play of their social functions and the increase of happiness.

b. Practical application

The elderly volunteers can be organized to participate in volunteer services, mobilize the enthusiasm of the elderly, actively integrate into the activities, and promote their continuous participation in social life, so as to maintain a healthy physical and mental state.

(2) The active aging theory

a. Theoretical overview

The theory of "active aging" advocates the society to regain the social value of the elderly group. "Health", "participation" and "security" are the three pillars of the active ageing framework. The theory advocates changing the previous negative view of the elderly, treating the elderly as resources, and actively encouraging the elderly to exert their residual heat in the social, economic, cultural and political fields.

b. Practical application

The elderly have rich life experience and professional skills. When designing volunteer services, the elderly can be connected as resources to volunteer services. From the personal level, it is conducive to the elderly to give full play to their residual heat and get a sense of achievement and value. From the social level, it helps to give full play to the advantages of human capital, relieve the pressure of social elderly care, and create social value.

3 Common methods

(1) Common recruitment method

Common promotion methods for volunteer recruitment include introducing volunteers to each other; holding recruitment activities; distributing publicity materials (poster publicity, recruitment instructions, service manual, etc.); holding volunteer service briefing; employing Internet means (QQ, WeChat, Weibo, public welfare portal, email, etc.); using traditional media (newspapers, television, radio, etc.); and cooperating with fixed units (civil organizations, similar organizations, volunteer organizations, enterprises in the jurisdiction, etc.).

(2) Analysis of volunteer work

Volunteer work analysis refers to the description of the work and responsibilities of the volunteers, including the tasks to be completed and the knowledge, skills and attitudes required by the volunteers. After the volunteer work analysis, the job description should be formed, which may include the name of the post, the job content description, the responsibility description, the remuneration arrangement related to the post, and the qualification requirements required by the post, etc.

(3) Publish volunteer recruitment announcement

The release of volunteer recruitment announcement can make the potential volunteers know the purpose of the activity and related requirements. A complete volunteer recruitment announcement usually includes: brief introduction of service background and content and service period; clear recruitment requirements; harvest of volunteers in volunteer service; recruitment time and registration channels, registration information to be true and effective; contact information; volunteer service organization, etc.

(4) Volunteer selection method

The commonly used selection methods of volunteers include: application form selection, telephone conversation selection, face-to-face conversation selection, group discussion situation selection, professional skills presentation selection, etc. Different selection methods are used to meet the volunteer service needs.

4 Notes

① The route of recruitment should be assessed. The recruitment approach should be assessed according to the content of the volunteer service to ensure the recruitment of appropriate volunteers in a timely manner.

②The volunteer recruitment announcement should be clear and simple. The collection of registration information should be true and effective. And the volunteers should not promise beyond the scope of organizational ability.

③It should pay attention to the design of the volunteer registration form. A complete volunteer registration form can play an important role. Comprehensive information is not only conducive to the selection and evaluation, but also promotes the standardized development of the follow-up volunteer team.

④It should timely feedback the recruitment results. On the one hand, the selected volunteers have more time to prepare. On the other hand, it should ensure the enthusiasm of the unselected volunteers to participate in the volunteer service.

Task introduction

There are 1, 103 registered elderly people in Community H, among whom 80 are over 80 years old. The social worker survey shows that the elderly had less communication with their peers, and they are limited to the lack of family and community integration.

They need the emotional support from family members, peer groups, and the common attention of social forces. In the volunteer team of the center, the elderly volunteers account for about 50% , and they are the more active volunteer group at present. In response to the spiritual comfort needs of the elderly, the community has decided to recruit 15 volunteers to provide home visit services for the elderly.

Task analysis

1 Analysis of service requirements

The needs of the elderly are listed as follows. First, the needs of spiritual comfort. The elderly are in the state of living alone or empty nest, less emotional communication with their children and peers, lack of spiritual support. Second, the need for community integration. Most of the elderly activities are limited to the family scope, with less contact with the community, and insufficient interaction with the outside of the community.

Analysis of volunteer service needs is as follows. 15 volunteers are needed for this visit, and the core responsibility is to visit 80 elderly people in the community. The volunteers must have the basic knowledge, skills and attitude of providing visit services for the elderly.

2 Develop a service plan

①Analyze the volunteer work. Volunteer work is analyzed according to this visit service.

②Formulate volunteer recruitment announcement and release recruitment information according to the analysis results of volunteer work.

③Select the registration list of volunteers, determine and inform volunteers, and prepare for the next stage of work.

3 Primary service objectives

Recruit 15 elderly volunteers to set up a visiting service team for the elderly.

Task implementation

1 Activity design mind map

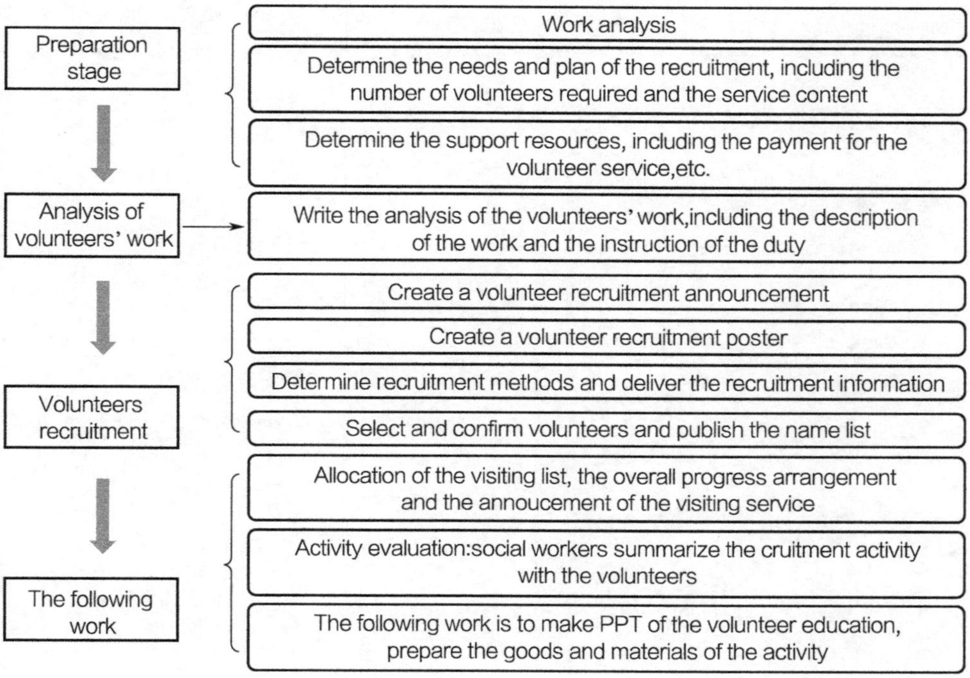

2 Notes for the activity design

①Make the preparatory work well. The staff can learn the basic information and residential address of the interviewees in advance, so as to facilitate the recruitment of volunteers.

②Recruitment announcements must be concise and clear. Formulation of the recruitment announcement, the educational level and language habits of the recruitment object should facilitate the reading and understanding.

③Focus on evaluation. The person in charge of the service should evaluate the applicants, and pay attention understanding the motivation, expectation and service duration of the volunteer service, as well as the physical health and psychological status of the applicants.

Task order

Task information	
Task name	Plan a volunteer recruitment campaign
Task purposes	1. Master the analysis methods and skills of volunteer work. 2. Master the operation methods of volunteer recruitment and selection. 3. Master the organizational skills of volunteer recruitment activities
Task requirements	**Background:** Under the influence of social characteristics, such as the accelerated pace of life and the long duration of the epidemic, people are faced with more and more mental health problems. The F Street Committee was sponsored to launch the project of "Anxin Station", and F Street Committee social organizations were introduced to assist in mental health promotion services. This activity aims to popularize mental health knowledge to the residents and further improve the universality of mental health services. The activity form is mainly interesting with strong interactive participation, and four booths are set up for interaction. The participants will sign up to participate in the site and accumulate points. Now they are recruiting 7 volunteers to assist in the activity. Details of the activities are as follows. 1. According to the theory of active aging, they designed volunteer recruitment activities and recruited 7 volunteers. 2. Countermeasures should be formulated for the possible difficulties and risks in the recruitment process.

Task-based appraisal				
Name of student		Class and grade in school	Student ID	
Task performance	Total score:	Self-evaluation:	Mutual evaluation:	Teacher evaluation:
Self-comments				
Mutual comments				
Teacher comments				

Task implementation			
Activity name:			
Activity background			
(Describe the status of the group or the issue and state the problems or needs)			
Target		Quota	

(Continued)

<table>
<tr><td colspan="2">Place</td><td colspan="2"></td><td>Staff</td><td></td></tr>
<tr><td colspan="2">Date</td><td colspan="2"></td><td>Time</td><td></td></tr>
<tr><td colspan="6">Activity concept (theoretical basis)</td></tr>
<tr><td colspan="6">(What kind of service theories, concepts, methods to follow to carry out activities)</td></tr>
<tr><td colspan="6">Activity objective</td></tr>
<tr><td colspan="6">(Corresponding to problems or requirements, points, follow the SMART principle, and be as quantifiable and evaluated as possible)</td></tr>
<tr><td colspan="6">Estimated difficulties and solutions</td></tr>
<tr><td colspan="3">Estimated difficulties</td><td colspan="3">Solutions</td></tr>
<tr><td colspan="3"></td><td colspan="3"></td></tr>
<tr><td colspan="3"></td><td colspan="3"></td></tr>
<tr><td colspan="3"></td><td colspan="3"></td></tr>
<tr><td colspan="6">Appraisal procedure</td></tr>
<tr><td colspan="6">(Questionnaire survey method, field observation method, service object interview method, etc.)</td></tr>
<tr><td colspan="6">Activity design</td></tr>
<tr><td colspan="6">Previous preparation</td></tr>
<tr><td colspan="6">(Time, place, person in charge, and materials)</td></tr>
<tr><td colspan="6">Mid-term arrangement</td></tr>
<tr><td colspan="6"></td></tr>
<tr><td colspan="6">Aftermath work</td></tr>
<tr><td colspan="6"></td></tr>
<tr><td colspan="6">Materials and budget</td></tr>
<tr><td>Number</td><td colspan="2">Name</td><td>Unit-price</td><td>Quantity</td><td>Applications and remarks</td></tr>
<tr><td>1</td><td colspan="2"></td><td></td><td></td><td></td></tr>
<tr><td>2</td><td colspan="2"></td><td></td><td></td><td></td></tr>
<tr><td>3</td><td colspan="2"></td><td></td><td></td><td></td></tr>
<tr><td>4</td><td colspan="2"></td><td></td><td></td><td></td></tr>
<tr><td colspan="3">Amount to</td><td colspan="3"></td></tr>
</table>

Thinking practice

1. Who is the volunteer recruitment target? What content should be included?

2. In the process of volunteer recruitment, the volunteers have to participate in other volunteer services. How do the social workers follow up?

Task 2 Training and supervision of the elderly volunteers

1 Basic concepts

(1) Volunteer training

Training is a way of training for trainees to master a certain skill. Volunteer training refers to the process of improving the knowledge, attitude and skills of volunteers by carrying out certain education and training activities for volunteers.

(2) Volunteer supervision

Volunteer supervision is the working process of administrative staff in social service institutions guiding, coordinating, enhancing and evaluating volunteer service. The ultimate goal of volunteer supervision is to provide high-quality services to the people who receive volunteer services while following the policies and administrative norms of the institution.

2 Common theories

(1) Energy enhancement theory

a. Theoretical overview

The energy enhancement theory mainly includes the individual level, interpersonal level and political level. The individual level refers to the enhancement of confidence and improvement of self-image. The interpersonal level refers to the feeling that they can master some negotiation and decision-making skills when communicating with others. The political level emphasizes the transfer of the whole social resources from one group to another group through redistribution.

b. Practical application

For the elderly volunteers, the enhancement not only enables them to improve their abilities and master communication skills with others, but also makes them realize that they have the right to participate in the management of organizations. It requires that in the process of intervening with the elderly volunteers, they should fully understand their potential, guide the members to establish confidence, and let them realize that they have the power and ability to contribute to the development of organizations.

(2) Social learning theory

a. Theoretical overview

See an overview of social learning theories in Project 1 of Module 1.

b. Practical application

Carrying out training and supervision services for elderly volunteers is a process of providing indirect experience learning such as observation, experience and demonstration for the elderly volunteers.

3 Common methods

(1) Education and training method

According to the characteristics and needs of volunteers, the education and training method organizes various forms of education and training, so that the volunteers can set up correct ideas and behavior standards. Its form includes not only classroom teaching, but also various meetings, discussions, seminars, visits, learning, entertainment and other activities.

(2) Experience-sharing method

The volunteer experience sharing activities should be organized, to dig out star volunteers and professional volunteers, and help volunteers learn from each other and make progress together through mentoring and experience sharing.

(3) Supervision method

The supervision method generally includes individual interview and group discussion.

a. Individual interview

Interview individual volunteers to understand the personal development needs and follow up appropriately.

b. Group discussion

Work with the volunteer team to objectively analyze the current achievements, progress and difficulties and seek improvement methods.

4 Notes

(1) Systematic and phased training activity design

Volunteer training is a system, which should be designed according to the different stages and levels of the volunteer team under the framework of the system.

(2) Reasonable design of the time of the activities and content

The design of volunteer training and supervision activities for the elderly should not be too long, and the interaction and interest should be increased in the process. They need to make good use of their own resources.

We should actively explore influential and enthusiastic elderly volunteers, support and encourage them to give full play to their potential, and promote the spontaneous organization of voluntary services.

Task introduction

S Community Sunset Endowment Service Center (hereinafter referred to as "Center"), mainly for the community old man entertainment, meals, health therapy, spiritual comfort, which are very popular with the old man community. Many old people were at the beginning to accept the service, then became active registration center volunteers, as the elderly more and more. The Center has set up a sunset volunteer service and plans to carry out a training.

Task analysis

1 Analysis of service requirements

①Systematically understand the needs of volunteer service knowledge. Most of the elderly participates in volunteer service are full of enthusiasm, and they lack a systematic understanding of volunteer service knowledge, so they need to improve their awareness of volunteer service.

②Identity the elderly volunteers. The elderly are generally characterized by a low sense of self-worth. By giving the identity of the elderly volunteers, the sense of value and pride of the elderly in participating in the volunteer service can be enhanced.

③Establish a mutual aid network of volunteers. The establishment of a support system of mutual support and common participation of volunteers is the cornerstone of the healthy development of the community elderly volunteers.

2 Develop a service plan

①Conduct basic knowledge training for volunteers.

②Set up the Sunset Red Volunteer Team to create a sense of ceremony of joining the team.

③Discuss and formulate the planning direction and management agreement of the team together.

3 Primary service objectives

Enhance the awareness of 15 Sunset Red Volunteer team in S Community on volunteer service. Clarify the development direction and management agreement of the team.

Task implementation

1 Activity design mind map

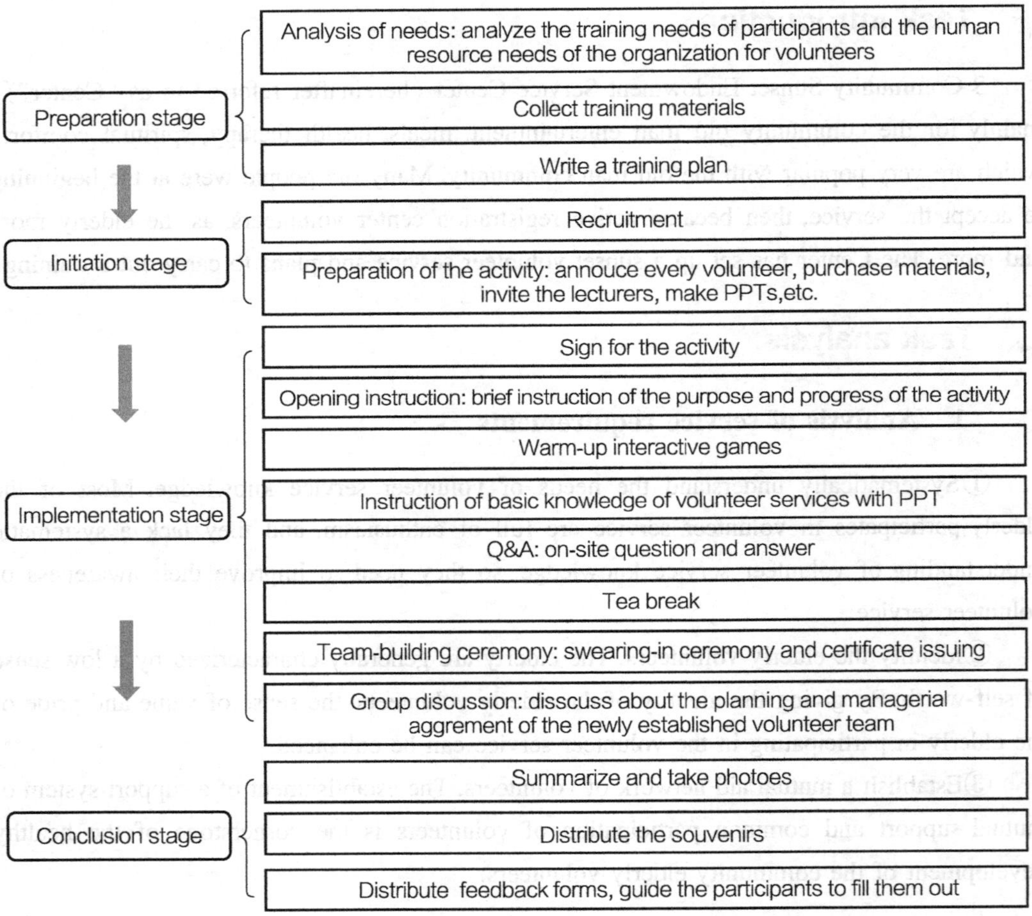

2 Notes for the activity design

①Fully understand the needs. Before the activity design, we should not only understand the needs of the participants, but also understand the human needs of the volunteers in the community. Training should not only make the participants grow, but also facilitate the scheduling of the volunteers and enhance the cohesion of the team.

②The content of the training should be easy to understand, and the form should be frequent interaction. Due to the uneven educational level of the elderly volunteers, the training content should use less professional terms, integrate more cases. And more participants should be guided to share and interact to mobilize their subjective initiative.

③Before training, the elderly volunteers should be familiar with the basic policies of local volunteer management, for example, the use of APP of local volunteers, and relevant management norms and procedures.

Task order

Task information	
Task name	Establish a team and plan a volunteer training activity for the newly recruited elderly volunteers
Task purposes	1. Master the knowledge of training newly recruited elderly volunteers. 2. Master the methods and skills of training newly recruited elderly volunteers. 3. Master the process and methods of establishing the elderly volunteer team
Task requirements	**Background:** S Community is a typical urban village in Shenzhen. There are 108 local elderly people and 520 nonlocal elderly people in the community. S Community public elderly care service facilities are insufficient, and many elderly people have no place to go daily. In April 2020, the community set up a center of nearly 1, 000 square meters. At the beginning of the establishment of the center, according to the needs of the community elderly, the center has carried out a series of services for the elderly, especially health exercises, music groups, traditional Chinese medicine physiotherapy services. With the gradual deepening of the service, more and more elderly people came to the center to participate in the activities, including several elderly people almost every day, and it brought many nearby elderly people to experience the service. At the same time, it also took the initiative to become volunteers. Wearing red vests, the elderly come to the center on time every day to be volunteers, with no financial rewards but growing happier. After a period of service accumulation, the center carried out open recruitment, 15 elderly people signed up for volunteers, in order to do a good job in the construction of this team. Now the center plans to carry out a Sunset Red Elderly Volunteers formation and training activities. Task: Design a training activity to provide volunteer professional knowledge training for these elderly volunteers, and do a good job in the formation of this team

Task-based appraisal					
Name of student		**Class and grade in school**		**Student ID**	
Task performance	**Total score:**	**Self-evaluation:**	**Mutual evaluation:**	**Teacher evaluation:**	
Self-comments					
Mutual comments					
Teacher comments					

Task implementation
Activity name:

(Continued)

<table>
<tr><th colspan="5">Activity background</th></tr>
<tr><td colspan="5">(Describe the status of the group or the issue and state the problems or needs)</td></tr>
<tr><td>Target</td><td></td><td>Quota</td><td colspan="2"></td></tr>
<tr><td>Place</td><td></td><td>Staff</td><td colspan="2"></td></tr>
<tr><td>Date</td><td></td><td>Time</td><td colspan="2"></td></tr>
<tr><th colspan="5">Activity concept (theoretical basis)</th></tr>
<tr><td colspan="5">(What kind of service theories, concepts, methods to follow to carry out activities)</td></tr>
<tr><th colspan="5">Activity objective</th></tr>
<tr><td colspan="5">(Corresponding to problems or requirements, points, follow the SMART principle, and be as quantifiable and evaluated as possible)</td></tr>
<tr><th colspan="5">Estimated difficulties and solutions</th></tr>
<tr><td colspan="3">Estimated difficulties</td><td colspan="2">Solutions</td></tr>
<tr><td colspan="3"></td><td colspan="2"></td></tr>
<tr><td colspan="3"></td><td colspan="2"></td></tr>
<tr><th colspan="5">Appraisal procedure</th></tr>
<tr><td colspan="5">(Questionnaire survey method, field observation method, service object interview method, etc.)</td></tr>
<tr><th colspan="5">Activity design</th></tr>
<tr><th colspan="5">Previous preparation</th></tr>
<tr><td colspan="5">(Time, place, person in charge, and materials)</td></tr>
<tr><th colspan="5">Mid-term arrangement</th></tr>
<tr><td colspan="5"></td></tr>
<tr><th colspan="5">Aftermath work</th></tr>
<tr><td colspan="5"></td></tr>
<tr><th colspan="5">Materials and budget</th></tr>
<tr><td>Number</td><td>Name</td><td>Unit-price</td><td>Quantity</td><td>Applications and remarks</td></tr>
<tr><td>1</td><td></td><td></td><td></td><td></td></tr>
<tr><td>2</td><td></td><td></td><td></td><td></td></tr>
<tr><td>3</td><td></td><td></td><td></td><td></td></tr>
<tr><td>4</td><td></td><td></td><td></td><td></td></tr>
<tr><td colspan="2">Amount to</td><td colspan="3"></td></tr>
</table>

Thinking practice

1. To cultivate the elderly volunteer team, how should we excavate the backbone talents of the elderly volunteers and mobilize the enthusiasm of the elderly volunteers?

2. How should we train and integrate the volunteers who will join in the future?

Task 3 Assessment and encouragement of the elderly volunteers

1 Basic concepts

(1) Assessment of the elderly volunteers

"Basic Terms of Volunteer Services" (MZ/T 148 – 2020), defines volunteer service evaluation as dynamic monitoring and static summary evaluation of volunteer service management, activities, projects and effectiveness in scientific and systematic ways. The evaluation of elderly volunteers mainly evaluates the elderly volunteer service effect, service attitude and service level. The evaluation mainly includes process evaluation and achievement evaluation.

a. Process assessment

In different stages of volunteer service, the service quantity, plan implementation, service attitude and professional level of service of the elderly volunteers are evaluated.

b. Achievement assessment

It is to evaluate the service output of the elderly volunteers and the achievement of the expected service target of the elderly volunteers.

(2) Volunteer motivation

"The Basic Terms of Volunteer Services" (MZ/T 148 – 2020) defines the volunteer motivation as the measures to stimulate and encourage volunteers to participate in volunteer service.

2. Common theories

Two-factor theory

(1) Theoretical overview

The two-factor theory is also known as the "motivation-health care theory" or the "motivators theory". The "motivator" refers to the factors that satisfy the members of the organization. These factors belong to the work itself or the work content, which mainly include achievement, appreciation, challenging work, increased work responsibility, and opportunities for growth and development. The "health" is the factor that makes members feel dissatisfied, which all belong to the working environment or working relationship, such as organizational management system, management measures, supervision, interpersonal relationship, etc. Only the incentive factors can give people satisfaction, and health it will not bring satisfaction.

(2) Practical application

In the process of "duplex", the elderly should consciously identify the "incentive factors" and "health factors", enhance the role of "incentive factors", and then enhance the enthusiasm and service efficiency of the elderly volunteers. Meanwhile, it should improve the "health factor" to improve the members' dissatisfaction with the organization.

3 Common methods

(1) Talks

In order to feedback the results of the evaluation of the elderly volunteers it alway uses the meeting method to achieve the purpose of improving the service level and ability of the elderly volunteers. The main forms of talks are "one to one" and collective feedback.

(2) Summary meeting

For the elderly service development, the service effect is to improve the elderly volunteers' understanding and identity of volunteer service. The summary meeting is usually held by stages, such as half-year and year.

(3) Commendation meeting

To strengthen the sense of identity and belonging of the elderly volunteers to the organization, the commendation meeting mainly focuses on setting up a typical model, with material incentives and spiritual incentives. The material incentives generally include transportation subsidies, meal subsidies, certificate of honor, time bank points, etc., while the spiritual incentives generally include volunteer stars, community good people, style display, media reports, and excellent promotion, etc.

(4) Council

For a certain theme, such as the annual volunteer service plan and the community garbage classification, it should invite the elderly volunteer representatives to discuss, understand and listen to the views and suggestions of the elderly service volunteer representatives, and form the process of resolution and implementation. The council mainly emphasizes the joint consultation and implementation of the elderly volunteers.

4 Notes

(1) Evaluation and feedback should be moderate

Evaluation feedback should pay attention to choose the appropriate time and scene, as well as the wording, to protect the self-esteem of elderly volunteers, and avoid hitting the enthusiasm of elderly volunteers.

(2) Incentive should be both material and spiritual

The use of material rewards should be moderate, and pay attention to the spirit of volunteering and volunteer culture guidance.

Task introduction

Since the establishment of Sunset Red Urban Elderly Service Center by J Community, it has vigorously developed community volunteer services for the elderly. After more than a year of development, more than 50 newly registered volunteers in the community, with 200 people participating, and the service time was more than 500 hours. How should we do a good job in motivating the elderly volunteers, enhance the enthusiasm of the elderly volunteers to participate, and then promote the development of the elderly volunteer service in the center?

Task analysis

1 Analysis of service requirements

(1) The need to be identified with and to achieve self-actualization

After retirement, the elderly with the increase of age, whose physical condition and personal ability gradually are aging, will produce psychological gap and sense of emptiness. In addition, when facing with negative labels such as "useless" and "burden", the elderly will have a need to be identified and self-realized.

(2) The need to consolidate the achievements

The participation of the elderly volunteer service is generally polarized. The elderly volunteers with high recognition of the center have high enthusiasm to participate in volunteer service, while the elderly volunteers with low recognition have low enthusiasm to participate in volunteer service.

2 Develop a service plan

①Through formal and informal interaction, enhance the professional relationship between the elderly volunteers and the center and the elderly, and constantly maintain and improve.

②Use the methods of meeting to stimulate the enthusiasm of elderly volunteers to participate in volunteer service, and enhance the sense of identity and belonging to the center.

3 Primary service objectives

①Enhance the sense of identity and belonging of the elderly volunteers to the center's volunteer service.

②Consolidate the achievements of volunteer service and spread the spirit of "active aging".

Task implementation

1 Activity design mind map

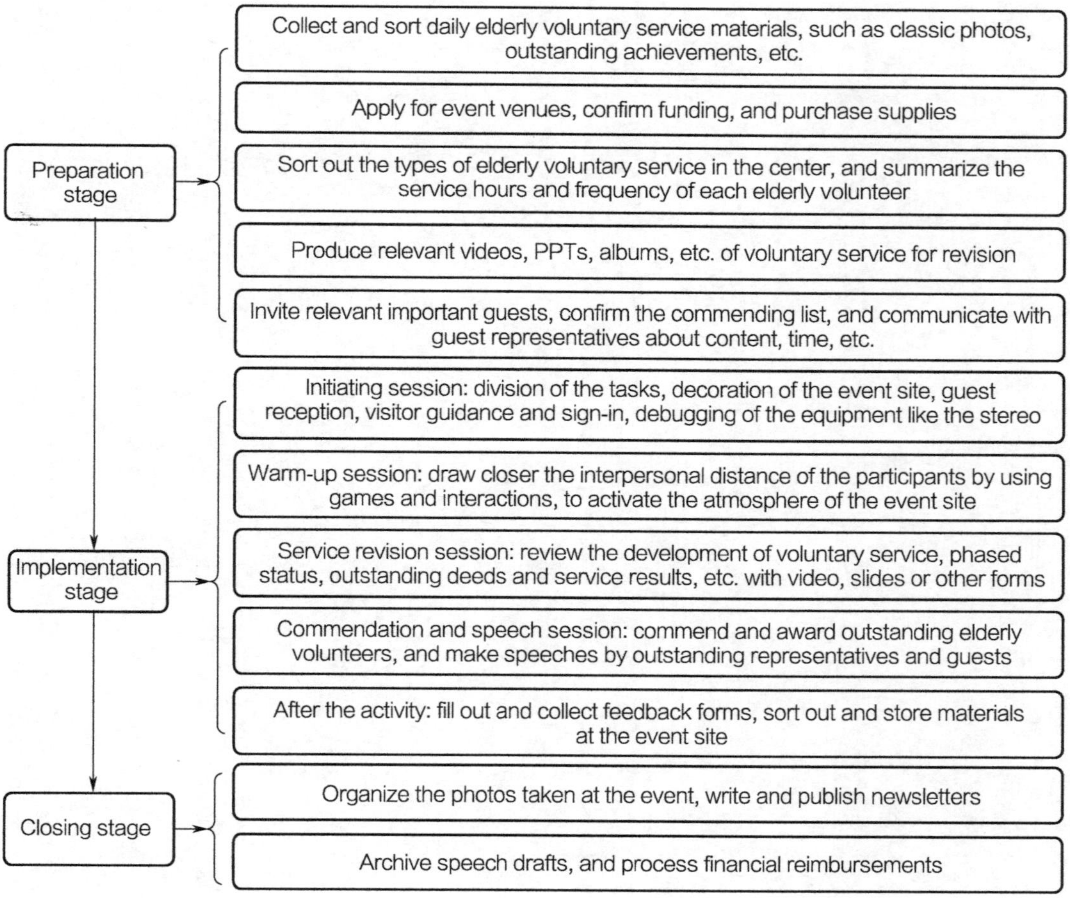

2 Notes for the activity design

①The activity design is highly practical. In the activity design, the age characteristics, physical characteristics, the cognitive level, the customs and other factors of the elderly volunteers should be considered to ensure the enthusiasm and depth of the elderly volunteers.

②The joint efforts should be emphasize to build and contribute to the community. In the activity design, not only the role of example, but also the effectiveness of volunteer service is the result of the participation and selfless dedication of the elderly volunteers.

Task order

<table>
<tr><th colspan="5">Task information</th></tr>
<tr><td>Task name</td><td colspan="4">Elderly volunteer service summary and commendation activity design training</td></tr>
<tr><td>Task purposes</td><td colspan="4">1. Master the design methods and procedures of the volunteer service summary and commendation activities for the elderly.
2. Master the knowledge and skills to motivate the elderly volunteers.
3. Improve the ability of "double linkage" between social workers and volunteers</td></tr>
<tr><td>Task requirements</td><td colspan="4">Background: S City has the reputation of "Volunteer City". The documents and measures related to volunteer service are very perfect. The atmosphere of volunteer service is strong, and the "Red Vest" of volunteer service can be seen everywhere. At the same time, "Social Workers + Volunteers" has been applied to various social service fields, with remarkable results.
J Community has a group of elderly volunteers who are active in the community. Since the establishment of J Community "Sunset Red Urban Elderly Care Service Center" more than a year ago, it has established a good cooperative relationship with this group of the elderly volunteers, driving more than 50 new registered elderly volunteers in the community, serving 200 people participating, and the volunteer service time is more than 500 hours. The volunteer service of the center covers community theme activities volunteer service, community environmental protection volunteer service, community convenience and volunteer service to help the elderly, volunteer service U Station and other types. With the development of volunteer service in the center, it has been highly recognized and praised by the community party committee and residents.
Task: According to the theoretical model of this paper, design a summary commendation activity for the elderly</td></tr>
<tr><th colspan="5">Task-based appraisal</th></tr>
<tr><td>Name of student</td><td></td><td>Class and grade in school</td><td></td><td>Student ID</td></tr>
<tr><td>Task performance</td><td>Total score:</td><td>Self-evaluation:</td><td>Mutual evaluation:</td><td>Teacher evaluation:</td></tr>
<tr><td>Self-comments</td><td colspan="4"></td></tr>
<tr><td>Mutual comments</td><td colspan="4"></td></tr>
<tr><td>Teacher comments</td><td colspan="4"></td></tr>
<tr><th colspan="5">Task implementation</th></tr>
<tr><td colspan="5">Activity name:</td></tr>
<tr><th colspan="5">Activity background</th></tr>
<tr><td colspan="5">(Describe the status of the group or the issue and state the problems or needs)</td></tr>
</table>

(Continued)

Target		**Quota**	
Place		**Staff**	
Date		**Time**	

Activity concept (theoretical basis)
(What kind of service theories, concepts, methods to follow to carry out activities)
Activity objective
(Corresponding to problems or requirements, points, follow the SMART principle, and be as quantifiable and evaluated as possible)
Estimated difficulties and solutions

Estimated difficulties	Solutions

Appraisal procedure
(Questionnaire survey method, field observation method, service object interview method, etc.)
Activity design
Previous preparation
(Time, place, person in charge, and materials)
Mid-term arrangement
Aftermath work
Materials and budget

Number	Name	Unit-price	Quantity	Applications and remarks
1				
2				
Amount to				

Thinking practice

1. How do we explore the advantages of the elderly volunteers?

2. How do we enhance the persistence of elderly volunteers' participation in services?

3. How do we improve the sense of identity and belonging of the elderly volunteers to the center/organization?

Project 4
Design of aging transformation service

Affected by the traditional concept, the home care is still the first way for the elderly at present. However, there are a variety of safety risks and inconveniences in the home of the elderly. In 2020, the Ministry of Civil Affairs and other 9 departments jointly issued by the "Guidance to Speed up the Implementation of the elderly Home care Aging Renovation Project" aim to cause the social all walks of life to pay attention to the aging, building easy aging environment for the development of enterprises and organization, for the old men to provide high quality of the aging service, make home endowment safer, and let the old man endowment more comfortable.

Project objectives

Knowledge objectives

1. Understand the basic concept of home transformation suitable for home-aging.

2. Clarify the project content and working procedures of home suitable for home-aging transformation.

3. Master the methods of planning the publicity and experience activities of home-aging transformation.

4. Keep in mind the category, name and specific content of the home-aging transformation project.

Ability objectives

1. Be able to point out appropriate home-based aging renovation projects according to the different needs of the elderly.

2. Be able to plan service activities to publicize the categories, names and specific contents of aging renovation services to the elderly and their family members.

Quality objectives

1. Patiently and carefully answer the elderly's questions about the home-aging transformation.

2. Identify the importance of home-aging transformation, have the service consciousness of respecting and caring for the elderly, and help the elderly realize the importance of home-aging transformation.

3. Provide home-aging renovation services, and have the awareness of equal communication and cooperation with the elderly and their families, who accept home-aging renovation.

1 Basic concepts

(1) Home-aging transformation

Home-aging transformation is a comprehensive home care service. The professional age-appropriate renovation institutions will transform the housing of the elderly and their families for the elderly, so as to improve the aging living degree of housing, so that the elderly can live more comfortable, safe and convenient.

The categories of home-friendly aging modification are as follows.

a. Ground reconstruction

①Anti-skid treatment (foundation): in the toilet, kitchen, bedroom and other areas, lay anti-skid brick or anti-skid ground glue, to avoid the elderly slip, and improve safety.

② High height difference treatment (foundation): lay a cement ramp or add a mobile ramp, of rubber and other materials to ensure the smooth road surface, to make sure no height difference obstacles, and be convenient for wheelchair access.

③Flat and hardening (option): level and harden the ground to facilitate wheelchair passage and reduce the risk.

④Install handrail (option): install handrail at the height difference change to assist the elderly to pass.

b. Door renovation.

①Threshold removal (option): remove the threshold to ensure the barrier-free and wheelchair access.

②Flat door to sliding door (option): be easy to open, and increase the traffic width and auxiliary operation space.

③Door widening (option): widen the bathroom, kitchen and other narrow doors, improve the passability, and facilitate wheelchair access.

④Down door handle transformation (option): be easily operated with one hand palm or finger operation, increase friction and stability, be convenient for the elderly to open the door.

⑤Install the flash vibration doorbell (option): be for the elderly with hearing and vision impairment.

c. Bedroom renovation

①Configuration of nursing bed (option): help the disabled elderly to get up, get up and down the bed, eating and other actions, and assist feeding, treatment of excrement, etc.

②Install bedside guardrail or grasp bar (foundation): assist the elderly to get up, roll over, up and off the bed, and prevent the roll out of bed, to ensure the safety of the elderly sleep and activities.

③Equipped with pressure ulcer cushion (option): avoid severe pressure ulcer in the elderly in wheelchair or bed for a long time, including pressure ulcer cushion, cushion or mattress.

d. Toilet and bath equipment transformation

①Install handrails (foundation): install handrails in the toilet area or bath area to assist the elderly to stand up, turn around and sit down, including one-shaped handrails, U-shaped handrails, L-shaped handrails, 135° handrails, T-shaped handrails or supported hand, etc.

②Squat toilet to sit toilet (option): reduce the leg pressure caused by the squat posture, avoid the elderly squatting in the toilet, be convenient for the elderly wheelchair.

③Faucet transformation (option): use pull rod type or induction faucet, be convenient for the elderly to switch the water valve.

④Bath/shower room renovation (option): remove the bathtub/shower room, replace the shower curtain, bath bar, increase the shower space, be convenient for care staff to assist the elderly bath.

⑤Configure shower chair (foundation): assist the elderly to take a bath, to avoid the elderly slipping, and improve safety.

e. Kitchen facilities renovation

①Countertop transformation (option): reduce the height of the operating table, stove, vegetable washing pool or leave knee space below it, be convenient to use wheelchair or short elderly operation.

②Add in the cabinet (option): under the hanging cabinet set open central cabinet, the central frame, be convenient for the elderly to take and put items.

f. Physical environment transformation.

①Install automatic induction lamps (option): install induction portable light, avoid direct light source, stimulating light source, walk as the light out, to assist the elderly to get up at night.

②Power socket and switch transformation (option): according to the situation of high/low transformation, to avoid the elderly squatting or bending over, be convenient for the elderly to plug and unplug the power supply and use the switch.

③Install anti-collision corner/anti-collision bar, prompt logo (option): install anti-collision corner or anti-collision bar in the sharp corner of the furniture, to avoid the elderly bump and scratch. If necessary, paste anti-slip bar, warning bar and other prompt signs that meet the relevant standards and the cognitive characteristics of the elderly.

④Suitable for old furniture configuration (option): such as shoe stool, be suitable for old chair, electric lifting clothes hanger, etc.

g. Supplies configuration for the elderly.

①Handstick (foundation): assist the elderly to stand and walk smoothly, including three- or four-legged cane, stool crutches, etc.

②Wheelchair/walker (option): assist family members and caregivers to promote/help the elderly to stand and walk, and expand the activity space for the elderly.

③Amplification device (option): choose the optical/electronic principle for image amplification, be convenient for the elderly to use.

④Hearing aids (option): help the elderly to hear the source of sound, increase the communication with the surrounding, including box hearing aids, ear hearing aids, ear back hearing aids, bone guide hearing aids, etc.

⑤Self-service eating utensils (option): assist the elderly to eat, including anti-sprinkling bowl (plate), help chopsticks, handle spoon (fork), drinking cup (pot), etc.

⑥Anti-lost device (foundation): monitor the location of the elderly with dementia or other mental disorders, to avoid the elderly lost, including prevent loss ring, anti-lost card purchase, etc.

⑦Safety monitoring device (foundation): wear in the human body or installed in the home environment, for monitoring the movements of the elderly or the bedroom environment, the occurrence of danger when the timely alarm. Including infrared detector, purple emergency caller, smoke/gas leakage/overflow alarm, etc.

(2) Home-aging service activities

Home-based aging service activities refer to the various service providers for the elderly to introduce and promote home aging to the elderly.

The purpose of the activity is to make the elderly identify and accept the concept of home and aging transformation, and carry out home aging transformation. Specifically, the service activities include but are not limited to home aging campaigns. Home is suitable for aging experience activities.

The home-aging promotion campaign aims to change the concept of the elderly by means of knowledge output, and then promote the service activities generated by the aging transformation action of the elderly.

Home-aging experience activities refer to the service activities that let the elderly stay in the model room for home-aging transformation, intuitively feel and experience the benefits of home-aging transformation, and then promote the home-aging transformation action of the elderly.

Services for the elderly can choose appropriate service activities according to the cognitive ability and knowledge reserve of the elderly, or combine publicity and experiential services at the same time.

2 Common theories

(1) Interaction determinism

a. Theoretical overview

The interaction determinism was put forward by Albert Bandura (behaviouralism, humanism and cognitive psychology) on the basis of Albert Bandura, belonging to the theory of social learning. Albert Bandura believed that, human behavior, human characteristics (e.g., cognitive structure, personality characteristics, physiological characteristics, psychological structure, age characteristics, etc.) and environmental factors were actually as the determinants of connection, interaction. Specifically, the environment was the potential factor that determines behavior. People could summarize the rules according to their experience of communicating with the surrounding environment, and make different behaviors. Human characteristics and environment interaction determine behavior, and people were not completely controlled by the environment or separated from the environment.

b. Practical application

According to the interactive determinism, the attitude of the elderly towards the aging transformation at home will be affected by the differences in individual characteristics and the environment. If all the people around the elderly have been living at home for aging transformation, the potential impact of the environment may allow the elderly to follow the home aging modification. If the elderly establish a better relationship with the elderly who introduce the home aging modification, the content of the explanation is easy for the elderly to understand, which brings the elderly the intuitive experience and feeling of the aging transformation. Creating a safe and trusting environment for the elderly, the older people will also be more willing to follow their advice. Differences in their perception, value, education, and financial affordability, will also affect their attitude to the home suitable for aging transformation. Therefore, the old service can start from the above aspects, to help the service object accept suitable home-aging transformation.

(2) Cognitive behavior theory

a. Theoretical overview

The cognitive behavior theory is a combination of cognitive theory and behavior theory. This theory believes that bad cognition can be changed by the way of thinking, belief and behavior, which can also be used to correct behavior. For example, changing the cognition or attribution of transitional generalization, catastrophizing thinking, polarization thinking, etc., is used to correct the behavior mode.

b. Practical application

Some old people will have the instinctive rejection of new things, and the reason for their rejection of new things can be attributed to the extreme thinking of new things. They think that everything is good before, but new things are cheating people or cheating money, and so on. Still some old people will show a pessimistic attitude towards their ability to perform new skills. In order to cover up their own shortcomings, they blindly reject new things, which is essentially a negative self-protection. It requires that the elderly should be keenly aware of the cognitive deviation of the rejection of aging transformation at home, and promote the behavior by changing cognition, or promote the cognitive change of the elderly through experiential behavior.

3 Common methods

(1) Publicity method

The publicity method is to let the elderly know what the aging transformation is through posters, leaflets or exhibition-board display, through the telephone or face-to-face explanation, gradually agree with the view of the aging transformation, and then accept the aging transformation. Specifically, the forms of activities can include home-aging renovation exhibition, home-aging renovation lecture, home-aging renovation knowledge competition, etc.

The design steps are described as follows.

a. Clarify the cognitive level of the elderly in the service area

Through questionnaire survey or interview, we can know whether the elderly in this area, whether they know home-aging transformation, whether they have been exposed to similar publicity, their educational background, cognitive ability and economic ability, so as to determine the depth and method of service design.

b. Plan service activities according to the cognitive level of the elderly in the service area

According to the cognitive level of the elderly in the region, we choose appropriate forms of publicity. In order to achieve purposes, the exhibitions, the lectures and the knowledge competition can be combined. The advantage of the exhibition is that the service object can gradually understand the relevant knowledge according to their own time, which is a relatively passive form of service. The form of lectures is more suitable for the elderly who actively accept new things, and the face-to-face communication method is also more conducive to the understanding and mastery of knowledge. The knowledge competition, such as competitive and stimulating activities, helps to stimulate the enthusiasm of the elderly and encourage the elderly to take the initiative to contact and memorize knowledge.

(2) Experience method

Experience method refers to the body of behavior in order to help the elderly better understand the aging transformation, build a home aging renovation model room or functional experience area in the community, to help the elderly feel the convenience of the home-aging transformation.

Inspection brings the change of concept, and then contributes to the generation of aging transformation behavior. The experience site can be set up in the community elderly care service station, because the community elderly care service station is suitable for aging facilities. In the community elderly care service station for experience, there is no need to build additional temporary places, save manpower, material resources and financial resources. If there is no elderly care service station in the community, the temporary experience places can be built with appropriate aging equipment suppliers, and the tour guides can be provided to explain the use of each equipment for the elderly, using the way to explore the treasure, increase the experience of interesting activities.

The activity planning steps of the experience method are roughly the same as the publicity method, so it will not be repeated.

4 Notes

(1) Clarify the aging suitable transformation policy of the area

Local governments will have slightly different support policies for home-aging renovation. But on the whole, there will be financial support for the families of the elderly with special difficulties, and the services will be provided in accordance with voluntary, safe, convenient and economic ideas. The services for the elderly should be familiar with the relevant policies of their location, and apply for the corresponding subsidies for the elderly families with special difficulties. However, those who have carried out families with severely disabled people will no longer be included in the scope of support.

(2) Clarify the scope of housing suitable for aging renovation

The families of the reconstruction objects should have the property right or long-term use right of the housing to be transformed, and the housing to be transformed should meet the relevant standards of quality and safety and the conditions for basic transformation, which shall not be included in the demolition plan.

(3) Clarify the process of transformation

In general, the transformation is divided into several main steps: application, evaluation, transformation, acceptance and supervision. According to the "Guidance to Speed up the Implementation of the elderly Home Care Aging Project", the transformation object is the family application. The civil affairs departments at the county level should entrust professional institutions scientific evaluation transformation object family needs. According to the results of the evaluation scheme, they should clear specific transformation project, transformation standard and subsidy way. According to the government procurement law system merit transformation construction institutions, the elderly or their guardian signature implementation. After the completion of the transformation, professional forces should be organized to carry out the completion acceptance, and do the related expenses settlement and fund allocation. Process monitoring and safety management measures should be detailed and defined to ensure that the transformation plan is implemented in detail.

(4) More series of activities to promote home aging

The concept change process of the elderly is long, and it is difficult to gain their trust. Therefore, a series of publicity and promotion activities should be step by step. It is possible to make the concept of the elderly really change, and accept the home aging transformation.

(5) Policies should be publicized at the same time

When carrying out activities, the elderly should know how to use policy support to apply for aging-appropriate transformation. Let them realize that aging-appropriate transformation is an official behavior, so as to increase the trust and acceptance of the elderly to home aging-appropriate transformation.

Task 1 Keeping in mind the types, projects and content of aging transformation

Task introduction

Uncle Wang is 77 years old. When he married a virtuous wife, he was 30 and owns a small room of his own son. But the good times did not last long. Because of a car accident, he was hemiparalyzed in bed since the age of 35. Although they have no children, his wife still doesn't abandon him and takes care of Uncle Wang's life for more than 40 years. In this small 28-square-meter house, Uncle Wang needs his wife's assistance for going to the toilet, taking a bath, going downstairs and doing other activities.

As his wife gets older and older, she is unable to take care of Uncle Wang. Uncle Wang is very hard to bear, so he would rather lie in bed rather than accept the care of his wife. He feels that instead of giving his wife happiness, he has become a drag on her whole life. As time goes by, Uncle Wang's illness became more and more serious. He could not take good care of himself in the room, so that Uncle Wang's confidence is severely hit and his self-care ability is getting worse and worse.

Task analysis

1 Analysis of service requirements

(1) Understand the basic information of the service clients

Uncle Wang is 77 years old, childless and living with his wife in his own house of 28 square meters. He has been paralyzed for hemiplegia for many years.

(2) Assess the ability of the clients

Although Uncle Wang has been hemiplegia for many years, he still has certain mobility abilities.

2 Develop a service plan

(1) Determine the service direction

With the consent of Uncle Wang, the existing housing of Uncle Wang will be transformed for aging at home.

(2) Define the service items

Check the list of home-aging renovation projects, and clarify the basic and optional projects that Uncle Wang's family should carry out.

(3) Primary service objectives

① Help Uncle Wang to understand the benefits of home-aging and optional transformation projects.

② Help Uncle Wang to determine his willingness to transform, apply for policy subsidies, and implement home-aging transformation.

Task implementation

1 Activity design mind up

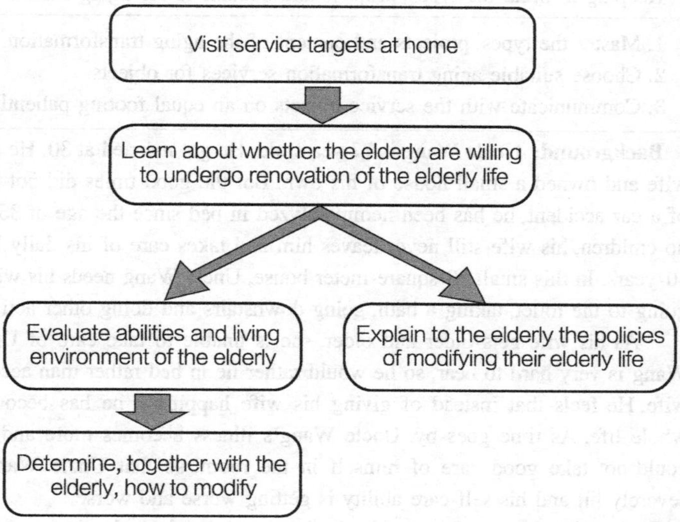

2 Notes for the activity design

(1) Strive for more welfare support for the service clients

Uncle Wang is an elderly man with special difficulties, who can apply for subsidies for aging renovation according to local policies. If the subsidy is not enough, we can try to get more transformation support for him through social donations and other channels.

(2) Follow the voluntary, safe, convenient and economic method

Fully discuss with Uncle Wang and his wife, fully respect the wishes of Uncle Wang, and realize the safe, convenient and economical home-friendly aging transformation.

Task order

Task information	
Task name	Keeping in mind the types, projects and content of the aging transformation
Task purposes	1. Master the types, projects and content of the aging transformation. 2. Choose suitable aging transformation services for objects. 3. Communicate with the service objects on an equal footing patiently and carefully
Task requirements	**Background:** Uncle Wang is 77 years old. He got married at 30. He married a virtuous wife and owned a small house of his own. But the good times did not last long. Because of a car accident, he has been hemiparalyzed in bed since the age of 35. Although he has no children, his wife still never leaves him and takes care of his daily life for more than 40 years. In this small 28-square-meter house, Uncle Wang needs his wife's assistance for going to the toilet, taking a bath, going downstairs and doing other activities. As his wife gets older and older, she is unable to take care of Uncle Wang. Uncle Wang is very hard to bear, so he would rather lie in bed rather than accept the care of his wife. He feels that instead of giving his wife happiness, he has become a drag on her whole life. As time goes by, Uncle Wang's illness becomes more and more serious. He could not take good care of himself in the room, so that Uncle Wang's confidence is severely hit and his self-care ability is getting worse and worse. **Task:** Please according to the basic situation of Uncle Wang, complete the home suitable for aging transformation service. 1. List the types, projects and content of the home-aging transformation suitable for the service objects. 2. Please list items which are basic and which are optional

Task-based appraisal					
Name of student		**Class and grade in school**		**Student ID**	
Task performance	**Total score:**	**Self-evaluation:**	**Mutual evaluation:**	**Teacher evaluation:**	
Self-comments					
Mutual comments					
Teacher comments					

Task implementation

Please fill in the lower pane for the home-friendly aging renovation service that you think is suitable for Uncle Wang

Class	Project name	Concrete content	Project type

Thinking practice

1. What should Uncle Wang do if he is not willing to carry out the aging transformation?
2. How can we truly achieve equal communication and exchange with the elderly on the appropriate aging program?

Task 2 Design of home-friendly aging promotion activities

Task introduction

Wu, 72 years old, suffered a broken bone a year ago when he tripped over an empty cardboard box in his home. He has to rely on a walker. Because the toilet space in the home is narrow, the walker cannot enter, and he can only solve outside.

There are many other old people like Wu in his community, which is an old community. The of household, corridor, kitchen, bathroom space is very small, and very not suitable for the elderly to live. In addition, the elderly in the community often focus on home care, door-to-door care and other services, but ignore the age-appropriate design and configuration of residential construction. Many elderly, especially the elderly who can take care of themselves, often refuse to the old psychology. But in fact, this group is at greater risk of problems in such an environment.

Most of these existing problems are caused by the neglect of the importance of home suitable for aging transformation. We need to publicize the case of aging transformation, so that more people may realize that this is an important project, so as to minimize the misfortune of the elderly.

Task analysis

1 Analysis of service requirements

Through the analysis of this task, we can see that the community is an old community, in which the residents do not understand the appropriate aging of the home. The economic level of the elderly is relatively general, and the education level is not high.

2 Develop a service plan

The elderly in this community need to accept a series of home promotion for aging, so as to enhance their willingness to accept home-aging transformation.

3 Primary service objectives

①Let the elderly know the categories, projects and main content of the home-aging transformation.

②Promote the elderly to accept the home suitable for aging transformation.

Task implementation

1 Activity design mind map

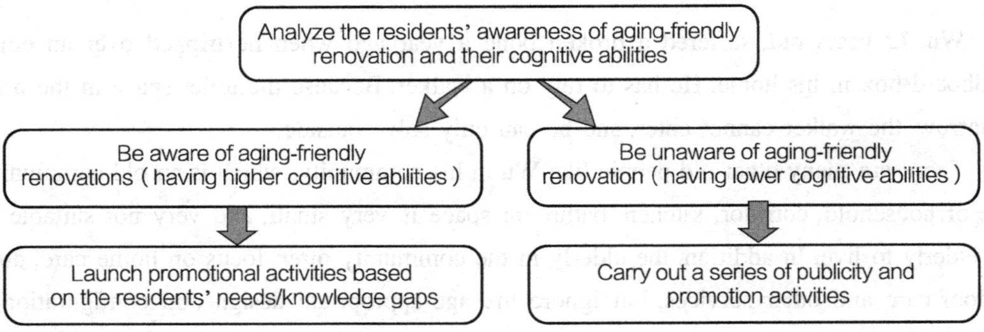

2 Notes for the activity design

①We can start from the elderly who are in urgent need of home-aging transformation, and provide one-to-one household publicity services to promote the elderly to accept home-aging transformation, form a role model effect, and then promote other elderly people in the community to follow suit.

②Due to the limited cognitive ability of the elderly, the publicity and explanation should be adopted in an easy way to understand, and try to convert the professional terms into the language that the elderly can understand.

③Policy publicity links should be set up in the activities to help the elderly know the channels to obtain policy support.

Task order

Task information					
Task name	Design of home-friendly aging promotion activities				
Task purposes	1. Help learners to master the design method of home-aging promotion activities. 2. Help learners to master the skills of conducting home-based aging promotion activities. 3. Have the sense of service for the elderly, and provide services for the elderly				
Task requirements	**Background:** C Community is a nursing home for elderly teachers, and the residents are mainly the staff of the school. In order to take care of his elderly mother, Zhang brought his mother to live with him, but Zhang soon found that his home was full of risks. Zhang in a out communication learned the home-aging project, then asked social worker Tang whether his community also went this way, Aunt Qin and Aunt Mu heard Zhang, and they were interested in home aging transformation. They hoped that social workers can plan an activity to introduce the system for home aging. **Task:** If you were a social worker, please design a service activity to meet the needs of the elderly to understand the home suitable for aging transformation, and do the following. 1. Fully considering the cognitive ability of the elderly, the form of the activity is as intuitive as possible. 2. After the activity, the elderly would be assessed for their understanding of the home aging modification				
Task-based appraisal					
Name of student		**Class and grade in school**		**Student ID**	
Task performance	**Total score:**	**Self-evaluation:**	**Mutual evaluation:**	**Teacher evaluation:**	
Self-comments					
Mutual comments					
Teacher comments					
Task implementation					
Activity name:					
Activity background					
(Describe the status of the group or the issue and state the problems or needs)					
Target		**Quota**			
Place		**Staff**			

(Continued)

<table>
<tr><td>Date</td><td></td><td>Time</td><td></td></tr>
<tr><td colspan="4">Activity concept (theoretical basis)</td></tr>
<tr><td colspan="4">(What kind of service theories, concepts, methods to carry out activities, must pay attention to the combination with this activity)</td></tr>
<tr><td colspan="4">Activity objective</td></tr>
<tr><td colspan="4">(Corresponding to problems or requirements, follow the SMART principle, and be quantifiable and evaluable as much as possible)</td></tr>
<tr><td colspan="4">Estimated difficulties and solutions</td></tr>
<tr><td colspan="2">Estimated difficulties</td><td colspan="2">Solutions</td></tr>
<tr><td colspan="2"></td><td colspan="2"></td></tr>
<tr><td colspan="2"></td><td colspan="2"></td></tr>
<tr><td colspan="2"></td><td colspan="2"></td></tr>
<tr><td colspan="4">Appraisal procedure</td></tr>
<tr><td colspan="4">(Questionnaire survey method, field observation method, service object interview method, etc.)</td></tr>
<tr><td colspan="4">Activity design</td></tr>
<tr><td colspan="4">Previous preparation</td></tr>
<tr><td colspan="4">(Time, place, person in charge, and materials)</td></tr>
<tr><td colspan="4">Mid-term arrangement</td></tr>
<tr><td colspan="4"></td></tr>
<tr><td colspan="4">Aftermath work</td></tr>
<tr><td colspan="4"></td></tr>
</table>

<table>
<tr><td colspan="5">Materials and budget</td></tr>
<tr><td>Number</td><td>Name</td><td>Unit-price</td><td>Quantity</td><td>Applications and remarks</td></tr>
<tr><td>1</td><td></td><td></td><td></td><td></td></tr>
<tr><td>2</td><td></td><td></td><td></td><td></td></tr>
<tr><td>3</td><td></td><td></td><td></td><td></td></tr>
<tr><td>4</td><td></td><td></td><td></td><td></td></tr>
<tr><td>5</td><td></td><td></td><td></td><td></td></tr>
<tr><td>6</td><td></td><td></td><td></td><td></td></tr>
<tr><td>7</td><td></td><td></td><td></td><td></td></tr>
<tr><td>8</td><td></td><td></td><td></td><td></td></tr>
<tr><td>9</td><td></td><td></td><td></td><td></td></tr>
<tr><td>10</td><td></td><td></td><td></td><td></td></tr>
<tr><td colspan="2">Amount to</td><td colspan="3"></td></tr>
</table>

Thinking practice

1. How to stimulate the elderly's interest in home aging transformation?
2. How to build a trust relationships with the elderly?

Module 2

Life education activities for the elderly

Project 1
Adaptive activity design

With the deepening of the aging degree of China's population and the intensification of social mobility, more and more elderly people follow their children to urban communities or live in professional elderly care institutions after retirement. The elderly who come to the community or elderly nursing homes have experienced the change of social role, living environment and life style to adapt to the new life, which is not only related to the personal quality of life, but also affects the stability of the family and society. Elderly adaptive activity design refers to the old service according to the characteristics of the elderly, combined with the elderly into the community and homes. After a comprehensive understanding of the needs of the different types of elderly, the design meets the characteristics of this kind of elderly activities, to help them to achieve psychological adaptation, economic adaptation, social relations, family relationship and living arrangement, really into the community and nursing home life.

Project objectives

Knowledge objectives

1. Understand the connotation of the adaptive activities of the elderly.

2. Understand the design process and matters needing attention of the adaptive activities of the elderly.

3. Master the methods and skills of developing adaptive activities for the elderly.

Ability objectives

1. Be able to master the ways to collect the needs of the elderly.

2. Be able to design activity programs to help the elderly adapt to the living environment, guide the elderly group to realize role adaptation, and promote the elderly to better adapt to the community and nursing home life.

Quality objectives

1. Be patient, careful and observe during communicating with the elderly.

2. When the elderly share their lives, listen patiently and do not interrupt.

3. Watch the expressions, body language, or other non-verbal expressions of the elderly.

4. Show an understanding of the emotions/thoughts/needs behind the language expression of the elderly.

5. Form a team with local elderly providers and community volunteers, and have a good sense of cooperation in the process of activities.

1 Basic concepts

(1) Community elderly and home elderly

The community elderly in this study refer to the elderly whose children who have entered the cities through college admission, marriage, employment and more, but their households still stay in the countryside. The nursing home elderly refer to the elderly who are unable to live alone or live with their children for various reasons and choose to live in professional care institutions for the elderly.

(2) Social adaptation

Social adaptation refers to the process of continuing socialization or re-socialization in the urban society of those who follow their children or enter nursing homes through the continuous adjustment of behavior modes, values, life styles and psychological states.

(3) Adaptive activities

Adaptive activities refer to the design and development of a series of group activities to meet the adaptive needs of the elderly in daily life, as psychological adjustment, interpersonal relationship and other aspects, which can be divided into adaptive activities of the elderly and adaptive activities of the elderly in the nursing facility.

2 Common theories

(1) Socialization and continued socialization theory

a. Theoretical overview

Socialization refers to the process in which an individual gradually develops a unique personality in the process of interaction with the society, and gradually adapt to social life through the internalization of social culture and the learning of role knowledge (Zheng Hangsheng, 2004). Marcel Lesner, a famous French adult educator, proposed that "the process of human socialization is a process that lasts for life". According to Gao Zhimin (2006), continual socialization refers to a development process of individual adults' sociality with the change of the social role as the center. They actively improve knowledge, skills, and behaviors according to the needs of social development. They constantly try to adapt to social life, and create new social life on the basis of their original socialization. In the process, the extension and development of social history of human beings is pushed forward. After the elderly follow their children to a new environment or enter a nursing home, they are prone to a variety of physical and mental problems, difficult to adapt to the existing life, or even lose self-identity. Promoting the continued socialization of the elderly is one of the effective ways to solve the social adaptation difficulties of the elderly. The continued socialization of the elderly refers to the process in which the elderly constantly learn new social norms, assume new social roles and establish new social relations in order to adapt to the social environment and their own changes.

b. Practical application

The continued socialization of the elderly can be strengthened through social education and interpersonal communication. First, it should strengthen the social education of the elderly, enable the elderly to know the basic categories and identification of the community and the resources of nursing homes, be familiar with the methods to use the resources, and quickly adapt to and integrate into the community and the life in nursing homes. Secondly, it should strengthen interpersonal communication between the elderly living with their children and those living nursing homes, elderly groups, and other social groups, encourage the elderly to actively participate in various activities, help promote the socialization and social function of the elderly, and improve their sense of belonging to the community, and the life in the nursing home.

(2) Interactive mode theory

a. Theoretical overview

Interactive mode also called reciprocal mode or interaction mode, is between people, between people and environment, to build a group work mode. This mode takes more emphasis on the interaction between members, between members and the environment, to promote the team members in the group interdependence of mutual assistance, find a sense of belonging, stimulate their potential, and realize their own value (Li Yufei, 2016).

b. Practical application

The elderly due to the change of living environment, the lack of communication with their peers, are easy to cause a series of adaptive problems. According to the interactive mode theory, the old service should make decorations and cooperation decoration dormitory environment activities, which can promote the elderly group to communicate with the staff of elderly nursing homes, help the elderly familiar with the elderly nursing home, let the elderly in the process of thinking and practical ability and enhance the elderly home of belonging and identity.

(3) Advantage perspective theory

a. Theoretical overview

The advantage perspective theory is based on the question of the effectiveness of the problem perspective, which is based on Maslow's humanistic psychology, Husserl and Schutz's phenomenological theory and symbolic interaction theory. From the perspective of advantage, problems are only a part of the service object. If they pay too much attention to the problems of the service object, they will ignore their ability to successfully deal with the problems in life. From the advantageous perspective, social work opposes the problem of the service object, and believes that the problem label has the encroachment effect. Based on the thinking of the limitations of the problem perspective, the core of the advantage perspective is to help the service objects explore their own advantages, face and overcome the adversity and difficulties encountered in life through the support of others and social workers around them (Li Yawen, Du Lijie, 2004).

b. Practical application

The advantage perspective theory is a perspective that focuses on people's inner strength and superior resources. In the process of exploring community resources and building environment integration, the purpose of applying the advantages to the elderly is to help the elderly find their own advantages and resources, realize their own special features, so that the elderly are willing to take the initiative to promote their own changes. People serving the elderly should always have positive expectations for the elderly, encourage them to pay attention to and explore their own potential, and guide them to find resources around them and resources available in the community, so as to better help them adapt to and integrate into community life.

3 Common methods

(1) Community resource mining method

Community resources refer to all the organizational, cultural, human, material and financial resources in the community that can provide services for the elderly. Community resources mining method refers to the design of tea party, community resources exploration and other activities to help the elderly to understand the community resources, make full use of community resources, eliminate the strangeness of the elderly to the environment, and then help the elderly to integrate into the community life.

The design steps are described as follows.

Step 1: Collect the needs of the community elderly people for community resources. Understand and collect the real needs of the elderly through preliminary visits. Ask the community staff, and observe the participation of the elderly.

Step 2: Develop the activity design. The activity can be designed in the order of "activity introduction, ice-breaking link, activity development, sharing and summary".

Among them, the "how much community resources you know" tea party for the elderly, for the elderly workers needs to flexibly use the method of collecting the needs of the elderly, so as to better grasp the actual needs of the elderly in the community.

In the section of "drawing resource map", the elderly service workers need to contact the teachers with painting experience in the community in advance to teach and explain the painting skills before drawing the map.

(2) Ritual therapy

Ritual therapy is a traditional and unique treatment method, which is widely used in daily life in human psychological and social service practice. The use of ritual therapy in the nursing home is mainly through the welcome party and other ceremonial activities, effectively mobilize the elderly to be familiar with and adapt to the new environment, so as to help the elderly better accept and adapt to the life of the nursing home.

The design steps are described as follows.

Step 1: Collect the needs of the elderly to integrate into the house life. Understand and collect the real needs of the elderly through preliminary visits and issuing questionnaires.

Step 2: Develop the activity design. The activity can be designed in the order of "activity introduction, ice-breaking link, activity development, sharing and summary".

Among them, in the welcome meeting, the elderly need to understand the characteristics of the new elderly in advance, reasonably design the specific links of the welcome meeting, provide the sense of ceremony for the elderly, so as to help the elderly better accept and integrate into the collective life.

4 Notes

(1) Conduct a demand survey before the activity to ensure the effectiveness of the activity

Before the activity, the elderly have to understand the needs of the service object in detail. They can use questionnaire method, interview method, observation method and other methods, and design the activity accordingly, so as to carry out the services that meet the actual needs of the elderly to achieve the best results.

(2) Integrate and link the resources needed for the activities

For the elderly, they need to plan the resources needed for the activities in advance, including site resources and human resources, and do a good job in resource integration. For example, in order to carry out the activity of drawing resource map, we need to contact teachers who can provide painting skills in advance, so as to better present the painting effect.

(3) Make a reasonable classification of service objects

Appropriate classification of the participants facilitates integration within the group. For example, in order to carry out the tea party for the elderly, in the early stage, it is necessary to carry out the overall situation of the elderly in the community, and understand the information of their domicile place. In the activity group, we try to divide the elderly from similar areas in one group, so as to facilitate the communication within the group.

(4) Pay attention to the safety of the activities

For the outdoor activities, we should consider the health status of the elderly and take safety measures. In order to carry out indoor activities, the physiological characteristics of the elderly should also be considered. Each time should not be too long, and some rest time should be provided during the group activities.

Task 1 Adaptive activity design for the community elderly

Task introduction

W Community is located in the emerging immigrant city, which is a transition from the employee dormitory community to a comprehensive family residential community.

The number of permanent residents in the community continues to increase. The number of the elderly people from all over the country to help take care of their grandchildren and move to the community has soared.

Xiao Wang, the worker of W Community who serves the elderly, learns that nearly half of the elders in the community have just moved in in the past year. They are not familiar with the public facilities and resources of the community, and are relatively unfamiliar with other elderly people. Some elders expressed the hope of making friends in the community. Xiao Wang decides to hold a "Tea Party About Community Resources" in the community to further understand the needs of the elderly, enhance the understanding between the elderly, and promote resource exchange among the elderly.

Task analysis

1 Analysis of service requirements

(1) Understand the specific needs of the service object for the community resources

After the initial understanding that the elderly want to master more community resources, they need to further analyze the aspects of resources they want to master, and provide relevant resource support accordingly.

(2) Understand the elderly capacity

Caregivers are expected to know which elderly people take interest in the activities, whether they have the time and energy to participate in various activities.

2 Develop a service plan

According to the needs of the elderly in the community, the tea party is held to help the elderly to understand the community public facilities and other resources, so as to better integrate into the community life.

3 Primary service objectives

①Help the community elderly to establish internal contacts.

②Through the tea party, further shorten the distance between the elderly and other elderly, and help the elderly workers to further understand the needs of the elderly.

③The elderly community volunteers can introduce the existing public resources in some communities to the elderly in the communication to help them familiarize with the community environment.

Task implementation

1 Activity design mind map

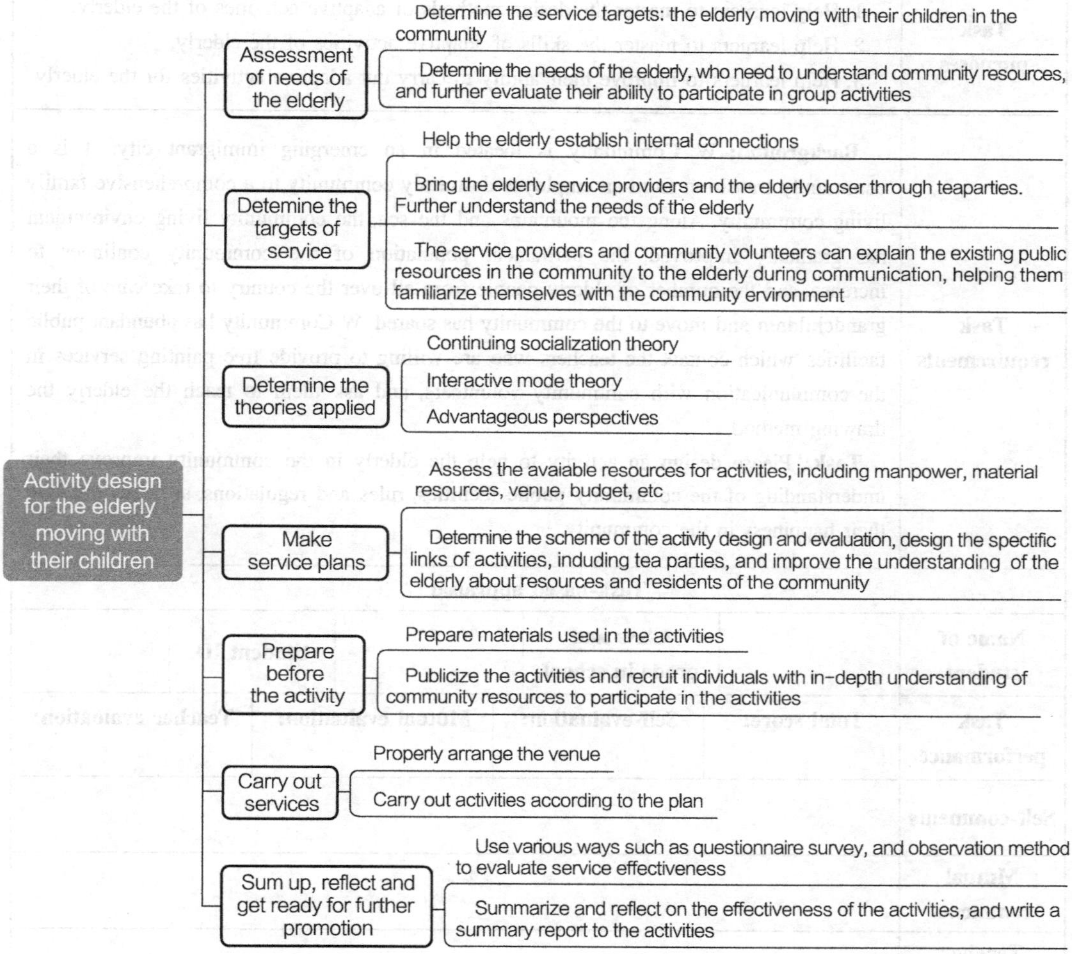

2 Notes for the activity design

①Full preparation for data collection. Before the activity, we should collect the data, and know the various facilities and surrounding environment of the community in advance.

②Reasonable design of the activity plan. The activity should take into account the physical condition of the elderly and adjust the activity plan according to the weather conditions.

③Make emergency plans, learn about community rescue facilities in advance, and prepare some commonly-used drugs.

Task order

Task information					
Task name	Adaptive activity design for the elderly				
Task purposes	1. Help learners to master the design methods of adaptive activities of the elderly. 2. Help learners to master the skills of adaptive activities of the elderly. 3. Help learners to improve their ability to carry out adaptive activities for the elderly				
Task requirements	**Background:** W Community is located in an emerging immigrant city. It is a community transition from an employee dormitory community to a comprehensive family living community. Along the mountains and the sea, the community living environment has gradually improved, the permanent population of the community continues to increase, and the number of elderly people from all over the country to take care of their grandchildren and move to the community has soared. W Community has abundant public facilities, which contact the teachers who are willing to provide free painting services in the communication with community volunteers, and ask them to teach the elderly the drawing method. **Task:** Please design an activity to help the elderly in the community improve their understanding of the community public facilities, rules and regulations, so as to improve their happiness in the community				
Task-based appraisal					
Name of student		**Class and grade in school**		**Student ID**	
Task performance	**Total score:**	**Self-evaluation:**	**Mutual evaluation:**	**Teacher evaluation:**	
Self-comments					
Mutual comments					
Teacher comments					
Task implementation					
Activity name:					
Activity background					
(Describe the status of the group or the issue and state the problems or needs)					
Target		**Quota**			
Place		**Staff**			
Date		**Time**			

(Continued)

Activity concept (theoretical basis)
(What kind of service theories, concepts, and methods to carry out the activities are followed?)
Activity objective
(Corresponding to problems or requirements, follow the SMART principle, and be quantifiable and evaluable as much as possible)
Estimated difficulties and solutions

Estimated difficulties	Solutions

Appraisal procedure
(Questionnaire survey method, field observation method, service object interview method, etc.)
Activity design
Previous preparation
(Time, place, person in charge, and materials)
Mid-term arrangement
Aftermath work
Materials and budget

Number	Name	Unit-price	Quantity	Applications and remarks
1				
2				
3				
4				
5				
6				
7				
8				
9				
10				
Amount to				

Thinking practice

1. When the elderly in the community are unwilling to participate in activities, how do we dispel their concerns and improve their enthusiasm to participate in activities?

2. How do we ensure the safety of the elderly people participating in outdoor activities?

3. How do we solve the problem of poor communication between the elderly?

Task 2 Adaptive activity design for the nursing home elderly

Task introduction

The nursing home in C Community has 120 beds, mainly for the elderly, sick, disabled and those elderly with dementia who need long-term care and other elderly people in need. The nursing home has a professional care team, who cares for the elderly in the nursing home for 24 hours. The facility is also equipped with nurses, rehabilitation employees, and other related professionals. They provide comprehensive physical and psychological care for the elderly. Recently, some new elderly residents moved in. Caregivers plan to hold a welcome party to help the new comers get familiar with the new environment and various facilities. At the same time, they also wish to help them better integrate into the life of the nursing home and strengthen the communication between the new and old residents.

Task analysis

1 Analysis of service requirements

Through the analysis of this task, it can be seen that the service objects are newly admitted nursing directors, who hope to understand and get familiar with the various facilities and nursing staff as soon as possible, so as to better adapt to the living environment and establish a better interpersonal relationship.

2 Develop a service plan

According to the needs of the new dean, a series of activities of the new admission welcome meeting have been carried out, such as the visit of the nursing home, the explanation of facilities, the introduction of nursing staff and other elderly people, etc.

3 Primary service objectives

Help the new elderly residents to understand and use the nursing home resources, enhance the sense of belonging in the nursing home, and further integrate into the nursing home life.

Task implementation

1 Activity design mind map

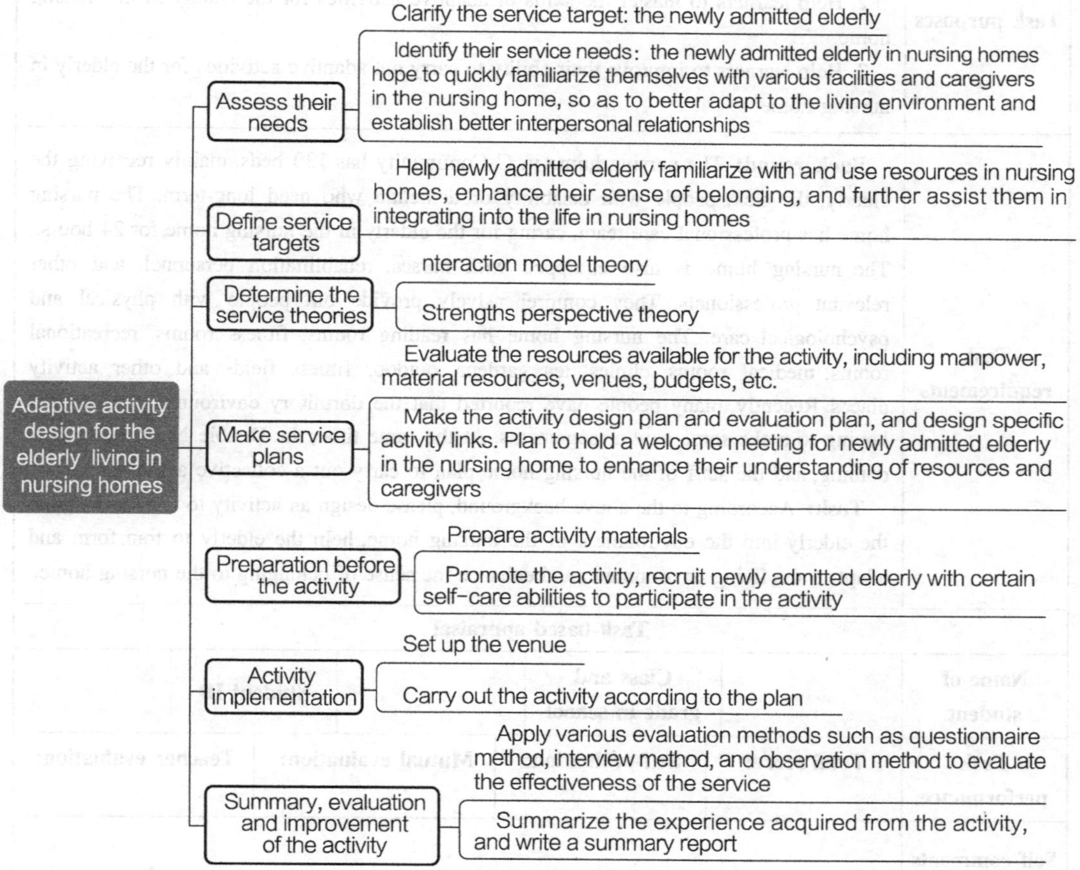

2 Notes for the activity design

①The elderly who participate in the welcome meeting activities need to have certain self-care ability. Serving the elderly needs to contact the staff in advance, collect the basic information of the new dean, and reasonably choose the elderly who participate in the activities.

②The staff should consider the physiological characteristics of the elderly in the nursing home, and reasonably design the specific links of the welcome meeting.

③The staff should be arranged reasonably according to the physical condition of the elderly participants.

Task order

<table>
<tr><th colspan="6">Task information</th></tr>
<tr><td>Task name</td><td colspan="5">Adaptive activity design for the nursing home elderly</td></tr>
<tr><td>Task purposes</td><td colspan="5">1. Help learners to master the design method of adaptive activities for the elderly in the nursing home .
2. Help learners to master the skills of adaptive activities for the elderly in the nursing home.
3. Help learners to improve their ability to carry out adaptive activities for the elderly in nursing home</td></tr>
<tr><td>Task requirements</td><td colspan="5">Background: The nursing home in C Community has 120 beds, mainly receiving the elderly, the sick, people with disability or dementia who need long-term. The nursing home has professional care team, caring for the elderly in the nursing home for 24 hours. The nursing home is also equipped with nurses, rehabilitation personnel, and other relevant professionals. They comprehensively provide old people with physical and psychological care. The nursing home has reading rooms, fitness rooms, recreational rooms, medical rooms, clinics, tea gardens, outdoor fitness fields and other activity places. Recently, many people have reported that the dormitory environment is similar, hoping to make some new arrangements. At the same time, the Double Ninth Festival is coming, and the staff of the nursing home plan to carry out a collective activity.
Task: According to the above background, please design an activity to further integrate the elderly into the environment of the nursing home, help the elderly to transform and adapt to the living environment, and enhance the sense of belonging to the nursing home.</td></tr>
<tr><th colspan="6">Task-based appraisal</th></tr>
<tr><td>Name of student</td><td></td><td>Class and grade in school</td><td></td><td>Student ID</td><td></td></tr>
<tr><td>Task performance</td><td>Total score:</td><td>Self-evaluation:</td><td colspan="2">Mutual evaluation:</td><td>Teacher evaluation:</td></tr>
<tr><td>Self-comments</td><td colspan="5"></td></tr>
<tr><td>Mutual comments</td><td colspan="5"></td></tr>
<tr><td>Teacher comments</td><td colspan="5"></td></tr>
<tr><th colspan="6">Task implementation</th></tr>
<tr><td colspan="6">Activity name:</td></tr>
<tr><th colspan="6">Activity background</th></tr>
<tr><td colspan="6">(Describe the status of the group or the issue and state the problems or needs)</td></tr>
<tr><td>Target</td><td colspan="2"></td><td>Quota</td><td colspan="2"></td></tr>
</table>

(Continued)

<table>
<tr><td>Place</td><td colspan="2"></td><td colspan="2">Staff</td><td></td></tr>
<tr><td>Date</td><td colspan="2"></td><td colspan="2">Time</td><td></td></tr>
<tr><td colspan="6">Activity concept (theoretical basis)</td></tr>
<tr><td colspan="6">(What kind of service theories, concepts, and methods to carry out the activities are followed?)</td></tr>
<tr><td colspan="6">Activity objective</td></tr>
<tr><td colspan="6">(Corresponding to problems or requirements, follow the SMART principle, and be quantifiable and evaluable as much as possible)</td></tr>
<tr><td colspan="6">Estimated difficulties and solutions</td></tr>
<tr><td colspan="3">Estimated difficulties</td><td colspan="3">Solutions</td></tr>
<tr><td colspan="3"></td><td colspan="3"></td></tr>
<tr><td colspan="3"></td><td colspan="3"></td></tr>
<tr><td colspan="3"></td><td colspan="3"></td></tr>
<tr><td colspan="6">Appraisal procedure</td></tr>
<tr><td colspan="6">(Questionnaire survey method, field observation method, service object interview method, etc.)</td></tr>
<tr><td colspan="6">Activity design</td></tr>
<tr><td colspan="6">Previous preparation</td></tr>
<tr><td colspan="6">(Time, place, person in charge, and materials)</td></tr>
<tr><td colspan="6">Mid-term arrangement</td></tr>
<tr><td colspan="6"></td></tr>
<tr><td colspan="6">Aftermath work</td></tr>
<tr><td colspan="6"></td></tr>
<tr><td colspan="6">Materials and budget</td></tr>
<tr><td>Number</td><td>Name</td><td>Unit-price</td><td colspan="2">Quantity</td><td>Applications and remarks</td></tr>
<tr><td>1</td><td></td><td></td><td colspan="2"></td><td></td></tr>
<tr><td>2</td><td></td><td></td><td colspan="2"></td><td></td></tr>
<tr><td>3</td><td></td><td></td><td colspan="2"></td><td></td></tr>
<tr><td>4</td><td></td><td></td><td colspan="2"></td><td></td></tr>
<tr><td>5</td><td></td><td></td><td colspan="2"></td><td></td></tr>
<tr><td>6</td><td></td><td></td><td colspan="2"></td><td></td></tr>
<tr><td>7</td><td></td><td></td><td colspan="2"></td><td></td></tr>
<tr><td>8</td><td></td><td></td><td colspan="2"></td><td></td></tr>
<tr><td>9</td><td></td><td></td><td colspan="2"></td><td></td></tr>
<tr><td>10</td><td></td><td></td><td colspan="2"></td><td></td></tr>
<tr><td colspan="2">Amount to</td><td colspan="4"></td></tr>
</table>

Thinking practice

1. How do we mobilize the enthusiasm of the elderly to participate in the activities?

2. How do we carry out group activities according to the physical condition and self-care ability of the elderly residents?

Project 2
Memory treatment activity design

Most old people like to immerse themselves in the memories of the past, which psychologists call "return psychology". Psychologist Erickson pointed out in the eight-stage theory of life in 1963 that the last stage of life — the task of old people is to solve the problem of self-integration and self-despair, and produce satisfaction, so as to avoid falling into despair. Guiding the elderly to recall the good things they have experienced in their life can make up for the sense of uselessness caused by the limitation of ability and opportunity, and help to achieve a sense of self-achievement, so as to improve the quality of life in their later years.

As a psychosocial treatment, memory treatment has been proved to have a positive impact on the depression, self-esteem and social interaction of the elderly. It can help the elderly to enhance self-understanding and social adaptation, enhance self-esteem and reduce depression, establish a social support network, and cope with life in a healthier way.

Project objectives

Knowledge objectives

1. Understand the definition of memory treatment.

2. Be familiar with the type of memory treatment.

3. Master the design process of memory treatment activities.

Ability objectives

1. Be able to assess the acceptance and need of the memory activities by the elderly.

2. Be able to choose the appropriate themes to design and remember the past activities.

3. Be able to carry out activities to remember the past according to the needs and characteristics of the elderly to promote the ability of the elderly.

Quality objectives

1. Have a good service attitude and service consciousness, and be able to respect and accept the emotions and behaviors of the elderly.

2. With the concept of professional service, be able to treat the elderly with strict management of development, and have a positive perspective on the elderly.

3. Have innovative consciousness, combine the characteristics of different elderly people, with innovative services theme and forms.

Task 1 Remember the key points of memory treatment

1 Conceptual framework

(1) Definition

The concept of memory treatment originated from geriatric psychiatric medicine, is based on the psychological characteristics of the elderly. And it is one of the commonly used methods in geriatric work. Since the 1960s, memory treatment has been widely used in institutional care and community services for the elderly in the United States.

Memory treatment (reminiscence therapy), also known as nostalgia therapy and recall therapy, is a process of guiding people to review their past life, reexperience the fragments of past life, integrating and understanding the past life experiences, exploring the value of life and the meaning of life, and helping them to know themselves, accept themselves and restore their sense of self-esteem.

(2) Applicable objects

Memory treatment is applicable to a wide range of objects. People of different ages and regions can use this therapy anytime and anywhere, which has a positive role in the prevention and treatment of senile dementia and depression. Memory treatment is for the elderly with mild dementia, mild depression, and low self-esteem.

Because the recall of past events or situations must have a certain cognitive ability and preconditions. Therefore, it is not suitable for the elderly with serious cognitive problems, the elderly with behavioral disorder, the elderly with serious mental illness, or the elderly with incontinence.

(3) Mechanism

Memory treatment working mechanism is based on the elderly memories of psychological adjustment mechanism, by arousing the elderly memory and experience, to encourage the elderly to talk about their rich life experience some unforgettable things or fragments, keep the old photos, collection of commemorative items, familiar old songs as guides, prompt the memory of the past, make the elderly more be able to calmly cope with the current life. In the practical process, the elderly should be guided to recall their achievements to improve their self-worth and self-esteem. And the doctors guide them to recall the pain to reunderstand the past, accept the past, respect the reality, and look forward to the future, so as to achieve the internal and external sustainability of the elderly.

2 The functions of remember treatment

As a psychosocial intervention method, memory treatment can have a positive impact on improving cognition, relieving mood, restoring self-esteem, and enhancing the sense of self-worth. In 1993, scholar Webster (1994) proposed eight main functions of memory treatment.

①Relieve boredom: alleviate boredom caused by the lack of environmental stimulation and activity opportunities.

②Prepare for death: reduce the fear of death and face death calmly

③ Self-identity: excavate, interpret and clarifying the character of an independent individual.

④Solve problems: use the old methods to solve problems to deal with the current problems and challenges.

⑤Communicate: enhance the communication with others.

⑥Maintain intimate relationships: keep in touch with important relationships in life.

⑦Reproduce pain: release emotions while recalling painful experiences.

⑧Educate: attach importance to their own value.

3 The type of remembrance

According to the characteristics of memory, Wong, et al divided the member into six different types.

(1) Integrated memory

It is a life retrospective type, whose purpose is to help the elderly to solve conflicts, accept the differences between the past and the present, find the meaning of life, and obtain an integrated view of the past life.

(2) Instrumental memory

It refers to the resumption of problem-solving skills and methods used in the past, through the nostalgia of the past events to identify life goals, achievements, and problem-solving strategies, to help individuals to solve the current problems.

(3) Passing memory

It refers to the transmission of cultural heritage or personal legends to the next generation, which is the nostalgia in the form of telling stories or telling history by educating others or providing entertainment to the audience.

(4) Narrative memory

It refers to the descriptive recall of life experiences or past stories. It can be a form of nostalgia that describes the past experiences or activities in detail, and also be used to educate traditional values and cultural traditions or to provide entertainment to the audience.

(5) Avoiding memory

It means to review the past that brings pride and resist the present dilemma.

(6) Compulsive memory

It refers to rediscovering negative memories that bring guilt, bitterness and despair.

Of the six types, only four were associated with adaptive and maladaptive outcomes, with integrated and instrumental memories promoting adaptation, while avoiding and compulsive memories led to maladaptive or some negative outcomes.

Task introduction

S Community is located in the junction of urban and rural areas. Before retirement, the elderly are mostly workers of enterprises and have a certain pension. On the basis of questionnaires and random visits it is found that there are many retired empty-nesters in the community, and some lonely elderly people live without children. They miss their own years, resulting in illness after retirement whose current life is full of powerlessness. Most of the old people's children are not around all the year round, and the interpersonal communication has gradually become less. They lost the ability to contribute to the society. The old people think that they can do nothing, with a certain psychological gap, feel abandoned by the society, and lose confidence in the future life.

According to the needs of the elderly in this community, please choose the appropriate intervention method and explain the reasons.

Task analysis

1 Requirement analysis

①In this case, with the growth of age, the elderly in S Community gradually decline, with various diseases one after another, and their ability to control their own life is constantly weakened.

②After retirement, the elderly's social status changes. Their contribution to the society decreases, and their sense of value is reduced. The dual psychological and physical pressure makes them have a strong sense of powerlessness and low self-esteem.

③ Since their children are not around all the year round and their interpersonal communication decreases, the old people think that they can do nothing and their sense of self-worth is weakened. They need to enhance their sense of self-value through re-examination, adapt to retirement life, and improve their happiness in their later life.

2 Theoretical analysis

①According to Erikson who put forward the theory of "eight stages", each stage is composed of life experience, and each stage has its own development. The old stage has development crisis, namely at this stage the elderly cannot achieve self complete, or self worth, and they have anxiety and depression.

②Based on the theory of "eight stages", in S Community the elderly identity is at low stage. By the memony treatment, it can make the elderly recall once, through the past life experience to seek a self-improvement, it can help the old men through the stage of self doubt, to obtain satisfaction, which gives strong realistic significance.

3 Interventional methods

①Memory treatment guides the elderly to review the past life, reexperience the past life fragments, help them to understand themselves, reduce the sense of loss, and increase the sense of self-esteem.

②The elderly in S Community of low identity often miss the characteristics of the past. Using the memory treatment, the staff guide community elderly to recall memorable experiences, past life, help the old men identify the fresh past identify positive events and value significance, and find their self value, enhance their self understanding and self integration and improve the elderly self-esteem and happiness.

Task implementation

1 Activity design mind map

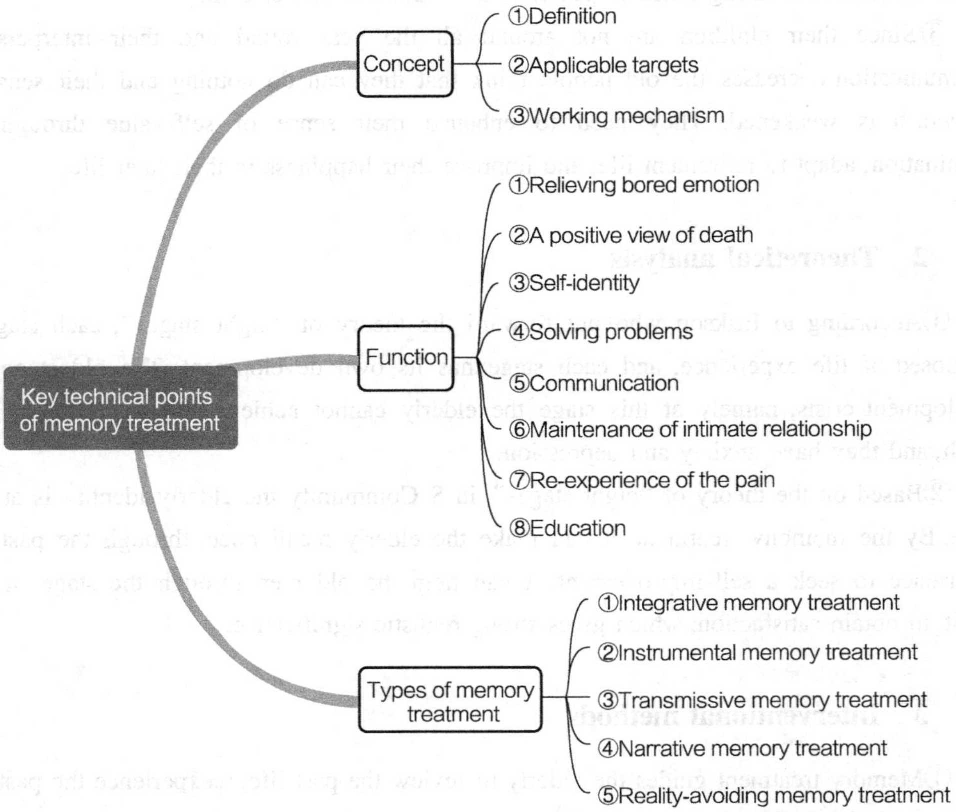

2 Notes for memory treatment

①Screen the applicable service objects. Memory treatment is suitable for the elderly with certain language logic ability and with mild dementia.

②Create a good service atmosphere. Memory treatment requires a safe and comfortable atmosphere. Old photos, music, food and familiar objects trigger memories to evoke memories of the past and encourage them to share and discuss their personal life experience.

③ Flexibly use service intervention skills. By listening, acceptance, and the same intervention skills, the staff timely observe their facial expression and body language, express the concern and understanding of the elderly, find common topics, go deep into the heart of the elderly, experience their emotions and thinking, and resonate with the elderly emotionally.

Task order

Task information					
Task name	Remember the key points of memory treatment				
Task purposes	1. Understand the basic concepts of memory treatment. 2. Master the mechanism of memory treatment. 3. Understand, accept, and care for the elderly				
Task requirements	Y Community is an old urban area, for a automobile factory workers' family elderly nursing home. Through investigation and visit, it was found that the Y Community was mainly retired workers of an automobile factory. They were the first batch of employees of the automobile factory, and witnessed the establishment, development and change of the factory. These elderly people couldn't also forget that time. But with the growth of age, the body function gradually decreased, the opportunity to go out reduced, and the sense of powerlessness increasingly deepened. 76 52% of the elderly said that "no one to talk on weekdays". Their loneliness followed, with fear and anxiety of the real life, and they missed the fun of life before. **Task:** Please state the definition of memory treatment. Please combine the case study to explain the mechanism of memory treatment				
Task-based appraisal					
Name of student		**Class and grade in school**		**Student ID**	
Task performance	**Total score:**	**Self-evaluation:**	**Mutual evaluation:**	**Teacher evaluation:**	
Self-comments					
Mutual comments					
Teacher comments					
Task implementation					

Task 2 Memory activity design

1 Scope of memory activities

Memory activities can be held in individual or group ways. The main advantage of adopting groups is that it can benefit more elderly people. Remembering the past activities is applicable to people with similar background or experience. They participate in the past memory activities to affirm and accept themselves, take the initiative to communicate and communicate with others, then eliminate loneliness and enhance the sense of self-esteem and self-confidence. When carrying out group activities to remember the past, the elderly can flexibly use different residences for the elderly, such as elderly activity centers, home care service centers, nursing homes, apartments for the elderly, day care centers for the elderly, and nursing homes for the elderly, etc.

2 Role of memory activities

The group memory activities are to assist the elderly to establish a social support network by guiding the group members to participate in the memory activities and promoting the interaction among the members. The role of the group remembering activities is listed as follows.

①Help the elderly to share their experiences, reassess their uniqueness and values, realize self-identity, enjoy the glory and happiness of the past, and find self-esteem, self-value and happiness.

②Promote the elderly to communicate with peers with similar past experiences or emotional reactions in the group, review the past ways to solve problems together, and encourage the elderly to face up to the setbacks in reality and adapt to the changes after entering old age.

③Encourage the elderly to participate more actively in social activities, enhance the interaction with peer groups, broaden the interpersonal communication circle, and improve the social support network.

④For the emotional atmosphere created by group activities to be heard, understood and accepted, enhance the sense of belonging of the elderly, thus alleviate the sense of loneliness and achieve the purpose of group treatment.

3 Process of memory activity design

The memory of the past can be clarified from five stages of the operation process and method of remembering the past. The details are listed as follows.

Step 1: Demand assessment, and analysis of activity theory. Demand is the starting point of the event planning. Before the memory of the past, using questionnaire, interview, etc., with the memory function scale assessment, the elderly psychological mood, social and self-worth assessment, should be close to understand the feelings of the life. And under the guidance of theory, the staff should clear the form and content of the past, to determine the service target and service direction. For old people with mild Alzheimer's disease and mood depression, it should assess the need to remember the elderly through the Brief Elderly Depression Scale (GDS-15).

Step 2: Set goals and determine the goals that need to achieve to remember the past. After a clear understanding of the characteristics and needs of the elderly, it should set activities according to the elderly to achieve the goal. The work objectives should follow the SMART principle, that is, clarity (specific), measurement (measurable), achievability (attainable), correlation (realistic), time limit (timebound).

Step 3: Clarify the plan. After clarifying the goals of the activity, the staff should further think about and clarify the specific actions needed to be taken to achieve the goals, list the activity content, specific procedures, time planning, manpower arrangement, required resources, contingency plan, etc., to finally form a detailed activity plan.

Step 4: Implement the memory, use the memory skills to carry out the theme activities. the staff should discover themes in the life course to help them understand the impact of these themes on the past, present and future.

Step 5: Effectiveness evaluation. The staff should evaluate the effect of activities. At the end of the activity, they evaluate the changes of the elderly before and after the activity, clarify the evaluation of the activity effect, and further guide the elderly to identify and use their own strength.

4 Design skills of memory activity design

(1) Common theories

a. Erikson's "eight stages" theory

(a) Theoretical overview

Erikson from psychosocial development theory provided "eight stages" theory. Each stage is composed of life experience, and has their own development. The old stage is development crisis, namely at this stage they cannot achieve self-improvement, which would cause lower self worth, worry. In old age, reviewing the past is the basic completion of this task, so that people may achieve self-integration and gain a sense of perfection.

(b) Practical application

Under the guidance of "eight stage" theory, for the old service it appropriately guides the elderly to recall theirselves, find a sense of achievement, complete the "self-improvement" old life task, improve self identity and value, obtain perfect feeling and satisfaction.

b. Remembering the past theory

(a) Theoretical overview

The theoretical framework of remembering the past originated from Erickson's "eight stages" theory based on the psychological characteristics of the elderly. It guides people's past experiences, emotions and ideas to reexperience past life fragments, helps them understand themselves, and improves their ability to adapt to the real life environment.

(b) Practical application

The theoretical guidance of remembering the past helps the elderly to create a good memory atmosphere, and encourages the team members to share similar experiences and feel the support of others. On the one hand, it should maintain cognitive function and increase verbal expression and society to conduct activities, reduce loneliness and enhance the sense of belonging. On the other hand, it should guide the elderly to reintegrate their life, improve their personal positive feelings through memories and sharing, increase the affirmation of their life, and achieve the purpose of group memory and treatment.

c. Continuous theory

(a) Theoretical overview

The continuous theory, also known as the continuous activity theory, believes that the individual continuous behavior pattern is more conducive to the elderly to play a new social role and gain happiness and happiness. According to the continuous theory, the basic principle for the elderly to enjoy a happy later life is to continue to contact with the society and continue all the previous activities. Even after retirement, they continue the sense of retirement to avoid the loss and loneliness caused.

(b) Practical application

Under the guidance of continuous theory, the elderly should arouse their experience to deal with and explain the existing changes, and assist the elderly to use familiar knowledge, skills and thinking modes to cultivate stable behavior patterns, so as to cope with individual aging and gain satisfaction.

(2) Activity scale

Compared with the individual memory activity, the group memory activity is more structural. The number of the group is 10 to 15 people, and the specific number is determined according to the physical and mental function of the elderly participating in the activity.

(3) Activity length

The past memory activity group usually has 4 to 8 events. Nursing homes, apartments for the elderly, day care centers, and nursing homes can have more activities than activity centers for the elderly. The elderly activity center is mainly for the elderly living in the community, and the number of activities can be arranged in about 4 sections. The duration of each section is generally 30 to 90 minutes, 1 to 2 times a week, each time lasting for at least 4 weeks.

(4) Theme selection

a. By a chronological order

One of the ways to choose a theme is to choose it in chronological order. The choice of the theme depends on the purpose of the memory activity. If the purpose of the activity is to improve the self-esteem of the elderly, then the theme is the main achievements of the elderly in each stage of their life. If the purpose of the activity is to trigger positive and happy memories of family life, the theme is to guide the elderly to count the happy time of life.

b. By a specific topic

Another way to choose the theme is to explore themes that are not associated with the lives of the elderly. If the purpose of the event is to get a positive feeling, the theme of the event can be the past food, holiday celebrations, holiday activities, or social life events. These "security" themes can help the old men relax and remember the past freely.

5 Practical points of memory activities

①First of all, we need to understand the background of each elderly person, so as to find out the guides related to them, and determine the theme to promote the communication among team members.

②We should actively encourage the elderly to share. If the elderly still want to share after the activity, we should encourage the elderly to make further sharing, and arrange other sharing time when necessary. Before the end of the activity, the happy atmosphere should be built for the old service.

③We should pay attention to the vision and hearing of the elderly. If the elderly have vision and hearing impairment, we should prepare magnifying glasses and headphones in advance.

④During the activity, each elderly person should be guided to have a fixed position to assist the elderly to establish a stable interpersonal relationship. At the same time, the seat distance is appropriate for the elderly to hear the voices of other group members clearly.

Task introduction

There are more than one hundred elderly people in a nursing home. The elderly aged 80 years old and above account for more than 70% . Their basic life care can be guaranteed in this nursing home. The elderly of the nursing home are engaged in little social interaction and usually refuse to participate in various activities by reason of their old age, poor hands-on ability, poor health, poor memory, and poor eyesight. They are increasingly losing contact with the society and they have considerably low self identity. Recently, due to the impact of the epidemic, the facility has adopted closed-off management, and the elderly cannot meet their family. They begin to have a sense of helplessness and loneliness. They miss their previous life and are not happy with the present life.

Task analysis

1 Analysis of service requirements

①Slow down the weakness caused by the decline of body function. With the growth of age, the body function gradually declines, and the elderly feel powerless and useless more and more strong. We must improve their living ability and the ability to adapt to the society.

②Increase self-efficacy. Reduce their negative cognition and a sense of uselessness. The elderly think that they are unable to refuse to participate in activities and have a low sense of self-esteem, so they need to improve their sense of self-worth and self-confidence.

③Increase social interaction. The elderly have a certain sense of distance with their children. The communication with their friends is not much. They are less involved in the activities organized in the nursing home. The elderly have a strong sense of loneliness, which can enhance social communication, and gain a sense of companionship and self-esteem.

2 Develop a service plan

In view of the performance problems and needs of the elderly in the organization, combined with the characteristics of the elderly like to recall, we for the elderly people carry out the "Time Song", remembering the past activities, with nostalgia as the theme, design "Childhood Fun", "Hometown Feelings", "Work", "Marriage Parenting Era" theme activities, guide with the old memories, emotionally to experience happiness, achievement, dignity, etc. Through the elderly achievements, we adjust their attitude in the face of old age, to achieve something and happiness.

3 Primary service objectives

a. General goal

It is to improve the self-efficacy and value of the service object, and face the old life with a positive attitude.

b. Partial objectives

(a) Enhance the positive self-awareness of the elderly.

Assist the elderly to face up to the physical condition, accept the changes of the physical aging, and reconstruct the meaning of life.

(b) Improve the self-efficacy of the elderly.

Dig out the shining points of the elderly, help the elderly experience life achievements, and reshape their self-image;

(c) Increase the social interaction among the elderly.

Strengthen the contact and communication between the elderly in the nursing home, help them obtain emotional comfort, and strengthen social support.

Task implementation

1 Activity design mind map

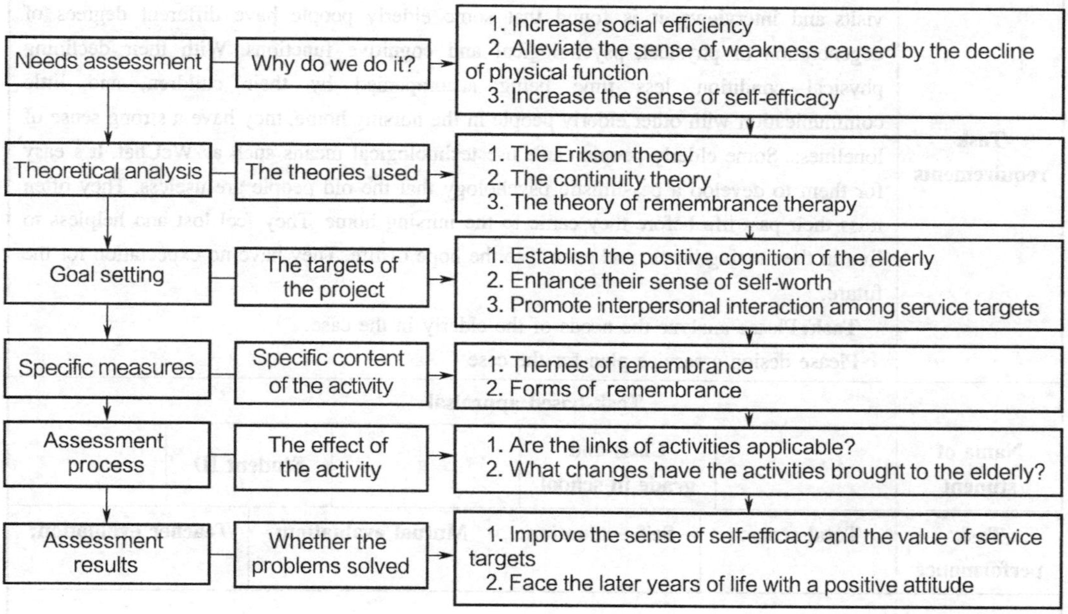

2 Notes for the activity design

(1) Interview before the activity

Interview each elderly person to understand their preference, experience, strength and achievement. At the same time, pay attention to the negative experiences of the elderly, and appropriately avoid talking about them during the activities.

(2) Intention of the activity design

The purpose of the memory event is to make the elderly feel good by tracing their past life experience and sharing these things with other team members. If the elderly focus on unsolved problems or bother their feelings in the group, it is more appropriate to use a more structured life review.

Task order

Task information	
Task name	Memory activity design
Task purposes	1. Master the process and key points of the memory activities. 2. Design the memory activities according to the characteristics and needs of the elderly. 3. Respect and accept the emotions and behaviors of the elderly. 4. Combine the characteristics of different elderly people and innovate service themes and forms
Task requirements	**Background:** A nursing home is a public and private nursing home, and the infrastructure of the nursing home is relatively perfect. Through previous observations, visits and interviews, it is found that some elderly people have different degrees of degeneration in physical, psychological and cognitive functions. With their declining physical condition, less time being accompanied by their children, and little communication with other elderly people in the nursing home, they have a strong sense of loneliness. Some elderly people can't use technological means such as WeChat. It's easy for them to develop a pessimistic psychology that the old people are useless. They often miss their past life before they came to the nursing home. They feel lost and helpless to live in the nursing home, and even lose the hope of life. They have no expectation for the future. **Task:** Please analyze the needs of the elderly in the case. Please design a service plan for the case

Task-based appraisal					
Name of student		**Class and grade in school**		**Student ID**	

Task performance	**Total score:**	**Self-evaluation:**	**Mutual evaluation:**	**Teacher evaluation:**
Self-comments				
Mutual comments				
Teacher comments				

Task implementation
Activity name:
Activity background
(Describe the status of the group or the issue and state the problems or needs)

Target		**Quota**	
Place		**Staff**	
Date		**Time**	

(Continued)

Activity concept (theoretical basis)
(What kind of service theories, concepts and methods to carry out the activities, we should pay attention to the combination with this activity)
Activity objective
(Corresponding to problems or requirements, follow the SMART principle, and be quantifiable and evaluable as much as possible)

Estimated difficulties and solutions	
Estimated difficulties	Solutions

Appraisal procedure
(Questionnaire survey method, field observation method, service object interview method, etc.)
Activity design
Previous preparation
(Time, place, person in charge, and materials)
Mid-term arrangement
Aftermath work

Materials and budget				
Number	Name	Unit-price	Quantity	Applications and remarks
1				
2				
3				
4				
5				
6				
7				
8				
9				
10				
Amount to				

Project 3
Life review activity design

Due to the body function continuous degradation, the work production capacity, and the life self-care ability gradually lost. With social role from "social activists" to "the social bystander", the elderly are not only difficult to see their own advantages and value, but also are easy to the present and future life without any expectations, and produce helpless and powerless to negative emotions. Life review activity refers to the focus and integration of leading the elderly to review their life experience, especially the "positive events" and "negative events" in their life course, so that they can see the uniqueness of their life course, find their forgotten advantages and potential, and improve their interest in participating in life.

Project objectives

Knowledge objectives

1. Understand the connotation of recall, life course, and life review therapy.
2. Master the training skills of life review activities such as interview, recall and retelling.
3. Be familiar with non-drug intervention methods such as life history map, important object sharing method and positive event recall method.

Ability objectives

1. Be able to carry out recall and retelling training for the elderly to improve their life review ability.
2. Be able to guide and encourage the elderly to express themselves, so that they can have a pleasant experience in the memory.
3. Be able to find advantages and values in their life experience and gain confidence.
4. Be able to timely relieve the bad emotions of the elderly caused by recalling the past.
5. Be able to organize the elderly to draw life course patterns to depict their life experiences.
6. Be able to guide the elderly to regain hope for their future life.

Quality objectives

1. Accept the negative emotions of the elderly.
2. In the process of activities, detect and affect the emotions of the elderly.
3. Listen attentively and respond positively when telling their life experiences.

Task 1 Life review training

1 Basic concepts

(1) Narration

Narration is a way of expression, refers to the matter before and after the true said. In the training of life review activity, the elderly should make the elderly fully describe their previous experience through various methods.

(2) Life review

Review refers to recalling and thinking about the events occurring in the past, and making a general observation of the past events. Life review refers to the intervention measures that review, reorganize and evaluate personal life experiences, so that the meaningful events in their life course can be reexplored, and the unresolved contradictions can be analyzed, so as to help individuals reintegrate self-cognition and discover the meaning of life.

2 Common theories

(1) Life course theory

a. Theoretical overview

Life course theory comes from the study of immigrants by the Chicago School, which focuses on the study of the significant impact of drastic social changes on individual life and development, and regards the individual life course as the product of social power and social structure. The basic analytical paradigm of life course theory is to understand the individual's life course as a sequence composed of multiple life events. If the same group of life events is sorted differently, the impact on life will be completely different.

b. Practical application

This theory uses in-depth interview method to review and describe the life experience of the interviewees, and the understanding, attitude and behavior in the face of each event, so as to reflect the influence of internal and external, space and time, subjective and objective factors on human behavior.

(2) Advantage perspective theory

a. Theoretical overview

The advantage perspective is a perspective that focuses on people's inner strength and superior resources. The advantage perspective theory is based on the belief that their abilities and their internal resources allow them to effectively meet the challenges in life.

b. Practical application

In the life review, people's characteristics can be regarded as advantages under certain conditions, including experience, personal character, perception, talent, social resources, etc.

3 Common methods

(1) Growth stage review method

The human life course is divided into five stages: childhood, youth, prime, middle age and old age. Those serving the elderly should guide the elderly to share their previous life experience according to the historical background of each stage.

The design steps are described as follows.

Step 1: Collect the information of the service objects and refine the information of the service objects. Analyze the causes of the elderly's problems and the needs for improvement, formulate and modify the service plan.

Step 2: Develop service design. Take past experience and important events as the elderly irrational cognition to set up reasonable cognitive breakthrough. Build the relationship, focus on life story, seek unique advantages, reconstruct positive self, solid self-esteem level layers, make the old man to establish a reasonable self identity and self-worth, and improve and consolidate the level of self-esteem.

Among them, the elderly can use empathy, clarification and focus in gathering life stories, seeking unique advantages. And the situational role playing can be used in the discussion between the elderly.

Step 3: Assessment after the service. The standardized scale or self-made scale is used to evaluate the effectiveness of this activity on the improvement of the elderly problems, and put forward suggestion for improvement, in order to provide reference for the future practice.

(2) Life experience review method

Different from the life history chart, the life experience review method divides the elderly's life experience into three aspects, namely, campus time, work experience and family life experience.

a. Campus time

Carefree campus life is beautiful and happy. Look for happy memories of the elderly in this field. Help them realize their strengths and talents in a certain discipline or a certain aspect, and regain confidence and affirm themselves.

b. Work experience

Look for important events in the elderly at work, find the shining points, help them realize their working ability and excellent qualities, make the elderly recall the affirmation and honors they get during work, help them realize their self-value, regain confidence and relieve negative emotions.

c. Family life experience

People will integrate some characteristics, hobbies and goals during their childhood growth and development into their own personality, which will continue to affect their future behavior patterns. Therefore, recalling and sharing the happy stories during the growth of the elderly can relax the elderly's mood and get happiness. At the same time, we should review the achievement value of raising children, enhance the self-sense of achievement of the elderly, and perceive their value to the family and the happy life of their children.

The design steps are described as follows.

Step 1: Collect the information of the service objects and refine the information of the service objects. Analyze the causes of the elderly's problems and the needs for improvement, and formulate and modify the service plan.

Step 2: Develop service design. Service design can be conducted in the order of "activity introduction, warm-up games, life experience sharing, discussion and summary". Among them, in the life experience sharing section, the elderly can use the comparative method to guide the elderly to realize their changes and growth, and in the discussion session, the situational role playing can be used.

Step 3: Assessment after the service. Use scales, interviews, questionnaires and other methods to evaluate the effectiveness of the activity on the improvement of the elderly problems, and put forward suggestions for improvement, in order to provide reference for future practice.

4 Notes

(1) Introduce life review knowledge to the elderly before the activity begins

Old people's understanding and cognition of life review activities need to be improved. In order to make the activity smooth, the service providers for the elderly should popularize the life review to the elderly before the activity begins, the role of the life review activities, and so on.

(2) Use certain skills to guide the elderly to review

The service providers for the elderly should use the skills such as respect, listening, attention, empathy, affirmation, to grasp the important details described by the elderly to start the topic, and guide the service object to complete the happy and happy life segment review. At the same time, in the light of death, frustration, last words and other topics that may cause adverse emotional reactions of the service objects, the service persons should timely capture the emotional changes of the elderly and respond flexibly.

Task introduction

There are more than 30 widowed elderly people in N Welfare Home. After in-depth contact with the elderly people, they were found in the welfare home little interaction with others, no spiritual sustenance, a lack of companionship and care. The perennial life in the welfare home makes the elderly seriously seperated from the society. In addition to eating, they sleep and stare in a daze, which leads to their narrow outlook on life, value and world outlook, resulting in more negative life emotions.

Task analysis

1 Analysis of service requirements

(1) Change unreasonable beliefs

The elderly in welfare homes always think that their physical discomfort is adding to the burden of their children, and they do not come to visit them because he's not liked. The existence of these unreasonable beliefs makes it easy for the elderly to deny themselves and make themselves fall into a vicious circle of extreme bad emotional experience. Old people need to build a strong belief system to eliminate unreasonable beliefs.

(2) Improve sense of self-worth

After the elderly in welfare homes enter the older age, with the decline of physical function and the change of social roles, they often have a "sense of uselessness". Especially after retirement, the sense of value and achievement in the society is gradually lost, and they move from the center of the social stage to the marginal position. They gradually lost the sense of self-value, the lack of the goal and direction of life.

2 Develop a service plan

In view of the problems of the elderly in welfare homes, we will formulate personalized service plans for them. The service objects of the service party shall be divided into the following three stages.

The first stage is to gain the trust of the service object, and to establish professional relations. Through chatting with the elderly in welfare homes to understand their life experience, combined with the early life experience of the elderly, we analyze the internal causes of the existing problems. After clarifying the needs of the elderly in the welfare home, we should choose the appropriate review theme and make the activity plan.

The second stage is the intervention of the life review. By guiding the elderly in welfare institutions to recall the experiences of childhood, youth and middle age, they can get more positive experiences from the past. And in the process, we can gradually improve the social support network of the elderly, correct unreasonable beliefs, and enhance the elderly's sense of self-worth.

The third stage is to review the whole service process combined with professional knowledge. Summarize and evaluate the service effect, consolidate the existing changes, strengthen the service effect, and continuously and effectively change the service object.

3 Primary service objectives

①Improve the current bad mood of the elderly. By reviewing the happy past, we can get pleasant and relaxed emotional feelings, and relieve their sense of powerlessness and guilt.

② Enhance the elderly's sense of self-worth. The elderly review the successful experience, deal with life changes and difficulties with the help of successful experience, enhance their positive cognition of service, and give play to their own subjective initiative.

③Change the unreasonable beliefs of the old people. Change the perspective of the elderly looking at problems, let them look at physical problems rationally, and help them to relax their bad experience and regain confidence.

Task implementation

1 Activity design mind map

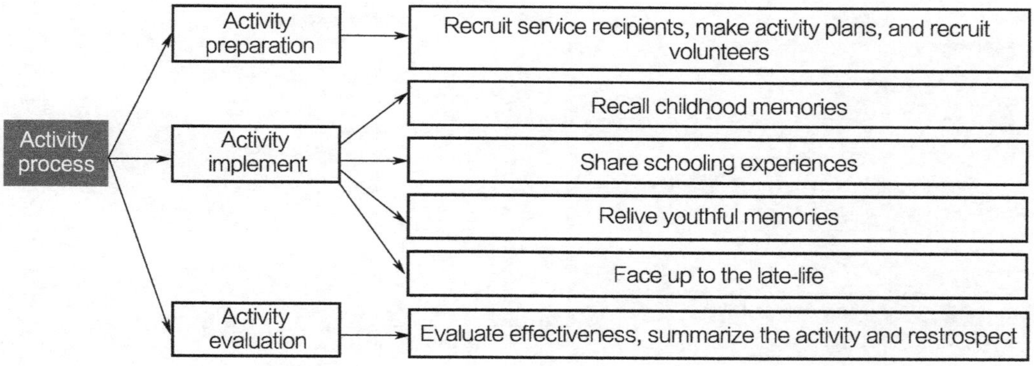

2 Notes for the activity design

(1) Check the background of the elderly in the welfare home in advance

According to the birth background of the elderly people, life experience determines the key content of the review, according to the behavior habits, cognitive degree, interests, and occupational characteristics.

(2) Pay more attention to the emotional changes of the elderly

The elderly may be depressed because of the bad experience. Those serving the elderly should have a heart of careful observation, pay attention to the emotional changes of each elderly in time, and pay careful attention to the special behavior of individual elderly. Through listening, understanding and other service skills, let the elderly express their feelings in a relaxed atmosphere.

Task order

Task information	
Task name	Life review activity
Task purposes	1. Help learners to understand the connotation of life course, and learn the knowledge of advantage perspective and life course theory. 2. Help learners to understand the characteristics and needs of the elderly living alone. 3. Help learners to master the process of life review activities, and enhance the skills of improving the elderly's sense of self-worth value. 4. Help learners respect and accept the elderly
Task requirements	**Background:** Most of the young people in H Village go out for work, and there are a large number of left-behind old people in the village. The old server visit found in H Village the left-behind elderly affected by the internal and external factors. They lose hope for life, and the specific manifestation is "mediocre", "no use", "nothing to do", "olduseless". The negative energy expressions become the theme of daily communication, generally they are pessimistic and disappointed about the future life. **Task:** Serving the left-behind elderly in H Village, design a life course review training activity for them and carry it out in the form of a group. Assist the old people to further understand their own life course, promote the elderly to improve their sense of self-worth, understand the meaning of life, and awaken the elderly enthusiasm for their later life.

Task-based appraisal					
Name of student		Class and grade in school		Student ID	
Task performance	Total score:	Self-evaluation:	Mutual evaluation:	Teacher evaluation:	
Self-comments					
Mutual comments					
Teacher comments					

Task implementation			
Activity name:			
Activity background			
(Describe the status of the group or the issue and state the problems or needs)			
Target		Quota	
Place		Staff	
Date		Time	

(Continued)

Activity concept (theoretical basis)
(What kind of service theories, concepts, and methods to carry out the activities are followed?)
Activity objective
(Corresponding to problems or requirements, follow the SMART principle, and be quantifiable and evaluable as much as possible)

Estimated difficulties and solutions	
Estimated difficulties	Solutions

Appraisal procedure
(Questionnaire survey method, field observation method, service object interview method, etc.)
Activity design
Previous preparation
(Time, place, person in charge, and materials)
Mid-term arrangement
Aftermath work

Materials and budget				
Number	Name	Unit-price	Quantity	Applications and remarks
1				
2				
3				
4				
5				
6				
7				
8				
9				
10				
Amount to				

Thinking practice

1. How should we deal with the elderly people who are not good at expressing themselves and cannot fully describe their own life course?

2. If the group service clients have conflicts, the activities cannot be continued. How should the social workers better mediate the conflicts and make the activities carried out smoothly?

Task 2 Life important events review training

1 Basic concepts

Life important events

Life important events refer to the events that play an important role in the course of people's life and have a significant impact. These events may be turning points in life, both positive and negative. Positive important events play a positive role in promoting personal development, while negative important events play a negative role in hindering personal development.

2 Common theories

(1) Personality development theory

a. Theoretical overview

Erickson's theory of personality development divides a person's life into eight stages: early infancy, late infancy, childhood, school age, adolescence, early adulthood, late adulthood and maturity. These eight stages are different and interrelated with each other, but each stage has the main tasks that should be completed in this stage. Only by solving the requirements and tasks of the previous stage smoothly, can the development of the next stage be better developed. If the contradictions at this stage are not well resolved, there will be some negative effects. Only after the contradictions are effectively solved, can people better adapt to the development of society.

b. Practical application

This theory holds that the negative emotions of the elderly in their later life are because there are still unresolved contradictions in the previous growth stages, so the elderly need to review their lives and solve the contradictions existing in the previous growth period.

(2) Ecosystem theory

1) Theoretical overview

Ecosystem theory reviews people and society from a holistic perspective. Ecosystem theory mainly believes that the interaction with the environment and others is human instinct, and the relationship between people and the environment is mutually beneficial. Therefore, in order to understand individuals, they must be put in the environment. Personal problems are problems in the process of life, and the understanding and judgment of personal problems must also be carried out in the environment where they live. So, it starts from the whole ecosystem of the people served and put their problems into different level systems to see and solve.

2) Practical application

In practice, the theory requirements for the old service help the service objects to improve its degree with the harmony of the environment. By the positive perspective, it systematically analyzes the service object in the social resources, in the adverse situation, in the service object to change the possibility of progress, improve the environment of the support of individuals, help the service object to solve the difficulties in life, restore the balance with the environment, coordinate with each other, and form a benign interaction.

3 Common methods

(1) Important objects sharing method

By sharing and introducing important objects, we should guide the elderly to tell the stories behind the objects, and encourage them to learn to express themselves, so that they can have a pleasant experience in the memory. For example, by sharing old photos, new topics are constantly introduced to gradually deepen the dialogue, and the elderly are actively encouraged to express themselves to let the elderly talk about the stories behind the photos, so as to activate the happy emotional experience in the elderly memories and relieve the negative emotions.

The design steps are described as follows.

Step 1: Collect the information of the service objects and refine the information of the service objects. Collect the basic information of the elderly, formulate and modify the service plan according to the causes of the information sharing problem and the improvement needs.

Step 2: Develop service design. Service design can be carried out according to the order of "activity introduction, warm-up games, important objects sharing, discussion, sharing and summary". Among them, the important object sharing link, for the elderly service providers can use the situation simulation method to allow the elderly to perform the events related to the important objects. The discussion can be designed by situational role-playing methods.

Summary for the old service providers focuses on helping the elderly to consolidate reasonable cognition, and eliminate unreasonable cognition.

Step 3: Assessment after the service. The scales, interviews and questionnaires are used to discuss the effectiveness of the activity to improve the problems of the elderly.

(2) Important events review method

a. Review of important positive events

By recalling and sharing their successful experience, the elderly help them enhance their self-identity. The staff guide and encourage the elderly to find their own advantages in the process of review, and to change their previous negative emotions and evaluation about themselves and their own life experiences.

b. Review of important negative events

Negative events not only have a negative impact on the elderly's emotion and behavior, but also make them ignore the positive energy brought by positive events in their life course. Through the review of important negative events, the irrational cognition of the elderly is found in the words and narration, and this cognition is discussed in time, so that the elderly can realize that some contradictions in the past are not completely their own faults. Through the comparison between the present and the past, they realize that they have more opportunities and possibilities, so we should pay more attention to the present and help the elderly establish correct cognition.

(3) Life course chart method

The life course is divided into different stages, and guide the elderly to recall the important events in each life stage. The elderly are asked to score each important event, with a range of -5 to 5. The higher the score indicates that the important event causes the more positive emotions of the elderly, and the lower the score indicates that the important event causes the more negative emotions of the elderly. According to the life course chart, we help the elderly to rebuild the cognition.

The design steps are described as follows.

Step 1: Collect the information of the service objects and refine the information of the service objects. Analyze the causes of the elderly's problems and the needs for improvement, formulate and modify the service plan, and design the key links of the activities according to the living background and life experience of the elderly.

Step 2: Develop service design. Service design can be carried out in accordance with the order of "activity introduction, warm-up game, life course map for the old service provider demonstration, life course map for the elderly, discussion and summary". Among them, before the process of drawing the life course map, the drawing method of the life course map is introduced and the elderly are given guidance in the drawing process. The discussion can be designed by situational role-playing methods.

Step 3: Assessment after the service. The scales, interviews and questionnaires are used to discuss the effectiveness of the activity to improve the problems of the elderly.

4 Notes

(1) Listen to and guide the expressions of the elderly

Because of age and physical reasons, some old people are not clear pronunciation. The old service people do not rush to catch up with the progress, and for the individual elderly who express in difficulty we should slow down with the appropriate volume to communicate. If necessary we can also use gestures or body language to help the elderly to clarify the expression.

(2) Introduce the use of tools to the elderly in advance

The activity mentioned that some elderly tool users may not be able to understand the use of their tools. For example, the staff need to make the life course map template in advance, and add demonstration links in the activity design, to help the elderly understand the life course map, and how to draw the life course map.

Task introduction

X Community is moving for farmers to the community. The elderly here have lost the land they lived on before. The young people do not work near the community, so the elderly have no economic resources and live alone. The elderly have low education level, whose participation in community activities is not very high. When encountering setbacks in life, they tend to blame themselves and have an inferiority complex. They always look at their past, present and future with a critical and negative attitude.

Task analysis

1 Analysis of service requirements

(1) Reconstruction needs

The change of physical function and the lack of income source will make the elderly in the community gradually lose their sense of self-value, and lose the goal and direction of life. Therefore, the service should start from improving the self-identity consciousness of the elderly, restore their sense of value and self-confidence, reaccept the living environment, ignite the hope of life, and let the elderly live out the meaning and value of life.

(2) Emotional support needs

The children are not around the elderly due to work reasons, so the elderly cannot get effective emotional support and have no place to vent their negative emotions. The elderly lack a sense of belonging. The social workers should help the elderly reduce negative emotional distress and increase positive emotional experience.

2 Develop a service plan

In view of the above problems, we make the personalized service plan for the elderly in the community. This service is mainly divided into the following three stages.

The first stage is to understand the experience of the elderly in the community through interviews, combined with the early experience of the elderly, to choose the appropriate theme on the premise of fully respecting the wishes of the service objects, to discuss together, and to formulate the intervention plan.

The second stage is to provide the opportunity for the elderly in the community to establish a new social support system to help them expand their social circle. Use the form of group activities to help them build a new circle of friends in the community and expand their social support network. By reviewing important lifetime experiences, they can better understand themselves, reduce negative emotions, develop positive positive emotions, and regain a sense of control over their lives.

The third stage is to tell and share the elderly life experiences, give corresponding encouragement and support to the elderly, so as to reduce the helplessness and loss of the elderly and improve their self-satisfaction, which is very important for the elderly. Summarize and evaluate the service, consolidate the existing achievements, and strengthen the service effect.

3 Primary service objectives

①Reduce the negative emotions of the elderly. Let the elderly realize that some contradictions in the past are not entirely their own reasons. Pay more attention to the moment and establish correct cognition.

②Meet the needs of service and expression, so that the service object to maintain a positive attitude.

③Enhance the confidence of the elderly in life. Help the elderly to tap their potential, expand their social support network, and realize their self-worth. Help the elderly to reconstruct the perspective of seeing problems, and reignite the hope of life.

Task implementation

1 Activity design mind map

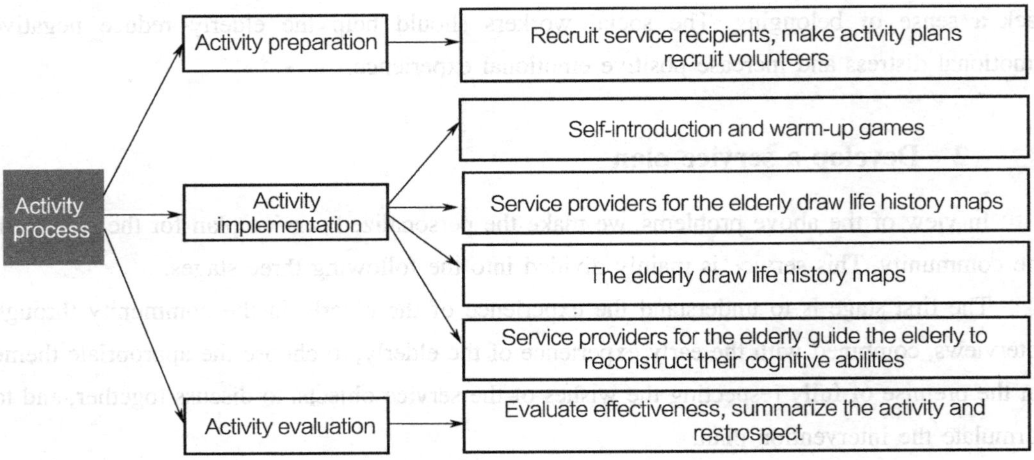

2 Notes for the activity design

(1) Considering the physical condition of the elderly, the time of the activities should not be too long

The service providers for the elderly should put the physical health of the elderly in the first place. When designing games for the elderly, they should avoid the design links with greater difficulty or fast pace of activities, so that the elderly can easily participate in it. At the same time, the service providers for the elderly should also fully respect the opinions of the elderly, take the initiative to discuss the frequency and duration of activities with them. The time of the activities should not be too long, so as not to cause the elderly's inner aversion and physical discomfort.

(2) Praise and encourage the elderly in time

It may be easy for young people to express their experiences, but it can be a difficult task for the elderly. If the elderly can timely encourage and appreciate the elderly's ability to express, and let them see their own potential and ability, the review will become simple. For example, the old service providers can use "you said well", "it is not difficult for you to recall the past" and other praise words to encourage the elderly.

Task order

Task information	
Task name	Life important events review training
Task purposes	1. Help learners to master communication skills, and guide the elderly to tell the important events that their life experiences have a great impact on them. 2. Help learners to master the skills to change the negative cognition of the elderly
Task requirements	**Background:** S Institution is the first elderly care institution in Nanchong City to explore the establishment of the elderly care service information platform, mainly undertaking the maintenance, medical treatment and rehabilitation of the elderly and the disabled. In the process of contact with the elderly in S Institutions, the people who serve the elderly often hear that the elderly feel self-pity because of their old age, or they are full of doubt and denial about themselves. **Task:** Serving the elderly in S Institution, design a review training activity for them for about 2. 5 hours. Assist the elderly to establish a correct understanding of the important events in the life course, so as to produce a sense of self-worth

Task-based appraisal					
Name of student		**Class and grade in school**		**Student ID**	
Task performance	**Total score:**	**Self-evaluation:**	**Mutual evaluation:**	**Teacher evaluation:**	
Self-comments					
Mutual comments					
Teacher comments					

Task implementation			
Activity name:			
Activity background			
(Describe the status of the group or the issue and state the problems or needs)			
Target		**Quota**	
Place		**Staff**	
Date		**Time**	

(Continued)

Activity concept (theoretical basis)	
(What kind of service theories, concepts, methods to follow to carry out activities)	
Activity objective	
(Corresponding to problems or requirements, follow the SMART principle, and be quantifiable and evaluable as much as possible)	
Estimated difficulties and solutions	
Estimated difficulties	Solutions
Appraisal procedure	
(Questionnaire survey method, field observation method, service object interview method, etc.)	
Activity design	
Previous preparation	
(Time, place, person in charge, and materials)	
Mid-term arrangement	
Aftermath work	

Materials and budget

Number	Name	Unit-price	Quantity	Applications and remarks
1				
2				
3				
4				
5				
6				
7				
8				
9				
10				
Amount to				

Thinking practice

1. How should we deal with the elderly who have poor physical function and can not be well integrated into the activities?

2. How should social workers better implement humanistic care when conducting life review activities for the elderly with low self-value?

Project 4
Late-life activity design

Since the World Health Organization's policy of "active aging", more emphasis is put on respecting the basic human rights of the elderly. The statements of "not depriving any individual of the opportunity to benefit from development", and actively promoting "lifelong human development" are increasingly becoming the strategic starting point for countries to deal with the problem of population aging in the 21st century. And it emphasizes in concrete actions that the elderly " must become fully participants in the development process, also equally enjoy the benefits of the development process ". Moreover, it clearly proposes that the three pillar concepts of health, participation and security should be regarded as a significant sign different from the previous concept of population aging. Therefore, the concept of active aging emphasizes the "health" of the natural life of the elderly, and pays more attention to the "participation" of the social life of the elderly, and the "guarantee" of the spiritual life. Therefore, paying attention to the late quality of life of the elderly is an important embodiment of promoting the concept of active aging.

Project objectives

Knowledge objectives

1. Understand the importance of life planning in their later years to individuals, families and society.

2. Understand the importance of life education for the elderly.

3. Master the contents of life planning and life education in their later years.

4. Be familiar with the elderly late-life planning and the methods of carrying out life education activities.

Ability objectives

1. Be able to integrate relevant community resources, carry out life planning theme activities for the elderly, and enrich their late life.

2. Be able to carry out life education activity planning for the elderly according to the characteristics and needs of the elderly.

3. Be able to conduct appropriate life planning and life education theme activities to enrich the late life of the elderly according to the characteristics and needs of the elderly.

Quality objectives

1. Accept the differentiated personality emotions and behaviors of the elderly.
2. Maintain respect and patient communication with the elderly during the service process.
3. Form a collaborative team with stakeholders and cultivate a sense of multi-teamwork.

1 Basic concepts

(1) Life plan for the elderly

Life plan for the elderly is made by the elderly aged over 60, which refers to the plans and choices made by the elderly in order to achieve certain life goals.

(2) Life education

The essence of life education is to make people deal with the "tension of life", correctly experience the value of life, establish the correct attitude and purpose of life, so as to pursue the greater value and meaning of life.

(3) Life education for the elderly

Based on the vitality of the life of the elderly, on the premise of recognizing the physical and mental characteristics and personality differences of the elderly group, it is to advocate the harmony between the life of the elderly with others, with the nature and with the society as the goal, stimulate their vitality and potential, and comprehensively improve the quality of life of the elderly.

(4) Life and death

The view of life and death refers to people's fundamental view and attitude towards life and death.

(5) Death education

Death education makes the elderly correctly understand the relationship between life and death, and learn to live fully and die with dignity.

2 Common theories

(1) Career development theory

a. Theoretical overview

Career development theory emphasizes the important influence of individual differences, such as interest, ability and values, on career development. Shuber is one of the most authoritative figures in the field of career development research. The three key points of Schuber's career development theory include self-concept, career development stage and career development task, career development and life role. Among them, "self-concept" is the core of Shuber's career development theory, which refers to the view of oneself and his own situation, including how to adjust the individual's evaluation of his/her social and economic situation and the current social structure related to work and life.

2) Practical application

According to the theory of career development, individuals begin to quit their career in the old age and leave their jobs, and the focus of life changes from the original society to the family. Psychologically, they will rely on their relatives, be easy to produce lonely and negative emotions, and need more spiritual care from family members and society. Due to the decline of the physical and psychological function of the elderly, the demand for medical services will be rising, and the economic capacity will occur a certain degree of decline. It can be seen that the life of individuals in the old age usually has more obvious changes. If there is no reasonable psychological preparation or arrangement during this period, it is easy to have a negative impact on people's elderly care. Therefore, it is necessary and appropriate to carry out the life planning for the elderly. The life planning of the elderly should be planned according to their own interests, abilities, needs and external environment, so as to promote the elderly people to live in a reasonable and orderly way in the new life stage.

(2) Development task theory

a. Theoretical overview

Havigest's theory of development task holds that each has his/her own main development tasks in different stages of life. He puts the development of life is divided into six periods, and the last period — aging development. Its task is to adapt to the reduction of retirement and income, to adapt to the decline of health and strength, to establish close relationship with their age group, to adapt to the death of the spouse, to take the responsibility of society and citizens and to make their satisfactory life, according to their own economic and family conditions to rearrange living environment.

b. Practical application

According to the developmental task theory, if individuals can adapt to the physical and mental function decline, establish new interpersonal relationships and assume new social responsibilities, and arrange the living environment according to their economic situation and family situation, they can improve their life satisfaction. Elderly life planning is to prepare for the change of life after retirement, which includes income decline, physical decline, social responsibility change, etc. Reasonable arrangement of income after retirement, according to the physical strength and living environment, can complete the personal development goals, through the elderly life planning.

(3) Bioethics

a. Theoretical overview

Bioethics is an interdisciplinary discipline that emerged in the 1950s and 1960s. The research focus of bioethics is the value of human being and its life, including the definition of life standard, the discussion of life value, the advocacy of hospice care and other contents. Bioethics aims to develop life, improve life and pursue ideal life. It not only expands the connotation of life education from the perspective of theoretical construction, but also greatly enriches the concrete practical content of life education.

b. Practical application

According to the content of the life ethics, the elderly late life education content includes life education, life education and traditional culture education. The goal is to make the elderly more take good care of others life, fully understand the nature of life, improve the quality of life, do "live happy""live brilliant" and "live meaningful". Therefore, the elderly providers carry out life education activities for the elderly, which can help to guide the elderly to pay attention to, and improve their quality of life and their living standards.

3 Common methods

(1) Activity learning method

Activity learning method refers to the method that helps the elderly to understand and learn about the late-life changes and their own needs through individualized tutoring and activities. First, the content of the late-life situations and need should be designed, through the learning side. It helps the elderly to master the knowledge of facts and data. Then, it designs some choices to help the elderly understand the relationship between facts and ideas and the process of change.

(2) Experience learning method

Experience learning method refers to the method of helping the elderly to understand the importance and necessity of late age life planning with the help of their experience, and to organize their late-life goals and contents. Some case display and explanation of the late happy life of the elderly can inspire the elderly and strengthen the planning or reference of their late old age life.

(3) Task center planning method

The task center planning method refers to the method of helping the elderly to sort out their life tasks in their later years through activities. Firstly, learning activities should be designed to help the elderly learn and master the task list of late life from the cognitive level. Secondly, it should help the elderly complete their life tasks through list selection and planning.

(4) Story-telling method

The story-telling method refers to the participation of life education for the elderly through the daily reserve of classic life cases or vivid stories, and through the use of appropriate teaching media, questions and answers.

The design steps are described as follows.

Step 1: Collect material and data. Collect and sort out the basic knowledge of life, the topics of life education for the elderly, and the typical cases and stories about the life education for the elderly, and then make them into slides.

Step 2: Develop service design. Firstly, explain the knowledge points related to life education through the teaching to understand the knowledge of life education. Secondly, deepen the understanding of the importance of life education by sharing typical cases and vivid stories, so as to provide cognition and knowledge basis for interactive discussion. The "discussion section" can take the way of watching videos, case discussion and situation simulation, invite the elderly to participate in the sharing and discussion together, and combine with the previous knowledge explanation to consolidate the learning income.

(5) Practical teaching method

The practical teaching method refers to a method of guiding the elderly to operate the elderly in the activities of life education. In the life education activities, we guide the elderly to simulate the pre-made will, carry out communication talk and illness notification, and make self-growth plans, which can not only enhance the understanding of the elderly on the theme content from the knowledge level, but also from the practical level to guide the elderly to operate to enhance their experience.

The design steps are described as follows.

Step 1: Explain knowledge. Help the elderly to master the specific content of life education through teaching.

Step 2: Develop service design. Serving the elderly for the elderly can specify the service content through the explanation of news stories and cases, and guide the elderly to design living plans and death arrangements in the way of group discussion and situation simulation, so as to help the elderly enhance their planning awareness and life goals and improve their quality of life.

(6) Cooperative learning method

Cooperative learning method is a kind of group cooperation learning method, which mainly refers to a method to design topics related to life education and achieve learning goals through cooperative learning method. This method has strong interaction, communication and sharing. For example, group members should jointly design ideal farewell ceremony or end-of-life case care simulation, which should be realized through reasonable allocation of learning tasks, collection separately, concentrated discussion and practice, continuous correction, innovation, and self-cognition.

The design steps are described as follows.

Step 1: Theme setting. The learning content is classified according to the theme in advance, and the theme content is mainly based on the content of life education for the elderly.

Step 2: Develop service design. First, the elderly people are grouped according to their interest and choice in the topic content. Second, the learning task of the group is explained. Each group discusses the specific decomposition of the task and the responsible person by itself, then collects the data separately within the specified time, and finally sorts out the data and discusses and drills in the group.

4 Notes

(1) Activity planning should be demand-oriented and assessed

Before the event planning, the research should be based on the physiological, psychological and social characteristics and needs of the elderly, so as to achieve a definite goal.

(2) The content of the activities should match the physical condition of the elderly

The content of the activity should match the physical condition of the elderly, and the safety of the elderly to participate in the activity is the primary problem.

(3) The duration of activity should match the physical fitness and concentration of the elderly

The design activities should fully consider the physical fitness and concentration level of the elderly, and the time of the activities should not be too long.

(4) The content of the activities should consider the differentiated needs of the elderly individuals

The activity design should fully consider the differentiated needs of the participating elderly individuals, pay attention to the coordination and integration of individual and group needs, and appropriately meet the individual needs.

Task 1 Late-life planning activity design

Task introduction

A is an old service provider in the community. Through research, it is found that the elderly in the community in the past two years was gradually increasing. These elderly people generally have the problem of degeneration of physical function and weakened social function, which is manifested as suffering from different chronic diseases or even serious diseases, lack of psychological attention to their families, going out less or even unwilling to. At the same time, many old people feel confused with adaptation barriers. They don't know how to arrange their late-life, maintain their own health, establish suitable for their own circle and do their property and cultivate their old interests, etc., which to a great extent has affected the old people's quality of life.

Task analysis

1 Analysis of service requirements

(1) The need for disease management

As the function of various organs and tissues decline, the elderly face multiple health problems. Old age is the period of frequent diseases, and health maintenance is the elderly most concerned and eager to be satisfied.

(2) The Need for mental health

In addition to living care, old people need more attention and support in mental psychology. The mental health needs of the elderly are diverse, including physical psychological needs, psychological impact of health and disease, dependent psychological needs (life care), safety (health, property, etc.), emotional needs of family and friendship, and self-realization, etc.

(3) Social needs

Due to the influence of themselves and external factors, the social needs of the elderly will be affected to some extent. Interpersonal communication will be significantly reduced, and some elderly people lack interest in various social activities. However, objectively, many elderly people are eager to get attention and care, including the support of the outside world and peer groups, so the elderly providers should create conditions for the social activities of the elderly to meet their social needs.

(4) Elderly life planning needs

Life planning for the elderly is one of the means to solve the problems in the process of elderly care so as to improve the quality of life of the elderly, so it has practical significance for the late-life of the elderly. Many old people lack the right because of old age or retirement. Life planning, coupled with the change of social role, the decline of physical function and other objective factors, often leads to the quality of life damage. Therefore, assisting the elderly to make positive planning and respecting the interests, hobbies and development expectations of the elderly can improve the quality of life of the elderly.

2 Develop a service plan

(1) Clarify the requirements

Collect the basic information of the service groups and determine their needs from the stakeholders (community elderly people, family members, community workers, community workers, community residents, etc.).

(2) Determine the service objectives

Determine the service objectives according to the SMART principles, and guide the design of the service content with the objectives.

(3) Design the activity plan

Design the activity plan around the service background, goal, content and form.

(4) Recruit clients

Recruit qualified service objects through posters on the community publicity board, resident communication group release, directional invitation, community recommendation, and other ways.

(5) Implement the activities

Carry out the service development according to the activity plan, and pay attention to the trace management in the process of the activity implementation.

(6) End of activity evaluation and archiving

After the activity is finished, it can be evaluated through questionnaire, post-test, interview, observation records and keep relevant files.

3 Primary service objectives

①Improve the cognition and ability of disease self-management of the elderly service objects.

②Improve the psychological support ability of the elderly service objects.

③Expand the social communication channels for the elderly service objects.

④Improve the service objects' understanding of the importance of career planning for the elderly and assist the service objects to construct their own elderly life planning.

Task implementation

1 Activity design mind map

Needs assessment	Why do you do it?	1. Improve the cognition and ability of self-management of disease 2. Improve psychological support abillty 3. Improve life pianning ability and quality of life of the elderly
Theoretical analysis	The methods to use	1. Career development theory 2. Task-based development theory
Goal setting	The goals to achieve	Improve the life of the elderly
Specific measures	What do you want to do? How do you do it?	1. Elderly disease management 2. Mental health of the elderly 3. Elderly life planning
Assessment process	How well have you done?	1. Understand the importance of elderly life planning 2. Learn to make elderly life plans
Assessment results	Have the problems been solved?	1. Cultivate a sound and positive outlook on elderly life 2. Enhance the quality of the elderly

2 Notes for the activity design

①The activity design should design the service content oriented to the late-life needs of the elderly.

②The activity design should pay attention to the change from cognition to behavior.

③The activity design should pay attention to the design and application of evaluation tools.

Task order

Task information	
Task name	Life 70 to start — the elderly late-life planning activity design
Task purposes	1. Help learners understand the content of late-life planning (health, social life, finance, hobbies, etc.) . 2. Help learners master the writing skills of late-life planning programs for the elderly. 3. Help learners better understand the importance of late-life planning of the elderly
Task requirements	**Background:** A Community is an old community. Due to the urban renewal, many young people have been relocated, and the residents are mainly the elderly, among which, 80 elderly people are over 75 years old. Many elderly people who live alone feel confused about their lives and lack planning. Specifically, many elderly people suffer from chronic diseases, such as hypertension, diabetes, senile dizziness, etc. The elderly have single interpersonal communication, narrow interpersonal circle, single interests or insufficient development. These problems not only have a great impact on their real life, but also make them a greater psychological burden. The actual life and planning in late-life reduce the quality of life of these old people. **Task:** Please read the above information carefully and complete the following tasks. 1. Plan a health planning activity for the elderly in A Community with health planning as the theme. 2. Please use the task center planning method to complete the design of the activities and pay attention to the design of the elderly disease knowledge learning, diet management, exercise management, drug management and other aspects

Task-based appraisal					
Name of student		**Class and grade in school**		**Student ID**	

Task performance	**Total score:**	**Self-evaluation:**	**Mutual evaluation:**	**Teacher evaluation:**
Self-comments				
Mutual comments				
Teacher comments				

Task implementation
Activity name:
Activity background
(Describe the status of the group or the issue and state the problems or needs)

(Continued)

Target		**Quota**	
Place		**Staff**	
Date		**Time**	

Activity concept (theoretical basis)
(What kind of service theories, concepts, and methods to carry out the activities are followed?)
Activity objective
(Corresponding to problems or requirements, follow the SMART principle, and be quantifiable and evaluable as much as possible)
Estimated difficulties and solutions

Estimated difficulties	Solutions

Appraisal procedure
(Questionnaire survey method, field observation method, service object interview method, etc.)
Activity design
Previous preparation
(Time, place, person in charge, and materials)
Mid-term arrangement
Aftermath work
Materials and budget

Order number	The name of the item	Unit-price	Quantity	Applications and remarks
Amount to				

Thinking practice

1. What aspects should be considered in the health management planning of the elderly?
2. How do we improve the disease self-management ability of the elderly?

Task 2 Late-life education activity design

Task introduction

Grandma Li, is 80 years old, whose children are busy with work. In the past two years, her grandchildren have grown up studying in other places. She had nothing to do, so she had a sense of emptiness. With the encouragement of her children, she gradually had more contact with the old people of the same age in the community, and her mental state was much better. But recently, Grandma Li felt a lot of depression. In addition, she hurt her calf when gong upstairs accidentally. The bruises, swelling and pain did not disappear for many days. Grandma Li was in bad mood, and rarely went out. Among the elderly who often talk with Grandma Li, one lives in a nursing home, another is in hospital, and the third has gone back to her hometown to take care of her sick husband. Grandma Li suddenly felt very sad, sensing the constant change of human life and her physiological decline. The elderly are prone to many diseases. It is very difficult for them to cure. She has been hurt with her calf for a long time, but she has not recovered completely yet. The more she thinks, the more hopeless she feels herself to be.

Task analysis

1 Analysis for service requirements

(1) Need for health education

Old age is a period when people are prone to various diseases, and the health maintenance is the need they are most concerned with and eagerest to meet. In the case, Grandma Li was worried about her health due to her growing age, her physiological function, the frequent diseases of the elderly close to her, the influence of her trauma, and her health status. Therefore, Grandma Li's health need should be based on disease prevention and health care.

(2) Need for mental health

Grandma Li's recent depression is related to her current idle life, close to the elderly and friends and poor health. She needs psychological and emotional support to the loneliness and depression caused by physical and mental diseases.

(3) Need for life education

Grandma Li is in the late stage of life. The disease, loneliness and death are the biggest hidden dangers. Therefore, the life education of the elderly should focus on disease conservation, psychological counseling and death education, so as to help her understand the natural development of life, correctly understand the meaning of life and death, and relieve her worries and fear.

2 Develop a service plan

①In view of Grandma Li's needs for diseases and health of the elderly, we can help her to correctly understand and master the knowledge of common diseases of the elderly, develop a correct lifestyle, accumulate health care knowledge, shorten the disease period, extend the health period, and improve her self-care and self-help ability.

②In view of Grandma Li's mental health needs, on the one hand, we can through home visits and interviews help her to understand their own psychological needs. On the other hand, by enhancing the interaction and support of family members, we can enhance the happiness of her late-life.

③In view of Grandma Li's physical decline and death, we can guide her to correctly understand the process and meaning of life, have a more positive attitude towards birth, aging, illness and death, and solve the confusion of life and death of the elderly.

3 Primary service objectives

(1) Health aspects

Through learning the physiological characteristics of the elderly and health care knowledge about the health knowledge and skills, improve the correct understanding of the natural aging of the body of Grandma Li and the awareness of preventive health care.

(2) Psychological aspects

Guide Grandma Li to identify the characteristics of mental illness, and provide psychological support to reduce their psychological burden.

(3) Life education

Assist Grandma Li to know herself, establish a correct outlook on life, values and view of life and death, and develop the potential to realize themselves in her late-life.

Task implementation

1 Activity design mind map

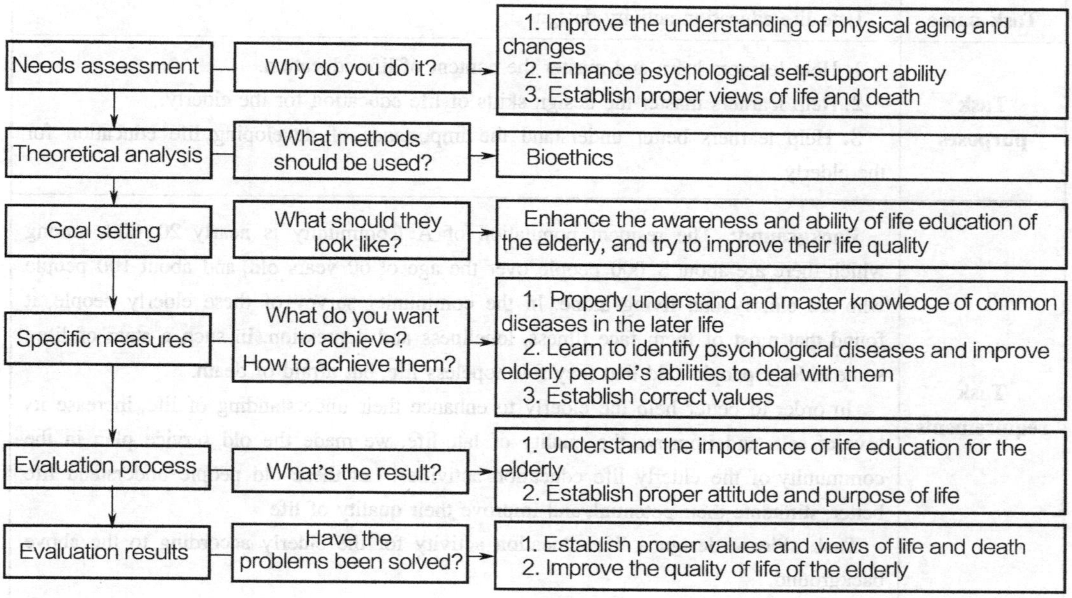

2 Note for the activity design

①Establish a good professional relationship with the service object, and gain the trust of the service object.

②Pay attention to grasp the elderly's attitude to life and death issues, and pay attention to communication skills.

③The elderly may be in poor physical and mental state, and they need patient encouragement and guidance.

Task order

Task information	
Task name	Late-life education activity design
Task purposes	1. Help learners learn and master the content of life education. 2. Help learners master the design skills of life education for the elderly. 3. Help learners better understand the importance of developing life education for the elderly
Task requirements	**Background:** The resident population of A Community is nearly 20, 000, among which there are about 3, 000 people over the age of 60 years old, and about 100 people who are elderly and living alone. In the community survey of these elderly people, it found that most of them face illness, loneliness and depression. In such a state of life, some elderly people said that they felt hopeless life, but afraid of death. In order to better help the elderly to enhance their understanding of life, increase its love of self, and improve the quality of late-life, we made the old service plan in the community of the elderly life education activities. Let these old people understand life better, stimulate their potential, and improve their quality of life. **Task:** Please design a life education activity for the elderly according to the above background.

Task-based appraisal					
Name of student		**Class and grade in school**		**Student ID**	

Task performance	**Total score:**	**Self-evaluation:**	**Mutual evaluation:**	**Teacher evaluation:**
Self-comments				
Mutual comments				
Teacher comments				

Task implementation			
Activity name:			
Activity background			
(Describe the status of the group or the issue and state the problems or needs)			
Target		**Quota**	
Place		**Staff**	
Date		**Time**	

(Continued)

<table>
<tr><td colspan="5">Activity concept (theoretical basis)</td></tr>
<tr><td colspan="5">(What kind of service theories, concepts, and methods to carry out the activities are followed?)</td></tr>
<tr><td colspan="5">Activity objective</td></tr>
<tr><td colspan="5">(Corresponding to problems or requirements, follow the SMART principle, and be quantifiable and evaluable as much as possible)</td></tr>
<tr><td colspan="5">Estimated difficulties and solutions</td></tr>
<tr><td colspan="3">Estimated difficulties</td><td colspan="2">Solutions</td></tr>
<tr><td colspan="3"></td><td colspan="2"></td></tr>
<tr><td colspan="3"></td><td colspan="2"></td></tr>
<tr><td colspan="5">Appraisal procedure</td></tr>
<tr><td colspan="5">(Questionnaire survey method, field observation method, service object interview method, etc.)</td></tr>
<tr><td colspan="5">Activity design</td></tr>
<tr><td colspan="5">Previous preparation</td></tr>
<tr><td colspan="5">(Time, place, person in charge, and materials)</td></tr>
<tr><td colspan="5">Mid-term arrangement</td></tr>
<tr><td colspan="5"></td></tr>
<tr><td colspan="5">Aftermath work</td></tr>
<tr><td colspan="5"></td></tr>
<tr><td colspan="5">Materials and budget</td></tr>
<tr><td>Number</td><td>Name</td><td>Unit-price</td><td>Quantity</td><td>Applications and remarks</td></tr>
<tr><td></td><td></td><td></td><td></td><td></td></tr>
<tr><td></td><td></td><td></td><td></td><td></td></tr>
<tr><td></td><td></td><td></td><td></td><td></td></tr>
<tr><td></td><td></td><td></td><td></td><td></td></tr>
<tr><td></td><td></td><td></td><td></td><td></td></tr>
<tr><td colspan="2">Amount to</td><td colspan="3"></td></tr>
</table>

Module 3

Health care and recreational activities for the elderly

Project 1
Chronic disease management activity design

Project objectives

Knowledge objectives

1. Understand the basic knowledge and connotation of chronic diseases in the elderly.
2. Understand the common problems of chronic disease management in the elderly.
3. Understand the common sense of the prevention of chronic diseases in the elderly.
4. Master the common methods of chronic self-management in the elderly.

Ability objectives

1. Be able to establish appropriate self-management groups for elderly patients with chronic diseases.
2. Be able to design appropriate health care activities for the elderly.

Quality objectives

1. Accept the repeated and backward and self-abandonment behaviors of the elderly with chronic diseases.
2. Give timely encouragement and support to the elderly with chronic diseases.

Task 1 Elderly chronic disease self-management activity design

1 Basic concepts

(1) Chronic diseases in the elderly

Chronic diseases in the elderly mainly refer to chronic non-communicable diseases, which are a series of diseases represented by diabetes mellitus, cardiovascular and cerebrovascular diseases, malignant tumors, and chronic respiratory diseases.

(2) Chronic diseases self-management of

Chronic disease self-management (Chronic Disease Self-management Program, CDSMP) refers to using self-management methods to control chronic diseases. It teaches patients the knowledge and skills needed for self-management through a series of health education courses, so that patients with chronic diseases can mainly solve various physical and psychological problems brought by chronic diseases to daily life with the support of doctors. Self-management requires to build and improve confidence in all aspects of disease management, role management and emotion management. According to the different instructors of health education courses, they can be divided into self-management programs taught by health professionals, and self-management programs guided by non-health professionals. The self-management ability of chronic diseases referred to in this textbook does not involve medical treatment, but refers to the ability of helping service objects to adjust their psychological state, and improve bad behavior and habits, and health knowledge education to improve their condition in the process of self-management in daily life.

2 Common theories

1. Social support theory

a. Theoretical overview

Social support network refers to the contact between a group of individuals through which individuals maintain their social identity and receive emotional support, material assistance and services, and information with new social contacts. According to the social support theory, the stronger the social support network they have, the better they are able to cope with all kinds of environmental challenges. The resources owned by individuals can be divided into personal resources and social resources. Personal resources include individual self-function and coping ability, and social resources refer to the breadth of the individual's social network and the degree of social support function that the people in the network can provide. Social support theory emphasizes changing their role in individual life by intervening in their social networks. In particular, those individuals who have insufficient social network resources or insufficient ability to use social network can be given necessary help to expand their social network, and improve their ability to use social networks.

b. Practical application

When conducting healthy self-management of elderly patients with chronic diseases, most of them rely on the medical resources and personal resources around them, and rarely communicate and interact with the elderly who also suffer from diabetes. Therefore, helping them to build a network of peer support and improving their ability and level to use the network of resources around them are to enhance their self-health management ability an effective method and approach to the force.

(2) Self-efficacy theory

a. Theoretical overview

Self-efficacy theory is a motivation theory proposed by American psychologist Bandura in 1977. It is the core concept of Bandura's social learning theory. Self-efficacy refers to people's subjective judgment on whether they can successfully engage in a certain achievement behavior. Effectiveness expectation refers to the individual's judgment on whether he/she can implement a certain achievement ability, that is, the person's speculation about his/her behavioral ability. When an individual is convinced that he/she is capable of performing an activity, he/she has a high degree of "self-efficacy" and implements the activity. Its formation is influenced by four factors: direct experience, alternative experience, verbal persuasion and emotional arousal. And it mainly affects people's selection process, thinking process, motivation process and psychosomatic reaction process physical role.

b. Practical application

Since most chronic diseases cannot be cured through clinical treatment, patients need to undertake the task of self-management and self-health care for their chronic diseases for a long time. In order to complete this task well, patients must first have the knowledge, skills and confidence of self-management, all of which are indispensable. Obviously, self-efficacy is not refers to deal with a specific skills, but refers to the individual confidence for their own ability to deal with problems. Self-efficacy can affect people behavior choice, emotional reaction, etc., so for the old service in the process of intervention, with four types of factors, based on strengthening the motivation of chronic patients manage their own condition, elderly patients should be guilded actively face long-term condition management facts, to enhance the elderly patients with chronic diseases self-management efficacy to indirectly improve their self-management ability.

3 Common methods

(1) Peer support group

Establish a chronic disease peer group, and a support alliance for chronic disease patients, and provide an environment for chronic patients with mutual communication, mutual support and growth together. This thematic group activity differs from general group activities in the need to incorporate knowledge of chronic disease self-health management to drive group activities.

For this type of group activity in the community, the design steps are as below.

Step 1: Collect the health level of the elderly with chronic diseases and the status of their self-management, through individual interviews with the elderly, observation in daily services, the current situation of self-management of chronic diseases, including positive behaviors and practices, existing problems, to provide reference for the design of activities.

Step 2: Connect with medical resources to understand the intervention methods and deficiencies of chronic disease management from a medical perspective. By consulting relevant materials, or interviewing with doctors, we can understand the existing problems and needs of chronic disease management of the elderly, and find out interventional methods from non-medical perspectives, so as to provide reference and basis for the design of activities.

Step 3: Carry out service design, and design the content of group activities from the perspective of "psychology, sports, diet, medicine, education and monitoring.

Among them, diet and drugs involve certain medical guidance, and doctors can be invited to give short lectures combined with interactive questions and discussions.

Psychology, sports, education and monitoring can be carried out through role-playing, experience sharing, video learning, action clocking, positive incentives and other ways.

(2) Lecture on special knowledge

Through the publicity, lecture and education activities of chronic disease knowledge in the community, the residents can have more understanding of chronic disease knowledge and learn the methods of self-management of chronic disease health.

This kind of activity design mainly meets the needs of more elderly people with chronic diseases to learn self-health management knowledge. For special knowledge lectures in the community, the activity design steps are as follows for reference.

Step 1: Understand the chronic disease management needs of the common problems and needs of the elderly with chronic diseases in the community through questionnaire and individual interviews.

Step 2: Combine the needs of medical and non-medical perspectives, integrate medical and non-medical professional expert resources, and design the knowledge lecture system course of chronic disease management.

Step 3: Refer to the idea from the shallow to the deep, and design specific special knowledge lectures.

4 Notes

①We need to learn the ability to actively use resources. The self-management of chronic diseases often requires the knowledge of medical intervention for chronic diseases. Although the elderly here intervene from a non-medical perspective, they still need to have the necessary medical knowledge related to chronic diseases and learn the ability to actively use resources.

②Dynamic evaluation needs to pay attention to in the service. It is a long-term process of chronic disease management. In the process of service, if the elderly show signs of recurrence and regression, we should make good adjustments for the elderly, and constantly give encouragement to the service objects.

Task introduction

Sunshine Elderly Nursing Center and J Community Health Care Service Center of signes cooperation agreement every year. They have cooperated to monitor health services of the community and established the elderly health records. According to the analysis of the elderly information, most elderly people in the community have chronic diseases. The elderly with diabetes account for the higher proportion than those with other diseases, and the proportion shows a rising trend year by year. In the daily service, the medical personnel of the two centers find that many elderly people have had some diseases for many years, and they often worry about their own health and feel helpless. They will gain knowledge from the doctor's advice and adjust their personal lifestyle and habits, but most people can not stick to it. Some elderly people with diabetes worry that their lack of good habits will worsen their medical conditions, which will affect their emotional and mental health. In order to promote the elderly with diabetes in the community to better realize self-health management in their disease, Sun shine Elderly Nursing Center has decided to organize a mutual aid group for diabetes self-management to help the elderly enhance their ability and confidence in self-health management.

Task analysis

1 Analysis of service requirements

①Lack of comprehensive knowledge of diabetes health management.

②Weak awareness of the self-health management of diabetes mellitus.

③Insufficient skills in the self-health management of diabetes.

④Lack of social support, and the emotional pressure and distress caused by illness and health self-management cannot be relieved.

2 Develop a service plan

According to the actual situation of patients with diabetes, from health education, psychological adjustment, behavior improvement to develop comprehensive intervention, the elderly center can mobilize professional medical resources to solve the problem of diabetes medical knowledge popularization, form "psychology, sports, diet, medicine, education, monitoring" six integration of self management method.

3 Primary service objectives

①Improve the knowledge level of the elderly in diabetes health management.
②Improve the elderly's awareness of self-health management of diabetes.
③Improve the application level of the elderly's diabetes health management skills.
④Establish a social support and mutual assistance network system for the diabetic elderly.

Task implementation

1 Activity design mind map

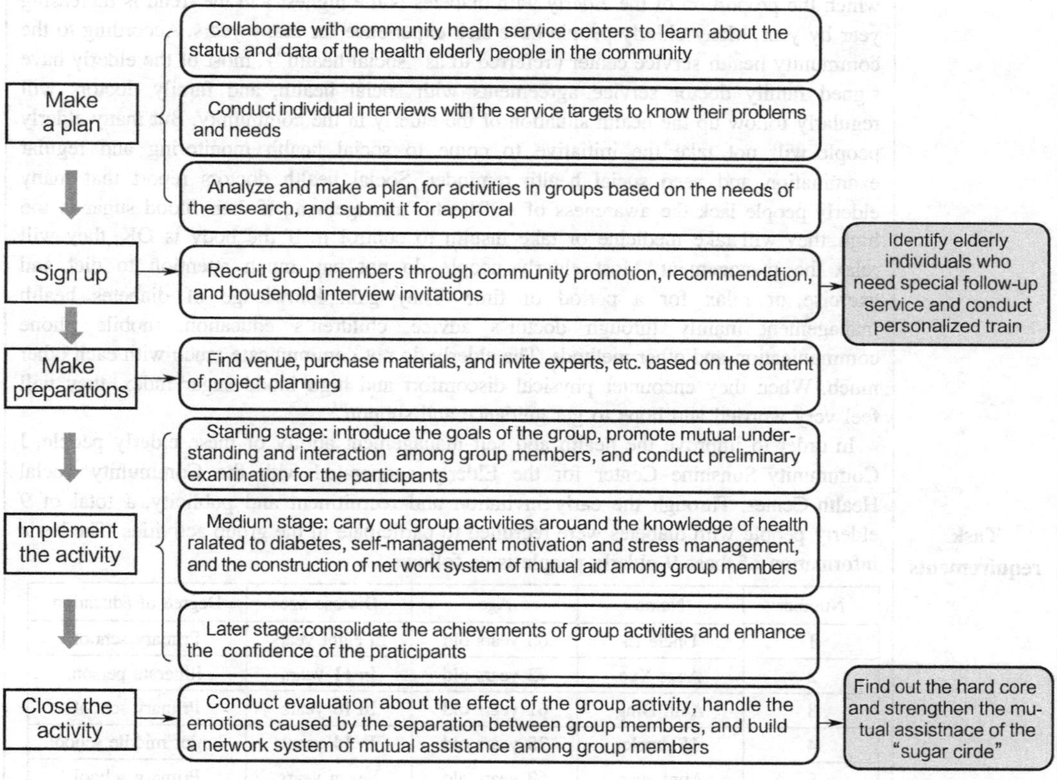

2 Notes for the activity design

①Activity content needs to be designed according to the characteristics of team members. We should pay attention to the differences in age and educational level, and design suitable group activities for team members of different ages and educational levels.

②The function and the design of the group need to be viewed from a systematic perspective. Taking group activity as one of the means of intervention, the end of group activity does not represent the completion of the task, but also needs the support of individual cases and community education activities to provide continuous support to the elderly with diabetes.

Task order

<table>
<tr><th colspan="2">Task information</th></tr>
<tr><td>Task name</td><td>Plan a health self-management support group activity for the elderly with diabetes</td></tr>
<tr><td>Task purposes</td><td>1. Help learners to understand the connotation of diabetes self-health management.
2. Help learners to master the six-integrated diabetes self-health management methods of "psychology, exercise, diet, medicine, education and monitoring".
3. Help learners to master the methods of conducting self-management support group activities for the elderly with diabetes.
4. Help learners to master the methods of cooperating with medical resources</td></tr>
<tr><td>Task requirements</td><td>Background: Most of the elderly in J Community suffer from chronic diseases, among which the proportion of the elderly with diabetes is the highest and the trend is increasing year by year. Many elderly people have sick experience for many years. According to the community health service center (referred to as "social health"), most of the elderly have signed family doctor service agreements with social health, and family doctors will regularly follow up the health situation of the elderly in the community. But many elderly people will not take the initiative to come to social health monitoring and regular examination, and need social health reminder. Social health doctors report that many elderly people lack the awareness of self-health management. If their blood sugar is too high, they will take medicine or take insulin to control it. If the body is OK, they will relax the management. Most elderly people do not pay much attention to diet and exercise, or relax for a period of time. They gain knowledge of diabetes health management mainly through doctor's advice, children's education, mobile phone communication and other methods. The elderly do not communicate much with each other much. When they encounter physical discomfort and high blood sugar index, they will feel very worried and hope to get guidance and support.
In order to improve the health and self-management ability of these elderly people, J Community Sunshine Center for the Elderly cooperated with the Community Social Health Center. Through the early invitation and recruitment and publicity, a total of 9 elderly people with diabetes were recruited to participate in the group activities. The basic information of these 9 elderly people is as follows.
<table>
<tr><th>Number</th><th>Name</th><th>Age</th><th>Disease age</th><th>Degree of education</th></tr>
<tr><td>1</td><td>Uncle Li</td><td>65 years old</td><td>In eight years</td><td>Primary school</td></tr>
<tr><td>2</td><td>Aunt Xue</td><td>72 years old</td><td>In 11 years</td><td>Illiterate person</td></tr>
<tr><td>3</td><td>Aunt Ding</td><td>67 years old</td><td>In 10 years</td><td>Primary school</td></tr>
<tr><td>4</td><td>He uncle</td><td>75 years old</td><td>In 14 years</td><td>Junior middle school</td></tr>
<tr><td>5</td><td>Aunt zhao</td><td>68 years old</td><td>Seven years</td><td>Primary school</td></tr>
<tr><td>6</td><td>Aunt gold</td><td>66 years old</td><td>In 10 years</td><td>Junior middle school</td></tr>
<tr><td>7</td><td>Uncle qin</td><td>70 years old</td><td>In 12 years</td><td>Junior middle school</td></tr>
<tr><td>8</td><td>Uncle guo</td><td>63 years old</td><td>Six years</td><td>Junior middle school</td></tr>
<tr><td>9</td><td>Ouyang uncle</td><td>71 years old</td><td>In eight years</td><td>Primary school</td></tr>
</table>
Most of the nine elderly people are those who come to help their children take care of their children. Because their grandchildren have already gone to school, they will have their own time. During this period, most of them will choose to play mobile phones, do square dancing, and occasionally participate in activities organized by the community.
Task: Please design a group activity to enhance the awareness and ability of the self-health management of the nine elderly people with diabetes, and build a network of mutual support between them</td></tr>
</table>

(Continued)

Task-based appraisal						
Name of student		Class and grade in school		Student ID		
Task performance	Total score:	Self-evaluation:	Mutual evaluation:	Teacher evaluation:		
Self-comments						
Mutual comments						
Teacher comments						

Task implementation			
Activity name:			
Activity background			
(Describe the status of the group or the issue and state the problems or needs)			
Target		Quota	
Place		Staff	
Date		Time	
Activity concept (theoretical basis)			
(What kind of service theories, concepts, and methods to carry out the activities are followed?)			
Activity objective			
(Corresponding to problems or requirements, follow the SMART principle, and be quantifiable and evaluable as much as possible)			
Estimated difficulties and solutions			
Estimated difficulties		Solutions	

(Continued)

Appraisal procedure
(Questionnaire survey method, field observation method, service object interview method, etc.)
Activity design
Previous preparation
(Time, place, person in charge, and materials)
Mid-term arrangement
Aftermath work

Materials and budget				
Number	Name	Unit-price	Quantity	Applications and remarks
1				
2				
3				
4				
5				
6				
7				
8				
9				
10				
Amount to				

Thinking practice

1. How do we enhance the enthusiasm of the low-motivation elderly people in the group process?

2. For the elderly who have suffered from chronic diseases for many years, how do we design the content to make them feel new?

Task 2 Health preservation activity design

1 Basic concepts

(1) Health care

Health care is a concept of traditional Chinese medicine, which is a health management method to maintain health and prolong life as the main purpose, through the adoption of psychological adjustment, reasonable diet and other measures, to carry out home self-regulation. In the social work service, the elderly service providers try to combine the health care and social work services for the elderly, to help promote the health of the elderly in the community, and improve the health and well-being level of the elderly.

(2) Health care education

Health care education refers to the development of health care education activities in an organized and planned way, so that the service objects can master the relevant health knowledge, form behaviors beneficial to physical and mental health, and avoid the impact of adverse factors on physical health, so that their quality of life can be continuously improved. In contemporary China, the aging rate of the population is gradually accelerating, and the country, society and families are facing more severe elderly care challenges. How to effectively face the upcoming aging state and guarantee the quality of life of the elderly has become an important issue that the whole society needs to pay more attention to.

2 Common theories

1. Active aging perspective

a. Theoretical overview

In 2002, at the second UN World Conference on Aging, the concept of "active aging" was formally established. "Health", "participation" and "security" are the three pillars of the active ageing framework. Among them, health is the prerequisite for realizing active aging, including physical health, social function and mental health.

2) Practical application

In serving the elderly, health is the prerequisite for realizing active aging, and it is also one of the biggest needs of the elderly. Many services should be carried out around the theme of health. At the same time, the service providers for the elderly must understand that the elderly have rich knowledge and life experience, so in the service should provide conditions to the elderly to participate in society, and encourage the elderly to participate in various social activities.

(2) Continuing theory

a. Theoretical overview

The continuation theory holds that the old age is not a separate stage, but a continuation of the previous stages of life. Old people can adapt well if they can continue their activities throughout their lives. For example, people who are active in social life will still be active in old age.

b. Practical application

Community activities or services can provide opportunities for the elderly to be active and participate in society, and the elderly can thus improve their own health and increase their well-being.

(3) Knowledge and practice mode

a. Theoretical overview

Knowledge and practice mode (Knowledge, Attitude/Belief, Practice, KAP) refers to knowledge, belief and behavior. This mode integrates stimulation theory with cognitive theory, and expounds the mode of human behavior change with the three continuous processes of mastering knowledge, establishing faith and forming behavior, so as to explain the influence of individual knowledge and belief on behavior. The theoretical model has been widely used in health education and promotion.

b. Practical application

In the health care type activities of the elderly, mastering knowledge refers to the cognition and understanding of health care information and diseases; establishing belief refers to the attitude towards disease and health. Forming behavior refers to the health promoting behaviors driven by the existing health knowledge, belief and attitude. In the community, serving the elderly can cultivate the health care awareness of the elderly in the community, teach the health preservation methods, spread the scientific knowledge of health preservation, then promote the elderly to develop a scientific and healthy lifestyle, and maintain a healthy physical state.

3 Common methods

(1) Motivation stimulating group activities

Group activities refer to the use of professional techniques to promote the interaction between the elderly for the elderly people with the same needs, and finally achieve the realization of the service goals. Motivation stimulating group activity is the application of group work to inspire people who are no longer interested in the present and future, thus helping old people to rebuild relationships with others. The themes of motivated group activities can be gardening, traditional festival customs, handmade, etc.

(2) Community care for the elderly

Community care model refers to a welfare service model in mobilizing community resources, by using informal support networks, and combining support services and facilities provided by formal services, so that people in need can take care of in their home or in the community, and provide care and help in their familiar environment. The community care model advocates receiving care services without separation from the family and the familiar community environment. The community care model can be regarded as a social service network. There are formal social services combined to form this network. Community care for the elderly mainly includes four aspects: action care, material support, psychological support, and holistic care. This network requires the cooperation of doctors, rehabilitation teachers, social workers and other professionals, to provide services for the elderly, who can give full play to their professional advantages according to their own positioning.

(3) Lecture

The lecture pays attention to the knowledge transmission. It is an open and semi-open form of learning taught by lecturers/providers serving the elderly irregularly knowledge and skills of a certain topic, which promotes their knowledge of a certain aspect of mind, such as traditional Chinese medicine health knowledge, three meals collocation skills, retirement mentality adjustment, etc.

(4) Workshop

The workshop focuses on interactive participatory activities. In the service, the application of the workshop can be centered on an experienced speaker in a certain field. Under the guidance of the speaker, participants discuss a topic together through activities, discussions, short lectures and other ways.

4 Notes

①When designing lectures, workshops and other services, attention should be paid to the cultural level and living habits of the elderly. Interactive activities should consider the physical functions and other conditions to ensure the safety of participants.

②It should strengthen the control of the authoritative and professional source of information transmission. External contact lecturers must review their qualifications to ensure the profession of the knowledge.

③When providing health care services for the elderly, attention should be paid to the popularity, readability and interactivity of the health care knowledge. Health care information is closely related to medicine to some extent, so in the process of communication, professional terms are beyond understanding. It is easy to form wrong understanding in the process of receiving and interpreting information. This requires that health information should pay more attention to popularity, readability, and feedback of the audience.

Task introduction

N Community is a typical purely residential community of urban village in the area, with a permanent resident population of more than 31, 000 people, including over 2, 228 elderly people of 60 years old and above. A survey of the community found that there was no community health service center in the area , and it was more than 15 kilometers away from the nearest community health service center and hospital. How would the Sunset Red Urban Elderly Care Center of N Community carry out rehabilitation health care services with such a large number of elderly people?

Task analysis

1 Analysis of service requirements

The elderly need rehabilitative health care. There is no community health service center in the jurisdiction, and the public medical resources are relatively insufficient.

If the elderly have less serious chronic diseases, they will mostly choose to endure them because of the distance between the community and the nearest hospitals or other community health service centers and the inconvenience of traveling alone.

2 Develop a service plan

①Actively strengthen the publicity of rehabilitation and health care knowledge.

②Organize medical resources to carry out regular health care knowledge lectures and other activities.

③ Invite professionals to regularly carry out moxibustion, massage and other rehabilitation and physiotherapy services.

3 Primary service objectives

①Increase the knowledge of rehabilitation and health care of the elderly in the community.

②Promote the physical health of the elderly in the community.

③Cultivate the elderly in the community to establish a scientific and healthy lifestyle.

Task implementation

1 Activity design mind map

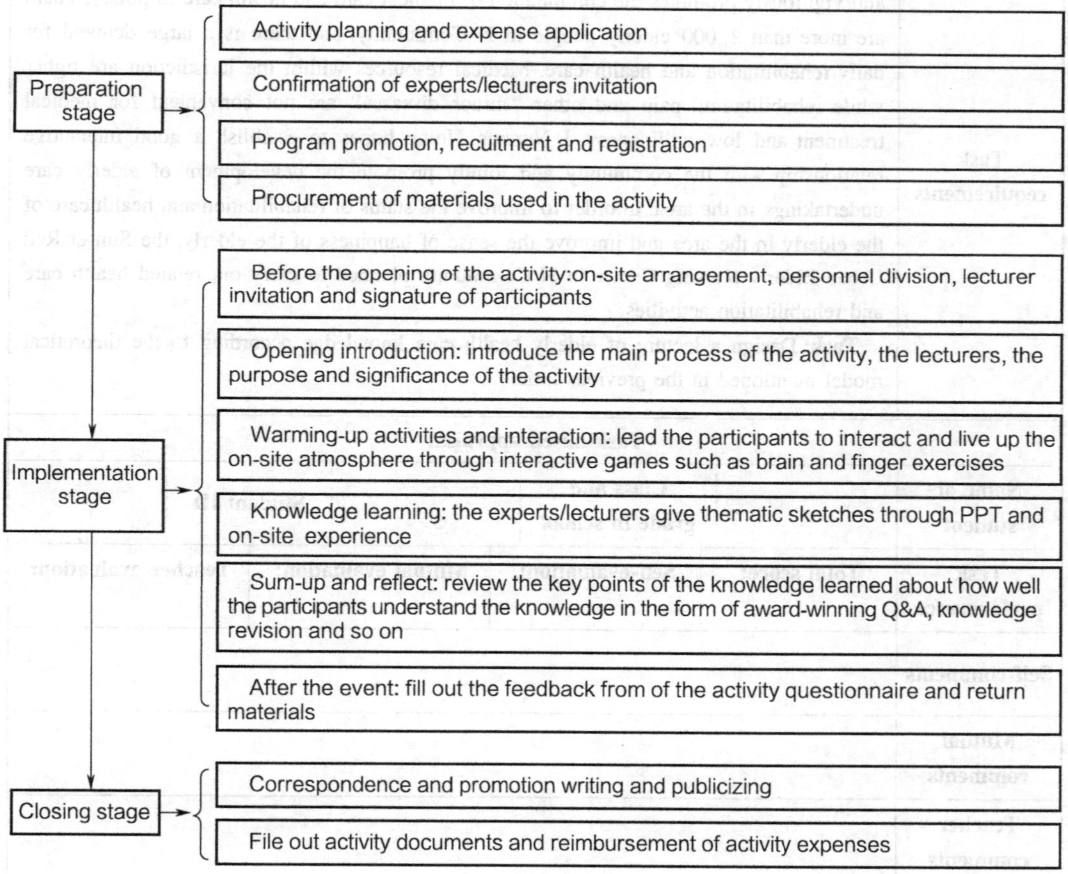

2 Notes for the activity design

① Pay attention to the suitability of the activity design. Be familiar with the characteristics of the elderly in the area. Make activity plans according to the educational level, cognitive ability, language customs, interests, hobbies and needs of the elderly.

②Pay attention to the safety of the service. In the service design, it is necessary to pay attention to the health status of the elderly and make moderate participation to ensure safety.

Task order

<table>
<tr><th colspan="6">Task information</th></tr>
<tr><td>Task name</td><td colspan="5">Community elderly health care lecture design</td></tr>
<tr><td>Task purposes</td><td colspan="5">1. Master the methods and procedures of lecture activity design for elderly health care.
2. Cultivate the elderly in the community to establish a scientific and healthy lifestyle.
3. Enhance the ability of cross-professional cooperation for the old service providers</td></tr>
<tr><td>Task requirements</td><td colspan="5">Background: S City is a benchmark city for "elderly care" and people's livelihood, and vigorously promotes the combination of medical care and health care in policy. There are more than 2, 000 elderly people in N Community, and there is a large demand for daily rehabilitation and health care. Medical resources within the jurisdiction are tight, while rehabilitation, pain and other "minor diseases" are not convenient for medical treatment and low willingness. J Nursing Home hopes to establish a good interactive relationship with the community and jointly promote the development of elderly care undertakings in the area. In order to improve the status of rehabilitation and health care of the elderly in the area and improve the sense of happiness of the elderly, the Sunset Red Urban Elderly Nursing Center in N Community planned to carry out related health care and rehabilitation activities.
Task: Design a lecture of elderly health care knowledge according to the theoretical model mentioned in the previous article</td></tr>
<tr><th colspan="6">Task-based appraisal</th></tr>
<tr><td>Name of student</td><td></td><td>Class and grade in school</td><td></td><td>Student ID</td><td></td></tr>
<tr><td>Task performance</td><td>Total score:</td><td>Self-evaluation:</td><td colspan="2">Mutual evaluation:</td><td>Teacher evaluation:</td></tr>
<tr><td>Self-comments</td><td colspan="5"></td></tr>
<tr><td>Mutual comments</td><td colspan="5"></td></tr>
<tr><td>Teacher comments</td><td colspan="5"></td></tr>
<tr><th colspan="6">Task implementation</th></tr>
<tr><td colspan="6">Activity name:</td></tr>
<tr><th colspan="6">Activity background</th></tr>
<tr><td colspan="6">(Describe the status of the group or the issue and state the problems or needs)</td></tr>
<tr><td>Target</td><td colspan="2"></td><td colspan="2">Quota</td><td></td></tr>
</table>

(Continued)

<table>
<tr><td>Place</td><td></td><td>Staff</td><td></td><td></td></tr>
<tr><td>Date</td><td></td><td>Time</td><td></td><td></td></tr>
<tr><td colspan="5">Activity concept (theoretical basis)</td></tr>
<tr><td colspan="5">(What kind of service theories, concepts, and methods to carry out the activities are followed?)</td></tr>
<tr><td colspan="5">Activity objective</td></tr>
<tr><td colspan="5">(Corresponding to problems or requirements, follow the SMART principle, and be quantifiable and evaluable as much as possible)</td></tr>
<tr><td colspan="5">Estimated difficulties and solutions</td></tr>
<tr><td colspan="2">Estimated difficulties</td><td colspan="3">Solutions</td></tr>
<tr><td colspan="2"></td><td colspan="3"></td></tr>
<tr><td colspan="2"></td><td colspan="3"></td></tr>
<tr><td colspan="2"></td><td colspan="3"></td></tr>
<tr><td colspan="5">Appraisal procedure</td></tr>
<tr><td colspan="5">(Questionnaire survey method, field observation method, service object interview method, etc.)</td></tr>
<tr><td colspan="5">Activity design</td></tr>
<tr><td colspan="5">Previous preparation</td></tr>
<tr><td colspan="5">(Time, place, person in charge, and materials)</td></tr>
<tr><td colspan="5">Mid-term arrangement</td></tr>
<tr><td colspan="5"></td></tr>
<tr><td colspan="5">Aftermath work</td></tr>
<tr><td colspan="5"></td></tr>
<tr><td colspan="5">Materials and budget</td></tr>
<tr><td>Number</td><td>Name</td><td>Unit-price</td><td>Quantity</td><td>Applications and remarks</td></tr>
<tr><td>1</td><td></td><td></td><td></td><td></td></tr>
<tr><td>2</td><td></td><td></td><td></td><td></td></tr>
<tr><td>3</td><td></td><td></td><td></td><td></td></tr>
<tr><td>4</td><td></td><td></td><td></td><td></td></tr>
<tr><td>5</td><td></td><td></td><td></td><td></td></tr>
<tr><td>6</td><td></td><td></td><td></td><td></td></tr>
<tr><td colspan="2">Amount to</td><td colspan="3"></td></tr>
</table>

Thinking practice

1. In the process of activity design, what methods and skills can we use to make the elderly engaged and actively participate in the interaction?

2. In the process of resource integration, how do we screen, integrate and use resources well?

Project 2
Recreationed activity design

According to the "Statistical Bulletin of the People's Republic of China 2021 on National Economic and Social Development" issued by the National Bureau of Statistics, the population over 60 has reached 2.6 billion, accounting for 18.9% (the population aging standard is 10%), of which the population over 65 accounts for 14.2% (the population aging standard is 7%). With the deepening of the aging degree of the population, the physical and mental health development of the elderly is a topic of much attention, and it is particularly important and urgent to carry out recreational activities for the elderly. Elderly recreational activities refer to the meaningful activities of health, according to the physical and psychological characteristics of the elderly, under the assistance of elderly social workers, guidance, through language communication, physical activities, elderly volunteer service activities, to meet the psychological and physiological needs of the elderly, promote their physical and mental health, improve the quality of life of all kinds of activities, which in maintaining the elderly emotional stability and promoting physical health has a very positive significance.

Project objectives

Knowledge objectives

1. Understand the concept and common theories of recreational activities for the elderly.
2. Master the methods of planning and developing recreational activities for the elderly.
3. Master the design skills of festivals and interest activities.
4. Master the psychological characteristics and emotional states of the elderly.

Ability objectives

1. Be able to fully mobilize the interest and enthusiasm of the elderly to participate in activities.

2. Be able to adhere to the principle of individuality in conducting recreational activities for the elderly and fully respond to the needs of the elderly in different physical and mental states.

3. Be able to fully apply the theoretical knowledge into practice, and guide the service work for the old.

Quality objectives

1. Communicate, exchange and cooperate with the elderly in the activities.

2. Accept the elderly and build trust relationships.

3. Cultivate the professional quality of recreational social workers for the elderly and establish professional awareness.

Task 1 Festival activity design

1 Basic concepts

(1) Recreational activities for the elderly

Recreationed activities for the elderly refer to various activities of the elderly to meet the psychological and physical needs of the elderly under the assistance and guidance of their physical and mental health, and improve the quality of life of the elderly. Generally speaking, from the perspective of active aging, according to the operation types of activities, the elderly recreational activities are mainly divided into intellectual recreation, sports recreation, operation recreation, music recreation, four-season festival themed recreational activities and recreational activities for the elderly with cognitive diseases.

(2) Festival activities

Festival activities are a kind of social activities carried out at a fixed or unfixed time in a specific theme way or in a conventional way from generation to generation. In China, traditional festivals have a long history, which also contain the unique cultural memory of the nation, and even form cultural symbols. Festival activities take the festival as the carrier, according to different festival themes, music, handwork, gardening, games and other different forms of activities into the content of the theme, to organize recreational activities. Most of the recreational activities for the elderly are traditional festivals such as the Spring Festival, the Lantern Festival, the Double Ninth Festival and the Mid-Autumn Festival. For example, exchange of the old for the new, ancestor worship, family reunion, appeal for prosperity and other forms. In the Spring Festival, people buy goods, sweep dust, worship stove, paste couplets, eat reunion dinner, stay up, go to temple fair and other more fixed customs. Around the theme of the Spring Festival, we can carry out festive recreational activities such as reunion dinner, garden party, calligraphy and delivery.

2 Common theories

(1) Social withdrawal theory

a. Theoretical overview

According to this theory, in the biological sense of biology, as human beings grow older to a certain stage, their physical function and mental decline, and will gradually lose their key role and status in social production and life. This requirement to get rid of their social role with productive and competitive ability, and gradually withdraw from the original stage of life and escape from society, is based on the voluntary choice of the elderly. The active evacuation of the elderly is conducive to the orderly handover and renewal of social power, and the society will not be impaired due to the death of the elderly. This theory fully recognizes the biological characteristics of human beings, which has certain rationality and science, but ignores the needs of human socialization.

b. Practical application

According to the theory of social evacuation, people of old age have different physiological and psychological changes. So we should note that the changes of the elderly in their physiology make the elderly more active than before. The theory of social withdrawal requires us to use more activities and environments suitable to the physical function and mental state and role playing of the elderly when designing recreational activities for the elderly.

(2) Activity theory

a. Theoretical overview

Activity theory suggests that old people with high activity levels have more levels of life satisfaction than those with low activity levels, which has a stronger social adaptability. It is advocated that the elderly should maintain the original lifestyle and pace of life as long as possible, or appropriately change their social roles or replace the roles due to the loss of a spouse or retirement, so as to narrow the distance between themselves and the society to the minimum. The basic concept of activity theory is more in line with the reality of the social needs of the elderly, which is recognized and affirmed by most elderly social workers.

b. Practical application

The activity theory advocates that the elderly should actively participate in the social activities within their capacity and change their roles appropriately. The society needs to provide the necessary conditions for their activities. However, the reality is contrary to the wishes. The elderly tend to lack suitable places or opportunities, so developing recreational activities for the elderly has become a necessary supplement to meet the spiritual and cultural needs of the elderly to the greatest extent.

(3) Continuity theory

a. Theoretical overview

Continuity theory holds that people have different personalities and lifestyles, and the personality plays an important role in adapting to aging. In the view of continuity theory, if a person can still maintain his/her personality and way of life in old age, then he/she will have a happy old age. Therefore, everyone does not have to adapt to the common norms. But according to their own personality to set the standards, it is the basis for the elderly to be satisfied with life.

b. Practical application

The application of continuity theory in the design of elderly recreational activities is mainly based on the different personalities and lifestyles of different elderly people. The activities should follow the principle of individuality, avoid using common norms and standards to require the elderly with different individual needs.

3 Common methods

(1) Festival celebrating method

With the elderly as the main body, through the introduction of activities suitable for the local customs, the elderly can celebrate various festivals in a relaxed and happy atmosphere and experience the happiness of collective activities.

The design steps are described as follows.

Firstly, it should recruit activity participants, who are willing to participate in communities, elderly nursing homes, hospitals, geriatric universities and have suitable physical conditions.

Secondly, it should design the festival type of recreational activities, which can refer to the activity introduction, members breaking the ice, theme activities, sharing summary and other links. The theme activities are the main part of festival recreational activities, which should be able to conform to the festival, so as to achieve the purpose of enriching the entertainment life of the elderly.

(2) Theme environment layout method

We should arrange the environment adapted to the theme of the festival. For example, at the Mid-Autumn Festival, the nursing home can design and organize celebrating activities by using Chang'e flying to the moon, the Jade Rabbit pounding drugs medicine and other activities related to the Mid-Autumn Festival as the background. In addition to choosing the scenes adapting to the festival customs, the nursing homes should also consider whether the activities are good for the physical and mental health of the elderly. For example, in the arrangement of activities to celebrate the Mid-autumn Festival, they can be arranged to enjoy the moon, eat moon cakes, go climbing, go on an autumn outing and other types of activities.

4 Notes

(1) Adhere to the principle of individuality

Recreational activities for the elderly should take into account the individual needs and personality characteristics of the elderly.

(2) Take care of the physical and mental state of the elderly

The elderly recreation social workers participating in the activities should take into account the physical state of the elderly. The work should keep calm and accepted, and adjust the activities appropriately according to the mental state of the elderly participating in the activities.

Task introduction

There are more than 100 elderly patients with acute and chronic diseases in the geriatric ward of a hospital in X City, most of the elderly patients are hospitalized for recuperation all the year round, and their hospitalization life is monotonous. Some elderly patients have no family members to accompany them for a long time and face great pressure because of the diseases. During the visit of the ward, the elderly service personnel learned that the elderly patients were eager for emotional communication to relieve the psychological pressure. So the elderly service personnel planned to arrange some festival and recreational activities in hospitals for the elderly.

Task analysis

1 Analysis of service requirements

(1) Physical condition

Long-term bed-rest, mobility inconvenience, suffering from all kinds of acute and chronic diseases, and poor mental state.

(2) Psychological state

They are more prone to anxiety, restlessness, irritability, sensitivity, suspicion and other negative emotions. They are easy to be excited, picky and tend to blame others for something trivial. Some elderly patients have no family members to accompany them. Due to the lack of emotional communication, it is easy for them to produce a sense of being abandoned. Patients with acute and serious diseases are prone to a huge psychological pressure, and easy to lose confidence in life.

(3) Spiritual needs

Eager to get companionship and emotional communication, and hope to have a rich entertainment life.

2 Develop a service plan

"Our festival — the Double Ninth Festival" activity plan	
The background of the activity	Respecting and caring for the elderly is a traditional virtue of the Chinese nation. The Double Ninth Festival is the traditional festival, also known as "the Chinese Seniors' Day" and "the Day of Respect for the Elderly". In order to make the elderly patients in the ward feel the warm and happy atmosphere and relieve the tension caused by the monotonous hospital life, the activity of "Our Festival — the Double Ninth Festival" was carried out in the Double Ninth Festival
The objectives of the activity	1. Alleviate the monotonous hospital life, and strengthen the communication between the elderly patients; 2. Help the elderly to adjust the negative emotions of anxiety and build up confidence in the face of illness and future life
The participants of the activity	12 elderly patients of 70 years old and above in the hospital were allowed to participate the activities accompanied by their family members (generally speaking, mainly including the elderly patients who can take care of themselves or at least have the ability of semi-self-care. The elderly patients who are bedridden or with audio-visual disorders are not recommended to participate)
The time of the activity	45 minutes (recommended)
Items needed	Seat, sound, microphone, projector, small gifts, plush cloth puppet, colored cloth, silk thread, sachets pendant, sewing kit, dogwood
Activity arrangement	Part 1: "Health preservation hall" ——— Autumn health preservation (15 minutes) For the elderly daily health care, patient care and autumn health care and other health lectures, the part is mainly to provide health care and daily care for patients and their families with knowledge and use of skills. Part 2: Beat the drum to pass "flowers" (10 minutes) The old man who got the puppet introduce himself. (Ice-breaking link, enhance understanding, active atmosphere.) Part 3: Make sachets (20 minutes) Preparing the sachets of silk cloth, colored silk thread, dogwood, etc., the elderly on the scene make dogwood sachets together. This part can make the elderly enjoy the hands-on fun, and feel the traditional festival atmosphere

3 Primary service objectives

①Strengthen communication: alleviate the monotonous hospital life and strengthen the communication between elderly patients.

②Emotional adjustment: in the relaxed and happy activities, help the elderly to adjust the negative emotions of anxiety, and establish confidence in the face of disease and future life.

③Feel the pleasant festive atmosphere, and experience the traditional festival customs.

Task implementation

1 Activity design mind map

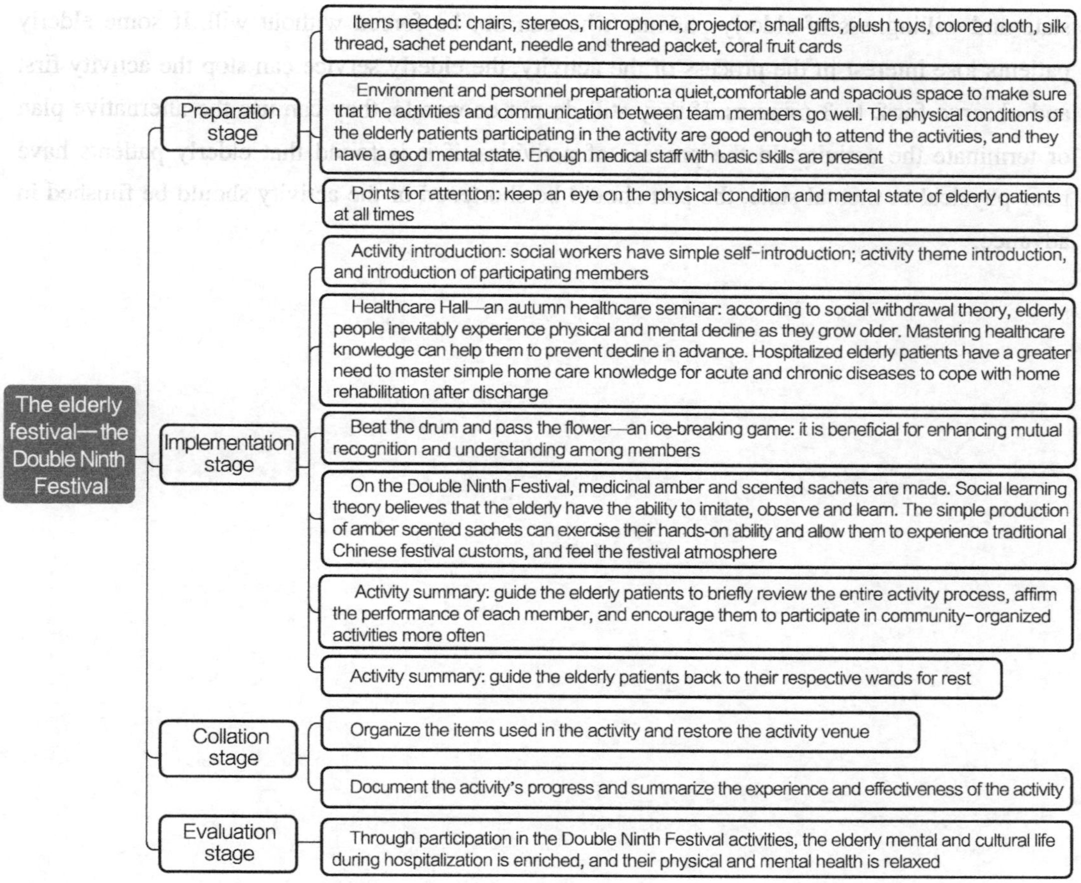

2 Notes for the activity design

(1) Understand the festival customs

Social workers before activities should fully understand the customs and celebration way of traditional festivals, choose to adapt to the region of festival celebration, design activities should pay attention to avoid cultural taboo, take care of the particularity of the elderly group, give full play to the traditional culture in the role of the elderly festival kind of recreational activities, and pay attention to the cultural heritage.

(2) Effectively arrange the participants

Before the activity is carried out, it is necessary to make the plan of the activities taking the medical conditions, cognitive and self-care abilities of the elderly patients into consideration.

(3) Make good activity plans

Before the activity, we should make a plan to evaluate the physical condition, emotional state and willingness of elderly patients who can not be forced without will. If some elderly patients lose interest in the process of the activity, the elderly service can stop the activity first and observe for 2 to 3 minutes. If they still do not cooperate, they can use the alternative plan or terminate the activity. In the process of activities, if it is found that elderly patients have poor physical or mental state, the part should be shortened or the activity should be finished in advance.

Task order

Task information	
Task name	Community elderly welcome the Spring Festival activity
Task purposes	1. Master the design and planning skills of festival activities 2. Communicate effectively with the elderly in the community 3. Form a good cooperative relationship with the community workers 4. Independently design and carry out festival activities
Task requirements	**Background:** The Spring Festival is the most grand traditional festival among Chinese people, and it is also a day for reunion. However, there are some lonely old people in the community who can only celebrate the festival alone, and are unable to experience the warmth and bustle of the festival. **Task:** Plan an activity for the elderly people in the community

Task-based appraisal					
Name of student		**Class and grade in school**		**Student ID**	
Task performance	**Total score:**	**Self-evaluation:**	**Mutual evaluation:**	**Teacher evaluation:**	
Self-comments					
Mutual comments					
Teacher comments					

Task implementation			
Activity name:			
Activity background			
(Describe the status of the group or the issue and state the problems or needs)			
Target		**Quota**	
Place		**Staff**	
Date		**Time**	
Activity concept (theoretical basis)			
(What kind of service theories, concepts, and methods to carry out the activities are followed?)			

(Continued)

Activity objective				
(Corresponding to requirements, point points, follow the SMART principle, quantifiable and evaluable as far as possible)				
Estimated difficulties and solutions				
Estimated difficulties		Solutions		
Appraisal procedure				
(Questionnaire survey method, field observation method, service object interview method, etc.)				
Activity design				
Previous preparation				
(Time, place, person in charge, and materials)				
Mid-term arrangement				
Aftermath work				
Materials and budget				
Number	Name	Unit-price	Quantity	Applications and remarks
1				
2				
3				
4				
5				
6				
7				
8				
9				
10				
Amount to				

Thinking practice

1. What do we know about the Spring Festival?

2. As a service provider for the elderly, what do you should pay attention to when planning the Spring Festival celebrations for the elderly?

Task 2 Interest-type recreational activity design

1 Basic concepts

Interest-type recreation and activities

Interest-type recreational activities are group recreational activities for the elderly gathered based on certain interests. The common interest-type recreational activities suitable for the elderly mainly include Taijiquan group, gardening group, music group, calligraphy group, outdoor photography activities, goalball competition, etc.

2 Common theories

(1) Social learning theory

a. Theoretical overview

The social learning theory was first proposed by American psychologist Albert Bandura. This theory holds that individual cognition, behavior and environmental factors and their interaction together have an impact on human behavior. Human behavior, especially human complex behavior, is mainly learned through demonstration, observation or imitation.

b. Practical application

The social learning theory in the application of elderly recreational activities is mainly in interest class recreational activities, as music, illustration, gardening, calligraphy learning interest group example. The elderly have the ability to through demonstration, observation or imitation to learn knowledge and stimulate learning interest, at the same time the elderly can use their own better play a value and leading role as the models.

(2) Social participation theory

a. Theoretical overview

The social participation is a theory about the rights of audiences, which was first proposed by the American scholar J. Barron. The social participation of the elderly emphasizes that "the elderly can participate in the society according to their own needs, wishes and abilities" to carry out a series of activities in the form of employment, community social activities, leisure activities and other activities. This process of maintaining contact with the society is beneficial to the physical and mental development of the elderly.

b. Practical application

The application of social participation theory to the recreational activities of the elderly mainly has the following three aspects. First, the active participation of the elderly in various social activities after retirement can ensure the continuous utilization of the elderly resources and give play to their own strengths. Second, the participation in social activities can meet the spiritual and psychological needs of the elderly through positive interests. Third, the social participation can help realize the development of people in the old age.

(3) Empowerment theory

a. Theoretical overview

In 1976, Barbara Solomon first put forward the concept of increasing power enhancement. Enhancing power means conferring or enriching the rights of social individuals, and enhancing their ability to cope with environmental influences. The theory emphasizes that everyone is an active subject, and the individual is capable and valuable. We should always pay attention to the exploration of the individual potential.

b. Theoretical application

According to the theory of increasing power, the elderly should actively cultivate the personal ability of the elderly, and advocate the exploration and stimulating the potential of the elderly in the interest cultivation.

3 Common methods

(1) Horticultural therapy

We should organize and assist the elderly to participate in gardening activities to contact the natural environment, so as to relieve stress and restore the mind. At present, the horticultural therapy is used in general healing and rehabilitation medicine, which can prevent and alleviate the physical and mental aging of the elderly. Horticultural interest group activities can increase the opportunities for the elderly in urban communities to have contact with nature, and enhance the communication between the elderly through the same green plant maintenance hobby.

(2) Interest group method

We should organize interest groups according to the participants' interests, personal strengths, life experience, fully tap the strengths of the group members, and drive other group members to form a common interest. At the same time, it promotes the effective communication and interaction of the elderly. Interest groups are more acceptable to the elderly, such as square dancing, balcony vegetable breeding, calligraphy, musical instruments, music appreciation and other groups.

4 Notes

(1) Adhere to the principle of individuality

In the development of interest recreational activities, the degree of adaptation and learning progress of each elderly person should be fully considered the development rhythm and be adjusted according to the progress of the participants. It also should estimate the unique psychological characteristics and personalized needs of the elderly.

(2) Give emotional support

In the interest activities, the service providers for the elderly should fully realize that the elderly are interested in an activity and are good at it. In the interest activities with learning tasks, the elderly have different progress and acceptance ability. They should give more emotional support to the elderly who are slow in movement, to avoid feeling upset and anxious because of loving but not learning.

Task introduction

Xiao Wang from the Social Work Department of Z Hospital of Y City has learned that the service quality of the hospital needs to be improved. Many patients with chronic diseases have the need for rehabilitation training. Their ability to use hands and brain needs to be improved. The cultural and entertainment life of the patients with chronic diseases hospitalized for a long time is monotonous and boring, and their spiritual needs cannot be met. In order to meet the rehabilitation and spiritual needs of the elderly patients in the hospital, Xiao Wang planned to carry out some interest activities for the elderly together with the rehabilitation department of the hospital.

Task analysis

1 Analysis of service requirements

(1) Physical condition

The elderly patients in the hospital have been bedridden for a long time, with mobility difficulties, suffering from various acute and chronic diseases, and are in poor mental state.

(2) Psychological state

The elderly patients will be more likely to appear anxious and restless state, irritability, sensitivity, suspicion and other negative feelings.

It's easy for them to get excited. They become picky and often blame others for something trivial.

(3) Mental state

The hospital life is monotonous, and some elderly patients are easy to lose confidence. Carrying out interest activities can enrich the entertainment life of elderly patients, increase the mutual communication between patients, and relieve the tension brought by the disease.

2 Develop a service plan

"Painting a colorful life" hand-painted coloring interest group	
The background of the activity	With the growth of age, people's physical function, thinking ability, hand and eye coordination have different degrees of decline, especially the elderly patients undergoing rehabilitation training of physical function is more serious, so their demand for functional recovery and reconstruction is more prominent. Hand-painted coloring, while enriching the spiritual life, can help rehabilitation patients to coordinate their hands and eyes, control the speed and strength of their movements, so as to exercise the flexibility of their hands
The objectives of the activity	1. Enrich the spiritual entertainment life of elderly patients, alleviate the monotonous hospital life, and strengthen the communication between elderly patients. 2. Exercise the coordination ability of the brain, eyes and hands of the elderly patients, and cooperate with the rehabilitation training of elderly patients. 3. Let the brain of the elderly get a certain exercise
The participants of the activity	12 elderly patients of 70 years old and above in the hospital are selected to participate the activities accompanied by their family members (generally speaking, mainly including the elderly patients who can take care of themselves or have the ability of semi-self-care. The elderly patients who are bedridden and with audio-visual disorders are not recommended to participate)
The time of the activity	40 Minutes
Items needed	Watercolor pen, coloring album, apron, desk and chair, microphone, camera
Activity arrangement	Part 1: Activity introduction (5 minutes) Social workers introduce themselves, the members of the event, the theme, content and operation procedures of the activity, and break the ice through topics such as painting and graffiti. Part 2: Smear together (25 minutes) Social workers distribute material package (pen, album, apron) to each elderly patients, guide them according to their preferences, and give help. For hand flexible elderly patients the social workers encourage them, and let them don't try so hard. For the elderly who don't know how to choose color, and how to paint, the elderly staff help them follow their inner thoughts, avoid too much interference or even complete the coloring. Part 3: Summary (10 minutes) The staff: summarize the coloring activities, and encourage elderly patients to communicate and introduce their coloring works, coloring experience and creation process.

3 Primary service objectives

①Strengthen communication: The activities can alleviate the monotonous hospital life and strengthen the communication between elderly patients.

②Emotional adjustment: Cultivating positive interests can enrich the hospital life of elderly patients. The relaxing and pleasant interest activities can help the elderly adjust the negative emotions of anxiety and establish confidence in facing disease and future life.

③ Rehabilitation assistance: Hand-painted coloring is conducive to improving the thinking ability and hand-eye coordination ability of the elderly. It has a certain auxiliary effect on the elderly patients who are undergoing rehabilitation treatment, which is also conducive to preventing the elderly from developing Alzheimer's disease.

Task implementation

1 Activity design mind map

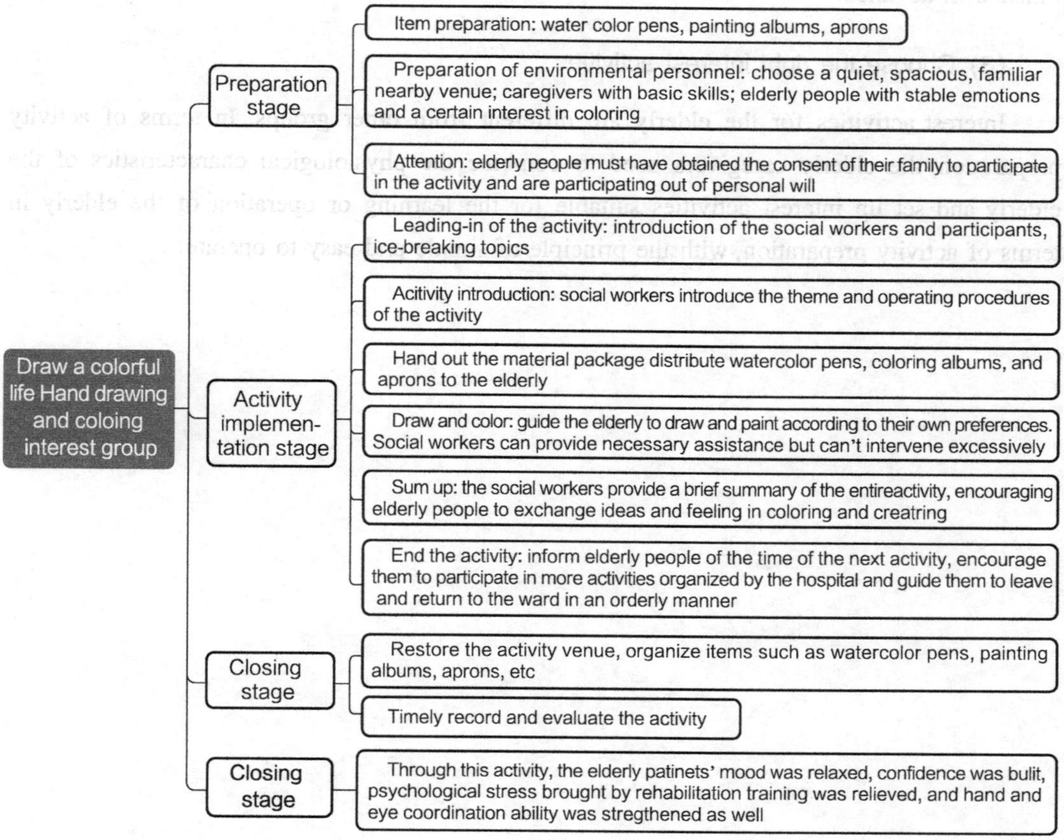

2 Notes for the activity design

(1) Choose the participants

Before the activity is carried out, it is necessary to consider the medical conditions of the elderly, their cognitive and self-care abilities and interests. It's advisable to choose patients with same interest to carry out recreational activities.

(2) Make contingency plans in advance

Before the activity, the staff should make a plan to evaluate the physical condition, emotional state and willingness of the elderly patients, who cannot be forced with no intention. If some elderly patients lose interest in the activity, the elderly service should stop the activity first. And after 2 to 3 minutes, if they still do not cooperate, they can choose to terminate the activity early. In the process of activities, if it is found that the elderly patients have poor physical or mental state, the part should be shortened or the activity should be finished in advance.

(3) Choose the right interest activities

Interest activities for the elderly are different from other groups. In terms of activity preparation, the elderly caregivers need to combine the physiological characteristics of the elderly and set up interest activities suitable for the learning or operation of the elderly in terms of activity preparation, with the principle of simple and easy to operate.

Task order

Task information	
Task name	"Colorful" community gardening activities for the elderly
Task purposes	1. Master the design and planning skills of interest activities. 2. Communicate effectively with the elderly in the community. 3. Form a good cooperative relationship with the community workers. 4. Independently design and carry out interest activities
Task requirements	**Background:** X Community is a typical aging community in Y City. There is a high proportion of the elderly. The infrastructure is weak. And the community activities are single. Most of the elderly can only spend their leisure time through chatting and playing mahjong. Recently, Aunt Liu went to community service center for the service worker Xiao Li, to put forward community lack of elderly recreation facilities, lack of community activities, community elderly spiritual and cultural needs which cannot meet for a long time. Xiao Li learned a lot that the elderly had flowers, green plants. Xiao Li hopes to organize the elderly gardening activities, and exchange experience. **Task:** Please plan a gardening interest activity for the X Community

Task-based appraisal					
Name of student		**Class and grade in school**		**Student ID**	
Task performance	**Total score:**	**Self-evaluation:**	**Mutual evaluation:**	**Teacher evaluation:**	
Self-comments					
Mutual comments					
Teacher comments					

Task implementation			
Activity name:			
Activity background			
(Describe the status of the group or the issue and state the problems or needs)			
Target		**Quota**	
Place		**Staff**	
Date		**Time**	

(Continued)

Activity concept (theoretical basis)
(What kind of service theories, concepts, and methods to carry out the activities are followed?)
Activity objective
(Corresponding to requirements, point points, follow the SMART principle, quantifiable and evaluable as far as possible)

Estimated difficulties and solutions	
Estimated difficulties	Solutions

Appraisal procedure
(Questionnaire survey method, field observation method, service object interview method, etc.)
Activity design
Previous preparation
(Time, place, person in charge, and materials)
Mid-term arrangement
Aftermath work

Materials and budget

Number	Name	Unit-price	Quantity	Applications and remarks
1				
2				
3				
4				
5				
6				
7				
8				
Amount to				

Thinking practice

1. As a service provider for the elderly, how do you deal with the problem that the elderly are not highly motivated to participate in activities? How do you think the event design should enhance the appeal?

2. What kind of interest activities do you think are suitable for the elderly?

Project 3
Treatment activity design

The treatment activities are designed for the elderly under special circumstances, such as those with cognitive disease and depression. In providing services for the elderly, we have a high probability to encounter such special elderly. The targeted activities can be designed to promote the maintenance of their functions and the relief of symptoms.

Project objectives

Knowledge objectives

1. Understand the characteristics of the elderly with cognitive disorders.
2. Understand the characteristics of the elderly with depression.
3. Master the knowledge of designing cognitive training activities.
4. Master the knowledge of designing depression-relief activities.

Ability objectives

1. Be able to design activities related to elderly people with cognitive disorders.
2. Be able to design activities related to elderly people with depression.

Quality objectives

1. Accept and understand the elderly with cognitive disorders and depression.
2. Have the service consciousness of communicating with the elderly with cognitive diseases and those with depression.

Task 1 Cognitive training activity design

1 Basic concepts

(1) Cognitive disease

Cognitive disease, also known as cognitive impairment, brain degeneration, dementia and so on. The main species of cognitive disorders are the Alzheimer's disease, vascular dementia, dementia with Lewy bodies, frontotemporal dementia, etc. Cognitive disease is a kind of progressive cognitive function degeneration caused by brain injury or disease, and the speed of this degeneration is much higher than the speed of normal aging, which will especially affect memory, attention, language and problem solving ability. In severe cases, the patients will be unable to distinguish the human objects. At present, cognitive disease is not cured, but it can be prevented and delayed.

(2) Symptoms of cognitive disease

Cognitive desease is not just forgetfulness, and the forgetfulness is not just dementia. Here are the possible signs of a cognitive illness.

Sign 1: Memory decline affects daily life.

Sign 2: The patients can't operate household appliances such as microwave ovens.

Sign 3: The patients can't identify something otherwise familiar.

Sign 4: Things are misplaced and the patients lose the ability to look back.

Sign 5: The patients have difficulty in expressing speech or writing.

Sign 6: There are changes in mood and personality.

Sign 7: The patients lost the concept of time and place.

Sign 8: The patients have difficulty in planning things or solving problems.

Sign 9: The patients have poor judgment and decreased alertness.

Sign 10: The patients loss activity and creativity.

(3) Common-used screening tools

The common screening tools for cognitive disorders include drawing clock test, MMSE (Minimum Mental State Examination) scale, MOCA (Montreal Cognitive Assessment) scale. The old service providers need to be trained before using these screening tools. In addition, these screening tools are used only for screening, not for the diagnosis.

(4) Promotion of cognitive function

Cognitive function is an advanced psychological function of the brain to reflect the characteristics, states and the meaning and function of things. Cognitive functions include sensation, perception, attention, memory, thinking, imagination, etc. Cognitive function promotion refers to the promoting activities for cognitive function. There are many ways to promote cognitive function, including nostalgia therapy, reality identification, etc.

(5) Maintain social activities

Although the elderly with cognitive disorders have deteriorated in cognition, it is of great significance for them to continue to maintain a social life, and the maintenance of social activities is also conducive to the delay of the disease.

(6) Non-pharmacological retardation strategies for cognitive disorders

The delay of cognitive disease can be achieved through non-pharmacological means, including moderate exercise, cognitive training, social activities, recreational hobby activities, family companionship, chronic disease prevention and control, Mediterranean diet, maintaining a good mood, etc.

2 Common theories

(1) Activity theory

a. Theoretical overview

Activity theory focuses on individuals adjusting their behavior to society, rather than society making adjustments to the individual. Activity theory predicts that old people who maintain a positive interaction with their social environment are most likely to have a successful old age life. Old people who travel, work, or participate in a variety of social activities will find old age is a rewarding and satisfying time in their life. If old people withdraw from social activities, they are more likely to be depressed and dissatisfied with their old age. Of course, the activity theory is limited because of the absence of physical health problems and socioeconomic limitations that make it impossible for old people to actively participate in social activities.

b. Practical application

The enlightenment of this theory is that the activities for the elderly should be designed according to the characteristics of different elderly people, so that more elderly people can participate in the activities.

(2) Social support theory

a. Theoretical overview

There is much discussion about the concept of social support, and people give different definitions of social support from different perspectives. Based on the discussion of many scholars, Linnan gave a comprehensive definition. The social support is the perceived and practical instrumental or expressive support provided by communities, social networks and close partners. Social networks are just some people that individuals can directly contact with, including relatives, colleagues and friends. These people are very important to individuals. Close partner is a close relationship in personal life, where people in the relationship recognize and expect each other, and take responsibility for each other. Instrumental support includes guidance, assistance, tangible support and problem-solving action, etc. Expressive support includes psychological support, emotional support, self-esteem support, emotional support, recognition, etc.

b. Practical application

Designing activities for the elderly can add social elements to the activities and expand the social support networks of the elderly.

(3) Montessori cognitive disorder care model

a. Theoretical overview

The Montessori cognitive disorder care model is originated from the Montessori education method. Montessori education law, also known as Montessori education law, is a child education method is named and founded by Maria Montessori. It is used early in mentally retarded children aged 0 to 6 years, and later in all children. Montessori education method integrates the development achievements of medicine, biology, psychology, pedagogy and anthropology, which mainly includes five parts: sensory education, language education, daily life education, mathematics education and cultural education.

In the 1990s, Dr. Camp first tried to apply the Montessori education method to the cognitive function training in old people with cognitive disorders. After years of exploration and research, in recent years, Montessori education method has been applied by scholars in cognitive disease the elderly daily care. As a kind of cognitive disorder of the old man care method, according to the old man's personal strengths, interests, skills and ability to design some activities, it can arrange daily life role and daily work tasks, maximize the play of the old man's strengths, maintain the function of the old man, and make the old people return to normal life.

b. Practical application

In the activity design, it stimulates the senses of the elderly with cognitive disorders, such as vision, smell, hearing, touch, taste and other aspects.

(4) Advantage perspective theory

a. Theoretical overview

From the perspective of advantage perspective theory, almost everything contains "advantages", like experience, personal character, talent, perception, story, spirituality, meaning, and community resources.

b. Practical application

In the design and development of activities for the old workers, we should treat the elderly from the perspective of "advantage" rather than the perspective of "problem".

3 Common methods

(1) Realistic identification

Realistic identification is a process in which old people with mild or moderate cognitive confusion are prompted in the environment to help them identify their time, orientation, or person. Realistic identification is generally carried out in small groups, and it is suitable for the elderly with mild to moderate cognitive disorders. Its implicit assumption is that providing constant stimulation and appropriate environmental cues to help them figure out where they are currently, which may help prevent memory loss. Ideally, realistic identification activities should be part of routine work in elderly care institutions, serving the elderly reinforce environmental tips and guide the elderly throughout the day, rather than only during group gatherings.

The realistic identification group usually activities 1 to 2 times a day, about 30 minutes each time. The design steps are described as follows.

①Collect and evaluate the physical and cognitive conditions of the elderly with cognitive disorders.

②Design activities that match the elderly. Reality identification can design training activities from the aspects of sensory stimulation and life ability. In the actual operation process, the design can be carried out from the time, location, memory, calculation, language, information reception, writing, vision, touch, hearing, smell, taste, and other aspects.

(2) Memory healing method

Memory healing method also applies to old people with cognitive disorders. People who design activities to remember the past need to make plans according to the cognitive situation of the elderly with cognitive diseases. Each time should not be too long. In addition, the activities should include the interaction between the elderly.

(3) Horticultural treatment

Horticultural treatment can be simply explained as a treatment using horticulture. The American Association of Horticultural Treatment defined an effective method for people who need to improve their physical and mental aspects from their social, educational, mental and physical aspects by using plant cultivation and horticultural operations. Plants and human beings have been closely related since ancient times. By designing a series of highly participatory horticultural activities suitable for the elderly with cognitive diseases, they can achieve the purpose of stimulating the elderly senses and delaying cognitive degeneration.

Horticultural treatment activities are generally carried out by professionals with horticultural treatment qualifications, but the old service providers can be inspired by this to add gardening factors to the activities.

The design steps are described as follows.

①Collect and evaluate the physical and cognitive conditions of the elderly with cognitive disorders.

②Think of activities with horticultural elements, such as cultivating crops, planting potted plants together for observation and growth, and manual DIY microlandscape, et al.

(4) Music therapy

Music itself is a kind of energy, from the ear to the brain, to stimulate the central nervous system and endocrine system, and play a regulatory effect. Using music, the cognitive elderly are stimulated physically and mentally, and then improve interpersonal relationship, stabilize mood and strengthen cognitive function. The study found that older people with cognitive disorders could still have the ability to rhythmically echo the music with drums or other percussion instruments, even if they could no longer communicate with people through any verbal language. Music enables the old service providers to maintain some form of communication with cognitive-disorder elders. Music therapy activities are generally carried out by professionals with music therapy qualifications, but the elderly service providers can be inspired by this to add music elements to the activities.

The design steps are described as follows.

①Collect and evaluate the physical and cognitive conditions of the elderly with cognitive disorders.

②Think of activities with musical elements. For example, use Orff instruments or objects that can make sounds in life to percussion, sing, listen to music and other activities.

(5) Puzzle game method

Puzzle game is a regular game based on intellectual activities. In the form of vivid, novel and interesting games, it enables the elderly with cognitive disorders to train their cognitive functions in the activities.

The design steps are described as follows.

①Collect and evaluate the physical and cognitive conditions of the elderly with cognitive disorders.

② Search for educational props suitable for the elderly, and make corresponding adjustments according to the rules of the game and the cognitive situation of the elderly. For the elderly with mild symptoms, we can ask some questions. In addition, we can also directly buy or make our own puzzle class game props for training. It should be noted that the selection of game items should not be too young. If the packaging has marked for 3 years old, or 5 years old, these words must be removed from the packaging, to avoid the elderly feel not respected.

4 Notes

①At least two elements are involved in each training activity. Training elements include time, location, memory, calculation, language, information reception, writing, vision, touch, hearing, smell, taste and so on. The designed cognitive training activities should cover as many sensory elements or training elements as possible to make the training more effective and interesting. For example, we ask elderly people to do a jigsaw puzzle. The jigsaw puzzle at least involves visual and tactile elements. So this training includes two training elements.

②The activities should be suitable for the physical conditions and cognitive conditions of the elderly. Cognitive training activities should be provided according to the body of the elderly, and too long time will make the elderly unable to pay attention. In addition, training according to the cognitive level should be designed and conducted according to the current cognitive ability.

③Pleasure and a sense of achievement are more important than the training results. In the process of providing cognitive training activities, the service providers for the elderly should be guided by stimulating the interest of the elderly and triggering the pleasure and sense of achievement of the elderly, and should not worry too much about the results of cognitive training.

④The activities should avoid labeling. Specifically for the elderly with cognitive disorders, we generally do not have the word "cognitive disease" when we release the name of the activity, which is to avoid labeling, while the name in this chapter is only written to facilitate readers to understand the theme of the activity. In practice, the name of the activity with "cognitive disease" will not be used.

Task introduction

A nursing home, after screening and evaluation for the elderly service providers, found that there were more than 20 elderly people with cognitive disorders, including 10 elderly people with mild and moderate cognitive disorders. The nursing home planned to carry out daily cognitive training activities for these elderly people with cognitive disorders. These elderly people have little activity and little interaction with others, or they sleep all day, or face the TV every day. In the long run, cognitive deterioration will grow faster and faster. The staff try out the method of reality identification to design training activities.

Task analysis

1 Analysis of service requirements

(1) The need to delay cognitive degradation

Through screening and observation of the elderly, it can be learned that the elderly with cognitive disorders in the hospital lack corresponding services.

(2) The needs of social interaction

The social activities are very helpful to delay cognitive symptoms. In addition, even if they have cognitive symptoms, they have the same social interaction needs as other elderly people.

2 Develop a service plan

According to the situation of the elderly with cognitive disorders, the appropriate activity plans are formulated to integrate the content of cognitive training and social interaction.

3 Primary service objectives

(1) Cognitive training

Guide the elderly with cognitive disorders to train in memory, orientation, perception, thinking and other aspects.

(2) Social interaction

Guide the elderly with cognitive disorders to have simple social interaction in the activities.

Task implementation

1 Activity design mind map

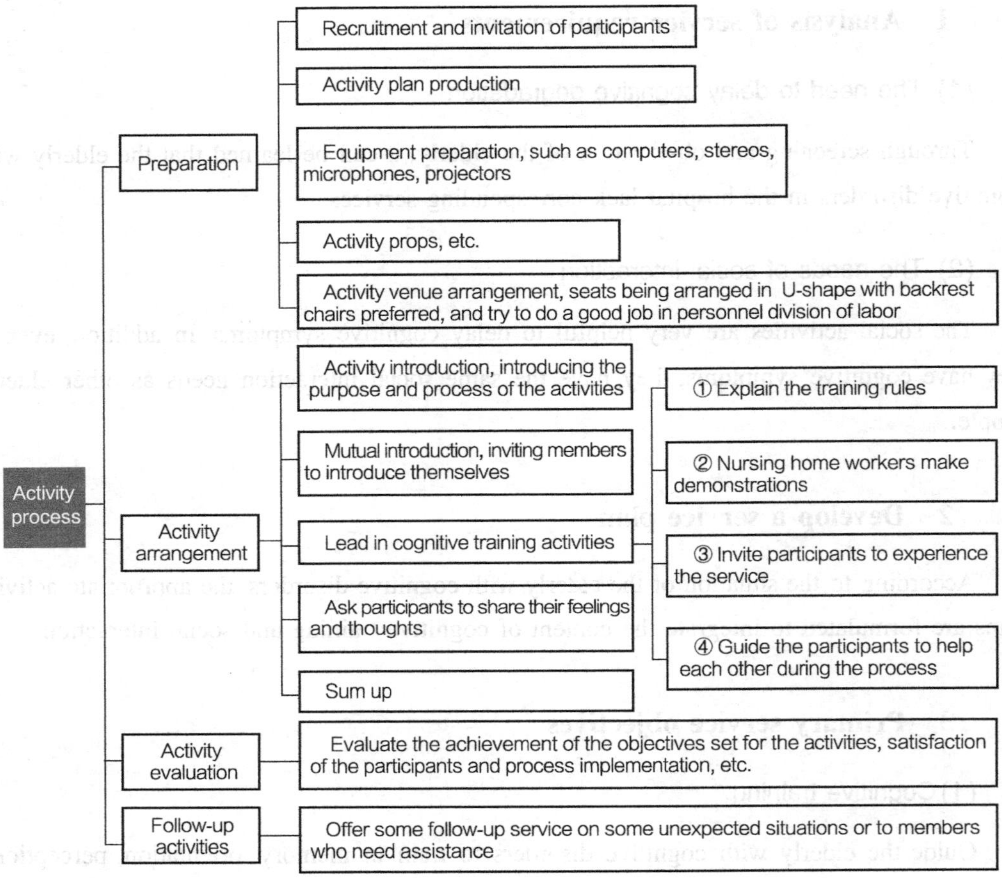

2 Notes for the activity design

①Before the operation the staff should be familiar with the behavior habits of the elderly. The elderly service providers should have a certain understanding of the elderly, according to the cognitive degree of the elderly, and the interests, professional characteristics of the training program for the elderly.

②Do not force the elderly to participate. When carrying out training for the elderly, they need to pay close attention to the physical condition, emotional state and will of the elderly, and they cannot be forced without will. During the training process, if the elderly loses interest, the training will be interrupted for the old server and observed for 2 to 3 minutes. If they still does not cooperate, the training can be terminated.

③The activities are better designed to stimulate the elderly's pleasure and motivation to participate. Studies have shown that maintaining a cheerful mood has a positive effect on delaying cognitive symptoms. Therefore, the main purpose of the activity should be to improve the pleasure and motivation of the elderly, and we do not worry about the right or wrong results in the process of cognitive training.

④The setting of the training games should not be too naive. Do not use too young props, so as not to cause the old people's aversion.

Task order

Task information	
Task name	Cognitive training activity design
Task purposes	1. Help learners get familiar with the design process of cognitive training activities. 2. Help learners understand the design of cognitive training activities. 3. Help learners understand more about the characteristics of the elderly with cognitive disorders
Task requirements	**Background:** The community day care center has 6 elderly people with mild to moderate cognitive disease. After they are assessed by doctors and elderly, their language, hearing and visual damage are not serious, and they can participate in group activities. **Task:** 1. Design a group training game for elderly people with cognitive disorders for no more than 20 minutes. 2. The training of the game should include two training elements. 3. Be considered from the following dimensions, including smell, hearing, taste, vision and touch

Task-based appraisal					
Name of student		**Class and grade in school**		**Student ID**	

Task performance	**Total score:**	**Self-evaluation:**	**Mutual evaluation:**	**Teacher evaluation:**
Self-comments				
Mutual comments				
Teacher comments				

Task implementation			
Activity name:			
Activity background			
(Describe the status of the group or the issue and state the problems or needs)			
Target		**Quota**	
Place		**Staff**	
Date		**Time**	

(Continued)

Activity concept (theoretical basis)	
(What kind of service theories, concepts, and methods to carry out the activities are followed?)	
Activity objective	
(Corresponding to problems or requirements, follow the SMART principle, and be quantifiable and evaluable as much as possible)	
Estimated difficulties and solutions	
Estimated difficulties	Solutions
Appraisal procedure	
(Questionnaire survey method, field observation method, service object interview method, etc.)	
Activity design	
Previous preparation	
(Time, place, person in charge, and materials)	
Mid-term arrangement	
Aftermath work	

Materials and budget

Number	Name	Unit-price	Quantity	Applications and remarks
1				
2				
3				
4				
5				
6				
Amount to				

Thinking practice

1. What should we do with it if we encounter elderly people with cognitive disorders?

2. In the implementation of cognitive training, how should we serve the elderly to better implement humanistic care?

Task 2 Alleviating depression activity design

1 Basic concepts

(1) Geriatric depression

Depression is a mental disorder (also known as "affective disorder") with persistent (at least 2 weeks) of a depressed mood as the main clinical manifestation.

Depression differs from the usual mood swings and transient emotional responses to challenges in everyday life. Especially when depression is recurrent and reaches moderate or severe, it may become a severe health disease. Patients can be greatly affected, and at their worst cases, depression can lead to suicide. During the episode of depression, patients are depressed most of each day (feeling sad, irritable, empty) for more than two weeks and lost pleasure or interest in activities. Patients also have other symptoms, including inattention, excessive guilt or self-degradation, despair about the future, death or suicidal thoughts, sleep disorders, appetite or weight changes, and particularly tired feeling or lack of energy.

Geriatric depression in the generally refers to depression present in a specific population of the elderly.

(2) Common screening methods

The common screening method for depression is the GDS scale, which has 30, 15 or 5 questions, for the elderly to receive training and exclude the elderly without cognitive disorders. In addition, these scales are used only used for screening but cannot be used as a diagnosis.

2 Common theories

(1) Cognitive behavioral therapy (CBT)

a. Theoretical overview

Cognitive behavioral therapy is a psychotherapy approach, or a talk therapy designed to address problems related to dysfunctional affect, behavior, and cognition through goal-directed systematic procedures. It is used for all age groups to solve a variety of emotional problems, and for mild and moderate depression.

However, cognitive behavioral therapy is not applicable to all elderly people with depression. It is most effective for those who have good verbal skills and even less impaired cognition. Because the use of cognitive behavioral therapy requires the elderly to be able to identify their thoughts and discuss their feelings.

b. Practical application

The concept and procedure of cognitive behavioral therapy for the treatment of depressed elderly people are no different from those of other depressed people. Its basic procedures and steps are detailed in a special part on cognitive behavioral therapy, which will not be described here.

(2) Mindfulness based stress reduction (MBSR)

a. Theoretical overview

Mindfulness based-stress reduction therapy is also known as the observation exercise. Joe Kakagin pointed out that mindfulness is a power of awareness, and a force that emerges by purposefully focusing on the present, without criticizing and recognizing the experience of moment after moment. Mindfulness practice includes body scanning, sitting, mindfulness walking, mindfulness yoga, which can be performed either as an individual or as a group. Based on this therapy and combining cognitive-behavioral therapy, MBSR was developed.

b. Practical application

By self-awareness mindfulness guidance, body scanning and meditation. MBSR is suitable as a part of the activity. Moreover, mindfulness is not necessarily suitable for all. If individuals are unwilling to enter mindfulness practice, the leader should not force them to join.

3 Common methods

(1) Progressive relaxation training

Progressive relaxation training is a gradual, orderly training method that is related muscles. Specific practice is to find a quiet place, make the muscle tension first, keep 5 to 7 seconds, pay attention to the feeling of muscle tension, then quickly relax the tense muscles completely, and carefully observe what the muscles feel like when they relax. Each part of the muscle is done twice. Progressive relaxation training can relieve both physical and mental tension.

Design procedures are listed for reference.

Procedure 1: Understand whether the elderly's physical condition can receive gradual relaxation training.

Procedure 2: Choose a comfortable, quiet and safe venue, where the soothing light music can be used.

Procedure 3: Be familiar with the guidance language of gradual relaxation training, and prepare in advance.

Procedure 4: Use progressive relaxation guide language (we need to know the situation of the participants in advance, and some items can be appropriately deleted according to the needs).

①Find a place where you feel comfortable, and slowly close your eyes.

②Take a deep breath to your stomach and exhale out slowly. Do this three times, and when you exhale, imagine the tension starting to disappear.

③Hold your fist, hold (7 to 10 seconds), and then let go.

④Lift the forearm close to the shoulder to tighten the biceps, and force the arms to show the muscle shape, and persist, then relax.

⑤Extend the arm straight and rotate the elbow to tighten the muscles of the lower arm (triceps), and persist, then relax.

⑥Raise your eyebrows as high as you can to tighten the muscles of your forehead, and persist, then relax. When relaxing, imagine the muscles of your forehead becoming smooth and soft.

⑦Close your eyes to tighten the muscles around the eyes, and persist, then relax. Imagine the feeling of deep relaxation, spreading away from around the eyes.

⑧Open your mouth and stretch the muscles around the jaw to tighten the jaw, and persist, then relax. The lips were parted, leaving the jaw loose.

⑨Lift your head back to tighten the muscles at the back of your neck, just as you want to touch your back with your head (move lightly to avoid injury). Only focus on stretching your neck muscle, and persist, then relax. (Because the position is often tight, two tension-relaxing activities are good.)

⑩Take a few deep breaths to stop sinking your head.

⑪Raise your shoulders, just as you need to use your shoulders to touch your ears, thus tightening the shoulder muscles, and persist, then relax.

⑫Stretch the shoulder blades back, as if you want to contact the left and right shoulder blades and tighten the muscles around them. Keep your shoulder blades nervous, then relax. Because the area is often tense, you can repeat two tightening-relaxing activities.

⑬Take a deep breath and thus tighten the muscles of the chest. Hold on for 10 seconds for the, then exhale slowly. Imagine that all the extra tension in the chest disappears during the exhalation.

⑭Pull in and tighten your abdominal muscles, and persist, then relax. Imagine a feeling of relaxation spreading all over your belly.

⑮Bow your back to tighten the muscles below your back (if you have a wound in your back, you can not do it), and persist, then relax.

⑯Squeeze the hip muscles into the middle, thus tightening the muscles of the hips, and persist in, then relax. Imagine the hip muscles getting smooth and soft.

⑰Squeeze the muscles on your thighs straight down to your knees. Probably as squeezing the thighs will tighten the muscles of the buttocks, because the muscles on the thighs are connected to the pelvis, and persist, then relax. Feel like your muscles have become smooth and you are completely relaxed.

⑱Bend the toes down, thus tightening the muscles on the feet, and persist, then relax.

⑲Feel as your body has any residual tension. If there is tension in some places, stretch, and, relax once or twice.

⑳Now, imagine a feeling of relaxation slowly spreading throughout your body, starting from your head and going down to your toes, and gradually penetrating into each muscle.

(2) Memory treatment

The details are given in the relevant chapters of this book. Memory treatment also applies to elderly people with depression. Designing activities for the depressed elderly is to remember the past need to make plans according to the situation of the depressed elderly.

(3) Horticultural therapy

Specific definitions are given in the relevant chapters of this book. The same method of horticultural treatment applies to the elderly with depression.

(4) Music therapy

Specific definitions are given in the relevant chapters of this book. Music therapy also applies to the elderly with depression.

4 Notes

(1) The time should not be too long

Mitigation activities should be arranged according to the situation of the elderly. The long time will let the elderly not pay attention to the activities.

(2) Motivation and stimulation are very important

The depressed elderly may not be interested in anything because of depression, so the activities should motivate the elderly and integrate their social interaction as much as possible.

(3) The medication situation should be paid attention to

For some depressed old people, taking medicine is an important means of treatment, so the elderly service providers also need to pay attention to whether the elderly have taken medicine on time when carrying out activities.

(4) Social elements are indispensable

The prevention and relief of depression involve the part of social function, so the activities with social elements can be used for the elderly with depression. The activities in other chapters of this book can be appropriately used for the elderly with depression.

(5) The activities should avoid labeling

Specifically for the elderly with depression, we generally do not have the word "depression" when we release the name of the activity, which is to avoid labeling. The name in this chapter is only written to facilitate readers to understand the theme of the activity, and we will not use the word "depression" in practice.

Task introduction

In B Nursing Home, there was a psychological screening. It was found that there were 8 elderly people with depression, who had mild or moderate depressive symptoms. But all of them had drug intervention according to the doctor's advice. They had less interaction with other elderly people, some of whom often couldn't sleep well because of depression. We planed to provide group activities for the elderly with progressive relaxation training.

Task analysis

1 Analysis of service requirements

(1) The needs of social communication

The elderly interactions less with the people around them, indicate less social activities. And social activities are beneficial for the relief of depression.

(2) Demand for relieving depressive symptoms

In addition to taking medication, depression can be combined with other soothing non-drug methods as auxiliary. In the case, some elderly people often can not sleep well because of the influence of depression. So the relevant soothing content can be designed in activities.

2 Develop a service plan

According to the situation of the elderly with depression, develop appropriate activity plan, and integrate social interaction and stress relief content.

3 Primary service objectives

①Social interaction: guide the depressed elderly to have simple social interaction in activities.

②Stress relief: guide the depressed elderly to learn a variety of ways to relax.

Task implementation

1 Activity design and mind map.

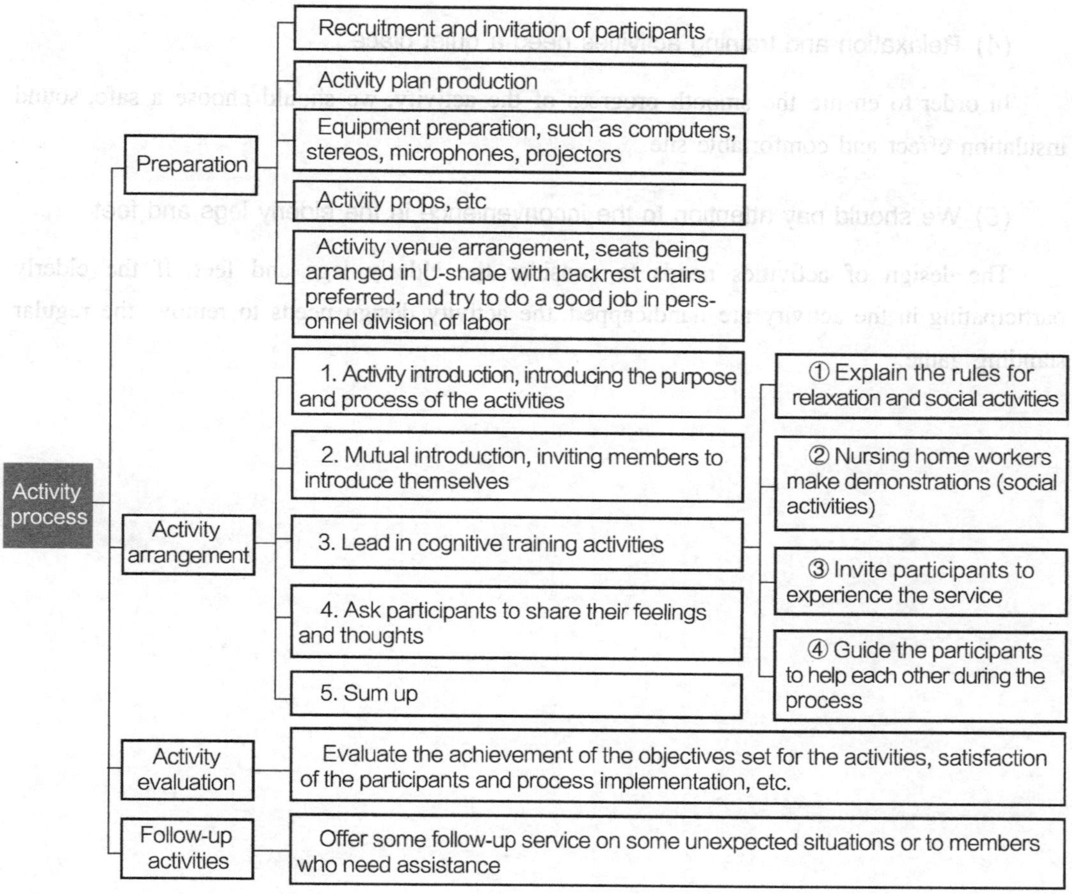

2 Notes for the activity design

(1) Be familiar with the elderly before operation

For the elderly serve providers have a certain understanding of the elderly, according to the elderly's medication situation, depression level, interests, professional characteristics and other activity programs.

(2) Not force to participate

In the process of carrying the activity, the elderly should be evaluated their physical condition, emotional state and will. They cannot be forced.

(3) Recommend more than 2 staff

During the activity, more than two staff members should be arranged as far as possible. If the elderly are in poor condition during the activity, one staff member can take them away from the site.

(4) Relaxation and training activities need a quiet place

In order to ensure the smooth progress of the activity, we should choose a safe, sound insulation effect and comfortable site.

(5) We should pay attention to the inconvenience in the elderly legs and feet

The design of activities needs to consider the elderly legs and feet. If the elderly participating in the activity are handicapped, the activity design needs to remove the regular standing game.

Task order

Task information					
Task name	Repression-relief activity design				
Task purposes	1. Help learners understand the leading idea of depression-relief activities. 2. Help learners understand the design process of depression-relief activities. 3. Help learners understand the characteristics of the elderly with depression				
Task requirements	**Background:** Through screening and doctor's diagnosis, we found Six elderly people with mild depression in the nursing home. None of the six elderly people had suffered from self-care ability and mobility. **Task:** Carry out decompression activities for Six elderly people with mild depression in the nursing home by using progressive relaxation training				
Task-based appraisal					
Name of student		**Class and grade in school**		**Student ID**	
Task performance	**Total score:**	**Self-evaluation:**	**Mutual evaluation:**	**Teacher evaluation:**	
Self-comments					
Mutual comments					
Teacher comments					

Task implementation			
Activity name:			
Activity background			
(Describe the status of the group or the issue and state the problems or needs)			
Target		**Quota**	
Place		**Staff**	
Date		**Time**	
Activity concept (theoretical basis)			
(What kind of service theories, concepts, and methods to carry out the activities are followed?)			

(Continued)

Activity objective	
(Corresponding to problems or requirements, follow the SMART principle, and be quantifiable and evaluable as much as possible)	
Estimated difficulties and solutions	
Estimated difficulties	Solutions
Appraisal procedure	
(Questionnaire survey method, field observation method, service object interview method, etc.)	
Activity design	
Previous preparation	
(Time, place, person in charge, and materials)	
Mid-term arrangement	
Aftermath work	

Materials and budget				
Number	Name	Unit-price	Quantity	Applications and remarks
1				
2				
3				
4				
5				
Amount to				

Thinking practice

1. What should we do with the depressed elderly?

2. When carrying out activities, how should we serve the elderly better implement humanistic care?

Module 4

Social activities for the elderly

Project 1
Elderly making-friends activity design

Interpersonal communication is an important way for people to interact with society, obtain social support, enhance individual power, and meet the needs of love and belonging. With the growth of age, the elderly gradually withdraw from the field of labor, and their social communication circle is rapidly shrinking. The objects of interpersonal communication are mainly family members, neighbors or friends who have common interests and hobbies. The study found that social support among community-dwelling elderly people was positively associated with their mental health. The more diversified and heterogeneous the social support is, the higher the life satisfaction of the elderly is. Through frequent interpersonal communication, the elderly can have more opportunities to obtain spiritual and material support, promote their physical and mental health, and improve their quality of life. Therefore, the making-friends activities for the elderly can ensure the physical and mental health of the elderly and the quality of life in their later age.

Project objectives

Knowledge objectives

1. Identify the friendship needs of the community elderly, nursing elderly and single elderly in the community.

2. Master the design skills of activities such as promoting mutual understanding, communication and cooperation among the elderly.

Ability objectives

1. Be able to design appropriate dating activities according to the needs of the elderly.

2. Be able to design appropriate forms and content of activities according to the physical and mental characteristics of the elderly.

Quality objectives

1. Accept the elderly of different views of choosing friends.

2. In the design process, fully respect the physical and mental characteristics and

uniqueness of different types of elderly people.

[Note]

The characteristics of the three categories discussed in this project have something in common. In order to facilitate the classification and discussion, this project mainly distinguishes the activities of the elderly making friends according to the purpose of the activities. For the lonely elderly, the focus is on providing spiritual care and building community interpersonal support network. For the nursing elderly, it is to enhance the sense of belonging. For the single elderly, it is to meet their emotional and interpersonal needs.

Task 1 The lonely elderly making-friends activity design

1 Basic concepts

Lonely old people refer to people with no spouse, no children, no one to care for, over 60 years old and losing the ability to work.

2 Common theories

(1) Social support theory

Social support is the perceived and actual instrumental or expressive support provided by communities, social networks, and intimate partners. Use the theory for the elderly to advance the social support network for the elderly evaluation, such as personnel type, number of people, affinity relationship, specific functions, etc. On this basis, identify the support network that the elderly need to strengthen, and develop and implement the service plan.

When carrying out social support network evaluation, the elderly can collect relevant information by visiting the elderly, inquiring from the community workers, and sort it out according to formal and informal information.

(2) Empowerment theory

Empowerment theory refers to the control ability and influence of individuals to change their living conditions and obtain resources. The energy enhancement theory holds that individual powerlessness stems from the oppression of the environment. This adverse environment can be changed. Individual abilities can be continuously discovered through effective social interactions.

In the process of serving the elderly, the elderly should see the interaction between the elderly and the environment, find out the adverse environmental factors, and assist the elderly to form effective social interaction, so as to enhance the elderly's sense of ability. In dating activities, the focus is on expanding and enhancing the interpersonal network of the lonely elderly, obtaining positive experience through interaction with others, and enhancing the ability to acquire resources and deal with problems.

3 Common methods

(1) Good-neighbor visits

The volunteers or neighbors of the elderly should be organized to visit their homes to expand their interpersonal interaction network. The elderly can also organize them to visit neighbors or friends of the elderly.

The design steps are described as follows.

Step 1: Collect information about the elderly alone. Organize the list of lonely elderly people who need to make friends, understand the topics that the elderly like to talk about, interests, communication taboos (such as the widowed topic), etc.

Step 2: Recruit willing volunteers and neighbors. Recruitment community residents and volunteers who are willing to visit the elderly and can pair with the elderly. Seek their neighbors by visiting and telephone to find willing neighbors as visitors. At the same time, ask the volunteers and neighbors about their strengths (such as handwork, making food, etc.) or special life experiences or stories.

Step 3: Develop service design. Service design is conducted in the order of "activity introduction, mutual understanding, topic communication and interaction, mutual contact information, agreed next visit, summary and goodbye".

The part of "topic communication and interaction" can be designed with the information of the lonely elderly. For example, we can start with the topic of caring about the daily life and physical and mental conditions of the elderly, such as " How is your health recently?" "Where do you usually go to buy food?" " What do you usually do when leisure?" Then design some interactions, such as helping the elderly choose vegetables and cook, or make some handmade items related to traditional festivals and quarterly climate, such as making sachets in the Dragon Boat Festival, weaving scarves in winter, or leading the elderly to do some health exercises and cognitive training that are beneficial to their physical and mental health. In this process of the two sides natural communication, visitors also consciously take the initiative to let the elderly participate in the interaction. For example, when doing sachets, we can ask: "In the past Dragon Boat Festival, what do you generally do?" in order to gradually deepen the interactive understanding, and promote the establishment of trust and friendship between the two sides.

(2) Elderly support activities

Organize 8 to 12 elderly people (the number of people can be changed) who need to make friends together to carry out activities of mutual understanding and mutual support. Service design can be carried out in the order of "activity introduction, warm-up, mutual understanding, sharing/mutual assistance, mutual contact information, summary and saying goodbye".

Among them, the "sharing/mutual assistance" part can take two or three designs. First one is to invite the elderly to share their recent feelings, experiences and confusion, such as "Share the happiest thing in the future", "Share your recent troubles or difficulties in life", "You most want to give a warm advice to others here" and so on. Let the elderly help each other, share resources and experience, etc. For example, after each participant shares some troubles or difficulties, other participants should give them care, encouragement or suggestions and help, so as to enhance their ability and confidence in solving problems. Third, design cooperative tasks for participants to cooperate to complete the tasks. Cooperation tasks can be designed in accordance with the principle of simple, achievable, in line with the age characteristics of the elderly and enhancing confidence, such as completing a clay work with the theme of "friends", and holding glass beads with chopsticks within a limited time. Last, through cooperation, enhance each other's information and emotional communication, and gain positive interpersonal experience.

(3) Interest exchange activities for the elderly

According to the interests, hobbies, specialties and experience of the elderly, we can find out some activities that everyone is interested in, such as square dancing, planting vegetables, making crafts, cooking food, etc., and organize everyone to get together and communicate regularly, so as to promote the normalization of their communication and mutual assistance. Service design can be carried out in the order of "activity introduction, warm up, mutual understanding, interest activities, participants sharing, summary and saying goodbye".

Task introduction

Grandma Chen, 75 years old, is now alone in her early family misfortune. Usually she plants some crops. Her body is relatively strong, and can take care of herself. Every festival social workers will visit her. Because of her old age, Grandma Chen rarely travels to other places, only visits occasionally with her next-door neighbors. Sometimes she finds nobody to talk. She feels a little lonely, and is afraid that no one would know if she has an accident.

Task analysis

1 Analysis of service requirements

(1) Interpersonal communication needs

Through peer interaction, maintain a certain contact with the society, and find a sense of value and belonging from individuals.

(2) Spiritual care needs

Get care from the interaction of peers, and feel the love and being needed.

(3) Emergency assistance needs

When assistance is needed in an emergency, the elderly can get timely help by informing friends or actively discovering and contacting relevant departments or resources.

2 Develop a service plan

Taking a certain festival as an opportunity, let Grandma Chen get together with other lonely elderly people or ordinary elderly people who need to make friends around her to get to know and communicate with each other.

3 Primary service objectives

Promote mutual understanding and interaction between the elderly in the surrounding neighbors, and build a communication network of daily mutual care and support for them.

Task implementation

1 Activity design mind map

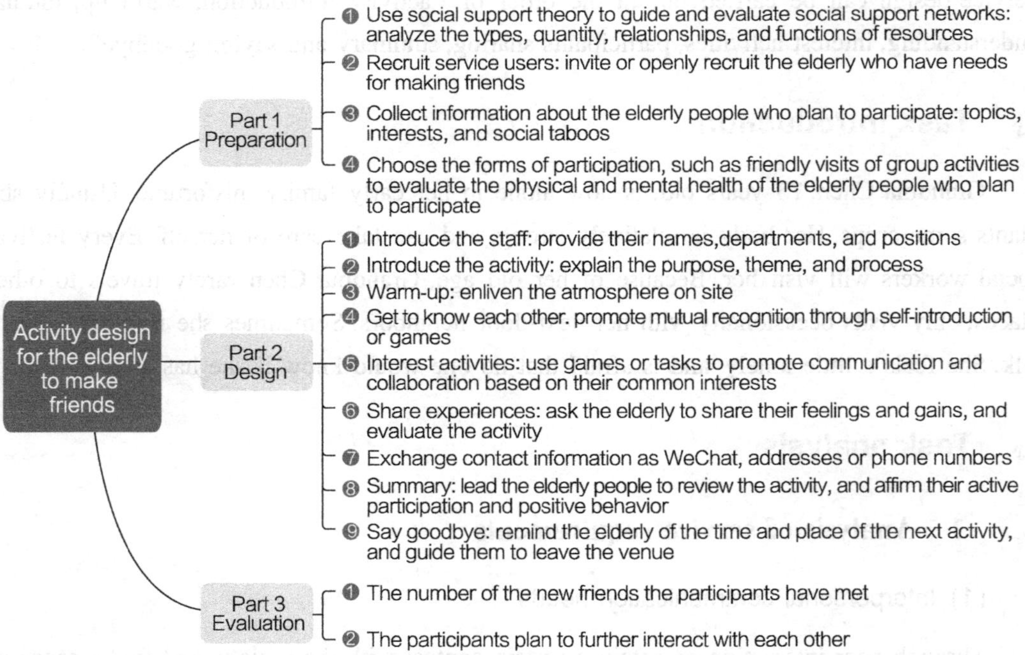

2 Notes for the activity design

(1) Train the volunteers and neighbors in advance

List the training as a required part of the activity. The training content includes but not limited to the physical and mental characteristics of the elderly, visit process, communication topics, interactive skills, matters needing attention (such as respect for the elderly, privacy protection), etc.

(2) Assess the recent physical and mental health of the lonely elderly in advance

The elements of the assessment include the elderly mobility, vision, hearing, cognition, consciousness, and etc. According to the evaluation results, choose the appropriate amount of exercise, form and content. For example, most old people's eyesight is poor, do not arrange "read the newspaper" that has certain requirement to eyesight.

(3) The distance of the activity site within 15 minutes' walk

Without the unified arrangement of transportation activities, the choice of the location should be in the relative distance of the elderly, generally in the area within 15 minutes of walk. If more than 15 minutes, consider the transportation arrangement in advance.

(4) Safety measures taken for outdoor activities involving traffic

If it involves taking a unified bus or other means of transportation, it is recommended to buy insurance, prepare common emergency supplies, and arrange the staff in groups to match the service object, and do a good job of safety reminder and care throughout the whole process.

Task order

Task information	
Task name	Community lonely elderly making-friends activity design
Task objectives	**Knowledge objectives:** 1. Identify the friendship needs of lonely elderly people. 2. Familiar with the design skills of promoting the understanding, communication and cooperation of the elderly. **Capability objectives:** 1. Be able to design appropriate dating activities according to the different needs of the lonely elderly in the community. 2. Be able to design appropriate activity forms and contents according to the physical and mental characteristics of different types of elderly people. **Quality objectives:** 1. Be able to accept the elderly of different views of choosing friends. 2. In the design process, the physical and mental characteristics and uniqueness of different types of the lonely elderly people can be fully respected
Task requirements	1. Please conduct a preliminary evaluation of Grandma Chen's social support network; 2. Please take the opportunity of the Lantern Festival to design a making-friends activity for the lonely elderly people in A Community, build a communication platform for them, and enhance their social support network.

Task-based appraisal					
Name of student		**Class and grade in school**		**Student ID**	
Task performance	**Total score:**	**Self-evaluation:**	**Mutual evaluation:**	**Teacher evaluation:**	
Self-comments					
Mutual comments					
Teacher comments					

Task implementation			
Activity name:			
Activity background			
Target		**Quota**	
Place		**Staff**	
Date		**Time**	
Activity concept (theoretical basis)			
(What kind of service theories, concepts, methods to follow to carry out activities)			

(Continued)

Activity objective
(Corresponding to problems or requirements, points, follow the SMART principle, and be as quantifiable and evaluated as possible)

Estimated difficulties and solutions	
Estimated difficulties	Solutions

Appraisal procedure (Questionnaire survey method, field observation method, service object interview method, etc.)		
To evaluate the content	**Appraisal procedure**	**quantitative index**

Activity design

Previous preparation			
Time	Content	Goods and materials	Staff
List of materials:			

Mid-term arrangement			
Time	Content	Goods and materials	Staff

Aftermath work			
Time	Content	Goods and materials	Staff

Materials and budget					
Number	Name	Unit price (yuan)	Quantity	Subtotal (yuan)	remarks
1					
2					
3					
4					
5					
Amount to	first				

Thinking practice

1. Facing the elderly who are introverted and less willing to make friends, how should we serve the elderly?

2. How should the elderly be helped to get peer support, such as inconvenient walking and physical disability?

Task 2 The nursing elderly making-friends activity design

1 Basic concepts

The nursing elderly refer to the elderly who live in elderly nursing institutions.

2 Common theories

(1) Ecosystem theory

Ecosystem theory focuses on the interaction between people and their situations, and regards human development as a process of continuous adaptation to the environment and systematic exchange with many levels of the environment. In the relatively environment of elderly nursing home, the lifestyle and interpersonal relationship of the elderly residents have changed significantly, and the elements and energy flow in the ecosystem have changed, which brings certain challenges to them. Under the guidance of the theory, the caregivers can meet the personal needs of the elderly through drawing the ecological map to analyze the ecological environment of the elderly residents, to judge whether the interpersonal relationship of the elderly needs to be enhanced in the ecosystem, and change the system when necessary.

(2) Other common theories

Social support theory and energy enhancement theory also apply in the activity design. See details in the related chapters.

3 Common methods

(1) Welcome activities of the elderly nursing home

Help the new elderly people and other members know each other, quickly adapt to and integrate into the collective life of the elderly nursing institution. On the basis of collecting the information of the new elderly, the service design can be made for the elderly in the order of "activity introduction, warm up, mutual understanding, mutual sharing/mutual assistance, contact information and summary".

Among them, in the "mutual understanding" part, the old service providers can invite the new to the old man to introduce their information which includes name, nickname, hometown, hobbies, past professional general information, and more personal ideas, such as the feelings of elderly nursing home life, the needs of friends, etc. If the character of the new elderly is introverted, who are not used to the first speech, the old service providers can first arrange other old people to introduce to provide demonstration for them, and then invite the new ones to share.

(2) Interpersonal coordination activities

The interpersonal coordination activities can help the elderly to coordinate interpersonal relations, handle conflicts and disputes, and restore benign communication. The difference between interpersonal coordination activities and other activities is that the knowledge and skills should be integrated into interpersonal communication, which can be designed according to the order of "activity introduction, warm-up, interpersonal knowledge sharing, discussion/practice, sharing/mutual assistance, and summary".

Among them, the part of "interpersonal knowledge sharing" can introduce the knowledge and skills of interpersonal communication, such as the language skills and non-verbal skills in interpersonal communication, through story sharing, case explanation and video-learning skills. In the part of "discussion/practice", case discussion, situational role-playing and other ways can be used to let the elderly people participate in the discussion in groups, combined with the previous knowledge explanation and personal experience sharing, to find out the solution.

(3) Other methods

For the methods to make neighborly visits and make friends with other elderly residents in the nursing homes, please refer to the corresponding designs of Task 1 in this project.

Task introduction

Grandma Lin, 75, moved to a nursing home voluntarily in order not to burden her children to take care of her. A month ago, she got to know Grandma Li, who is in the same room. She is not familiar with other old people as she is too shy to visit other rooms. Now she often misses her family and friends and feels lonely in the nursing home.

Task analysis

1 Analysis of service requirements

(1) Develop new partner relationship

After the elderly arrive in the new environment of nursing homes, the original network of family and friends relationship is weakened, and it is in urgent need of getting support from the new environment, to establish trust and stable partner relationship with other elderly people in nursing homes, and maintain necessary social communication.

(2) Maintain a good partner relationship

When the elderly have established a certain partner relationship in nursing homes, it is necessary to continuously maintain the established partner relationship to avoid the wavering or breakdown of the relationship.

(3) Interpersonal relationship coordination

When there is a disagreement, contradiction or dispute between the elderly, someone is needed to help them coordinate the interpersonal relationship, ease the contradictions between the elderly concerned, resolve the conflict, and repair the relationship between the two parties.

2 Develop a service plan

Organize the elderly who need to make friends in the nursing home to participate in group activities to enhance mutual understanding and communication.

3 Primary service objectives

①Help the new comers and old residents get to know and interact with each other and make new friends.

②Help the elderly who need to make friends in the nursing homes to develop new peer relationships.

③Mediate conflicts and disputes between the elderly in the nursing homes to avoid or resolve conflicts.

Task implementation

1 Activity design mind map

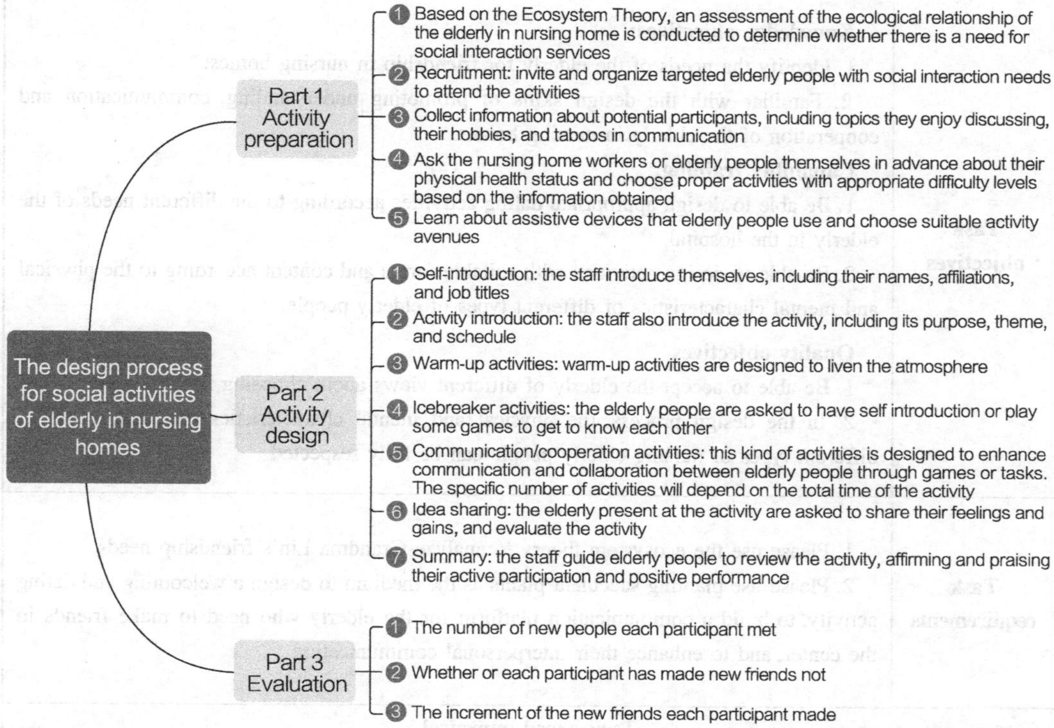

2 Notes for activity design

(1) Consult the medical staff in advance

Select the elderly people suitable for the activities based on the opinions of the medical staff, and make clear whether there is something needing special attention in advance.

(2) The forms and content of the activities suitable for the physical and mental characteristics of the elderly in nursing homes

Caregivers should fully consider the situation of each elderly person in nursing homes, such as how to use auxiliary tools, according to the characteristics of their body and behaviors, with enough space for activities being reserved.

Task order

Task information	
Task name	Nursing elderly making-friends activity design of
Task objectives	**Knowledge objectives:** 1. Identify the needs of the elderly for friendship in nursing homes. 2. Familiar with the design skills of promoting understanding, communication and cooperation of the elderly in nursing homes. **Capability training:** 1. Be able to design appropriate dating activities according to the different needs of the elderly in the hospital. 2. Be able to design activities with suitable forms and content according to the physical and mental characteristics of different types of elderly people. **Quality objectives** 1. Be able to accept the elderly of different views about choosing friends. 2. In the design process, the physical and mental characteristics and uniqueness of different types of nursing elderly people can be fully respected
Task requirements	1. Please use the ecosystem theory to analyze Grandma Lin's friendship needs. 2. Please use planting succulent plants as the medium to design a welcoming and dating activity, to build a communication platform for the elderly who need to make friends in the center, and to enhance their interpersonal communication

Task-based appraisal					
Name of student		Class and grade in school		Student ID	
Task performance	Total score:	Self-evaluation:	Mutual evaluation:	Teacher evaluation:	
Self-comments					
Mutual comments					
teacher evaluation					

Task implementation
Activity name:

Activity background			
Target		Quota	
Place		Staff	
Date		Time	

(Continued)

Activity concept (theoretical basis)
(What kind of service theories, concepts, methods to follow to carry out activities)
Activity objective
(Corresponding to problems or requirements, points, follow the SMART principle, and be as quantifiable and evaluated as possible)
Estimated difficulties and solutions

Estimated difficulties	Solutions

Appraisal procedure
(Questionnaire survey method, field observation method, service object interview method, etc.)

Evaluate the content	Appraisal procedure	Quantitative index

Activity design

Previous preparation

Time	Content	Goods and materials	Staff

List of materials:

Mid-term arrangement

Time	Content	Goods and materials	Staff

Aftermath work

Time	Content	Goods and materials	Staff

Materials and budget

Number	Name	Unit price (yuan)	Quantity	Subtotal (yuan)	Remarks
1					
2					
3					
4					
5					
Amount to					

Thinking practice

1. How should we judge the elderly who cannot take care of themselves and need to rely on caregivers have a need to make friends?

2. How should we promote the interaction of elderly people who need wheelchair or nursing care?

Task 3 Single elderly people making-friends activity design

1 Basic concepts

Single elderly person refers to the elderly who have no spouse and are alone due to unmarried, widowed, divorced and other reasons.

2 Common theories

(1) Bradshaw's need theory

According to this theory, human needs include four categories: normative needs, sensory needs, expressive needs and comparative needs.

Service providers for the elderly should take the initiative to learn relevant professional theoretical knowledge, grasp the normative needs of the single elderly, pay attention to whether the single elderly have said to eliminate loneliness and the need to communicate with people, whether they have expressed the idea of making friends, remarriage, and the behavior of asking friends to introduce the opposite sex, and whether there are comparative needs by comparing the marital status of friends around and generating the idea of communicating with the opposite sex.

(2) Other common theories

Maslow needs hierarchy theory, Aldefre's ERG theory, social support theory, energy enhancement theory, ecosystem theory, etc.

3 Common methods

(1) Making-friends activity

Organize the old people who are single and willing to build an intimate relationship to know and communicate with each other. The service design can be conducted in accordance with the order of "activity introduction, warm up, mutual understanding, promoting communication and collaboration, mutual contact information, participants sharing, summarizing and saying goodbye".

Among them, "promote communication and collaboration" can use topic discussion, games, cooperation tasks and other ways to make participants interact gradually, and promote the understanding among participants. Games and tasks are recommended in the order "from easy to difficult, from short time to long time, and from less physical contact to more contact".

(2) Group adventure activities

Adventure Based Counseling refers to the pattern that follows an " empirical formula Based on practice ". The participants can gradually experience task challenges from low to high, experience the sense of success in solving problems and overcoming challenges, and sort out, sublimate, transfer and apply the experience to daily life practice.

Services for the elderly can be used to organize the elderly to complete some group cooperation tasks with low physical requirements and high safety factor, help single elderly to deepen their observation and understanding of communication mode and interaction mode, promote communication, and get along and cooperation.

Service design can be carried out in accordance with the order of "activity introduction, warm-up (explanation-activity-sharing), ice-breaking (explanation-activity-sharing), theme content (explanation-activity-sharing) and summary". Among them, "explanation" is for the old service people to explain and demonstrate the rules of this part. "Activity"refers to strange games and experiences. "Sharing" means that each participant expresses their own experience. Please search the Internet or read relevant books.

(3) Interest exchange activities for the elderly

Refer to Task 1 of this project.

Task introduction

Uncle Zhang, 65, was widowed 10 years ago and is currently single. In recent years, his children have been married and moved out. Uncle Zhang lives alone and feels a little lonely. Recently, he heard a good friend who used to be single said that he met a woman through other's introduction. They get along very well and are ready to remarry recently. While Uncle Zhang is happy for his friend, he also has the idea of finding another wife. He found the elderly and asked if there were elderly single women in the community who had the same idea, hoping to have a chance to meet her.

Task analysis

1 Analysis of service requirements

(1) Develop new interpersonal relationships

Due to the narrowing of the interpersonal network, single elderly people are lack of partners for daily communication, companionship and companionship, and their relationship needs are more prominent. By knowing new friends, they may maintain a certain social interaction, and gain friendship, loyalty and care.

(2) Establish intimate relationships

In addition to developing ordinary interpersonal relationships, some single elderly people also look forward to a deeper and more stable intimate relationship. When they meet, they will move and yearn for love.

2 Develop a service plan

Taking the Lantern Festival as an opportunity, the community organizes the single elderly who need to make friends to participate in friendship activities.

3 Primary service objectives

Promote single elderly people to know and communicate with each other, enhance mutual understanding, and help them develop new interpersonal or intimate relationships.

Task implementation

1 Activity design mind map

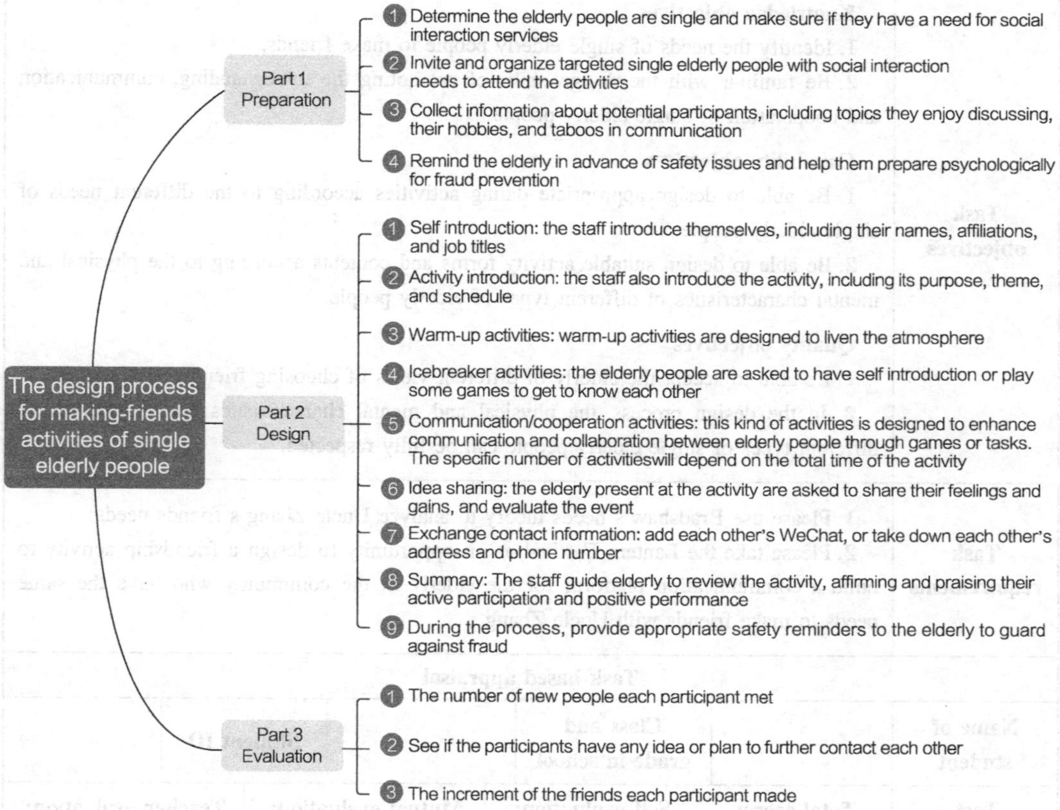

2 Notes for the activity design

(1) Fraud alter and safety reminders

Single elderly people may relax their guard, lose judgment and be deceived in the process of making friends. The elderly in the elderly registration and activities need to be reminded to safety, so as not to be cheated to suffer losses.

(2) Respect the elderly's willingness to make friends

When inviting the single elderly to participate in the activity, or before introducing the single elderly to others, the elderly caregivers should know in advance whether the elderly have the intention to make friends, and obtain the consent of the elderly, so as not to cause embarrassment or misunderstanding at the activity site.

Task order

Task information	
Task name	Single elderly making-friends activity design
Task objectives	**Knowledge objectives** 1. Identify the needs of single elderly people to make friends. 2. Be familiar with the design skills of promoting the understanding, communication and cooperation of single elderly people. **Capability objectives** 1. Be able to design appropriate dating activities according to the different needs of single elderly people. 2. Be able to design suitable activity forms and contents according to the physical and mental characteristics of different types of elderly people. **Quality objectives** 1. Be able to accept the elderly of different views of choosing friends. 2. In the design process, the physical and mental characteristics and uniqueness of different types of single elderly people can be fully respected.
Task requirements	1. Please use Bradshaw's needs theory to analyze Uncle Zhang's friends needs; 2. Please take the Lantern Festival as an opportunity to design a friendship activity to build a communication platform for the elderly in the community who have the same needs to make friends with Uncle Zhang

Task-based appraisal					
Name of student		**Class and grade in school**		**Student ID**	
Task performance	**Total score:**	**Self-evaluation:**	**Mutual evaluation:**	**Teacher evaluation:**	
Self-comments					
teacher evaluation					

Task implementation			
Activity name:			
Activity background			
Target		**Quota**	
Place		**Staff**	
Date		**Time**	
Activity concept (theoretical basis)			
(What kind of service theories, concepts, methods to follow to carry out activities)			

(Continued)

Activity objective
(Corresponding to problems or requirements, points, follow the SMART principle, and be as quantifiable and evaluated as possible)

Estimated difficulties and solutions	
Estimated difficulties	Solutions

Appraisal procedure (Questionnaire survey method, field observation method, service object interview method, etc.)		
To evaluate the content	**Appraisal procedure**	**quantitative index**

Activity design			
Previous preparation			
Time	content	goods and materials	staff
List of materials:			
Mid-term arrangement			
Time	content	goods and materials	staff
Aftermath work			
Time	content	goods and materials	staff

Materials and budget					
Number	Name	Unit price (yuan)	Quantity	Subtotal (yuan)	remarks
1					
2					
3					
4					
5					
Amount to					

Thinking practice

1. What should be done when the single elderly person is willing to start a new family and their children fear that he/she is cheated?

2. What should be done when single old people are reluctant to communicate with others for a long time?

Project 2
Elderly psychological care activity design

In order to promote the physical and mental health of the elderly, the National Health Commission issued a paper in June 2022, deciding to carry out a nationwide psychological care action for the elderly from 2022 to 2025. The main objectives of the elderly psychological care action include: understanding the mental health status and needs of the elderly, enhancing their mental health awareness, and improving the mental health service level of the grassroots staff. The paper requires that the elderly with normal evaluation results should be encouraged to continue to maintain optimistic and upward attitude towards life and actively encourage the elderly around them to participate in social activities. For the elderly with mild anxiety and depression, the psychological counseling and psychological treatment can improve their mental health status and follow-up regularly. For the elderly with suspected cognitive abnormalities or moderate mental health problems above the evaluation results, they are advised to go to the mental health clinic of medical and health institutions.

Project objectives

Knowledge objectives

1. Understand the definition of mental health and be familiar with the standards of mental health.

2. Be familiar with the psychological characteristics and common psychological problems of the elderly.

3. Understand the influencing factors of psychological changes in the elderly.

4. Master the assessment methods of the mental health status of the elderly.

5. Master the common bad emotions and coping strategies of the elderly.

6. Master the methods and skills of caring for the mental health of the elderly.

Ability objectives

1. Be able to master the methods of analyzing the common psychological problems of the elderly.

2. Be able to improve students' ability to analyze mental health problems and solve mental health problems in the elderly.

3. Be able to learn basic psychological identification technologies such as mental health and unhealthy.

4. Be able to master the methods and techniques of elderly mental health management.

5. Be able to cultivate students' ability to learn in practice, and consciously improve their service quality.

6. Be able to learn the communication skills to win the trust of the elderly.

Quality objectives

1. Have the comprehensive quality to identify the mental health status of the elderly.

2. Have the basic qualities to identify the early psychological problems of the elderly and be able to give necessary intervention and treatment.

3. Have the quality to understand the psychological demands and psychological communication of the elderly.

4. Have a team with community workers, and a good sense of cooperation in training and care.

Task 1 The activity design of understanding the elderly psychological problems

Entering the old age period, the person's all kinds of physiological functions are gradually entering the decline stage. The psychological changes of the old age accompany the decline of some psychological function or some aspects of psychological function.

This task is the activity design to understand the psychological problems of the elderly.

1 Basic concepts

(1) Mental health

The third International Conference on Mental Health defined mental health as follows. "The so-called mental health refers to the development of personal mood into the best state without physical, intellectual and emotional conflict with the mental health of others."

Mental health includes two meanings. First, compared with the vast majority of people, their psychological function is normal, without mental disease. Second, it is to actively adjust their psychological state, adapt to the environment, constructively develop and improve themselves, give full play to their ability, and live an efficient life.

(2) Mental health standards for the elderly

Based on the study of the mental health standards of the elderly, combined with the actual situation of the elderly in China, the mental health standards of the elderly can be defined from the following seven aspects: ①Normal intelligence; ②emotional health; ③firm will; ④harmonious relationship; ⑤adapt to the environment; ⑥sound personality; ⑦normal behavior.

(3) The psychological characteristics of the elderly

The psychological characteristics of the elderly mainly include: loneliness psychology, nostalgia psychology, worry, paranoia, caring psychology, sexual demand psychology and so on.

(4) Psychological manifestations of the elderly

The psychological performance of the elderly mainly includes: memory ability decline, intelligence change, emotional change, personality change and so on.

2 Common theories

(1) Changes in sensory perception of the elderly

The sensory perception is a process in which people receive external information and understand objective things through sensory organs. It is the basis of normal psychological activities, and also an important link for people to communicate and communicate with the outside world. With the growth of age, the structure and function of sensory organs has also undergone declining changes, and the psychological activities have been affected accordingly, bringing a lot of inconvenience to the elderly. Specific performance includes visual organ produces decline sex change, auditory organ produces decline sex change, taste and smell feeling produces slow sex change, skin consciousness produces obvious sex change, balance consciousness produces serious decline.

(2) Changes in motor response of the elderly

The motor response is a more complex response, and the length of times reflects the functional state of the central nervous system. The reaction time gradually increases with age, but with fewer errors and accurate responses. The slower reaction speed is mainly manifested in the need to identify complex problems before responding, which greatly extends the reaction time. Therefore, the elderly are not suitable to engage in too fast pace, limited time and quick response to speed work, such as driving vehicles, operating machines and so on.

(3) Changes in cognitive function of the elderly

Memory is an important process of psychological activity, which is the process of the formation, consolidation and recovery of things in the human brain, so the brain is the carrier of memory. Memory can be divided into memorization, retention, recognition and recall. As the elderly age, the sensory organs cannot receive information normally and effectively. At the same time, because of the atrophy of memory cells, it affects the storage of various memory information. Some diseases can also affect memory, but they are different in nature and extent. The characteristics of memory of the elderly are as follows. The primary memory remains better, the secondary memory decreases more. The recall ability declines obviously, the recognition ability declines not obvious. The intentional memory is in the dominant position, the unintentional memory is less used. The mechanical memory remains better. The elderly have good long-term memory and short-term memory decline.

3 Common methods

Understanding the psychological problems of the elderly is the basis for students to care for the mental health of the elderly. The common methods used to identify the determination of mental health are listed as follows.

①Observe whether the elderly can fully understand themselves, that is, the ability of the elderly to objectively analyze, and make an appropriate judgment. Making an objective and correct judgment of their own ability has a great impact on the mood. If we overestimate our ability and try to do more than we can, we often lose the desired result and our spirit is hit by failure. We underestimate our ability, which often leads to depression.

②Observe whether the elderly have practical goals, that is, the elderly can make life goals according to their own economic ability, family conditions and the corresponding social environment. The formulation of life goals should not only be in line with the reality, but also leave more than enough, which should not exceed the scope of their own and family economic ability.

③Observe whether the elderly can maintain contact with the external environment. We should keep contact with the external environment. On the one hand, we can enrich our spiritual life. On the other hand, we can adjust our behavior in time, in order to better adapt to the environment. Maintaining contact with the external environment includes three aspects, namely, contacting with nature, society and people. Today's elderly activity centers, the elderly cultural activity stations and the elderly universities provide conditions for the elderly to contact with the external environment.

④ Observe whether the elderly can maintain the integrity and harmony of their personality. The ability, interest, character and other psychological characteristics must be harmonious and unified, so that the old people can have happiness and satisfaction in life. For example, the individual's ability is very strong, but he/she has no interest in the work he is doing, so he/she may not be able to experience a sense of achievement and satisfaction. On the contrary, if he/she is interested in his work, but he/she is very incompetent and incompetent, he/she will also feel very upset.

4 Notes

①Mental health problems of the elderly can be found through psychological tests, but there are also errors in psychological tests and cannot replace the doctor's diagnosis.

②The psychological activities of the elderly are always reflected in all aspects of life, and professionals can also judge whether the parties concerned have a problem through various manifestations.

Task introduction

According to relevant surveys, China's population structure is gradually aging, whose population over 60 years old has accounted for 1/5 of the world's elderly population, and the elderly over 65 years old account for nearly 9% of the total population. To the middle of the 21st century, the number of 60 years old and above elderly people may exceed 400 million. Especially on the issue of aging, the elderly aged 80 and above will exceed 100 million, about 10 times that of today. With the aging trend of China's population structure is gradually serious, the mental health of the elderly has become a key issue of social concern. It is reported that more than half of the elderly in China have mental health problems of varying degrees. At the same time, the number of the elderly with mental health problems is gradually increasing, which not only has a serious impact on the quality of daily life, but also affects the mental health level of the elderly in the community.

Task analysis

1 Analysis of service requirements

In the old age, people's various physiological functions gradually enter the decline stage, and the elderly face with the change of social role, widowed and other life events. They must strive to adapt to these events. In the process of adaptation, the elderly often have some special psychological changes, affecting the aging process, health status, prevention and treatment and prognosis of geriatric diseases. Therefore, the task of this section is to understand and identify the psychological problems of the elderly by mastering the use of the mental health scale of the elderly, so as to carry out the targeted activities to care for the mental health of the elderly.

2 Develop a service plan

According to the psychological problems of the elderly, the training program of "Mental Health Scale of the Elderly" to identify the mental health status of the elderly was formulated.

3 Primary service objectives

The "Mental health scale of the elderly" is used to accurately identify the mental health status and psychological problems of the elderly, so as to carry out targeted activities to care for the mental health of the elderly.

Task implementation

1 Elderly mental health self-test

The mental health scale of the elderly

Personal basic information: Gender (male or female):

Marital status (1. Being married 2. Unmarried 3. Divorce 4. Widowed):

	Title	Answer
1	I tend to get emotional over a little thing.	Yes / No
2	I like to put my heart in my heart, not to show it, but also forget.	Yes / No
3	I am a happy person.	Yes / No
4	I often worry and worry about some things.	Yes / No
5	When I meet acquaintances, I often remember their names.	Yes / No
6	My memory is not than good.	Yes / No
7	I usually fail to maintain optimistic in difficult circumstances.	Yes / No
8	I like to make friends.	Yes / No
9	My mood is easy to change and fluctuate.	Yes / No
10	People think that I am a warm-hearted person who is willing to help others.	Yes / No
11	I usually don't care how other people treat me.	Yes / No
12	People think that I am often a little confused.	Yes / No
13	No matter how bad things are, I always try to think for the good.	Yes / No
14	I often feel that I am inferior to others.	Yes / No
15	I often feel pessimistic and disappointed.	Yes / No
16	I am capable of handling all kinds of difficulties.	Yes / No
17	I often lose my temper about the little things.	Yes / No

(Continued)

	Title	Answer
18	I can't adapt to the new environment very quickly.	Yes / No
19	I usually do things without emotional interference.	Yes / No
20	If I encounter difficulties or trouble, I will immediately turn to someone, or ask someone to complain about it.	Yes / No
21	I can't forget the unpleasant things as soon.	Yes / No
22	I could withstand setbacks and blows, and quickly cheer up.	Yes / No
23	I am happy to take part in various group activities.	Yes / No
24	I am rarely nervous and anxious.	Yes / No
25	When I encounter important problems in my life, I can solve them better.	Yes / No
26	I have fewer friends than ordinary people.	Yes / No
27	My ability to learn something new is similar to before.	Yes / No
28	I can't take my time with everything.	Yes / No
29	People think I'm very sociable.	Yes / No
30	Life is complex and changeable, and I don't know how to deal with it.	Yes / No
31	I'm hard to open up.	Yes / No
32	My brain is as good as before.	Yes / No
33	I often forget my words right now.	Yes / No
34	I have a hard time staying close with others.	Yes / No
35	I can think as well as in the past.	Yes / No
36	In an emergency, I don't know what to do.	Yes / No
37	I can solve the problem according to the actual situation.	Yes / No
38	I felt more and more powerless.	Yes / No
39	I feel that my life is full of fun.	Yes / No
40	When I need to make a quick decision, I am always nervous and can not deal with it calmly.	Yes / No
41	I interact with people and easily know them.	Yes / No
42	In communicating with people, I often experience warmth and sincerity.	Yes / No
43	I often feel great mental stress.	Yes / No
44	I can't keep calm in an emergency.	Yes / No
45	I can't calm down very quickly when I get more mentally stimulated.	Yes / No
46	I like to talk with people.	Yes / No
47	When distressed, I like to be alone, not willing to find someone to tell.	Yes / No
48	I don't care what other people think of me.	Yes / No
49	For the daily life problems, I can better solve (such as, procurement, phone call, etc.)	Yes / No
50	When I found that I was going to get angry, I tried to calm myself down.	Yes / No

(1) Scale introduction

This scale is suitable for measuring the mental health status of the elderly. It is an ideal mental health questionnaire for the elderly, with good reliability and validity, and an internal consistency coefficient of 0. 87. These include five dimensional subscales, cognition, emotion, adaptation, personality and interpersonal, with 50 items, a total score of 50, and a higher score indicating better mental health. Conversely, the lower the total score indicates a mental health problem, the worse the problem is.

(2) Scoring method

50 questions, 1 point for "yes", 0 point for "no".

There are 25 questions in the forward score and 25 in the reverse score.

Forward questions: 3, 5, 8, 10, 11, 13, 16, 19, 20, 22, 23, 24, 25, 27, 29, 32, 35, 37, 39, 41, 42, 46, 48, 49, 50.

Reverse questions: 1, 2, 4, 6, 7, 9, 12, 14, 15, 17, 18, 21, 26, 28, 30, 31, 33, 34, 36, 38, 40, 43, 44, 45, 47.

Questions occupied by dimension:

①Cognitive dimensions: 5, 6, 12, 27, 32, 33, 35, a total of 7 items;

②Emotional dimension: 1, 4, 9, 17, 19, 24, 39, 43, 50, a total of 9 items;

③Adaptation dimension: 7, 16, 18, 22, 25, 28, 30, 36, 37, 38, 40, 44, 45, 49, a total of 14 items;

④Personality dimensions: 2, 3, 11, 13, 14, 15, 21, 48, a total of 8 items;

⑤Interpersonal dimensions: 8, 10, 20, 23, 26, 29, 31, 34, 41, 42, 46, 47, a total of 12 items.

2 Notes for the activity design

①Choose a suitable place to provide a quiet and comfortable environment: room temperature 22 to 24 degrees Celsius, light to prevent direct exposure, quiet and comfortable. The ideal place is an old man's home, and letting the old man stay in a familiar territory will reduce the distraction and anxiety in an unfamiliar environment.

②When talking with the elderly, choose the appropriate body position and method. Try to keep an equal height with the elderly, so as not to let the elderly look up with the feeling of not being respected.

③In the evaluation process, according to the education level of the elderly, the patient cooperation should be completed, and the plan for communication with the elderly should be made in advance, so as to successfully complete the psychological evaluation of the elderly.

Task order

<table>
<tr><th colspan="5">Task information</th></tr>
<tr><td>Task name</td><td colspan="4">The activity design of understanding the elderly psychological problems</td></tr>
<tr><td>Task purposes</td><td colspan="4">1. Help learners to master the key points to understand the psychological activities of the elderly.
2. Help learners to master the design method of understanding the psychological activities of the elderly</td></tr>
<tr><td>Task requirements</td><td colspan="4">Background: 2021 data showed that the number of elderly people aged 60 and above had reached 27. 1 billion. With the progress of society and the development of economy, the elderly with psychological problems are increasing, and the mental health problems of the elderly are increasingly prominent, psychologically, including the degenerative change of sensory perception, the change of memory decline, the change of thinking, the change of social life and the change of personality. In order to care for the mental health of the elderly, it is necessary to identify the psychological problems of the elderly
Task: Please design an activity to understand the psychological problems of the elderly according to the above background.</td></tr>
<tr><th colspan="5">Task-based appraisal</th></tr>
<tr><td>Name of student</td><td></td><td>Class and grade in school</td><td>Student ID</td><td></td></tr>
<tr><td>Task performance</td><td>Total score:</td><td>Self-evaluation:</td><td>Mutual evaluation:</td><td>Teacher evaluation:</td></tr>
<tr><td>Self-comments</td><td colspan="4"></td></tr>
<tr><td>Mutual comments</td><td colspan="4"></td></tr>
<tr><td>Teacher comments</td><td colspan="4"></td></tr>
<tr><th colspan="5">Task implementation</th></tr>
<tr><td colspan="5">Activity name:</td></tr>
<tr><th colspan="5">Activity background</th></tr>
<tr><td colspan="5">(Describe the status of the group or the issue and state the problems or needs)</td></tr>
<tr><td>Target</td><td></td><td>Quota</td><td colspan="2"></td></tr>
<tr><td>Place</td><td></td><td>Staff</td><td colspan="2"></td></tr>
<tr><td>Date</td><td></td><td>Time</td><td colspan="2"></td></tr>
</table>

(Continued)

Activity concept (theoretical basis)

(What kind of service theory, concept and method to carry out the activities, we should pay attention to the combination with this activity)

Activity objective

(Corresponding to problems or requirements, follow the SMART principle, and be quantifiable and evaluable as much as possible)

Estimated difficulties and solutions

Estimated difficulties	Solutions

Appraisal procedure

(Questionnaire survey method, field observation method, service object interview method, etc.)

Activity design

Previous preparation

(Time, place, person in charge, and materials)

Mid-term arrangement

Aftermath work

Materials and budget

Number	Name	Unit-price	Quantity	Applications and remarks
1				
2				
3				
4				
5				
6				
Amount to				

Thinking practice

1. Which types of the elderly are generally invited to participate in the psychological problems activity training?

2. What would happen if some elderly people do not cooperate during the activity training process?

3. How do we evaluate the mental health of the elderly according to the test data?

Reference work order

Task 2 The elderly healthy psychological activity design

To do a good job of mental health care for the elderly, in addition to the elderly own efforts, family and society should also give necessary support and help. So, what ways should we use to care for the mental health of the elderly? This task will focus on the care and love of the elderly mental health problems, whose theme is "caring for soul of the elderly, enriching the spiritual life of the elderly.

1 Basic concepts

(1) Mental health

The third International Conference on Mental Health defined mental health as follows. The mental health refers to the development of individual mood to the best state within the scope of physical, intellectual and emotional health without conflict with the mental health of others. Mental health includes two meanings: one is compared with the vast majority of people, their psychological function is normal, without mental disease; the other is to actively adjust their psychological state, adapt to the environment, constructively develop and improve themselves, give full play to their ability, live an efficient life.

(2) Criteria for the elderly mental health

Based on the study of the mental health standards of the elderly, combined with the actual situation of the elderly in China, the mental health standards of the elderly can be defined from the following seven aspects: ① Normal intelligence; ② emotional health; ③strong will; ④ harmonious relationship; ⑤adapt to the environment; ⑥sound personality; ⑦normal behavior.

(3) Communication and guidance

For the elderly with psychological problems, we must pay attention to communication and guidance in life, because most of the elderly psychological problems occur due to their own psychological defects, such as inferiority, sensitivity, paranoia, etc. These problems cannot be cured through medical treatment. The elderly must often encourage themselves, so that their psychological problems can be corrected.

(4) Common psychological needs of the elderly

The common psychological needs of the elderly include: physiological needs, safety needs, emotional needs, adaptation needs, independent needs, and self-actualization needs.

2 Common theories

(1) Rational emotion therapy theory

Ellis, a famous American psychologist, believes that rational emotional therapy understands the beliefs of all parties through cognitive technology, emotional technology and behavioral technology, so as to eliminate their emotional and behavioral problems, and realizing their unconditional acceptance is the goal of treatment, which includes four aspects.

a. Objectives

Establish a trust and acceptance relationship with the service objects, determine the problems of the service objects, and jointly formulate the service objectives and plans with the service objects.

b. Correct

Criticize the unreasonable beliefs of the service objects, so that the service objects can realize the unreasonable beliefs in mental health care.

c. Train

Provide appropriate training for the elderly, in order to help the service objects to use a reasonable way of thinking to replace the original unreasonable way of thinking.

d. Consolidate

Assign homework to enable the elderly to learn and establish a new set of reasonable and rational beliefs.

(2) The way to care for the elderly

①Improve the ability of psychological self-help of the elderly through active publicity.

②Improve the ability of peer psychological companionship through professional training.

③Improve the ability of community doctors to intervene in problems through professional support.

④Improve the operation efficiency of the whole psychological assistance system through linkage at all levels.

3 Common methods

(1) Telling story method

This kind of method is mainly by the elderly to tell their own stories to achieve the establishment of life confidence, and reduce self-blame training purpose. In the process of group training, the elderly can arrange the elderly to tell their stories or glorious experiences when they were young, so that the group members can share happiness, encourage the elderly to face life positively, and build up confidence.

(2) Art appreciation method

Art appreciation method organizes the elderly to participate in the appreciation of music, art, dance and other artistic beauty, and cultivates the elderly interest, in order to improve the role of mental health level.

(3) Game method

Carrying out the popular activities of the elderly can arouse the childlike innocence of the elderly in the game. Game activities should be fun, innovative and safe. Different games can have different psychological effects. Competitive games can activate the sense of competition and solidarity of the elderly, while non-competitive games can reduce tension and anxiety, and get a relaxed and happy emotional experience.

(4) Role-playing method

In the activity, let the elderly play or imitate different roles, with the behavior of different roles to affect the individual psychological process. For example, by playing various roles to make the group members realize the meaning of each role, each role should have its own code of conduct.

(5) Performing sitcoms or skits

Preparing the script of melodrama or short play for the old server, let the group members perform to activate the atmosphere of the activity. For example, at the beginning of the activity, let several elderly people perform a scene of conflict with their wives, and then let everyone discuss it, in order to improve the emotional understanding of the elderly couples.

4 Notes

①In the activities, the elderly should pay attention to the emotional changes of the elderly at any time and intervene when necessary.

②The activity design should be from easy to difficult, give full consideration to the ability range of the elderly, and try to avoid frustration.

Task introduction

Data from the Seventh National Census showed that the population aged 60 and above accounted for 18. 7% of the total population. At present, the trend of aging in China is becoming increasingly obvious. According to the World Health Organization(WHO), 35% of China's population will be over 60 by 2050. Contemporary geriatric research has confirmed that aging and disease, mental trauma, and environmental changes are the three most important factors affecting the mental health of the elderly. Influenced by significant changes in social role, social relations, family relationship and physical function, the elderly are prone to have some psychological problems, and gradually become the focus of widespread concern in the society. Caring for the mental health of the elderly has become the core task of social governance.

Task analysis

1 Analysis of service requirements

The spiritual life of the elderly is poor, lonely, boring life, not enough recreational activities which has become the biggest problem faced by the elderly. What they want most is their children's love and care for their inner world, and they most want the society to provide them with psychological support and care.

2 Develop a service plan

This activity starts from the psychological needs of the elderly, by using community work methods and school resources, to design a care activity plan for the elderly, provide more spiritual care for the elderly, help the elderly to live happily, and an alleviate the loneliness and loneliness of the elderly.

3 Primary service objectives

Enrich the spiritual life of the elderly, so that the elderly are no longer lonely; spend their late-life happily; reduce the burden of family elderly care and increase family happiness; enhance the self-identity of the elderly; improve the interpersonal communication skills; enrich the spiritual life of the elderly; and improve their life satisfaction and happiness.

Task implementation

1 Activity design mind map

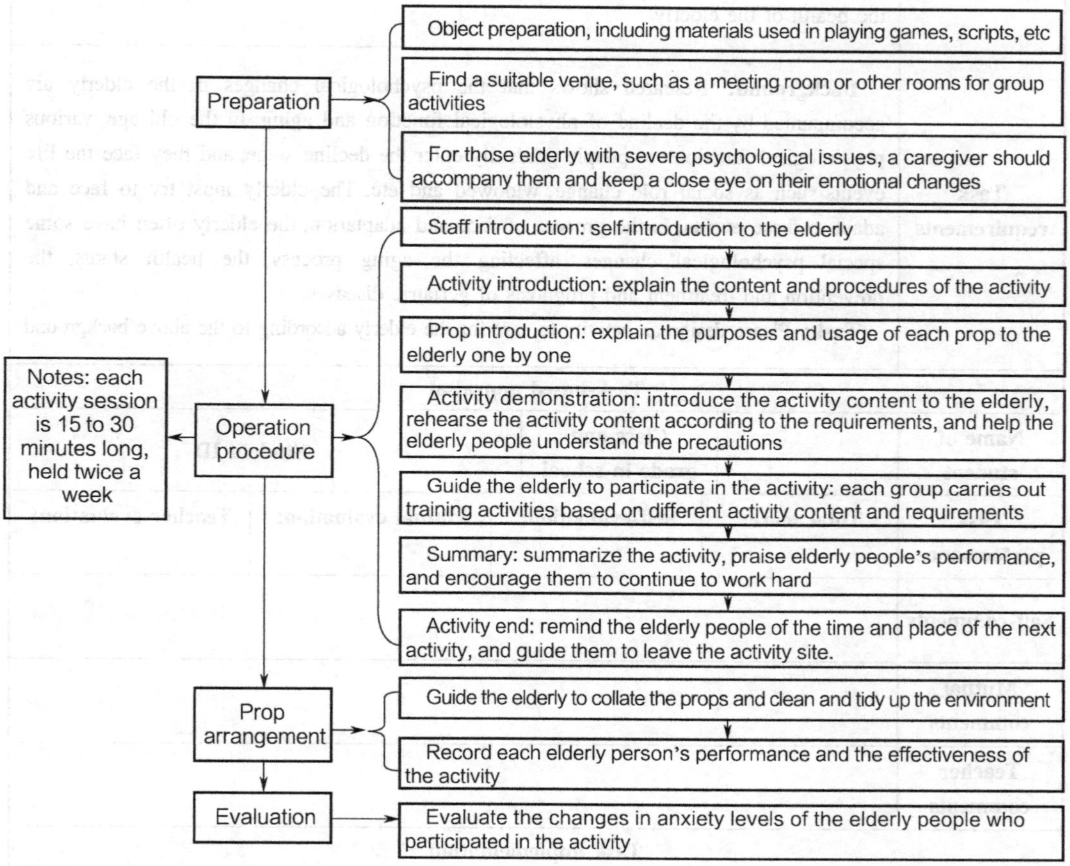

2 Notes for the activity design

(1) Master the basic information of the elderly before the operation

Be familiar with and master the psychological problems and emotional changes of the elderly, and clarify the purpose, goals and requirements of the activities.

(2) Improve the self-confidence of the elderly

The action and response of the elderly are slow, and the changes of the elderly should be affirmed in time, so as to improve the self-confidence and participation willingness of the elderly.

Task order

Task information	
Task name	The elderly healthy psychological activity design for
Task purposes	1. Help learners to master the key points of attention to the healthy psychological activities of caring for the elderly. 2. Help learners to master the design methods of psychological activities of caring for the health of the elderly
Task requirements	**Background:** Research shows that the psychological changes in the elderly are accompanied by the decline of physiological function and aging. In the old age, various physiological functions of people gradually enter the decline stage, and they face the life events such as social role change, widowed and etc. The elderly must try to face and adapt to these events. In the process of face and adaptation, the elderly often have some special psychological changes, affecting the aging process, the health status, the prevention and treatment and prognosis of geriatric diseases. **Task:** Please design an activity to care for the elderly according to the above background

Task-based appraisal					
Name of student		**Class and grade in school**		**Student ID**	
Task performance	**Total score:**	**Self-evaluation:**	**Mutual evaluation:**	**Teacher evaluation:**	
Self-comments					
Mutual comments					
Teacher comments					

Task implementation			
Activity name:			
Activity background			
(Describe the status of the group or the problem and state the problem or demand, pay attention to combine with the service purpose)			
Target		**Quota**	
Place		**Staff**	
Date		**Time**	

(Continued)

<table>
<tr><td colspan="5">Activity concept (theoretical basis)</td></tr>
<tr><td colspan="5">(What kind of service theory, concept and method to carry out the activities,
we must pay attention to the combination with this activity)</td></tr>
<tr><td colspan="5">Activity objective</td></tr>
<tr><td colspan="5">(Corresponding to problems or requirements, follow the SMART principle, and be quantifiable and evaluable as much as possible)</td></tr>
<tr><td colspan="5">Estimated difficulties and solutions</td></tr>
<tr><td colspan="3">Estimated difficulties</td><td colspan="2">Solutions</td></tr>
<tr><td colspan="3"></td><td colspan="2"></td></tr>
<tr><td colspan="3"></td><td colspan="2"></td></tr>
<tr><td colspan="3"></td><td colspan="2"></td></tr>
<tr><td colspan="5">Appraisal procedure</td></tr>
<tr><td colspan="5">(Questionnaire survey method, field observation method, service object interview method, etc.)</td></tr>
<tr><td colspan="5">Activity design</td></tr>
<tr><td colspan="5">Previous preparation</td></tr>
<tr><td colspan="5">(Time, place, person in charge, and materials)</td></tr>
<tr><td colspan="5">Mid-term arrangement</td></tr>
<tr><td colspan="5"></td></tr>
<tr><td colspan="5">Aftermath work</td></tr>
<tr><td colspan="5">Materials and budget</td></tr>
<tr><td>Number</td><td>Name</td><td>Unit-price</td><td>Quantity</td><td>Applications and remarks</td></tr>
<tr><td>1</td><td></td><td></td><td></td><td></td></tr>
<tr><td>2</td><td></td><td></td><td></td><td></td></tr>
<tr><td>3</td><td></td><td></td><td></td><td></td></tr>
<tr><td>4</td><td></td><td></td><td></td><td></td></tr>
<tr><td>5</td><td></td><td></td><td></td><td></td></tr>
<tr><td>6</td><td></td><td></td><td></td><td></td></tr>
<tr><td colspan="2">Amount to</td><td colspan="3"></td></tr>
</table>

Thinking practice

1. How should we solve the elderly people who are unwilling to participate in training activities?

2. What plans have we make when the elderly are not impatient to stop their training activities?

Project 3
Elderly leader training activity design

Elderly leaders are a group of people with active participation in community governance work emerging from the Party organizations, community residents, building leaders, elderly volunteer service teams and other groups. With the continuous improvement of people's quality of life, more and more old healthy, men with rich knowledge gradually become the leader of various groups, especially the volunteer service team. The role needs to have various ability, such as communication and coordination ability, ability of resource integration, counselor ability, decision-making ability, ability of choose and employ persons. Most of the elderly leaders may not have these comprehensive ability. With the continuous growth of the team, the elderly leaders are willing but unable to face some problems. The problems cannot be solved and affect the participation enthusiasm of the retirees, which will lead to the decline of the service quality of the team.

By carrying out a series of ability building services for elderly leaders, improving the interpersonal communication skills, activity planning skills and counselor skills of senior leaders, it is the basic guarantee to encourage them to continue to play their roles in the society, pursue their self-realization and meet the requirements of "doing something" work for the elderly.

Project objectives

Knowledge objectives

Master the process and method of designing the ability training activities of elderly leaders.

Ability objectives

1. Be able to design targeted ability training activities according to the needs of leaders of different senior teams.

2. Be able to operate and carry out leadership ability improvement and training activities.

Quality objectives

1. Recognize, explore, and enhance the abilities of senior leaders.
2. Identify the improvement needs of elderly leaders in the service process.

Task 1 Interpersonal skills training activity design

1 Basic concepts

1. Interpersonal skills

Interpersonal ability is an ability that needs to be mastered in the process of social communication, including the ability to deal with problems, interpersonal integration ability and communication ability. It is the skill of individuals to communicate in work, life and thoughts with others or organizations in order to achieve certain purposes in the process of communication. Improving interpersonal skills can play a positive role in the efficiency of interpersonal communication to ensure the quality of communication. The interpersonal skills mentioned in this task refers to the ability of communication and expression. Individuals can be good at communicating with others, to effectively express their views and communicate rationally with others.

2. Effective communication skills

Effective communication skills are the ability of both parties to express their needs and give positive feedback in a reasonable way. In this task, the author divides the communication abilities into rational communication, namely non-emotional communication ability, listening ability and expressive ability.

2 Common theories

(1) Communication theory

a. Theoretical basis

Communication theory is based on social psychology, linguistics and anthropology of a social work theory about interpersonal communication. The theory suggests that many problems in interpersonal relationship appear in communication, and emphasizes the importance of interpersonal communication, by improving the problems existing in interpersonal communication, to improve communication skills, help people eliminate some obstacles in the process of communication, avoid the formation of contradictions, and get a good communication between people. Improving the quality of communication and promoting the improvement of interpersonal skills are conducive to self-improvement and establishing a healthy and harmonious interpersonal relationship.

b. Practical application

When social workers improve the effective communication skills of the elderly leaders, they should consider the design of empathy service of the elderly leaders, such as the skills of talks and emotional recognition.

(2) Activity theory

a. Theoretical basis

Activity theory suggests that the old people with high activity levels have more life satisfaction than those with low activity levels. They also have a stronger social adaptability. It is advocated that the elderly should maintain the original lifestyle and pace of life as long as possible, or appropriately change their social roles, so as to narrow the distance between themselves and the society to the minimum. Activity theory points out that, compared with the elderly with low activity participation, the elderly with high activity levels participation have more life satisfaction and are more adaptable to the society. The theory maintains that the old people should be encouraged to actively participate in social activities, and the efforts should be made to provide conditions for their participation.

b. Practical application

For the elderly service leaders in the theme of service to improve the interpersonal skills, it should promote the elderly service leaders to participate in community activities. Serving the elderly can start with ice-breaker games, such as drumming, heavy rain, moderate rain and light rain, so that the elderly can participate in the activities.

3 Common methods

(1) Methods of measuring the interpersonal skills of the elderly leaders

There are many ways to measure interpersonal skills. For example, it can be measured by Chinese scholar Zheng Richang. There are 28 questions, which are divided into four dimensions: personal conversation, making friends, the way of getting along with people, and relationship with people of different gender. There are three measurement standards for dimensions: good at conversation, confused and great confused. The scoring points are 0 – 2 points, 3 – 5 points and 6 points respectively. This scale can be used to measure the ability of service object in the pre and post test of active service.

The design steps are described as follows.

Step 1: Use the interpersonal skills chart to understand the interpersonal skills of the old leaders.

Step 2: Determine the ability of the elderly leaders according to the score of the interpersonal competence scale. If we have the ability to improve their needs, we can measure the communication ability, so as to improve the pertinence of the activity design.

(2) Methods of improving effective communication skills of the elderly leaders

a. Situational teaching method

Situation teaching method is also called audio-visual method, which refers to in the teaching process, teaching through certain means, to create a certain degree of emotional color situation, and set up some vivid scenes to cause the students' real experience, help students more deeply understand the teaching content, and stimulate students psychological function method. In the specific activity design, the difficulty of the situational teaching lies in the design and creation of the situation, which generally adopts the methods of situation display, discourse situation and activity display. Specifically, the methods of situational display include photos, illustration display, multimedia video and picture display. The methods of designing the discourse situation are using the language to describe the relevant situation or using the heuristic questioning form. The methods of activity display include group activities and drama performance.

b. Role-playing teaching method

Role-playing teaching method originates from the theory of symbol interaction, and this learning method is based on the role theory to promote participation for people to interact in a virtual context using a putative identity. The general activity design steps of role play include: group preparation activities, selecting the actors, setting the scenes, organizing the audience, performance, discussion and evaluation performance, re-performance, and summary.

Task introduction

Under the promotion of A community neighborhood committee and B social organization, the old community C set up the community owner committee, with 7 members, all of whom are over 50 years old. Since its establishment, due to the need to promote the orderly management of the old community, the introduction of property service companies and other work, the contradiction between the community owners and the committee, owners and owners gradually escalated. The quarrels, even mutual abuses and other phenomena were common. And the committee members began to conflict with the owners and refused to communicate, and they even conceived the idea of resignation…

Task analysis

1 Analysis of service requirements

Community owner committee as the representative of the community owners is equivalent to the leader of the community. The Community owner committee members of the elderly are more, so it can be identified that this organization is to meet the scope of service of the elderly leaders. As the leaders of the community, they have the responsibility to cooperate with the community committee and the neighborhood committee to unite the owners to build a harmonious community. Although they have rich experience, they cannot effectively express their views and communicate rationally with the owners.

(1) The need to improve rational communication skills

The core of rational communication lies in non-emotional communication, and the elderly leaders are dealing with team problems and participating in community governance work. There is the ability of rational communication. It is the right way to deal with emotions in communication and then deal with practical problems.

(2) The need to improve listening skills

There is an important model for group social work— interaction mode. This model believes that in groups, interaction is an important way to learn from each other, and listening to each other is the basis of interaction. The old leaders need to listen to the opinions of other members of the team or others to lay the foundation for communication.

(3) The need to improve the expression skills

Language is the most important communication tool of human beings. Through language, people can express themselves clearly Ideas, feelings, and needs that attract attention, so language expression is crucial to everyone. The main reasons for the need for expression ability are

①The expression of the elderly leaders is restricted by experience and habits.

②Since the elderly leaders have to face various groups in service, the way of expression must be distinguished.

③Most elderly leaders do not learn how to express needs effectively and are lack of expression ability improve ment guidance.

2 Develop a service plan

According to the shortcomings of the elderly leaders in communication, different activities are designed to improve the rational communication, listening and expression ability of the elderly.

3 Primary service objectives

Improve the interpersonal skills of the elderly leaders, cultivate the rational communication, listening and expression ability of the elderly leaders, and establish the concept of effective communication.

Task implementation

1 Activity design process

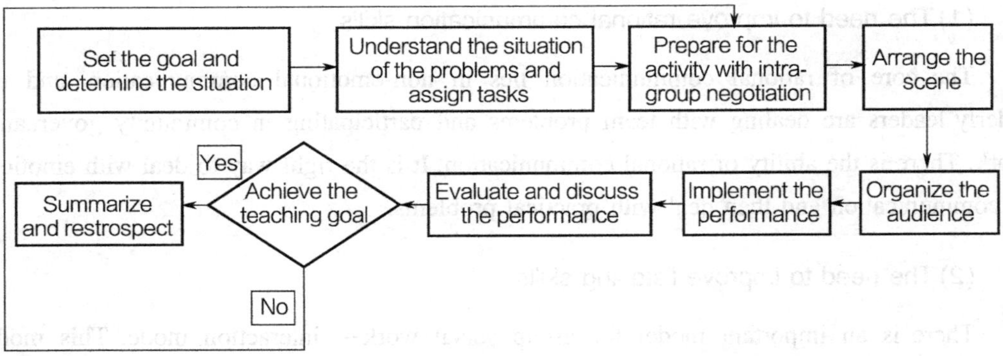

2 Notes for the activity design

①Before the activity design, the shortcomings of the old people's communication ability should be accurately measured and identified, so as to design the activity content specifically.

②The training of communication skills should be gradual, and the pace of activities should not be too fast. We should pay close attention to the learning process of the elderly at any time, and solve the difficulties in the training in time.

Task order

Task information	
Task name	Activity design to improve the interpersonal skills of the elderly leaders
Task objectives	Skill objectives: improve the interpersonal design skills of the elderly leaders and improve their activity design skills. Knowledge objectives: Master the process of activity design and the method of demand assessment. Quality objectives: improve the interpersonal skills of the elderly leaders, develop their communication skills, and establish the concept of effective communication
Task requirements	**Background:** B Community elderly volunteers recently encountered problems, and they request for the old service providers to help. The new recruited volunteers to join the team have diputed with the volunteer leaders because of service time record, integral exchange problem. The old service providers understand this situation, and plan to carry out an elderly leader interpersonal skills group activity, through role play methods to improve the volunteers of listening, expression and rational communication ability. **Task** 1. Focus on the elderly leaders who need to improve their interpersonal skills, and design a week-long training activity for them, each lasting about 45 minutes. 2. Measure and identify the interpersonal skills improvement needs of the elderly leaders. 3. The situational teaching design of role-playing should be reflected in the activity. 4. The activity design should be close to the actual work and life of the service objects

Task-based appraisal					
Name of student		**Class and grade in school**		**Student ID**	
Task performance	**Total score:**	**Self-evaluation:**	**Mutual evaluation:**	**Teacher evaluation:**	
Self-comments					
Mutual comments					
Teacher comments					

Task implementation
Activity name:
Activity background
(Describe the status of the group or the problem and state the problem or demand, pay attention to combine with the service purpose)

(Continued)

<table>
<tr><td>Target</td><td></td><td>Quota</td><td></td></tr>
<tr><td>Place</td><td></td><td>Staff</td><td></td></tr>
<tr><td>Date</td><td></td><td>Time</td><td></td></tr>
<tr><td colspan="4">Activity concept</td></tr>
<tr><td colspan="4">(What kind of service theory, concept and method to carry out the activities, we must pay attention to the combination with this activity)</td></tr>
<tr><td colspan="4">Activity objective</td></tr>
<tr><td colspan="4">(Corresponding to problems or requirements, follow the SMART principle, and be quantifiable and evaluable as much as possible)</td></tr>
<tr><td colspan="4">Estimated difficulties and solutions</td></tr>
<tr><td colspan="2">Estimated difficulties</td><td colspan="2">Solutions</td></tr>
<tr><td colspan="2"></td><td colspan="2"></td></tr>
<tr><td colspan="2"></td><td colspan="2"></td></tr>
<tr><td colspan="2"></td><td colspan="2"></td></tr>
<tr><td colspan="4">Appraisal procedure</td></tr>
<tr><td colspan="4">(Questionnaire survey method, field observation method, service object interview method, etc.)</td></tr>
<tr><td colspan="4">Activity design</td></tr>
<tr><td colspan="4">Previous preparation</td></tr>
<tr><td colspan="4">(Time, place, person in charge, and materials)</td></tr>
<tr><td colspan="4">Mid-term arrangement</td></tr>
<tr><td colspan="4"></td></tr>
<tr><td colspan="4">Aftermath work</td></tr>
<tr><td colspan="4"></td></tr>
<tr><td colspan="4">Materials and budget</td></tr>
</table>

Number	Name	Unit-price	Quantity	Applications and remarks
1				
2				
3				
Amount to				

Thinking practice

1. The situational teaching content should be suitable to the actual work and life, and many interpersonal problems are often more complex or even cannot be solved, so the request of practical skills of the organizers and teachers will be higher in the activity design, and the design plan will be activity, otherwise it may be unable to solve the problems to discourage the enthusiasm of the participants.

2. The use of limited skills can be included in the design of the activity, so as to avoid the failure of the service objectives due to the topic change of the service object in the interaction.

Task 2 The elderly leader ability training activity design

1 Basic concepts

The ability of elderly leaders is an important prerequisite for their participation in the construction of community public affairs. When the elderly leaders participate in community affairs closely related to their own interests, the differences in personal discussion ability affect the degree of participation in service activities for the elderly and even the community construction of respecting and helping the elderly. Due to the limitations of inherent social experience, education level, and no exposure to procedure skills, the procedure activities require the elderly representatives to master certain procedure skills and rules of procedure. In addition to improving the decision-making ability, the rules of procedure and routine meeting training in the cultivation project of the community elderly leaders' council will have a positive impact on the improvement of the overall level of discussion.

2 Common theories

Observational learning theory

a. Theoretical basis

The theory was proposed by the famous American psychologist Bandura. The core of the theory is how to imitate others through observation, which can also be called "model imitation theory". There are three important concepts that exist throughout the course of the whole theory, namely, alternative example, reinforcement and cognition, and self-regulation. The alternative process is explained as: "by observing the behavior of others, the observer himself/herself is an alternative basis for the phenomenon of learned learning". The action process of cognition refers to the learning process of individuals. Once the cognition is developed, such as perception, problem solving ability and motivation, it can become important factors in observing the functional field of learning individuals. In the process of self-regulation, Bandura believes that individuals can assume the outcome of events according to their own cognition, so as to regulate their own behavior, and this process is self-control rather than conditioned stimulus response.

b. Practical application

The theory of observational learning emphasizes the process of learning by imitating others. When designing the discussion ability of the elderly leaders, the social workers with discussion experience and ability can be used as samples to guide the elderly leaders to observe, learn and imitate, so as to achieve the purpose of improving their ability.

3 Common methods

Observational learning method

Observation learning method is a continuous and autonomous mental activity process, including four processes: attention, retention, motor reproduction and motivation. In order to ensure the effectiveness, the service scheme of activities are designed according to the four processes of the observation and learning method. First, the practical plan of the activity is analyzed according to the process of the observation learning theory, so as to explore the influence of the activity mode on the observation learning process of the members. Second, this practical plan is based on the theoretical perspective of observation and learning, and focuses on the rules of procedure of the elderly leaders in the activities of each section. Finally, the content and form of the activities are analyzed according to the three important concepts of observation and learning: sample, reinforcement and cognition, and self-regulation theory.

Task introduction

With the help of A community committee and B social organizations, A community committee selected a number of leaders from the community, a total of 10 people, all of whom are over 50 years old. After selection, the village in order to gradually establish the system of village rules, play to the vanguard role of the village leaders, form rural council, and improve the village council work. But they are limited by educational level, and is not familiar with the process of the council, A community asked B social organization to carry out the council ability to improve service.

Task analysis

1 Analysis of service requirements

As the representative of the community, the leaders have the responsibility and obligation to participate in the governance work. Although they have had a deep mass foundation for many years, they do not understand the process, content and methods of the leaders discussion, and have the need to improve the leaders discussion ability.

2 Develop a service plan

Taking a certain topic as an example, the elderly leader is assigned an observation task, and then the elderly leader reproduces the scenes, so as to achieve the purpose of learning.

3 Primary service objectives

Through demonstration and observation learning, promote the ability of elderly leaders.

Task implementation

1 Activity design mind map

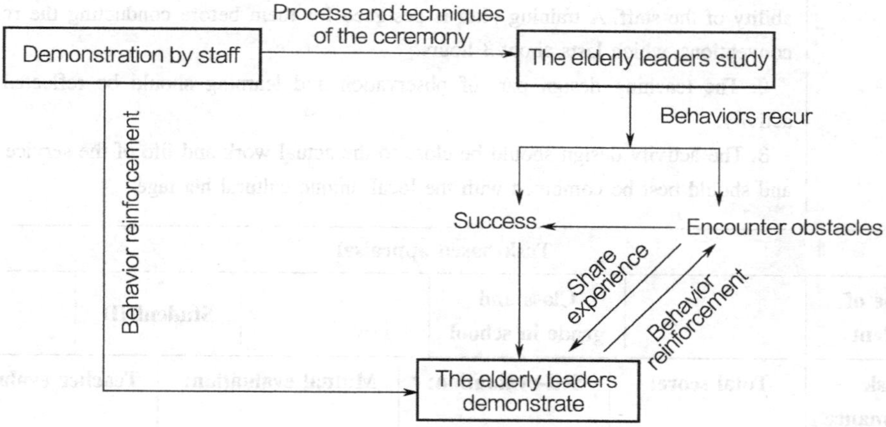

2 Notes for the activity design

①Use observation and learning to distinguish between different discussion parts, and make appropriate pauses in each part to help the elderly leaders clarify the steps of the discussion.

②Try to use Robert's rules of procedure and take them as the core content of the activity to help senior leaders learn and master them.

Task order

Task information					
Task name	Activity design for discussion ability of the elderly leaders				
Task objectives	Skill objective: improve the ability of the activity design ability. Knowledge objectives: master the process of activity design and the method of demand assessment. Quality objectives: cultivate the awareness of the elderly leaders, and give play to their own advantages and social participation				
Task requirements	**Background:** The leaders of C Community take preparation for the consultation council on the problem of throwing from high building, but the leaders are old and no professional training so they are not clear how to carry out the work. They consult for the old service providers. The old service has planed to carry out an old leader council ability promotion activity, to invite district political consultative conference staff to explain demonstration counselor and related skills. **Task:** 1. The background is mainly based on the elderly leaders who need to improve the ability of the staff. A training plan is designed for them before conducting the rules and conventions, which lasts about 3 hours. 2. The teaching design part of observation and learning should be reflected in the activity. 3. The activity design should be close to the actual work and life of the service objects and should best be combined with the local unique cultural heritage				
Task-based appraisal					
Name of student		**Class and grade in school**		**Student ID**	
Task performance	**Total score:**	**Self-evaluation:**	**Mutual evaluation:**	**Teacher evaluation:**	
Self-comments					
Mutual comments					
Teacher comments					
Task implementation					
Activity name:					
Activity background					
(Describe the status of the group or the problem and point the problem or needs, pay attention to combine with the service purpose)					

(Continued)

Target		**Quota**	
Place		**Staff**	
Date		**Time**	
Activity concept			
(What kind of service theory, concept and method to carry out the activities, we should pay attention to the combination with this activity)			
Activity objective			
(Corresponding to problems or requirements, follow the SMART principle, and be quantifiable and evaluable as much as possible)			
Estimated difficulties and solutions			
Estimated difficulties		Solutions	
Appraisal procedure			
(Questionnaire survey method, field observation method, service object interview method, etc.)			
Activity design			
Previous preparation			
(Time, place, person in charge, and materials)			
Mid-term arrangement			
Aftermath work			

Task 3 Activity design of planning ability training for the elderly leaders

1 Basic concepts

The activity planning ability mentioned in this task refers to the ability to organize, plan and carry out service activities based on the community that the elderly leaders are familiar with, including the demand research before the activity, activity target setting, activity plan writing, activity resource integration and other aspects.

2 Common theories

Advantage perspective

(1) Theoretical basis

Advantage perspective is a perspective that focuses on people's inner strength and superior resources. It means that people with the advantages and resources in their environment should focus their attention, rather than their problems and pathologies. The advantage perspective is based on the belief that their abilities and internal resources allow them to effectively meet the challenges in life.

(2) Practical application

The theory of advantage perspective is a commonly used theory in social work practice, which emphasizes that the service objects are individuals with advantages and abilities. When designing activity planning ability to improve activities, the social workers can increase the design of service object self-portrait and community resources self-portrait to explore the resources of the elderly leaders themselves and the environment.

3 Common methods

Brainstorm method

Brainstorm method, also known as intellectual incentive method and free thinking method, is a method of stimulating thinking proposed by the American scientist Osborne. When many people generate new opinions around specific areas of interest, this situation is called brainstorming. When participants have new ideas, they are encouraged to speak out loudly and then build new ideas on others. All the ideas are recorded but not criticized. The ideas would be assessed only at the end of the brainstorming session.

Brainstorm is the characteristics of the liberation of participants, making various ideas in mutual collision creative storm. It can be divided into direct brainstorm and questioned brainstorm. The former is on the basis of expert group decision as creative as possible, as many ideas and methods. The latter is to question ideas and solutions one by one, to find the realistic feasibility method. This is a kind of collective development method of creative thinking.

Task introduction

The B volunteer team of A Community is the main volunteer service force of the community, and the B volunteer team has 50 members for the elderly group, which is divided into 5 teams. They undertake community entertainment, convenience, conflict mediation, garbage sorting and bayonet duty work. 5 team leaders found recently team morale is relatively low. They are busy with their own things. 5 team leaders discussed through the upcoming Dragon Boat Festival planning activities to get volunteers together, and the leaders came to the community for help.

Task analysis

1 Analysis of service requirements

Through the task introduction, it can be found that the leaders of the volunteer service team, need to plan a festival activity to unite people, but they lacks the ability of activity planning. They expect the community or the social organizations to help them in order to do better self-service and self-management.

2 Develop a service plan

Gather the volunteer team leaders together to help them learn how to plan events, inspire them, and provide emotional support.

3 Primary service objectives

Help the elderly leaders to learn the steps of activity planning, inspire planning interest and get emotional support.

Task implementation

1 Activity design mind map

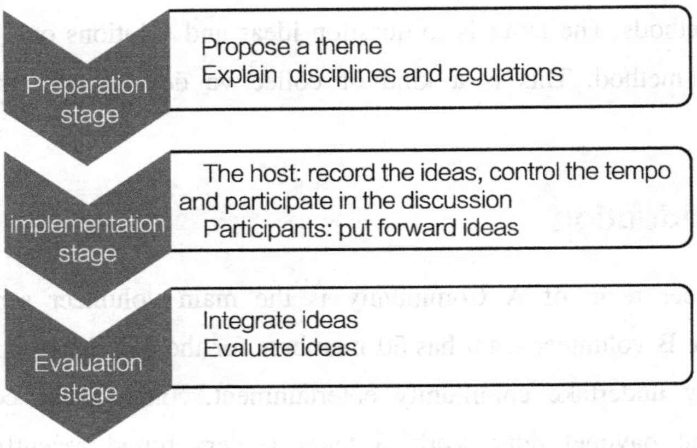

2 Notes for the activity design

①The activity planning is a test of the comprehensive ability of the elderly leaders. It should not only help the elderly leaders master the steps of planning and manage the logic of planning, but also help the elderly leaders master the methods of getting inspiration. When designing an event, they should try to achieve both purposes.

②In the activity design, one or two parts should be designed to provide emotional support for the elderly leaders and affirm their efforts.

Task order

<table>
<tr><th colspan="5">Task information</th></tr>
<tr><td>Task name</td><td colspan="4">Activity design to improve planning ability of the elderly leaders</td></tr>
<tr><td>Task objectives</td><td colspan="4">Skill objective: improve students' ability to design the elderly leaders.
Knowledge objectives: master the process of activity design and brainstorming methods.
Quality objectives: improve the activity planning ability of the elderly leaders, cultivate the awareness of giving play to their own advantages and participating in community service design</td></tr>
<tr><td>Task requirements</td><td colspan="4">Background: In D Community the elderly enthusiastic residents want the community residents' committee to allow them to help community difficult people. They plan to carry out mutual care services. But considering the ability of the elderly residents, the community committee for the old service activity planning would organize to carry out a training activity.
Task:
1. Take the elderly leaders who need to improve their activity planning ability as the main objects, and design training plans for them before the festival, lasting about 2 hours.
2. The teaching design part of brainstorming should be reflected in the activities.
3. The activity design should be close to the actual working life of the service objects, and give full play to the advantages of the participants in the practical work</td></tr>
<tr><th colspan="5">Task-based appraisal</th></tr>
<tr><td>Name of student</td><td></td><td>Class and grade in school</td><td>Student ID</td><td></td></tr>
<tr><td>Task performance</td><td>Total score:</td><td>Self-evaluation:</td><td>Mutual evaluation:</td><td>Teacher evaluation:</td></tr>
<tr><td>Self-comments</td><td colspan="4"></td></tr>
<tr><td>Mutual comments</td><td colspan="4"></td></tr>
<tr><td>Teacher comments</td><td colspan="4"></td></tr>
<tr><th colspan="5">Task implementation</th></tr>
<tr><td colspan="5">Activity name:</td></tr>
<tr><th colspan="5">Activity background</th></tr>
<tr><td colspan="5">(Describe the status of the group or the problem and state the problem or demand, pay attention to combine with the service purpose)</td></tr>
</table>

(Continued)

Target		**Quota**	
Place		**Staff**	
Date		**Time**	
Activity concept			
(What kind of service theory, concept and method to carry out the activities, we should pay attention to the combination with this activity)			
Activity objective			
(Corresponding to problems or requirements, follow the SMART principle, and be quantifiable and evaluable as much as possible)			
Estimated difficulties and solutions			
Estimated difficulties		Solutions	
Appraisal procedure			
(Questionnaire survey method, field observation method, service object interview method, etc.)			
Activity design			
Previous preparation			
(Time, place, person in charge, and materials)			
Mid-term arrangement			
Aftermath work			

Project 4
Skill learning activity design

The CPC Central Committee and the State Council issued on November 18, 2021 "The Central Committee of the Communist Party of China and the State Council Make Opinions on Strengthening aging work in the New Era". In promoting the elderly social participation, it put forward "expanding elderly education resources supply" "encouraging the elderly to continue to play a role" "providing employment, vocational skills training and innovation entrepreneurship guidance service for the elderly with labor", etc. In order to response to the call of the party and the government, and meet the elderly in the material living standards, spiritual culture and learning needs growing needs, the elderly should be provided more education resources, education learning platform, space and resources. Let the old man in self development enter into society, with self-realization spiritual enjoyment and personal dignity, to improve the quality of old-age security service in our country.

Project objectives

Knowledge objectives

1. Understand the meaning and value of the elderly participation in skill-learning activities.

2. Master the skills of learning activity design.

3. Be familiar with the methods of skill learning activities for the elderly.

Ability objectives

1. Be able to integrate educational resources, carry out skills learning activities, and enrich the life of the elderly.

2. Be able to carry out appropriate skill learning activities according to the characteristics and needs of the elderly to help them improve their personal abilities.

Quality objectives

1. Accept the frustration and abnormal behaviors of the elderly in learning.

2. Maintain patient and equal communication with the elderly in the process of education and service.

3. Form a team with professional lecturers and trainers, and have a good sense of cooperation in skills training.

1 Basic concepts

(1) Skill learning activities

Skill learning activity refers to the learning activities aimed at mastering certain skills.

With the advent of the Internet era, the rapid development of society, and the continuous progress of science and technology, people's way of life is also constantly developing to the network. From this level, we divide skill learning activities into traditional skill learning activities and intelligent age skill learning activities.

(2) Traditional skill learning activities

Traditional skills learning activities refer to the learning activities carried out before the Internet era through the traditional face-to-face education mode, with the knowledge taught by the leader and the knowledge accepted by the educated. It includes the elderly's cultural interests, manual skills, physical care and rehabilitation, health education, cultural traditions, safety precautions and other aspects of learning.

(3) Intelligent age skill learning activities

Skill learning in the intelligent era refers to the mode of action that takes the network as the carrier in practice and controlling the implementation of actions in the Internet era. For the elderly, the skills of the intelligent era include but are not limited to short video shooting skills, live broadcast operation skills, WeChat operation skills, picture beautification operation skills, online surfing operation skills, etc.

In the Internet era, the use of Internet tools is becoming increasingly normal. If the modern technology and equipment cannot be used well, it will not only affect the use of existing resources by the elderly, but also it reduces the evaluation of their own ability and affects their mental health and quality of life. Therefore, skill learning activities should be carried out to help the elderly master more traditional cultural knowledge, skills and modern technology, and help them to better integrate into modern society and give full play to their own value.

2 Common theories

(1) Activity theory

a. Theoretical overview

The activity theory points out that the elderly who maintain the interaction with the social environment and remain active can have more successful aging, and believe that the old age is the extension of the middle age. Although the elderly face changes in physiological and health conditions, they still have the needs of social and psychological activities.

b. Practical application

According to activity theory, the elderly people with high activity levels have more life satisfaction and are more socially adaptable than those with low activity levels. For example, the elderly who often participate in the elderly university activities are more socialized, more active and more satisfied with their own life. The elderly who live alone at home for a long time are more likely to develop negative emotions such as depression and anxiety.

(2) Advantage perspective

a. Theoretical overview

The advantage perspective is one of the classic theories of social work, whose core idea is to believe that people are born with a natural ability to use their own natural resources.

b. Practical application

In real life, both the external environment and the family members are less convinced that the elderly have maintained an independent life or learn new abilities, and even the elderly themselves will have similar negative comments of themselves. However, the elderly Internet celebrities on major short video live broadcasting platforms tell us with their own experience that they are capable. For example, Grandma Wang Jinxiang, 62 years old, has 200,000 fans, "Grandpa Beihai", who was named "the most handsome old man" in his 70s, and "Aunt Luo", 68 years old, who raps in dialect. They use their own experience and advantages to learn new skills, become a new generation of Internet celebrities, and show their ability and value.

(3) Social learning theory

a. Theoretical overview

The theory of social learning was proposed by the American psychologist Albert Bandura in 1952. According to Bandura, behavior is learned by observing other people or things, which a person can learn without personal practice, and an observer can acquire or learn new behaviors by watching, listening, or reading.

b. Practical application

According to social learning theory, the elderly people can acquire new skills by observing other people or things. For example, the elderly in the university for the elderly community, follow the teacher's demonstration, observe, learn, master methods and skills. Therefore, when organizing skills learning activities for the elderly, we can help the elderly master new skills through PPT presentation, lecturer demonstration and explanation, on-site practice for the elderly, and demonstration of successful students.

(4) Need for hierarchy theory

a. Theoretical overview

In his book *Motivation and Personality,* Maslow put forward the "need hierarchy theory", where he believed that people have five basic needs, which constitute the level of need in turn. The five needs rise from low to high, according to levels, which are physiological needs, safety needs, belonging and love, respect and self-actualization.

b. Practical application

Nowadays, our life is rich and stable, and most of the elderly are not so harsh and critical about the material life. But they are unable to adapt to the core, miniaturization and empty-nest of family structure in the process of rapid social transformation. They are afraid of loneliness and desire for family affection and communication, which is the embodiment of the needs of the belonging and love of the elderly. In today's society, there are many dating websites for middle-aged and elderly people, which is to meet the needs of the elderly belonging and love.

After leaving the job, the elderly are faced with the contradiction between role change and social adaptation, and their psychological needs such as attention, recognition and integration into society may be stronger. With the advent of the Internet era, and the rapid development of the society, people's way of life has also undergone great changes, and the use of network tools and electronic equipment has become increasingly normal. Skill learning includes recreation, safety, health, modern technology and equipment, which can meet the needs of the elderly. The establishment of a university for the elderly and the continuous advocacy and development of education for the elderly are to respond to the needs of respect and self-realization of the elderly.

3 Common methods

(1) Experiential learning method

Experiential learning method is to build a scene of experience for the elderly to master a skill through experience. In the activity design, the elderly should build experience scenes, so that the elderly can consciously dig and use effective information resources to participate in discussion and situation. The experiential learning method enables the elderly to participate in the construction of knowledge in behavior and emotion, increase and enrich the perceptual knowledge of the elderly, and make the elderly have the desire to understand and master knowledge.

(2) Observational learning method

Observational learning is an alternative learning that occurs by observing the actions of others and their outcomes. Observation learning method is a learning method that obtains information by observing the behavior and action of the learning objects and the results caused by them, then processes, distinguishes and internalizes the brain of the learning subject, and reflects the learned behavior in their own actions, behaviors and ideas. Observational learning is carried out through observation and demonstration behavior, so when using the way of observation and learning, the choice of example is very important.

(3) Imitation learning methods

Imitation learning method is a method to imitate according to the patterns and models provided by others, so as to form certain skills, character and behavior habits. Sports skills, calligraphy skills, painting skills, etc. are mostly formed through imitation, to achieve a greater degree of familiarity.

No matter what kind of learning method is adopted, the design and implementation process need to understand the needs of the elderly group and the basic situation of skills, service designers need to understand or master the detailed content or steps of skill operation, and clear the degree of skill learning and the teaching methods adopted.

The design steps are described as follows.

Step 1: Collect the needs and problems of the service groups in advance, and clarify the direction or specific goals of skill learning. Skill learning varies according to skill categories, such as interests and skills to obtain professional certificates; different degrees, such as understanding the knowledge of cardiopulmonary resuscitation and mastering the operation methods of cardiopulmonary resuscitation; and different difficulties, such as taking pictures according to mobile phones and taking pictures with good composition and high definition. Different elderly may have different needs or problems even in the same skill learning. Therefore, the elderly need to understand or interview the elderly to master the exact needs of different service groups.

Step 2: The service designer must understand or master the detailed content or steps of the skill operation. It should explain skills operation methods or steps for detailed dismantling, through daily observation, for the old service in skills learning experience accumulation, or communicate with professional service groups to master the learning time, frequency, operation times, to determine the specific arrangement of activities.

Step 3: Develop service design. We can refer to the order of "activity introduction, warm-up, skill learning methods and skill training, practical practice, learning summary, homework assignment" for service design. Among them, the skill learning methods and skill training, can use the scene demonstration, case interpretation, video learning, live demonstration, imitation practice. The cardiopulmonary resuscitation learning can be used for the old service simulation patients, to let service groups to discuss how to deal with and operation. It also can play by video or live demonstration, to make service group learn.

4 Notes

(1) Understand the physiological characteristics of the elderly of different ages

The increase of age will make the elderly in vision, hearing, memory, action and other aspects of the performance of different degrees of damage. Therefore, the service of the elderly needs to understand and master the characteristics of the elderly, and in the communication and services with the elderly according to the situation of different services for the elderly.

(2) Investigate the needs of the elderly

Before planning the skill learning activities, the elderly service providers need to have a deep understanding of the exact needs of the group for the skill learning activity. For example, if the elderly need to learn photography skills, they should also understand the foundation, equipment, use and type of the elderly photography, so as to better plan activities.

(3) Clarify the goal of the activity

When formulating the service objectives of the activity, the old service providers need to follow the basic requirements of goal setting, such as SMART principle: specific, measurable, attainable, realistic and time-limited. In social work services, the goal is often set around the change of people, and people's ability, consciousness, attitude, skills, behavior, etc. It is difficult to measure the ability, consciousness and attitude, and it is difficult to present in the service effect. Therefore, the service objectives set for the old service providers need to reflect the completion of the goals in a quantitative way as far as possible.

(4) Choose the appropriate learning method

If we carry out different skill learning activities, considering the effect of the activities and the acceptance characteristics of the elderly, we should choose different learning methods. At the same time, different methods can also be used at different stages of learning. For example, at the early stage of the computer operation learning course, it is suitable to adopt traditional teaching methods. Let the elderly understand the basic concepts and functions of computers first, and in the later stage, more personalized teaching methods can be adopted according to the needs of the elderly.

(5) The content of the activities should match the learning ability of the elderly

Before designing activities, the needs and skill level of the elderly should be fully taken into account to prevent the elderly from feeling that the service is not suitable for them and they are unwilling to participate.

(6) Ensure adequate operation and practice arrangements

Due to the degradation of the memory and learning ability of the elderly to different degrees, the learning ability of the elderly should be fully considered when planning such services for the elderly. The courseware should be made as detailed as possible, and each course has sufficient operation, learning and practice.

(7) Pay attention to the safety of the elderly

In the process of planning and preparing activities and props, the conditions of the elderly should be fully considered, and the suitable and safe service sites and service tools should be selected to avoid causing harm to the elderly.

(8) Respect the choices of the elderly

Training and learning opportunities for the elderly, should not require that the elderly must participate. We should respect their own choices.

Task 1 Traditional skill learning activity design

Task introduction

C Community has a resident population of more than 15, 000, including more than 2, 500 people over 60 years old. There is a large migrant population in the community, and there are many electronic markets and trade markets around the community, so there are more business people in the community, and some of the elderly move with their children to help in the community, do housework, and pick up their grandchildren to and from school. In the daily service process, Xiao Li, a worker for the elderly, learned that a group of elderly people in the community had the need to organize the housework. They hope to master the knowledge of sorting and storage, so as to better receive the materials at home. After in-depth interviews with the elderly, Xiao Li plans to carry out home storage and finishing skills improvement activities for the elderly in need.

Task analysis

1 Analysis of service requirements

(1) Understand the basic information of the service objects' housework arrangement

After learning that the elderly have the needs of the housework, Xiao Li needs to further understand and analyze what aspects of the elderly in the family, and the aspects of difficulties in the housework.

(2) Have the ability to understand the service object

Xiao Li should know whether the elderly with the need of activities have the ability to organize the housework, as their hands-on ability, and their requirements for the cleanliness of the housework.

2 Develop a service plan

(1) Develop service forms

For the elderly, Xiao Li needs to analyze whether the ability of the elderly is to a similar extent, and whether the requirements for household chores are roughly consistent, so as to preliminarily determine the specific form of activities.

(2) Determine the frequency of the activity

Understand the time required to master housekeeping and storage skills with professional professional. Think through activity, whether their housework skills can be improved, whether it is need repeated exercises and regular reviews, etc., which may determine the frequency of activities.

(3) Determine the service time

In the selection part of service time, on the one hand, it is necessary to consider whether the duration of each activity is suitable for the elderly; on the other hand, it is necessary to choose the time when the elderly are more relaxed and willing to participate in the service.

3 Primary service objectives

①Through skill learning, master the knowledge of housework arrangement and storage.

②Through skill learning, improve the skills of the elderly home storage.

Task implementation

1 Activity design mind map

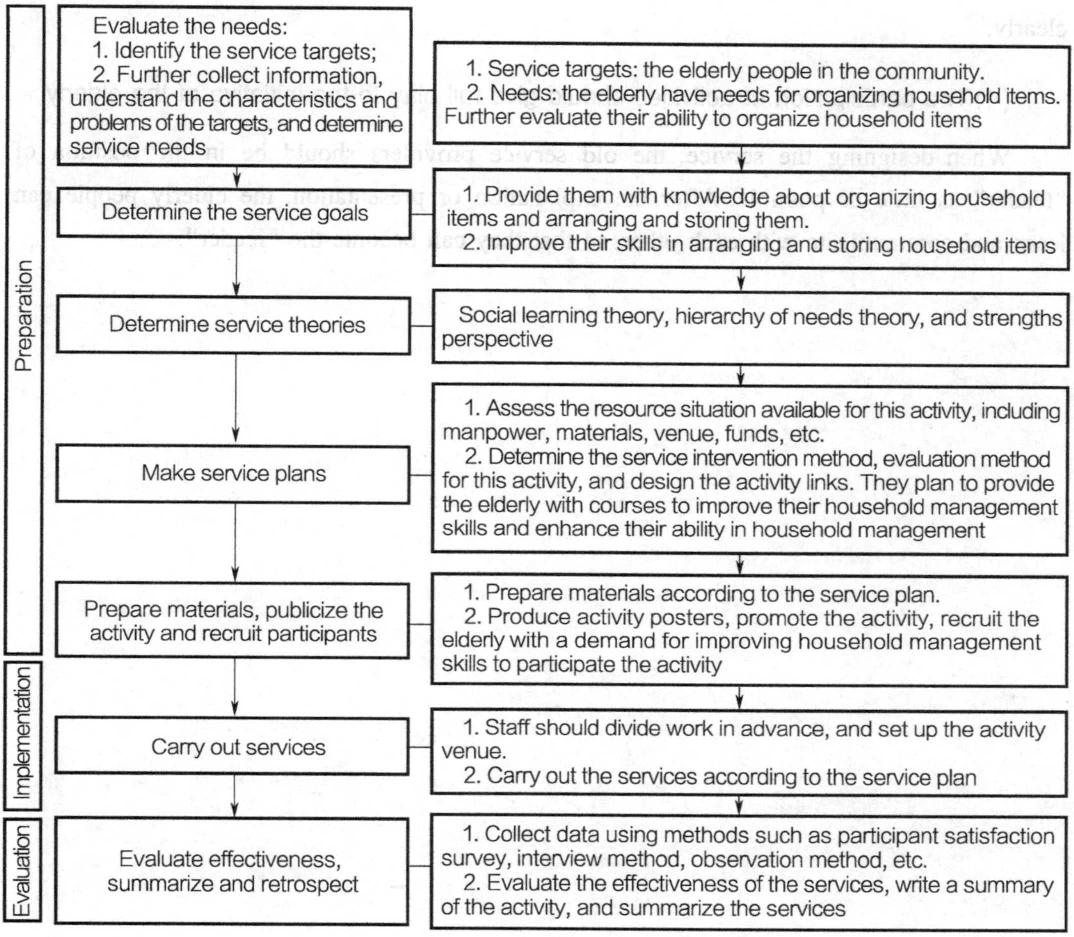

2 Notes for the activity design

(1) The activity arrangement should be consistent with the capacity of the elderly

In the design of activities, we need to consider the acceptance and understanding ability of the elderly, and give them full time to understand and learn. The duration of each activity needs to meet the physiological characteristics of the elderly.

(2) The rhythm of the activities should conform to the characteristics of the elderly

In the process of activity design and skill learning, the old service providers need to slow down the steps, show more and repeat the exercise more. In terms of speed, they should reduce the speed as much as possible to ensure that the elderly can accept it.

(3) The preparation of activity materials should consider the vision of the elderly

Activity tools, text instructions, pictures, PPT and other activity materials prepared for the old people need to be appropriately enlarged to ensure that each service objects can see clearly.

(4) The participation of activities should give full play to the initiative of the elderly

When designing the service, the old service providers should be in the position of "leader" as little as possible. After the explanation or presentation, the elderly people can learn and communicate with each other, so that they can become the "leader".

Task order

<table>
<tr><th colspan="5">Task information</th></tr>
<tr><td>Task name</td><td colspan="4">Traditional skill learning activity design for the elderly</td></tr>
<tr><td>Task purposes</td><td colspan="4">1. Help learners to get familiar with the design process of traditional skill learning activities.
2. Help learners to master the methods of designing traditional skill learning activities.
3. Help learners to improve their skills in developing traditional skill learning activities</td></tr>
<tr><td>Task requirements</td><td colspan="4">Background: C Community has a population of more than 15, 000 permanent residents, including more than 2, 500 elderly people of 60 years old and above, and more than 100 elderly people living alone or having lost their only child. In a survey of the demands of the community, the caregivers found that the elderly in this community considerably lack first-aid knowledge and their safety awareness is also relatively weak. Recently, an elderly person in the community suddenly fainted. Thanks to the timely call for help of his family, he was quickly sent to the hospital, avoiding serious consequences. From the perspective of public safety, in order to make the elderly better deal with all kinds of emergencies in life, they must be helped to master certain first-aid knowledge, so that they can save themselves at the critical moments, and even help others. So elderly service providers plan to organize the elderly of the community to learn CPR skills , so that they can understand and master CPR skills, and enhance their ability to deal with critical situations.
Task: Please design a learning activity of CPR skills for the elderly according to the above background. The study includes mastering the operation methods of CPR, understanding and mastering the use of automatic external defibrillator. Each part of the learning activity is required to be clear, so that the elderly participating in the learning can learn the first-aid method of cardiopulmonary resuscitation and learn to operate the automatic external defibrillator. At the same time, the part of practical operation also needs to be set up, so that the elderly can master the specific operation through practice. In the process of learning and practice, attention should be paid to the perception ability and physical state of the elderly, so as to avoid the injury in the learning process</td></tr>
<tr><th colspan="5">Task-based appraisal</th></tr>
<tr><td>Name of student</td><td></td><td>Class and grade in school</td><td></td><td>Student ID</td></tr>
<tr><td>Task performance</td><td>Total score:</td><td>Self-evaluation:</td><td>Mutual evaluation:</td><td>Teacher evaluation:</td></tr>
<tr><td>Self-comments</td><td colspan="4"></td></tr>
<tr><td>Mutual comments</td><td colspan="4"></td></tr>
<tr><td>Teacher comments</td><td colspan="4"></td></tr>
<tr><th colspan="5">Task implementation</th></tr>
<tr><td colspan="5">Activity name:</td></tr>
<tr><th colspan="5">Activity background</th></tr>
<tr><td colspan="5">(Describe the status of the group or the issue and state the problems or needs)</td></tr>
</table>

(Continued)

Target		**Quota**	
Place		**Staff**	
Date		**Time**	

Activity concept (theoretical basis)
(What kind of service theories, concepts, and methods to carry out the activities are followed?)
Activity objective
(Corresponding to problems or requirements, follow the SMART principle, and be quantifiable and evaluable as much as possible)
Estimated difficulties and solutions

Estimated difficulties	Solutions

Appraisal procedure
(Questionnaire survey method, field observation method, service object interview method, etc.)
Activity design
Previous preparation
(Time, place, person in charge, and materials)
Mid-term arrangement
Aftermath work
Materials and budget

Number	Name	Unit-price	Quantity	Applications and remarks
1				
2				
3				
4				
5				
6				
7				
8				
9				
10				
Amount to				

Thinking practice

1. CPR is a kind of professional knowledge. If the elderly has not obtained the rescue certificate or does not have this knowledge, what should they do?

2. In the design of skill learning process activities, if the learning efficiency of the elderly is not high, or easy to forget, how should the elderly service people respond?

Task 2 Intelligent age skill learning activity design era

Task introduction

The old service provider Xiao Chen in Z Community service center, learned that the elderly in the community need to learn TikTok short video shooting. After in-depth interviews with some elderly people, Xiao Chen learned that some elderly people want to display their learning from the elderly university by shooting it on network platform, so that they can learn repeatedly and share with others. In order to meet the needs of this type of the elderly people, Xiao Chen plans to launch a TikTok short video shooting skills improvement activity for the elderly in the community.

Task analysis

1 Analysis of service requirements

According to the analysis of this task, it can be seen that the service objects are the elderly who are willing to learn TikTok short video shooting skills. They hope to use the network platform to capture the knowledge they have learned in the university for the elderly, for self-learning and sharing with others, so as to meet the needs of learning and growth.

2 Develop a service plan

According to the learning and growth needs of the elderly, TikTok short video shooting skill improvement activities would be carried out for them, such as video shooting script design, scene selection, equipment debugging, prop production, music selection, video editing, etc.

3 Primary service objectives

TikTok short video shooting skills of the elderly can meet the needs of learning and growth.

Task implementation

1 Activity design mind map

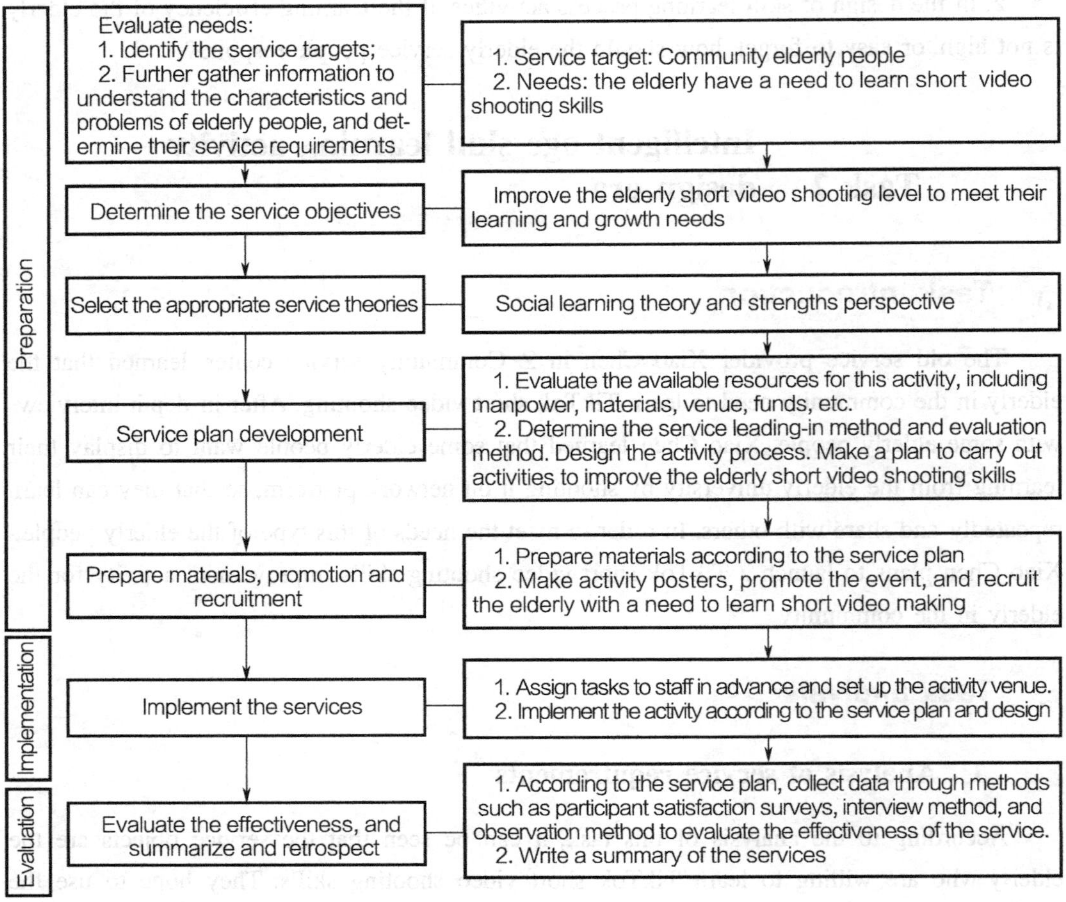

2 Notes for the activity design

①For the elderly, we should conduct research on the needs of the elderly in advance, focus on understanding the groups and needs of the service objects, and design the services that meet their services more accurately.

②Due to the decline of memory and learning ability of the elderly, when developing this type of service, the course design should be detailed, leave enough time for operation and practice, the professional staff should patiently give guidance and encouragement,

③For the education courses for the elderly, it is recommended to set up multiple related courses, each class to review the last course. And appropriate homework is set up for the elderly to conduct after-class consolidation exercises.

Task order

Task information	
Task name	Intelligent age skills learning activity design
Task purposes	1. Help learners master the skill learning activity design in the intelligent era of the elderly. 2. Help learners improve their skills in learning activities in the intelligent era of the elderly
Task requirements	**Background:** Recently, in B Community Aunt Liu of dancing team came to community service center for the old service, saying the elderly of the dancing team want to learn WeChat operation skills. By deep communication, there are 15 people, aged 65 to 70 years old, and they have smart phones, basic to use text or send voice messages, For other WeChat function they can not operate. They want to learn other WeChat functions, such as adding friends, building groups, sending pictures, forwarding articles, making phone calls, and posting moments. After understanding the content for the old service, the caregivers plan to design and carry out a WeChat operation skills improvement theme service for this type of group. **Task:** If you were a service provider for the elderly, please design a series of service activities to meet the WeChat skill needs of the elderly, and do the following things. 1. Subdivide WeChat operation skill key points, and design multiple service activities with skill key points. 2. Add friends according to WeChat, form group chats, send pictures through WeChat, forward articles, call WeChat phone, send the purpose of friends circle, and design the specific parts of each section. 3. Invite the elderly to share their learning and assign homework in each activity. 4. In the last section of the service, examination questions can be set to check the operation of the elderly

Task-based appraisal					
Name of student		**Class and grade in school**		**Student ID**	

Task performance	**Total score:**	**Self-evaluation:**	**Mutual evaluation:**	**Teacher evaluation:**
Self-comments				
Mutual comments				
Teacher comments				

Task implementation
Activity name:
Activity background
(Describe the status of the group or the problem and state the problem or demand, pay attention to combine with the service purpose)

(Continued)

Target		**Quota**	
Place		**Staff**	
Date		**Time**	

Activity concept (theoretical basis)

(What kind of service theory, concept and method to carry out the activities, we should pay attention to the combination with this activity)

Activity objective

(Corresponding to problems or requirements, follow the SMART principle, and be quantifiable and evaluable as much as possible)

Estimated difficulties and solutions

Estimated difficulties	Solutions

Appraisal procedure

(Questionnaire survey method, field observation method, service object interview method, etc.)

Activity design

Previous preparation

(Time, place, person in charge, and materials)

Mid-term arrangement

Aftermath work

Materials and budget

Number	Name	Unit-price	Quantity	Applications and remarks
1				
2				
3				
4				
5				
6				
7				
8				
9				
10				
Amount to				

Thinking practice

1. How should service providers do when the elderly have been taught many times but their study is still not ideal and slow down the course progress?

2. How can we encourage the elderly who are constantly frustrated in the course?

References

Books

[1] ZHENG HANGSHENG. New introduction to sociology [M]. Beijing: China Renmin University Press, 2004: 83.

[2] GAO ZHIMIN. Sociology of adult education [M]. Shijiazhuang: Hebei Education Press, 2006: 30, 340 – 342.

[3] LI JINSUN. Examination guide for senior social workers 2021 [M]. Beijing: China Society Press, 2021: 190.

[4] YOU LILI, ZHANG MEISHU. Senior group activity design [M]. Taipei: Unan Book Press, 2015.

[5] ZHANG ZHAOQIU, SU GUOAN, CHEN JINHAN. Activity procedure: planning, execution and evaluation [M]. Hong Kong: Hong Kong City University Press, 2016.

[6] ZHANG XIAOQIN. Community activity planning [M]. Nanjing: Nanjing University Press, 2021.

[7] ZHANG XIAOQIN, LI PING. Nanjing: social Work document [M]. Nanjing: Nanjing University Press, 2017.

[8] HE XUESONG. Social work theory [M]. Shanghai: Shanghai People's Publishing House, 2007.

[9] YANG PEISHAN, MEI CHEN YUCHAN. Social work theory and practice for the elderly in Taiwan [M]. Taipei: Shuangye Book Gallery Co., Ltd., 2011

[10] JIANG YAN, ZHU PEI. Planning and organization of recreation activities for the elderly [M]. Nanjing: Nanjing University Press: 2020.

[11] KATHERINE MCGINNIS-DITRICK. Social work in the elderly-Physical, psychological and social assessment and intervention [M]. Beijing: China Renmin University Press, 2008.

[12] EDITORIAL BOARD OF NATIONAL SOCIAL WORKERS. 2022 Intermediate social work ability [M]. Beijing: China Society Press, 2022.

Journals

[1] SUN LIXIN, LUO TONGTONG. Difficulties and outlet: education for the elderly promotes the continued socialization of the elderly [J]. Vocational Education Forum, 2014 (6): 28 – 31.

[2] YAO ZHAOYU, WANG XIN. The spiritual life and community integration of the elderly in the city [J]. Social Work (the second half of the month), 2010 (9): 43 – 45.

[3] XU PIAO, ZHANG YIQI. Practical path of the collective memory dilemma of patients in the interventional geriatric department — take Shanghai Xuhui District Central Hospital as an example [J]. China Social Work, 2021 (27): 28 – 32.

[4] ZHU MENG, DI HUANSHUANG. Life review of therapy in reconstructing the life significance of poor empty nesters [J]. Journal of Changchun University of Science and Technology (Social Science Page), 2020, 33 (2): 82 – 87.

[5] LI BING. Constant rhythm of life and indistinct looming of soul: an retrospect on melody and harmony — appreciating *The Exhibition of Artistic Works of Huang Bangxiong and Zhang Wei Art* [J]. Sculpture, 2019 (3): 26 – 29.

[6] TIAN XINCHAO. Strategy adaptation of life review and its value — based on the qualitative research on group narration of the elderly [J]. Theory Monthly, 2018 (10): 69 – 75.

[7] YAN HAN, LI BING. The impact of life review intervention on the self-perceived burden and well-being of patients with pancreatic cancer [J]. Chinese Journal of Practical Nursing, 2018, 34 (10): 737 – 742.

[8] MA YUXIA, WANG DANWEN, ZHANG HENG. The application and enlightenment of life review therapy in the process of rebuilding the meaning of life of patients living with diseases [J]. Nursing Journal of Chinese People's Liberation Army, 2016, 33 (16): 49 – 51.

[9] ZENG DIYANG. Life course theory and its perspective on immigration research: review and foresight [J]. Social Development Research, 2016, 3(2): 192 – 209, 245 – 246.

[10] WU KAIZE, CHEN LIN. From life cycle to life course: a review and prospect of Chinese and Western housing acquisition research [J]. Urban Studies, 2014, 21 (12): 7 – 13.

[11] ZHU MINGHONG. "Empowerment" and "empowerment" of the elderly to participate in volunteer services under the background of the concept of "active aging" [J]. Economic Research Guide, 2018 (35): 164 – 167.

[12] GAO XIANG, WEN XINGXIANG. The impact of voluntary service participation for the urban elderly on their health [J]. Population & Economics, 2019 (4): 107 – 121.

[13] LIU JINFEI. Practical dilemmas and countermeasures for cultivating elderly community volunteers, taking D Community in Dongguan City as an example [J]. Journal of Dongguan Institute of Technology, 2018, 25 (4): 1 – 5.

[14] SHEN JUAN. Exploration on the long-term mechanism of volunteer service organization and management for the elderly [J]. Chinese and Foreign Entrepreneurs, 2014 (16): 224 – 225.

[15] LIU LANMIAO. Research on the development dilemma and countermeasures of the incentive mechanism of the elderly to participate in voluntary service in urban communities [J]. China Market, 2015 (8): 161 – 162, 166.

[16] WU ZHONGYAN. Social work memory treatment group [J]. China Social Work, 2021 (30): 42.

[17] LI DONGXIAO. Who is spreading health in the era of micro screen?—communication analysis of the rise of health care information on WeChat platform [J]. Modern Communication (Journal of Communication University of China), 2016, 38 (4): 21 – 26.

[18] LI DONGXIAO. Analysis of the communication behavior of health care information of WeChat users [J]. Journal of Zhejiang University of Media and Communication, 2016, 23 (4): 90 – 97, 153.

[19] WANG QINGXIU, SUN XUWEN, SHI HONGYAN, et al. The influence of trust-trust intervention on self-management behavior of elderly hypertension patients in the community [J]. Journal of Nursing, 2015, 30 (1): 88 – 90.

[20] WANG FANG, WANG JIABAO. Summary of community home care services [J]. Business, 2016 (30): 75.

[21] ZENG FUSHENG. Discussion on the social theory of the elderly and "the old" [J]. Journal of Western Academic, 2020 (24): 65 – 67.

[22] TAO LI, WU XIANBIN, CHEN CHUNHONG, et al. Analysis of depression status and social support for the elderly in nursing homes [J]. Nursing Journal of Chinese People's Liberation Army,

2008 (11): 29 – 31.

[23] XU LIANG. Application and application of power enhancement theory in social work services for the elderly [J]. Popular Standardization, 2021 (14): 151 – 153.

[24] KANG WENPING, ZHANG YIQI. The application of group social work in health education for patients with diabetes [J]. Chinese Journal of Nursing, 2004 (5): 342 – 344.

[25] JIA LINA, YUAN PING, ZHUANG HAILIN, et al. The status of chronic diseases and the relationship with the quality of life in the community elderly [J]. Chinese Journal of Public Health, 2011 (11): 1361 – 1364.

Thesis

[1] LI YUFEI. Practical research of group interaction mode applied to the cultivation of community social organizations: take F community in Shenzhen as an example [D]. Zhengzhou: Zhengzhou University, 2016.

[2] GU MENGMENG. Research on social work intervention in the cultivation of elderly volunteers from the perspective of advantages: take X community Y project in Foshan City as an example [D]. Guangzhou: South China University of Technology, 2018.

[3] FENG HUI. Study on the intervention effect of group nostalgia therapy on the depressive symptoms of the elderly in the community [D]. Changsha: Central South University, 2010.

[4] FENG MEI, JIANG WENHUI. Research practice and problems of self-management of chronic diseases [D]. Xi 'an: Xi' an Jiaotong University, 2012.

[5] LIN YANPING. Study on the feasibility and operation mechanism of PPP model for home care [D]. Beijing: Tsinghua University, 2017.

[6] XIE QIUSHAN. Case study of social work intervention, taking Chifeng City, Inner Mongolia as an example [D]. Changsha: Central South University, 2013.

[7] QI JINGNAN. Dilemma in elderly care and countermeasures of the elderly who lost their only child—based on the qualitative study of the elderly who lost their only child in Liaoyuan City [D]. Changchun: Jilin Agricultural University, 2021.

[8] LIU DAN. Intervention practice of recreational activity group for the left-behind elderly in rural areas [D]. Changchun: Changchun University of Technology, 2016.